高等院校石油天然气类规划教材

油气储运安全技术与管理

陈利琼　主编

石油工业出版社

内 容 提 要

本书在系统安全技术基础知识以及系统安全分析与评价技术的基础上，根据油气储运的专业范畴，分别介绍了油气站场、油库、管道安全分析与管理技术，并综合介绍了油气储运中电气安全管理技术和油气储运 HSE 管理。

本书可作为油气储运专业本科生和研究生的教材，也可作为相关从业人员和专业技术人员的培训与学习参考资料。

图书在版编目（CIP）数据

油气储运安全技术与管理/陈利琼主编．
北京：石油工业出版社，2012.8（2020.4重印）
（高等院校石油天然气类规划教材）
ISBN 978-7-5021-9182-5

Ⅰ. 油…

Ⅱ. 陈…

Ⅲ. 石油与天然气储运-安全管理-高等学校-教材

Ⅳ. TE8

中国版本图书馆 CIP 数据核字（2012）第 168792 号

出版发行：石油工业出版社
（北京安定门外安华里2区1号　100011）
网　址：http://www.petropub.com
编辑部：（010）64523612　图书营销中心：（010）64523633
经　销：全国新华书店
印　刷：北京中石油彩色印刷有限责任公司

2012 年 8 月第 1 版　2020 年 4 月第 4 次印刷
787 毫米×1092 毫米　开本：1/16　印张：18.5
字数：445 千字

定价：36.00 元
（如出现印装质量问题，我社图书营销中心负责调换）
版权所有，翻印必究

《油气储运安全技术与管理》
编 写 人 员

主编：陈利琼　西南石油大学
主审：黄　坤　西南石油大学
　　　穆　剑　中国石油天然气股份有限公司勘探与生产分公司
　　　王林元　西南石油大学
编者：（以姓氏拼音为序）
　　　何光渝　西安石油大学
　　　刘爱华　武汉理工大学
　　　马剑林　中国石油西南管道分公司
　　　石永春　空军勤务学院
　　　宋生奎　空军勤务学院
　　　田　野　武汉理工大学
　　　吴晓南　西南石油大学
　　　袁成清　武汉理工大学
　　　张　鹏　西南石油大学

前言

石油天然气具有易燃易爆、易挥发、易产生静电、有毒等特性，在其储存和运输过程中，对安全储存和运输操作的要求是很高的。安全技术、安全管理在油气储运系统中占有重要地位。

油气储运安全技术是为了控制和消除油气储运工程中各种潜在的不安全因素，针对该领域工程设计、生产作业环境、设备设施、工艺流程以及作业人员等方面存在的问题而采取的一系列技术措施。

油气安全技术是一门综合性实用技术，涉及石油、机械、电子、电气、系统工程、管理工程等知识领域，其研究的对象包括人（生产作业人员）、物（石油天然气与储运相关的设备设施）、环境（内外部环境）及其有关的各个环节。

本书第1、2、3章介绍了现有的安全分析管理模式、系统安全技术基础知识以及系统安全分析与评价技术，包括风险评价、可靠性评价、适应性评价、完整性评价等基本概念，危险源的识别方法和事故基本理论，系统安全分析方法，安全评价技术以及危险控制方法，其有关内容是油气储运安全技术的基本概念、基本理论，也是本书后续内容的基础。根据油气储运的专业范畴，本书第4～8章分别介绍了油气站场、油库、管道安全分析与管理技术，并综合介绍了油气储运中电气安全管理技术和油气储运HSE管理。

本书编写分工如下：第1、2章由田野、刘爱华、袁成清撰写；第3章由何光渝和陈利琼撰写；第4章由吴晓南撰写；第5章和第7章由石永春、宋生奎撰写；第6章由陈利琼、张鹏及马剑林撰写；第8章由何光渝撰写。全书由陈利琼统稿，黄坤、穆剑和王林元审稿。

限于各种原因，书中疏漏、欠妥之处在所难免，敬请读者批评指正。

编　者
2012年5月

目录

第1章 绪论 ·· 1
　1.1 油气储运安全技术研究对象及内容 ·· 1
　1.2 油气储运安全技术研究的意义 ·· 1
　1.3 系统安全评价的基本模式及概念 ··· 3
　思考题 ·· 7
　参考文献 ··· 8
第2章 系统安全技术基础知识 ··· 9
　2.1 危险源分类 ··· 9
　2.2 危险源辨识与控制理论 ·· 12
　2.3 事故基本理论 ·· 19
　思考题 ·· 30
　参考文献 ··· 30
第3章 系统安全分析与评价方法 ·· 31
　3.1 系统安全分析方法 ··· 31
　3.2 系统安全评价方法 ··· 60
　思考题 ·· 77
　参考文献 ··· 77
第4章 油气站场的安全管理 ··· 78
　4.1 概述 ··· 78
　4.2 油气集输站场安全管理 ··· 81
　4.3 输油站场安全管理 ··· 88
　4.4 输气站场安全管理 ··· 98
　4.5 压缩天然气站场安全管理 ··· 107
　4.6 液化天然气站场安全管理 ··· 117
　思考题 ·· 126
　参考文献 ··· 127
第5章 油库安全分析与管理 ·· 128
　5.1 油库安全影响因素分析 ·· 128
　5.2 油库火灾和爆炸危险场所、危险等级划分 ··································· 131
　5.3 油库油气源控制技术 ··· 139
　5.4 油库静电火源及其控制 ·· 152
　5.5 油库防止雷电危害 ··· 163

思考题 175
参考文献 175

第6章 管道安全分析与管理 176
6.1 管道安全管理的重要性 176
6.2 管道安全评价模式 177
6.3 管道运营安全影响因素 182
6.4 输油管道运行安全管理 196
6.5 输气管道与站场运行安全管理 201
6.6 管道安全控制技术 203
思考题 212
参考文献 213

第7章 油气储运电气防爆安全技术与管理 215
7.1 防爆电气设备的防爆原理 215
7.2 防爆电气设备的选用与安装要求 217
7.3 爆炸危险环境电气线路的选用与电缆敷设 231
7.4 防爆电气设备的管理 238
7.5 杂散电流危害及其预防 245
7.6 接地技术与管理 248
思考题 257
参考文献 258

第8章 油气储运HSE管理 259
8.1 健康、安全与环境管理体系概述 259
8.2 健康、安全与环境管理体系要素 263
8.3 油气储运中的卫生与劳动保护 280
思考题 283
参考文献 283

附录 具体因果论 284
一、海因里希因果连锁论 284
二、博德事故因果连锁论 285
三、亚当斯事故因果连锁论 286
四、北川彻三事故因果连锁论 287

第1章 绪论

1.1 油气储运安全技术研究对象及内容

油气储运安全技术是为了识别、控制、消除油气储运工程中潜在的各种不安全因素，针对油气储运工程设计、生产作业环境、设备设施、工艺流程以及作业人员等采取的一系列技术措施。该技术是储运安全生产的重要组成部分，可为油气储运系统安全运营及管理提供技术保障。

油气储运安全技术是一门综合性的学科，其研究内容涉及对储运行业的人、物、环境等诸多对象采取的安全技术措施；设计、施工、验收、操作、维修以及经营管理等诸多环节中的安全技术问题，包括安全设计、设备和设施的安全技术管理、检修安全技术、防静电技术、防雷技术、环境保护、劳动保护、灭火技术、事故预测与分析技术等。

1.2 油气储运安全技术研究的意义

油气储运工程生产介质是原油、成品油、天然气及其相关产品，具有以下危险特性：

1. 易燃性

根据《石油天然气工程设计防火规范》(GB 50183—2004)的分类标准（表 1.1 和表 1.2），对石油及石油产品，根据其闪点不同有甲类、乙类及丙类之分。其中，天然气属甲类；原油、汽油等闪点低于 28℃ 的油品为甲类，最容易挥发，在其周围极易形成爆炸性混合气体，遇明火即会引起爆燃或着火；喷气燃灯用煤油和 35 号轻柴油等为乙类，较易引起着火或爆炸，其闪点高于 28℃ 而低于 60℃；闪点高于 60℃ 的油品如柴油等为丙类，不容易挥发，在正常环境条件下，其周围一般不会形成爆炸性混合气体，故不易着火或爆炸。

表 1.1 可燃液体、气体火灾危险性分类
(GB 50183—2004)

类　别	特　征
甲	闪点<28℃ 爆炸下限<10%（体积分数）的气体
乙	闪点为 28～60℃ 的液体 爆炸下限≥10%（体积分数）的气体
丙	闪点≥60℃

表 1.2 液化烃和可燃液体火灾危险性分类
(GB 50160—2008)

类别		特征
甲		闪点<28℃
乙	A	闪点为 28～45℃
	B	闪点为 28～60℃
丙	A	闪点为 60～120℃
	B	闪点>120℃

由于石油及天然气都属于可燃性物质，并且石油及其产品具有易挥发的特点，石油蒸气、天然气常常在作业场所或储存区弥漫、扩散或在低洼处聚积，使其在空气中只要有较小的点燃能量就会燃烧，具有较大的火灾危险性。

2. 易爆性

石油及石油产品挥发蒸气、天然气与空气组成混合气体，其浓度处于一定范围内时，遇火即会发生爆炸。爆炸浓度极限范围越宽，爆炸下限浓度值越低，该物质爆炸危险性就越大。

石油及石油产品、天然气的爆炸范围较宽，爆炸下限浓度值较低，爆炸危险性较大。因此，要重视石油及石油产品、天然气产品的泄漏和爆炸性蒸气的产生与积聚，以防止爆炸事故的发生。

3. 毒性

石油及石油产品挥发出的油气对人体有一定的毒害作用，其中汽油蒸气的毒害最严重，主要是不饱和烃和芳香烃造成的。汽油为麻醉性毒物，对皮肤、粘膜有刺激性，大量吸入汽油蒸气可引起麻醉症状，兴奋、酒醉样并伴有恶心、呕吐等；如吸入大量高浓度的汽油蒸气，则会很快出现昏迷症状；长期吸入汽油蒸气可出现头晕、头痛、失眠、乏力、记忆力减退、易兴奋现象，有的还会出现癫病样发作，也称"汽油性癫症"。皮肤长期接触汽油，会出现干燥、皲裂、角化性皮炎等。

4. 热膨胀性

石油及石油产品、天然气的体积随着温度的升高而膨胀，特别是天然气随温度升高膨胀特别明显。油品的热胀冷缩作用往往会损坏储存容器，造成介质泄漏。天然气储存容器在低温下还可能引起外压失稳。另外，在着火场附近，油品受到火焰辐射高热时，如不及时冷却，可能会因膨胀爆裂助长火势，扩大灾害范围。

5. 静电荷积聚性

石油及石油产品的电阻率一般大于 $10^{12}\Omega \cdot m$，当其沿管道流动与管壁摩擦，在运输过程中与罐壁发生冲击，在撞车、装罐或泵送时，都会产生静电，且不易消除；压缩气体与液化气体从管口或破损处高速喷出时，由于强烈的摩擦作用，也会产生静电。静电放电则可能引起燃烧、爆炸事故。

6. 易沸腾突溢性

含有水分的石油着火燃烧时，可能会产生沸腾突溢，向容器外喷溅，在空中形成火柱，扩大灾情。石油燃烧形成沸腾突溢受热辐射、热液及水蒸气等因素的影响，因此应严格控制储运油品的含水量。

7. 挥发性

油品蒸气压越大，其挥发性就越大，表明该物质挥发较容易达到燃烧或爆炸所需的蒸气浓度。轻质油品具有较大的蒸气压，因此其火灾、爆炸危险性也较大。另外，蒸气压大的物质对温度变化更为敏感，温度升高，蒸气压迅速增大，因此，盛装该类油品的容器也较易发生胀裂。

8. 易扩散、流淌性

除高粘、高蜡、高凝原油外，石油及石油产品的粘度一般均较小，泄漏后易流淌、扩散。随着流淌面积的扩大，油品蒸发速度加快，油蒸气与空气混合后，遇点火源极易发生火灾、爆炸事故。

可见，在油气储运系统生产过程中发生事故的可能性大，事故后果严重，安全管理至关重要。油气储运安全技术与管理研究的目的，是在认真贯彻执行国家有关的方针、政策、法律、法规及标准的前提下，分析研究油气储运工程设计、建设及生产过程中存在的各种不安全因素，采取有效的技术措施控制和消除各种潜在不安全因素，防止事故的发生，以保证国家财产安全和职工的人身安全。因此，在油气储运安全技术的研究中必须坚持"安全第一，预防为主"。

安全第一，就是要求在经营决策、设计施工、计划措施安排、组织指挥、生产作业以及在科技成果的应用、技术改造、新建项目、改建项目、扩建项目等一系列活动中，应当把安全作为首要前提，具体包括落实安全生产的各项措施，保证生产长期、安全地进行，保证职工的安全与健康等内容。

预防为主，就是运用安全科学的基本原理，掌握事故发生和发展的基本规律，对各种事故及其潜在的危险性进行科学预测，采取有效的预防措施，防患于未然，防止事故的发生和扩大，最大限度地减少事故造成的损失。

1.3 系统安全评价的基本模式及概念

1.3.1 系统安全技术

系统安全表示的是系统的一种最佳安全状态，即在系统运营周期内应用系统安全管理及系统安全工程原理，鉴别系统危险源并使危险降至最小，从而使系统达到最佳安全程度。系统安全分析是利用系统工程方法对系统中可能存在的危险源及其可能产生的后果进行综合分析、评价和预测，并提出相应的安全对策措施，以保证系统安全生产。

系统安全分析是保证系统安全的重要手段，是系统安全评价的基础。系统安全分析对人—机—环境系统中的危险因素，如不安全的环境条件、操作及设备故障等进行分析，其目的就是从系统安全角度出发，对已有系统或拟建的新系统进行定性和定量的理论分析及实验研究，掌握系统的组成及任务功能，熟悉系统与环境的相互关系及其变化趋势，进而查明系统危险源，以便在整个系统寿命期内保证系统安全。

系统安全分析一般包括以下内容：

（1）危险源辨识：调查和分析可能出现的、初始的、诱发的和直接引起事故的各种危险源及其相互关系。

（2）系统辨识：调查和分析与系统有关的环境、设备、人员以及其他有关因素。

（3）安全措施：调查和分析采用适当的设备、规程、工艺或材料避免、控制或根除某种特殊危险源的措施。

（4）实施方法：调查和分析对可能出现的危险源的控制措施以及在系统中实施这些措施的最好方法。

（5）后果预测：调查和分析对不能避免或根除的危险源失去或减少控制可能出现的后果。

（6）安全防护措施：调查和分析一旦对危险源失去控制，为防止伤害和损害而应采取的安全防护措施。

1.3.2 风险评价

1. 风险评价的定义

联合国人道主义事务部（Department of humanitarian an affairs）1992年给出风险的定义为：在一定区域或给定时间段内，由于特定灾害而引起的人们生命财产和经济活动的期望损失值。风险评价是根据建设项目可行性研究报告的内容，分析和预测项目可能存在的危险或有害因素的种类和程度，提出合理可行的安全对策及建议。风险评价是以实现系统安全为目的，应用安全系统工程的原理和方法，对系统中存在的危险因素和有害因素进行辨识和分析，评价系统发生危险的可能性和危害程度，为制定防范措施和管理决策提供科学依据。

2. 风险评价的产生及其发展

风险评价技术起源于20世纪30年代的美国。随着保险业的发展，保险公司为客户承担各种风险，必然要收取一定费用，而收取费用的多少是由其所承担的风险大小决定的，因此就产生了一个衡量风险大小程度的问题，即当时美国保险协会所从事的风险评价。

对风险评价进行全面、系统的研究始于20世纪60年代。第二次世界大战后，随着工业化过程的大型化和复杂化，尤其是化学工业的发展，生产中的火灾、爆炸、毒气扩散等重大恶性事故不断发生。欧美等工业发达国家在第二次世界大战后兴建的大量油气长输管道开始进入老龄期，各种事故的频繁发生造成了巨大的经济损失和人员伤亡。因此，美国首先开始了管道风险评估分析技术的研究，即应用风险评估的基本原理对管道的各区段进行评价，以风险值的大小来评定管道各区段的安全性。1964年美国道化学公司（Dow Chemical Co.）根据化工生产的特点，首先开发出"火灾、爆炸危险指数评价法"，用于对化工装置进行安全评价。"火灾、爆炸危险指数评价法"是以单元重要危险物质在标准状态下的火灾、爆炸或释放出危险性潜在能量大小为基础，同时考虑工艺过程的危险性，计算单元火灾爆炸指数，确定危险等级，以此为基础提出相应的安全对策措施，使危险降低到人们可以接受的程度。经过多次修订，"火灾、爆炸危险指数评价法"日趋科学、合理、切合实际，引起了各国的广泛关注，在世界工业界得到一定的应用，推动了风险评价的发展。1974年，英国帝国化学公司蒙德工厂借鉴道化学公司风险评价方法的优点，引进了毒性概念并发展了某些补偿系数，提出了"蒙德火灾爆炸毒性指标评价法"。其他如日本劳动省颁布的"化工厂安全评价六阶段评价法"及俄罗斯的"化工过程危险性评价法"等针对化工企业的评价方法至今仍在应用，并得到了不断的发展。

20世纪60年代中后期，随着航空、航天、核工业等高技术领域的发展，以概率风险（PRA）为代表的系统安全评价技术得到了迅速发展。英国在60年代中期建立了故障数据库并开展了以概率论为基础的风险评价工作；1975年美国正式发表了商用核电站轻水反应的风险评价报告（WASH-1400）；1976年，英国生产安全管理局（HSW）对工业设施进行了危险评价；1979年英国伦敦公司和德国可福公司对荷兰一个地区的工业设施进行了风险评价。此后，此类评价法已经在工业发达国家的许多项目中得到了广泛的应用，又出现了一系列以概率论为基础的安全分析评价方法，最常用的有可靠性分析、故障树分析、事件树分析、危险可操作性研究、初步危险分析等，并且开发了一系列的安全评价软件。在石油化工行业，美国 PRCI（Pipeline Research Committee International）针对美国和欧洲的输气管道事故数据进行了分析，归纳总结出22种引起压力管道失效的基本因素。其中，只有一种因素的本质原因是"未知的"，即不能确定它的本质特性，对其余的21种失效因素按照与时间的关系分为3类。从20世纪70年代到90年代，美国在实践应用的基础上，逐步确定了管道风险评价的基本模型，提出了压力管道风险评估的评分系统。1992年 W. Kent. Muhlbauer 对美国20年来所开展的油气管道风险评价技术的研究成果进行了总结，编著了《管道风险管理手册》一书。书中详细叙述了管道风险评价的模型和方法，将引起管道失效的因素归结为第三方破坏、腐蚀、设计错误和操作不当四类。1996年《管道风险管理手册》再版时增加了约1/3的篇幅介绍在不同条件下管道风险评价的修正模型，并在风险管理部分补充了成本与风险关系的内容，使该书更具实际指导意义，成为油气管道风险评价的经典著作。

随着现代数学方法和计算机技术的快速发展，以模糊数学为基础的风险评价方法如模糊故障树分析法、模糊概率法等得到了广泛应用。采用计算机专家系统、决策支持系统和人工神经网络技术对生产系统实行动态风险评价，为风险评价的发展开拓了广阔的应用前景。在英国、美国、意大利、德国等工业化国家，这些方法已在核工业、化工、环境等领域得到了广泛应用。风险评价作为一种产业已经出现。

我国于20世纪80年代初期开展风险评价的研究工作，并开始在石油、化工、冶金、机电、航空、交通等行业中试行风险评价。1988年机械电子工业部颁布了机械工厂安全评价标准，该标准分为三部分，即安全评价的原则、程序和方法；机械工厂危险等级的划分；机械工厂安全性评价。机械工厂安全评价标准在机械行业100多家工厂得到了应用，取得了良好效果。1992年化学工业部制定了化工厂危险程度分级方法。1995年，劳动部、北京理工大学完成易燃、易爆、有毒重大危险源的安全评价技术。与此同时，一些科研院校和科研单位、企业也相继开展了风险评价的研究工作。北京交通大学、西南交通大学、苏州工学院、东北大学、武汉环境保护科学研究院等提出了一些有价值的风险评价理论和方法。特别是近几年我国发生多起重大火灾事故后，风险评价得到社会的高度重视。1994年和1995年分别在太原、成都召开了全国各行业安全研究的研讨会，风险评价在各个系统内广泛展开。

3. 风险评价的方法

风险评价方法可以分为定性方法、半定量方法和定量方法三类。

1) 定性方法

定性方法主要是根据工作经验和判断能力对生产系统的工艺、设备、环境、管理、人员等方面的安全状况进行定性分析与评价。安全检查表法、预先危险分析法、故障类型和影响分析法、危险可操作性研究法等都属于这类方法。定性方法的特点是理论简单、便于操作、评价过程和结果直观，具有系统、规范、清晰、实用性强、易于推广等优点，但由于含有相当高的经验成分，具有一定的局限性，而且对不同评价对象的评价结果之间没有可比性。应用较多的定性风险评价方法主要有风险评价指数法（RAC）、安全检查表法（SCL）、预先危险性分析（PHA）、故障类型和影响分析（FMEA）、危险可操作研究（HAZOP）、如果……怎么办（What……if）、人的失误（HE）分析法等。

2) 半定量方法

半定量方法以系统中的危险物质和工艺为评价对象，将影响事故产生和事故后果的各种因素指标化，并采用一定的数学模型综合处理这些指标，从而评价系统的危险程度。美国道化学公司的"火灾、爆炸危险指数评价法"、英国帝国化学公司蒙德工厂的"蒙德火灾爆炸毒性指标评价法"、日本的"化工厂安全评价六阶段评价法"和我国工厂的"危险程度分级法"都属于这类方法。这类方法操作简单，应用广泛，但各指标间的层次关系和综合处理方法缺乏足够的数学依据，并且采用了主观意识和经验成分较重的评分方法来确定指标的取值，因此评价结果具有一定的局限性。

3) 定量方法

定量方法以系统的事故发生概率来评价其危险程度。概率风险评价（PRA）、故障树分析法（FTA）、事件树分析法（ETA）等都属于这类方法。定量方法有充足的理论依据，结果准确可靠，因此在航空、航天、核能等领域得到广泛的应用。1974年拉氏姆教授对民用核电站的风险评价、1977年英国坎威岛石油工业联合企业风险评价、1979年德国对19座大型核电站的风险评价、1979年荷兰雷几蒙德六项大型石油化工装置的风险评价等都使用了这种方法。定量方法要求数据准确、充分，能充分描述系统的不确定性，因此通常需要耗费大量的人力、物力。

定量分析方法主要有两种类型：一种是以系统可靠性、安全性为基础，先查明系统中的隐患并求出其损失率、有害因素的种类及其危害程度，然后再与国家规定的有关标准进行比较、量化。常用的方法有"事件树分析"、"事故树分析"、"模糊数学综合评价法"、"层次分析法"、"格雷厄姆—金尼法"、"机械工厂固有危险性评价方法"、"原因—结果分析法"等。另外一种定量分析方法是以物质系数为基础，采取综合评价危险度分级方法。

1.3.3 可靠性评价

可靠性是指产品在规定时间和规定条件下完成规定功能的能力。其中，产品可以泛指任何系统、设备和元器件，其确切含义要根据具体的研究对象而定；规定条件一般是指产品使用时的环境条件和工作条件；规定时间是指规定的产品工作时间；规定功能是指规定的产品必须具备的功能及其技术指标。可靠性是一项重要的质量标志，同时也是影响产品质量的最活跃的因素，已成为工业企业和国防部门经济、军事效益的基础及竞争的焦点。提高产品的可靠性，成为当今提高产品质量的关键。可靠性评估即根据产品的可靠性结构、寿命模型、试验数据、现场使用数据等对评价对象可靠性的性能指标给出估计的过程。

1.3.4 适应性评价

适应性是系统的重要属性。适应性评价是对系统是否适合于继续使用以及如何继续使用的一种定量评价，其核心技术是腐蚀速率、剩余强度评价和剩余寿命预测。Halliburton公司对欠平衡钻井的适应性评价主要采用专家评分方式，即根据已经实施欠平衡钻井的经验，针对不同类型的油气藏，列出若干项判断指标，工程师利用油气藏基本参数对相应的指标评分，根据评分高低来确定能否实施欠平衡钻井。Weatherford公司开发了适应性评价系统SURE（Suitable Under-balanced Reservoir Evaluation），主要在欠平衡钻井中用于筛选适宜的地质对象。

1.3.5 完整性评价

完整性评价是根据系统状态进行风险评估和危险源辨识，制定相应的控制对策，将系统的风险控制在合理范围内的过程，同时对可能使系统失效的主要模式进行检测检验，据此对系统的运行适宜性进行评估，最终达到减少和预防事故，保证系统安全、经济运行的目的。完整性评价以系统安全为目标，内容涉及设计和施工的原始数据，运行、检验和维修的动态数据，贯穿整个系统的运行周期，调动全部因素来改进系统的安全性，并通过信息反馈不断加以完善。完整性评价是一个持续不断的改进过程，是对所有影响系统完整性的因素进行综合的评价过程，主要包括：

（1）建立系统信息数据库。
（2）进行风险评估和安全评价，了解事故发生的可能性和事故后果，制定相应的预防和应急措施。
（3）定期进行检测，采用对系统各组成要素的检测评价方法进行适应性评价。
（4）制定完整性管理措施，保证系统处于适用状态。
（5）健全相关程序文件，培训人员，不断提高管理水平。

20世纪70年代，美国、德国、法国、日本等核电工业比较发达的国家开始进行现役管道完整性评价研究，成立了国际管道完整性研究工作组，取得了大量的研究成果，建立了一系列诸如管道剩余强度、剩余寿命、裂纹张开面积、介质腐蚀速率、泄漏速率等具体的计算方法和评价标准。完整性评价的研究重点包括管道失效评定方法，该方法主要包括数值计算法、基于断裂力学理论的评定方法和简易公式法。此外，基于事故统计的管道失效评定方法也发展很快。目前，传统的关于管道剩余强度和剩余寿命的评定方法采用了失效评估图（FAD）和基于失效概率的Monte-Carlo模拟技术，能够进行管道的综合分析并评价提升在役管道的安全性。

思 考 题

（1）安全评价的方法有哪些？各有何优点、缺点？
（2）国内外有关安全评价和管理研究的趋势如何？

参 考 文 献

[1] 王洪德. 安全管理与安全评价. 北京：清华大学出版社，2010.
[2] 匡永泰，高维民. 石油化工安全评价技术. 北京：中国石化出版社，2005.
[3] 杨艺，刘建章，付士根. 油库安全评价与应急救援技术. 北京：中国石化出版社，2009.
[4] 罗云，樊运晓，马晓春. 风险分析与安全评价. 北京：化学工业出版社，2004.
[5] 麦克斯温. 安全管理：流程与实施. 北京：电子工业出版社，2008.

第 2 章 系统安全技术基础知识

2.1 危险源分类

危险源是指一个系统中具有潜在能量和物质释放危险且在一定的触发因素作用下可转化为事故的部位、区域、场所、空间、岗位、设备及其位置。也就是说，危险源是能量、危险物质集中的核心，是能量传出来或者爆发的地方。危险源存在于确定的系统中，对于不同的系统范围，危险源的区域也不同。例如，从全国范围来说，危险行业（如石油、化工等行业）或者具体的一个企业（如炼油厂）就是一个危险源；而从一个企业系统来说，可能某个车间、仓库就是危险源，一个车间系统中可能某台设备是危险源。因此，分析危险源应按系统的不同层次来进行。

根据上述对危险源的定义可知，危险源应由三个要素构成，即潜在危险性、存在条件和触发因素。危险源的潜在危险性是指一旦触发事故可能带来的危害程度或损失大小，或者说危险源可能释放的能量强度或危险物质量的大小。危险源的存在条件是指危险源所处的物理、化学状态和约束条件状态，例如物质的压力、温度、化学稳定性，盛装容器的坚固性，周围环境障碍物等情况。触发因素虽然不属于危险源的固有属性，但它是危险源转化为事故的外因，而且每一类型的危险源都有相应的敏感触发因素。例如，对于易燃易爆物质，热能是其敏感触发因素；对于压力容器，压力是其敏感触发因素。因此，一定的危险源总是与相应的触发因素相关联。在触发因素的作用下，危险源转化为危险状态，继而转化为事故。

危险源是可能导致事故发生潜在不安全因素。实际上，生产过程中的危险源即不安全因素种类繁多，非常复杂，它们在导致事故发生、造成人员伤害和财产损失方面所起的作用很不相同，相应地，控制它们的原则、方法也不相同。根据危险源在事故发生和发展中的作用，可以把危险源划分为两大类，即第一类危险源和第二类危险源。

2.1.1 第一类危险源分析

根据能量意外释放论，事故是能量或危险物质的意外释放，作用于人体的过量能量或干扰人体与外界能量交换的危险物质是造成人员伤害的直接原因。于是，把系统中存在的可能发生意外释放的能量或危险物质称为第一类危险源。

一般地，能量被解释为物体做功的本领。能量做功的本领是无形的，只有在做功时才显现出来。因此，实际工作中往往把产生能量的能量源或拥有能量的能量载体视为第一类危险源来处理，例如带电的导体、奔驰的车辆等。

1. 常见的第一类危险源

下面列出了可能导致各类伤亡事故的第一类危险源：

1) 产生、供给能量的装置、设备

产生、供给人们生产、生活活动能量的装置、设备是典型的能量源。例如变电所、供热锅炉等，它们运转时可以供给或产生很高的能量。

2) 使人体或物体具有较高势能的装置、设备和场所

使人体或物体具有较高势能的装置、设备、场所相当于能量源。例如起重、提升机械，高度差较大的场所等，能使人体或物体具有较高的势能。

3) 能量载体

能量载体指拥有能量的人或物。例如运动中的车辆、机械的运动部件、带电的导体等，它们本身具有较大能量。

4) 一旦失控可能产生巨大能量的装置、设备和场所

这里是指一些正常情况下按人们的意图进行能量的转换和做功，而在意外情况下可能产生巨大能量的装置、设备和场所，例如强烈放热反应的化工装置，充满爆炸性气体的空间等。

5) 一旦失控可能发生能量蓄积或突然释放的装置、设备和场所

这里是指正常情况下多余的能量被泄放而处于安全状态，一旦失控则发生能量的大量蓄积，其结果可能导致大量能量的意外释放的装置、设备和场所，例如各种压力容器、受压设备，容易发生静电蓄积的装置、场所等。

6) 危险物质

这里所说的危险物质是指除了干扰人体与外界能量交换的有害物质外，也包括具有化学能的危险物质。具有化学能的危险物质分为可燃烧爆炸危险物质和有毒有害危险物质两类。前者指能够引起火灾、爆炸的物质，按其物理化学性质分为可燃气体、可燃液体、易燃固体、可燃粉尘、易爆化合物、自燃性物质、忌水性物质和混合危险物质八类；后者指直接加害于人体，造成人员中毒、致病、致畸、致癌等的化学物质。

7) 生产、加工、储存危险物质的装置、设备和场所

这些装置、设备、场所在意外情况下可能引起其中的危险物质起火、爆炸或泄漏，例如炸药的生产、加工、储存设施，化工、石油化工生产装置等。

8) 人体一旦与之接触将导致人体能量意外释放的物体

对于物体的棱角、工件的毛刺、锋利的刃等，一旦运动的人体与之接触，人体的动能意外释放而遭受伤害。

2. 第一类危险源危害后果的影响因素

第一类危险源的危险性主要表现为导致事故而造成后果的严重程度。第一类危险源危险性的大小主要取决于以下几个方面：

1) 能量或危险物质的量

第一类危险源导致事故的后果严重程度主要取决于发生事故时意外释放的能量或危险物质的多少。一般地，第一类危险源拥有的能量或危险物质越多，则发生事故时可能意外释放的能量也就越多。当然，有时也会有例外的情况，有些第一类危险源拥有的能量或危险物质只能部分地意外释放。

2）能量或危险物质意外释放的强度

能量或危险物质意外释放的强度是指事故发生时单位时间内释放的量。在意外释放能量或危险物质总量相同的情况下，释放强度越大，能量或危险物质对人员或物体的作用越强烈，造成的后果越严重。

3）能量的种类和危险物质的危险性质

不同种类的能量造成人员伤害、财物破坏的机理不同，其后果也很不相同。危险物质的危险性主要取决于自身的物理、化学性质。燃烧爆炸性物质的物理、化学性质决定其导致火灾、爆炸事故的难易程度及事故后果的严重程度。工业毒物的危险性主要取决于其自身的毒性大小。

4）意外释放的能量或危险物质的影响范围

事故发生时意外释放的能量或危险物质的影响范围越大，可能遭受其作用的人或物越多，事故造成的损失越大。例如，有毒有害气体泄漏时，可能影响到下风侧的很大范围。

2.1.2 第二类危险源分析

在生产、生活中，为了利用能量，让能量按照人们的意图在生产过程中流动、转换和做功，就必须采取屏蔽措施约束、限制能量，即必须控制危险源。约束、限制能量的屏蔽应该能够可靠地控制能量，防止能量意外地释放。然而实际生产过程中绝对可靠的屏蔽措施并不存在。在许多因素的复杂作用下，约束、限制能量的屏蔽措施可能失效，甚至可能被破坏而发生事故。导致约束、限制能量屏蔽措施失效或破坏的各种不安全因素称为第二类危险源，它包括人、物、环境三个方面的问题。

在安全工作中涉及人的因素问题时，采用的术语有"不安全行为"和"人为失误"。不安全行为一般指明显违反安全操作规程的行为，这种行为往往直接导致事故发生。例如，不断开电源就带电修理电气线路而发生触电等。人为失误是指人的行为结果偏离了预定的标准。例如，错开开关使检修中的线路带电，误开阀门使有害气体泄放等。人的不安全行为、人为失误可能直接破坏对第一类危险源的控制，造成能量或危险物质的意外释放；也可能造成物的不安全因素问题，物的不安全因素问题进而导致事故，例如超载起吊重物造成钢丝绳断裂，发生重物坠落事故。

物的不安全因素问题可以概括为物的不安全状态和物的故障（或失效）。物的不安全状态是指机械设备、物质等明显的不符合安全要求的状态，例如没有防护装置的传动齿轮、裸露的带电体等。在我国的安全管理实践中，往往把物的不安全状态称为"隐患"。物的故障（或失效）是指机械设备、零部件等由于性能低下而不能实现预定功能的现象。物的不安全状态和物的故障（或失效）可能直接使约束、限制能量或危险物质的措施失效而发生事故。例如，电线绝缘损坏发生漏电；管路破裂使其中的有毒有害介质泄漏等。有时一种物的故障可能导致另一种物的故障，最终造成能量或危险物质的意外释放。例如，压力容器的泄压装置故障，使容器内部介质压力上升，最终导致容器破裂。物的不安全因素问题有时会诱发人的因素问题，人的因素问题有时会造成物的因素问题，实际情况比较复杂。

环境因素主要指系统运行的环境，包括温度、湿度、照明、粉尘、通风换气、噪声和振动等物理环境，以及企业和社会的软环境。不良的物理环境会引起物的不安全因素问题或人的因素问题。例如，潮湿的环境会加速金属腐蚀而降低结构或容器的强度；工作场所强烈的噪声会影响人的情绪、分散人的注意力而发生人为失误。企业的管理制度、人际关系或社会环境影响人的心理，可能造成人的不安全行为或人为失误。

第二类危险源往往是一些围绕第一类危险源随机发生的现象，它们出现的情况决定事故发生的可能性。第二类危险源出现得越频繁，发生事故的可能性越大。

2.1.3 危险源与事故发生的关联性

一起事故的发生是两类危险源共同作用的结果。第一类危险源的存在是事故发生的前提，没有第一类危险源就谈不上能量或危险物质的意外释放，也就无所谓事故；如果没有第二类危险源破坏对第一类危险源的控制，也不会发生能量或危险物质的意外释放。第二类危险源的出现是第一类危险源导致事故的必要条件。

在事故的发生、发展过程中，两类危险源相互依存、相辅相成。第一类危险源在发生事故时释放出的能量是导致人员伤害或财物损坏的能量主体，决定事故后果的严重程度；第二类危险源出现的难易决定事故发生的可能性的大小。两类危险源共同决定危险源的危险性。

2.2 危险源辨识与控制理论

2.2.1 危险源辨识的方法

危险源辨识是要发现和识别系统中的危险源，尤其是重大危险源。这是一件非常重要的工作，它是危险源控制的基础，只有辨识了危险源之后，才能有的放矢地考虑如何采取措施控制危险源。

重大危险源是指按照《危险化学品重大危险源辨识》（GB 18218—2009）辨识确定，生产、储存、使用或者搬运危险化学品的数量等于或者超过临界量的单元（包括场所和设施）。《危险化学品重大危险源监督管理暂行规定》已于2011年7月22日国家安全生产监督管理总局局长办公会议审议通过，并于2011年12月1日进行公布并开始施行。

由于危险源是"潜在的"不安全因素，比较隐蔽，所以危险源辨识是一件非常困难的工作。在系统比较复杂的场合，危险源辨识工作更加困难，需要利用专门的方法。

危险源辨识方法可以粗略地分为对照法和系统安全分析法两大类。

(1) 对照法：与有关的标准、规范、规程或经验相对照来辨识危险源。有关的标准、规范、规程以及常用的安全检查表，都是在大量实践经验的基础上编制而成的。因此，对照法是一种基于经验的方法，适用于有以往经验可供借鉴的情况。

20世纪60年代以后，国外开始根据标准、规范、规程和安全检查表辨识危险源。例如，美国职业安全卫生局（OSHA）等安全机构制定、发行了各种安全检查表，用于危险源辨识。安全检查表是集合以往事故经验形成的，其优点是简单易行，其缺点是重点不突出，难免挂一漏万。对照法在没有可供参考先例的新开发系统无法应用，因此它很少被单独使用。

(2) 系统安全分析法。系统安全分析法是从安全角度进行的系统分析，通过揭示系统中可能导致系统故障或事故的各种因素及其相互关联来辨识系统中的危险源。系统安全分析法经常被用来辨识可能带来严重事故后果的危险源，也可用于辨识没有事故经验的系统的危险源。例如，拉氏姆逊教授在没有核电站事故先例的情况下预测了核电站事故，辨识了危险源，并被以后发生的核电站事故所证实。系统越复杂，越需要利用系统安全分析法来辨识危险源。

在辨识危险源的过程中，有些潜在危险源往往需要通过一定的方法来进行分析和判断。判断危险源有很多方法，但任何一种方法都必须掌握以下几个环节：确定危险源类型，对可能发生的事故模式及后果进行预测，对事故发生原因及条件进行分析，掌握设备的可靠性、人机工程、安全措施及应急措施。具体的危险源辨识方法如图2.1所示。

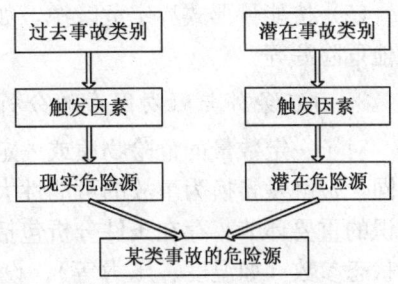

图2.1　危险源辨识的方法

2.2.2　危险源辨识的程序与内容

危险源辨识的主要程序如图2.2所示。

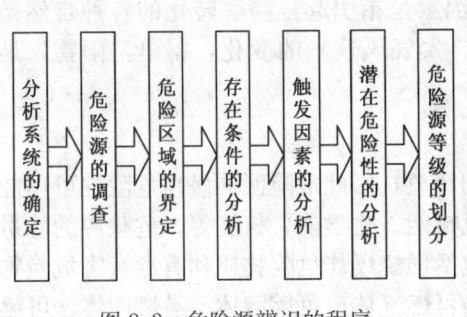

图2.2　危险源辨识的程序

1. 危险源的调查

在进行危险源调查之前，首先确定所要分析的系统，例如，是对整个企业，还是某个车间或某个生产工艺过程。然后对所要分析的系统进行调查，调查的主要内容如下：

（1）生产工艺设备及材料情况，包括工艺布置，设备名称、容积、温度、压力，设备性能，设备本质安全化水平，工艺设备的固有缺陷，所使用的材料种类、性质、危害，使用的能量类型及强度等。

（2）作业环境情况，包括安全通道情况，生产系统的结构、布局，作业空间布置等。

（3）操作情况，包括操作过程中的危险，工人接触危险的频度等。

（4）事故情况，包括过去事故及危害状况，事故处理应急方法，故障处理措施等。

（5）安全防护情况，包括危险场所有无安全防护措施，有无安全标志，燃气、物料使用有无安全措施等。

2. 危险区域的界定

危险区域的界定即划定危险源点的范围。首先应对系统进行划分，可按设备、生产装置及设施划分子系统，也可按作业单元划分子系统。然后分析每个子系统中所存在的危险源点，一般将产生能量或具有能量、物质、操作人员的作业空间，产生聚集危险物质的设备、容器作为危险源点。以危险源点为核心加上防护范围即为危险区域，这个危险区域就是危险源的区域。在确定危险源区域时，可按以下方法界定：

（1）按危险源是固定式还是移动式界定。如运输车辆、车间内的搬运设备为移动式，其危险区域应随设备的移动空间而定，而锅炉、压力容器、储油罐等则是固定危险源，其区域范围也是固定的。

（2）按危险源是点源还是线源界定。一般线源引起的危害范围较点源大。

（3）按危险作业场所来划定危险源的区域。如有发生爆炸、火灾危险的场所，有被车辆伤害的场所，有触电危险的场所，有高处坠落危险的场所，有腐蚀、放射、辐射、中毒和窒息危险的场所等。

（4）按危险设备所处位置作为危险源的区域，如锅炉房、油库、氧气站、变配电站等。

（5）按能量形式界定危险源，如化学危险源、电气危险源、机械危险源、辐射危险源和其他危险源等。

3. 存在条件与触发因素的分析

对于一定数量的危险物质或一定强度的能量，由于存在条件不同，所显现出的危险性也不同，被触发转换为事故的可能性大小也不同。因此，存在条件与触发因素的分析是危险源辨识的重要环节。存在条件分析包括储存条件（如堆放方式、其他物品情况、通风等）、物理状态参数（如温度、压力等）、设备状况（如设备完好程度、设备缺陷、维修保养情况等）、防护条件（如防护措施、故障处理措施、安全标志等）、操作条件（如操作技术水平、操作失误率等）和管理条件等内容。

触发因素可分为人为因素和自然因素。人为因素包括个人因素（如操作失误、不正确操作、粗心大意、漫不经心、心理因素等）和管理因素（如不正确管理、不正确训练、指挥失误、判断决策失误、设计差错、错误安排等）；自然因素是指引起危险源转化的各种自然条件及其变化，如气候条件参数（气温、气压、湿度、大气风速）的变化，雷电，雨雪，地震等。

4. 潜在危险性的分析

危险源转化为事故，其表现是能量和危险物质的释放，因此危险源的潜在危险性可用能量的强度和危险物质的量来衡量。能量包括电能、机械能、化学能、核能等，危险源的能量强度越大，表明其潜在危险性越大。危险物质主要包括燃烧爆炸危险物质和有毒有害危险物质两大类。前者泛指能够引起火灾或爆炸的物质，如可燃气体、可燃液体、易燃固体、可燃粉尘、易爆化合物、自燃性物质、混合危险性物质等；后者系指直接加害于人体，造成人员中毒、致病、致畸、致癌等的化学物质。可根据使用的危险物质量来描述危险源的危险性。表2.1给出了国际劳工局建议用以鉴别重大危险装置的重点物质。表2.2和表2.3为《危险化学品重大危险源辨识》（GB 18218—2009）相关规定。

表2.1 国际劳工局建议用以鉴别重大危险装置的重点物质

物 质 名 称	数量，t	物 质 名 称	数量，t
一般易燃物质： 　易燃气体 　高度易燃液体	 >200 >50000	氨	>500
		氯	>25
		二氧化硫	>250
特种易燃物质： 　氢 　环氧乙烷	 >50 >50	硫化氢	>50
		氰氢酸	>20
		二硫化碳	>200
特种炸药： 　硝酸铵 　硝酸甘油 　三硝基甲苯	 >2500 >10 >50	氟化氢	>50
		氯化氢	>250
		三氧化硫	>75
特殊有毒物质： 　丙烯腈	 >200	特种剧毒物质： 　甲基异氰酸盐 　光气	 >0.15 >0.75

表2.2 危险化学品名称及其临界量（GB 18218—2009）

序号	类别	危险化学品名称和说明	临界量，t
1	爆炸品	叠氮化钡	0.5
2		叠氮化铅	0.5
3		雷酸汞	0.5
4		三硝基苯甲醚	5
5		三硝基甲苯	5
6		硝化甘油	1
7		硝化纤维素	10
8		硝酸铵（含可燃物＞0.2%）	5
9	易燃气体	二丁烯	5
10		二甲醚	50
11		甲烷，天然气	50
12		氯乙烯	50
13		氢	5
14		液化石油气（含丙烷、丁烷及其混合物）	50
15		一甲胺	5
16		乙炔	1
17		乙烯	50
18	毒性气体	氨	10
19		二氟化氧	1
20		二氧化氮	1
21		二氧化硫	20
22		氟	1
23		光气	0.3
24		环氧乙烷	10
25		甲醛（含量＞90%）	5
26		磷化氢	1
27		硫化氢	5
28		氯化氢	20
29		氯	5
30		煤气（CO，CO和H_2、CH_4的混合物等）	20
31		砷化三氢（胂）	12
32		锑化氢	1
33		硒化氢	1
34		溴甲烷	10

续表

序号	类别	危险化学品名称和说明	临界量，t
35	易燃液体	苯	50
36		苯乙烯	500
37		丙酮	500
38		丙烯腈	50
39		二硫化碳	50
40		环己烷	500
41		环氧丙烷	10
42		甲苯	500
43		甲醇	500
44		汽油	200
45		乙醇	500
46		乙醚	10
47		乙酸乙酯	500
48		正己烷	500
49	易于自燃的物质	黄磷	50
50		烷基铝	1
51		戊硼烷	1
52	遇水放出易燃气体的物质	电石	100
53		钾	1
54		钠	10
55	氧化性物质	发烟硫酸	100
56		过氧化钾	20
57		过氧化钠	20
58		氯酸钾	100
59		氯酸钠	100
60		硝酸（发红烟）	20
61		硝酸（发红烟的除外，含硝酸＞70%）	100
62		硝酸铵（含可燃物≤0.2%）	300
63		硝酸铵基化肥	1000
64	有机过氧化物	过氧乙酸（含量≥60%）	10
65		过氧化甲乙酮（含量≥60%）	10
66	毒性物质	丙酮合氰化氢	20
67		丙烯醛	20
68		氟化氢	1

续表

序 号	类 别	危险化学品名称和说明	临界量, t
69	毒性物质	环氧氯丙烷（3-氯—1,2-环氧丙烷）	20
70		环氧溴丙烷（表溴醇）	20
71		甲苯二异氰酸酯	100
72		氯化硫	1
73		氰化氢	1
74		三氧化硫	75
75		烯丙胺	20
76		溴	20
77		乙撑亚胺	20
78		异氰酸甲酯	0.75

表 2.3 未在表 2.2 中列举的危险化学品类别及其临界量（GB 18218—2009）

类 别	危险性分类及说明	临界量, t
爆炸品	1.1A 项爆炸品	1
	除 1.1A 项外的其他 1.1 项爆炸品	10
	除 1.1 项外的其他爆炸品	50
气体	易燃气体：危险性属于 2.1 项的气体	10
	氧化性气体：危险性属于 2.2 项非易燃无毒气体且次要危险性为 5 类的气体	200
	剧毒气体：危险性属于 2.3 项且急性毒性为类别 1 的毒性气体	5
	有毒气体：危险性属于 2.3 项的其他毒性气体	50
易燃液体	极易燃液体：沸点≤35℃且闪点<0℃的液体；或保存温度一直在其沸点以上的易燃液体	10
	高度易燃液体：闪点<23℃的液体（不包括极易燃液体）；液态退敏爆炸品	1000
	易燃液体：23℃≤闪点<61℃的液体	5000
易燃固体	危险性属于 4.1 项且包装为 Ⅰ 类的物质	200
易于自燃的物质	危险性属于 4.2 项且包装为 Ⅰ 类或 Ⅱ 类的物质	200
遇水放出易燃气体的物质	危险性属于 4.3 项且包装为 Ⅰ 类或 Ⅱ 类的物质	200
氧化性物质	危险性属于 5.1 项且包装为 Ⅰ 类的物质	50
	危险性属于 5.1 项且包装为 Ⅱ 类或 Ⅲ 类的物质	200
有机过氧化物	危险性属于 5.2 项的物质	50
毒性物质	危险性属于 6.1 项且急性毒性为类别 1 的物质	50
	危险性属于 6.1 项且急性毒性为类别 2 的物质	500

注：以上危险化学品危险性类别及包装类别依据 GB 12268 确定，急性毒性类别依据 GB 20592 确定。

5. 危险源等级的划分

危险源等级一般按危险源在触发因素作用下转化为事故的可能性大小与发生事故的后果

严重程度划分。危险源分级实质上是对危险源的评价；按事故出现可能性大小可分为非常容易发生、容易发生、较容易发生、不容易发生、难以发生和极难发生；根据危害程度可分为可忽略的、临界的、危险的、破坏性等级别。从控制管理角度，通常根据危险源的潜在危险性大小、控制难易程度、事故可能造成损失情况进行综合分级。

根据《危险化学品重大危险源辨识》（GB 18218—2009）的规定，重大危险源的等级可以分为以下 4 级：

(1) 一级重大危险源，可能造成死亡 30 人（含 30 人）以上的重大危险源；
(2) 二级重大危险源，可能造成死亡 10～29 人的重大危险源；
(3) 三级重大危险源，可能造成死亡 3～9 人的重大危险源；
(4) 四级重大危险源，可能造成死亡 1～2 人的重大危险源。

2.2.3 危险源控制

危险源控制是利用工程技术和管理手段消除、控制危险源，防止危险源导致事故、造成人员伤害和财物损失的工作。危险源控制的基本理论依据是能量意外释放论。

控制危险源主要通过工程技术手段来实现。危险源控制技术包括防止事故发生的安全技术和减少或避免事故损失的安全技术。前者在于约束、限制系统中的能量，防止发生意外的能量释放；后者在于避免或减轻意外释放的能量对人或物的作用。显然，在采取危险源控制措施时，应该着眼于前者，做到防患于未然；同时也应做好充分准备，避免发生事故时事故的扩大或引起其他事故（二次事故），把事故造成的损失限制在尽可能小的范围内。

管理也是危险源控制的重要手段。管理的基本功能是计划、组织、指挥、协调和控制。通过一系列有计划、有组织的系统安全管理活动，控制系统中人的因素、物的因素和环境因素，以有效地控制危险源。

2.2.4 危险性评价

危险性是指某种危险源导致事故、造成人员伤亡或财物损失的可能性。一般地，危险性包括危险源导致事故的可能性和一旦发生事故造成人员伤亡或财物损失的后果严重程度两个方面的问题。

系统危险性评价是对系统中危险源危险性的综合评价。危险源的危险性评价包括对危险源自身危险性的评价和对危险源控制措施效果的评价两方面的问题。

系统中危险源的存在是绝对的，任何工业生产系统中都存在着若干危险源。受实际的人力、物力等方面因素的限制，不可能完全消除或控制所有的危险源，只能集中有限的人力、物力资源消除、控制危险性较大的危险源。在危险性评价的基础上，按其危险性的大小把危险源分类排队，可以为确定采取控制措施的优先次序提供依据。

在采取危险源控制措施后，对其进行危险性评价，可以了解危险源控制措施的实施效果是否达到了预定的要求。如果采取控制措施后危险性仍然很高，则需要进一步研究对策，采取更有效的措施使危险性降低到预定的标准。当危险源的危险性小到可以被忽略时，则不必采取控制措施。

2.2.5 危险源辨识、评价与控制的实施

在危险源辨识的基础上进行危险源评价,根据危险源危险性评价的结果采取危险源控制措施。实际工作中,这三项工作并非严格地按这样的程序分阶段独立进行,而是相互交叉、相互重叠进行的,如图 2.3 所示。

如前所述,系统中存在着大量的不安全因素,按定义都可被看作是危险源。实际上受人力、物力等因素的制约,只能把其中一部分危险性达到一定程度的不安全因素当作危险源来处理,忽略危险性较小的不安全因素。因此,在辨识危险源的过程中也需要进行危险性评价,以判别被考察的对象是否是危险源(不可忽略且必须控制的)。

在选择控制措施控制危险源时,需要对控制措施的控制效果进行评价,通过评价选择最有效的控制措施。这种评价通常是通过对比控制前和控制后危险源的危险性进行的。

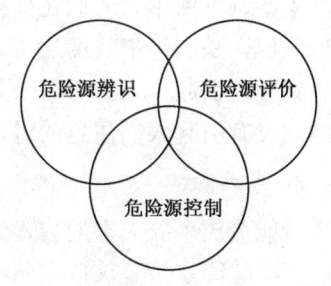

图 2.3 危险源辨识、控制和评价

在采取危险源控制措施后,虽然可以控制原有的危险源,危险源控制措施本身却有可能带来新的危险源和危险性。因此,在进行危险源控制时,仍然需要进行危险源辨识和评价工作。

2.3 事故基本理论

2.3.1 事故的基本概念

1. 事故的含义

事故是指人(个人或集体)在为实现某种意图而进行的活动过程中,突然发生的、违反人的意志的、迫使活动暂时或永久停止的事件。事故的含义包括:

(1)事故是一种发生在人类生产、生活活动中的特殊事件,人类的任何生产、生活活动过程中都可能发生事故。

(2)事故是一种突然发生的、出乎人们意料的意外事件。由于导致事故发生的原因非常复杂,往往包括许多偶然因素,因而事故的发生具有随机性质。在一起事故发生之前,人们无法准确地预测什么时候、什么地方、发生什么样的事故。

(3)事故是一种迫使进行着的生产、生活活动暂时或永久停止的事件。事故中断、终止人们正常活动的进行,必然给人们的生产、生活带来某种形式的影响。事故是一种违背人们意志的事件,是人们不希望发生的事件。

事故是一种动态事件,它开始于危险的激化,并以一系列原因事件按一定的逻辑顺序流经系统而造成损失,即事故是指造成人员伤害、死亡、职业病或设备设施等财产损失和其他损失的意外事件。事故有生产事故和企业职工伤亡事故之分。生产事故是指生产经营活动(包括与生产经营有关的活动)过程中,突然发生的伤害人身安全和健康或者损坏设备、设施,也或者造成经济损失,导致原活动暂时中止或永远终止的意外事件。

事故这种意外事件除了影响人们的生产、生活活动顺利进行之外，往往还可能造成人员伤害、财物损坏或环境污染等其他严重后果。在这个意义上说，事故是在人们生产、生活活动过程中突然发生的、违反人意志的、迫使活动暂时或永久停止，可能造成人员伤害、财产损失或环境污染的意外事件。

事故和事故后果是互为因果的两件事情：由于事故的发生产生了某种事故后果。但是在日常生产、生活中，人们往往把事故和事故后果看做一件事件，这是不正确的。之所以产生这种认识，是因为事故的后果，特别是引起严重伤害或损失的事故后果给人的印象非常深刻，相应地引起了人们对带来某种严重后果的事故的注意；相反地，当事故带来的后果非常轻微，没有引起人们注意的时候，人们也就忽略了事故。

2. 事故原点

可能造成事故灾害的装置、设施或场所是危险源，但一旦发生了事故，它并不就是事故原点。事故原点指是该危险源中事故的原引发点或起始位置。它的显著特征是：

(1) 具有发生事故的初始起点性。
(2) 具有由危险（隐患）到事故的突变性。
(3) 是在事故形成过程中与事故后果有直接因果关系的点。

这三个特征被认为是分析、判定事故原点的充分必要条件。应注意的是，确定事故原点虽是查找事故原因的首要一环，但它并不就是事故原因，在一个单元事故中只能有一个事故原点，而事故原因可能有多个。掌握事故原点是对发生了的事故进行科学调查、分析的基础，也是进行危险性评价、事故预测和采取相应安全对策所必需的。因此，对那些可能成为事故原点的地方必须重点予以评价和防范。发生了燃烧（火灾）特别是爆炸事故以后，由于当事人可能受到了严重伤亡，现场也遭受了破坏，往往不易直接确定事故原点，这时就需要间接地进行推定。推定方法通常有以下三种：

(1) 定义法，即根据事故原点的定义，运用它的三个特征找出原点。此法用于简单的事故分析较为有效。

(2) 逻辑推理法。事故原点虽不是事故原因，但事故致因理论中的逻辑分析方法对于寻找事故原点仍是有用的。即沿着事故因果链进行逻辑推理，并设法取得可能的实证，如物体、机器受损情况，抛掷物飞散方向，残渣残片、炸坑表象等。通过进行综合分析、推理，使事故的形成、发展过程逐渐显现出来。此法用于破坏性大、复杂的火灾、爆炸事故调查分析较为有效。

(3) 技术鉴定法，即收集、利用事故现场事故发生前原有的和事故后留下的各种实证材料，配合一定的理化分析和模拟验证试验，以"再现"事故发生、发展情景。此法适用于重大事故调查分析。

当然，在实际工作中可穿插、综合使用这三种方法。

2.3.2 事故影响因素

事故的发生与否以及事故造成的伤害情况受下列因素影响：人的行为和状态；环境条件和物的状况；管理上的缺陷。环境条件和物的状况不良以及管理上的缺陷可能形成生产中的事故隐患，由于人为原因的触发，就可能形成事故。简言之，事故的发生不外乎是物的不安全状态（或称故障）和人的不安全行为（失误）两大因素共同作用的结果。在能量失控的情况下,人、物两大系统各自运动的交叉点就构成事故的"时空"。图2.4为事故形成过程示意图。

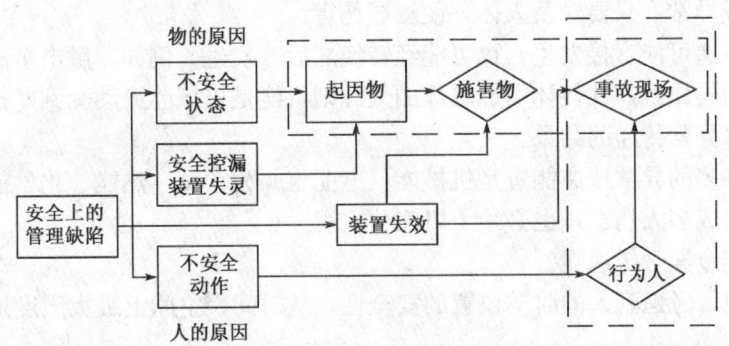

图 2.4 事故形成过程示意图

有些企业虽然为防止伤亡事故做了不少工作,但还存在着某些安全落后于生产发展的情况,也就是说事故预防工作总跟不上生产技术的进步,因而对影响事故的因素也不甚明了。其主要原因在于:

(1) 安全是依附于生产而存在的,生产中如果不发生事故,则往往不能引起人们的注意,看不到安全工作的作用,不仅企业领导人甚至工人本身也不重视安全。

(2) 工业技术不断发展更新,人们对生产中许多潜在性的危险因素一时还认识不清。

(3) 安全生产的经济效益是间接的,看不到、摸不着,只有发生事故并产生了负效益后才感觉出它的存在,这就减少了人们深入进行研究的兴趣。

安全工作很难一下子解决上述问题,主要是由于它本身存在着弱点:一是凭经验和直观地处理生产系统中的安全问题多,由表及里地分析、发现潜在的事故危险少,难以彻底改善安全面貌。二是定性,即"安全"或"不安全"的概念多,而定量概念少,如生产系统究竟有多大安全性,事故发生频率有多大,可能的严重程度有多大,都难以给人们实质性的回答。三是片面、零碎地解决安全问题多,头痛医头,脚痛医脚,而系统、全面地解决问题少。四是没有肯定的目标值。生产任务有目标,而安全问题没有目标值,究竟做到什么程度才算安全问题解决得好,心中无数。

多少年来,安全工作者总想找到一个办法,能够事先预测到发生事故的可能性,掌握事故发生的规律,做出定性和定量评价。为此,首先应当对影响事故的因素加以了解。

1. 事故是能量异常传递的结果

从物理学的观点来看,生产的过程可以看做系统的能量转换和做功的过程。换句话说,系统的运行必然有能量的流动。如机械加工过程就是将输入系统的电能转变为机械能,然后机械能再做功加工产品。然而就整个系统而言,无论是能量转换还是做功,都必须遵循能量守恒定律。

在理想的机械加工系统中,输入到系统中的能量应当等于系统正常行为所做的功,但是在现实系统中总有一部分能量发生损耗。例如,电能的输入和转换过程中必定会产生各种损耗;机械能对外做功时,也会因摩擦等转变成热能向系统外部扩散。这些都被认为是正常损耗,而当发生超出正常范围之外的能量异常传递时就可能造成生产设备不能正常工作或破坏生产机械,并导致人身伤亡。这种违反行为者意志的能量异常传递可能会引起暂时的或永久性的行为中断,这就是通常所说的事故。

能量正常传递和异常传递都有其方向性，即泄漏的方向或人体相阻之逆向。对于事故而言，不仅需注意可能出现的异常传递的途径——方向性，也要注意正常传递的途径——方向性，不论正常或异常，只要触及人体，便构成伤害。

能量异常传递可能直接发生，也可能经转换之后才发生。例如，触电事故就是电能异常传递的结果，而构成爆炸性气体引燃爆炸的火源则可能是机械能流动受到摩擦阻力变成热能而形成的引火源异常传递的结果。

引发事故最多的异常传递能量是机械能，电能也颇为常见。热能、化学能、原子能的异常传递往往会造成多人伤亡，也必须予以充分重视。

如何防止能量异常传递呢？

(1) 设计时，考虑到人的时空位置的安全性，从时间、空间上最大限度地减少能量异常传递的途径。

(2) 装有安全闭锁装置，能量异常传递时马上停止作业或通知操作者避开。

(3) 限制能量大小，防止能量积蓄，控制和延缓能量的释放。

(4) 用封板、挡板隔开机械危险区和人的活动区。

(5) 提高防护标准，采用合适的劳动保护用品。

2. 人的不安全行为和管理缺陷是导致事故的主要原因

一些主矿企业生产过程中的各类伤亡事故百分之八十以上是因为人的不安全行为和管理缺陷所造成的。因此，分析、掌握人的心理变化，加强教育与管理，消除人的不安全行为，减少或避免伤亡事故的发生，是当前安全管理工作的一个重要课题。

从大量的事故调查分析中看到，事故通常是由于人的不安全行为和管理失误所造成的。人的不安全行为变化较大，它不仅受人的思想动机的支配，而且会受政治、经济、社会、家庭环境的影响，同时又与行为人的工作经历、技术条件、安全素质、身体状况有关，有一定随机性和偶然性，缺乏规律，不易把握，难以预测和控制。

以前对事故的调查分析往往只看到一些表面现象，很少研究发生事故时操作者的心理状态和不安全行为出现的原因。分析的结果也大都以责任心不强，纪律松弛，思想麻痹，制度不严，管理不善，违章操作为结论，这种表面的分析和结论，对教育企业领导和责任者，减少因不安全行为造成的事故，其效果并不太大。

实际分析起来，这里面有的是行为人做了他不应该做的事或者做得不对，有的是行为人应该做的事情而实际没去做，有的是因为不安全行为造成了自己或他人伤害。不排除有不安全行为的人可能是有意的，也可能根本不知道自己的行为是不安全行为，因此产生不安全行为的因素也是多种多样的：

(1) 精神状态的因素。主要是指人的思想情绪，这是出现不安全行为的主要因素。因为情绪对一个人的行为具有干扰性的影响，情绪的好坏，精神上的喜、怒、哀、乐、忧最能分散人的精力，从而造成操作上的失误。

(2) 动机冲动的因素。主要是指人想要达到的某种"需要"因受到干扰，一时实现不了，就烦恼、急躁、操作不耐烦、图省力，为尽快达到预想的目的而抢时间、争速度，有章不循，违章操作。

(3) 过于自负的因素。主要是指人盲目自信，总认为这种工作长期以来都是这么做的，习以为常，思想麻痹，粗心大意，满不在乎，存在侥幸心理，即便出了事故也不一定会落到自己头上。

（4）偶然性与必然性的因素。主要是指人凭借所谓的经验，一次违章没出事故，就认为违章操作不会出事故，把一次违章操作的偶然性与长期违章操作必然导致发生事故的必然性混同起来。

（5）理论与实际操作的因素。主要是指人在理论知识上虽懂得，但缺乏实际经验，操作中出现问题时惊慌失措，束手无策，甚至操作失误，酿成事故。

（6）缺乏安全知识的因素。主要是指操作者技术素质低，缺乏安全知识，明明是危险条件却不知有危险，或者凭自己的一知半解，冒险作业，造成事故。

（7）纪律松弛的因素。主要是指操作者思想涣散、纪律松弛，在工作时间内离开岗位、睡觉、说笑打闹，思想开小差，多人操作不注意观察周围环境，进入危险区域忽视警告标志，或进入易燃易爆场所随意吸烟等酿成事故。

（8）人体特征的因素。主要是指操作人员的反应速度，手的灵巧程度以及视力、体力等能否适应工作需要。其中，还有因长时间工作过度疲劳或者睡眠不足、身体欠佳等缺陷，在操作时表现力不从心，失去配合，操作失误而造成事故。

（9）技术与管理因素。主要是指技术措施不当，管理工作上有缺陷，操作者按照错误的规定或者错误的指令去操作，从而导致事故发生。

上述因素分解说明人的不安全行为是部分受心理动机支配的。只有掌握操作者的这种心态，才能找出出现不安全行为、发生事故的真实原因，进行有针对性的教育，采取切实可行的预防对策，消除不安全行为。

此外，企业领导人的行为正确与否，对企业管理人员和操作工人是有很大影响的。有的企业领导人把片面追求高指标、高速度、好效益作为自己的责任，在这种动机支配下，对安全生产中的许多问题视而不见、充耳不闻，甚至为了达到某种需要而直接违章指挥，强令其他人冒险作业，导致操作者的不安全行为，造成伤害事故。

3. 物质条件的不可靠性和不安全性是形成事故的潜在危险

物质条件的好坏，即作为操作对象的机械设备是否可靠，与事故是否发生有着密切的关系。一般地说，事故发生是由于操作者活动失败所致，但如果作为操作对象的物质条件很好（例如有自动防止故障系统），也会得到无伤害的结果；相反，如果作为操作对象的物质条件很差，即使操作者不发生操作失误，那也有可能导致伤害人体的后果。物质条件的不可靠性和不安全性是形成事故的潜在危险。发生事故时，所涉及的物质除了包括生产过程中的原料、燃料、产品、副产品、半成品、废水、废气、废渣、机械设备、工具、附件等与生产有直接关系的物质以外，还包括其他非生产性物质。通常情况下，事故所涉及的物质要比所涉及的人复杂得多。物之所以成为引发事故的原因，是由于物质的固有属性及其具有潜在破坏能力所构成的危险因素的存在。物的不安全状态，是随着生产过程中物质条件的存在而存在的，并且会随着作业方式、作业时间、工艺条件等因素的变化而变化。对于机器设备，在调整后的初期，应有较高的可靠性、安全性，经过一段时间的使用、运转后，由于一些物理和化学的因素（如磨损、腐蚀、疲劳、老化等），使其安全性能逐渐降低，随着使用时间的延长，最终必然会发生事故。可以说，物的不安全状态是构成事故的物质基础，它是客观存在着的事物，是事故的基础原因。它可以由一种不安全状态转换为另一种不安全状态，也可以由一种物质传递给另一种物质。事故的严重程度是随着物质的不安全程度的增大而增大的。从某种意义上说，生产发展和技术进步的过程，就是人们对物的不安全状态的不断认识并逐步克服的过程。当物质的不安全状态未被人们认识的时候，在一定的条件下可以直接转化为事故；而当人们对它有了认识以后，事故的发生通常要通过人的不安全行为对它进行激发。

2.3.3 事故致因理论

事故致因理论是安全原理的主要内容之一，用于揭示事故的成因、过程与结果，所以有时又称事故机理或事故模型。它暂时避开了危险源的具体特点和事故的具体内容与形式，而只是抽象概括地考虑构成系统的人、机、物和环境，因此更具有普遍意义。当事故致因理论和具体的危险源、具体的事故结合时，就可以更科学、更实际、更生动地把可能的事故成因、过程、结果展现在人们面前，故而它是进行危险性分析、安全性评价、对策制定、监控管理以及事故调查分析的有力武器。

到目前为止，人们已提出了十多种事故致因理论，这里重点介绍其中常用的几种。

1. 因果论

事故具有随机性，构成"机"的多个因素之间存在相互依存、相互促进或制约的关系，其中之一就是因果关系。因果关系有继承性，即前一过程的结果往往是引发后一过程的原因。例如，某一事故的发生，最初是由于发生了事件N_1，这是"因"；然后导致了事件N_2，这便是"果"。N_2包含着N_1，它又作为"因"引发了下一过程及结果N_3。如此传递下去，导致了最后的"果"——该事故及其损失。

属于这种因果论的事故模型有线性多因素连锁性、非线性多因素连锁性、线性—非线性复合型以及海因里希的多米诺（Domino）骨牌理论等。日本的北川彻三等人将此理论归纳到了日本的《安全工学便览》中。

北川彻三的模型基于这样的事实和认识，即事故和事故是否造成损失与损失大小是偶然性的，而事故的发生则必有原因，这是必然性的。这些原因可以分为直接原因与间接原因，从间接原因到损失构成了一个反映因果关系的事故链，如图2.5所示。

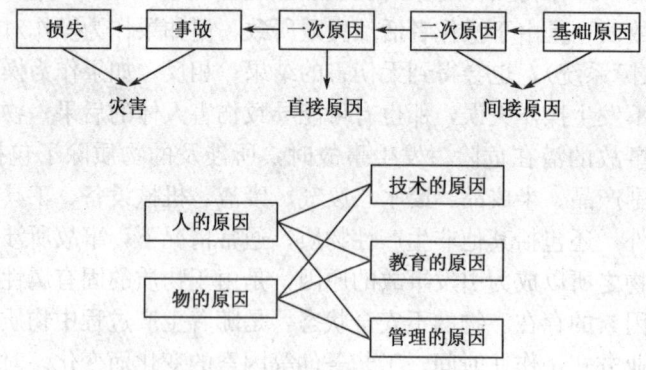

图 2.5 因果关系的事故链

造成事故的直接原因也称一次原因，它出现在事故的当时和现场，包括人的原因即人的不安全行为（失误或误操作）和物的原因即物的不安全状态（含机械设备的缺陷、故障、失效和环境的不良条件）。这二者是间接原因造成的结果。

间接原因又可以区分为两个层次，即二次原因和基础（三次）原因。其中包括：

（1）技术的原因，是指机械设备、计量测量装置、建筑设施、工具护具等设计不当，维护保养与检修不当,工作场所的各环境因素不合适,危险部位防护、警示存在缺陷等。

(2) 教育的原因,是指对相关人员的安全培训不够,从而造成了他们缺乏与自己的岗位、职责相适应的必要安全意识、安全知识、安全技能、安全经验、安全作风、应变能力等安全素质。

(3) 身体的原因,是指作业者身体缺陷(如近视、耳聋),身体不适(如生病、醉酒),疲劳等。

(4) 精神的原因,是指人的精神状态不佳、性格缺陷等,如不满、懈怠、急躁、害怕、不和、愚钝等。

(5) 管理的原因,是指包括企业最高领导人的安全责任心不强,规章制度不明确、不健全,维护保养、监督检查不力,人事与劳动纪律组织管理缺陷等。

(6) 学校教育的原因,是指教育部门对从小学、中学到大学整个人的成长过程中应贯穿的安全教育重视、实施得不够。

(7) 社会、历史的原因,是指政府部门、群众团体整个社会的力量对产业发展和公共安全宣传教育不够,缺乏应有的安全文化氛围的熏陶。

上述(1)～(4)属于二次原因,(5)～(6)属于基础原因。但生产实践和理论分析都表明,其中的技术(或工程)原因、教育原因、管理原因作为平时的安全对策来讲是最重要的,从而技术(工程)对策、教育对策和管理对策(所谓"三E"对策)被视为是防止产业事故灾害的"三大支柱"。后来随着环境问题的突出和范围的扩大,有必要把"环境"单独提出来,这就变成了"四E"安全对策。

基于因果论的事故致因理论,可以得到以下几点重要的启示:

(1) 为了防止产业灾害的发生,在图2.5的事故链中,解决好任意一个环节,都可以收到良好的效果。

(2) 为建立预防产业灾害的四大原则提供了依据。四大原则包括预防可能的原则、损失偶然的原则、原因激起的原则和选定对策的原则。

(3) 基于因果论,对一个系统进行安全分析和评价时,就产生了两种重要而有效的逻辑方法,即演绎法,据结果推理原因,如故障树分析(FTA);归纳法,根据原因推论结果,如事件树分析(ETA)。

2. 轨迹交叉论

一个生产系统一般是由人、机、物构成的,它们共处于一种环境中。轨迹交叉的事故致因理论认为,该系统内事故的发生是由于人的不安全行为与物(机或环境)的不安全状态在同一时空相遇(或逆流能量轨迹交叉)所造成的,有时环境也是造成人的不安全行为与物(机)的不安全状态及它们相遇的条件。这种情况可用图2.6形象地表示出来。

这种理论基于这样的事实,即人、机、物、环境各自的不安全(危险)因素的存在并不立即或直接造成事故,而是需要其他不安全因素的激发。例如,除去保护罩的高速运转皮带轮处于不安全状态,如果穿着了不符合安全规定衣服的人员与之接触(不安全行为)即激发,就会造成绞人的人身伤亡事故;已处于不安全状态的硝化纤维(如已开始显著分解)受到高温环境(不安全条件)的激发后,就会发生自燃以致火灾。

事故统计分析表明,此种理论是正确的。例如,美国在20世纪50年代的统计结果显示,75000件伤亡事故中天灾占2%,可预防的人为灾害占98%,其中与人的不安全行为无关的只占12%。日本1977年对制造业歇工四天以上的104638件事故的统计分析结果是:

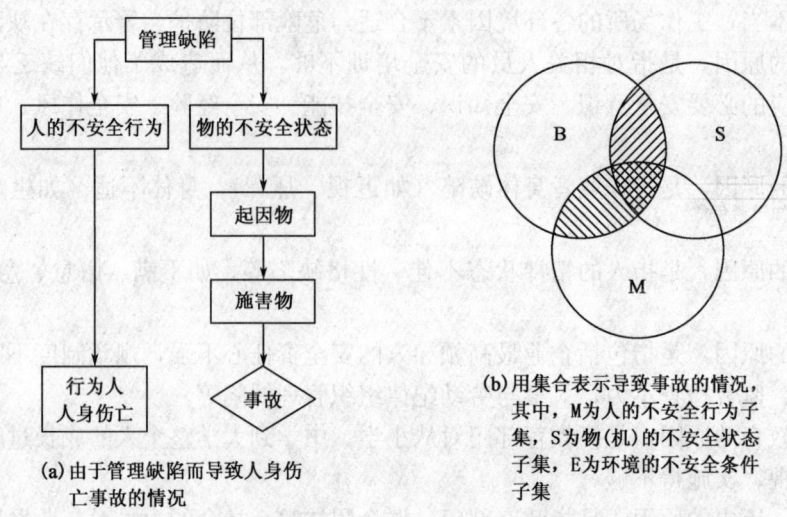

图 2.6 轨迹交叉论事故致因模型

无人的不安全行为的占 5.5%，无物的不安全状态的占 16.5%。日本劳动省对近几年建筑业的重大伤亡事故统计分析结果为：无人的不安全行为的少于 8%，无物的不安全状态的少于 13%，绝大部分都是二者同时作用的结果。

3. 人—环匹配论

人—环匹配论是由瑟利（J. Surly）在 1969 年提出的一种事故致因理论，也称瑟利模型。后来又经安德森加以补充改进而成瑟利—安德森模型。它是把人、机、物、环境组成的一个系统整体归化为人（主体）与环境（客体）两个方面。人包括操作者与指挥（管理）者作为生产系统的主体，主要看他的三个心理学成分——对事件的感知 S，对事件的理解 O，对事件的响应 R；环境（包括机械、物质、环境），作为生产系统中人以外的客体，主要看它的变动性、表象性和可控性。把此系统中一个事故的发生分为危险的形成（迫近）与其演变为事故而致伤害或损坏两个过程。事故是否发生，取决于人与环境的相互匹配和适应情况。该模型具体描述如图 2.7 所示。

图 2.7（a）、（b）表明，在危险形成或迫近的第一个过程以及演变为事故的第二个过程中，如果人都能正确回答所提出的问题（图中记为 O），危险就向消亡或得以控制的方向发展；如果对所提出的问题作出了错误（否定）的回答，危险就会向迫近的方向发展，以至于发展为致伤、致损的事故。

图 2.7（c）体现了人对环境（含机、物）的观察、认识与理解的程度以及运行中的环境是否提供了足够的时间与空间，以适应人的应变素质情况。如果人的回答肯定，则系统可以保证安全；否则必须对系统作适当修改，以适应人的容许行为变异的预期范围。

此模型可以给人们多方面的启示。例如，它表明，为了防止事故，首要且关键的在于发现和识别危险，而这同人的感觉能力、知识技能有关，也同作业环境条件有关。再如，在处理危险的可接受性时，虽然总体上安全与生产是一致的，但在特定时候、特定条件下也会发生暂时的矛盾。如果危险已达紧迫，即使牺牲生产也必须立即采取行动，以保证安全；相反，如果危险离紧迫尚远，在做出恰当估计的条件下还来得及采取其他措施时，就能做到既排除危险、保证安全，又不耽误生产。

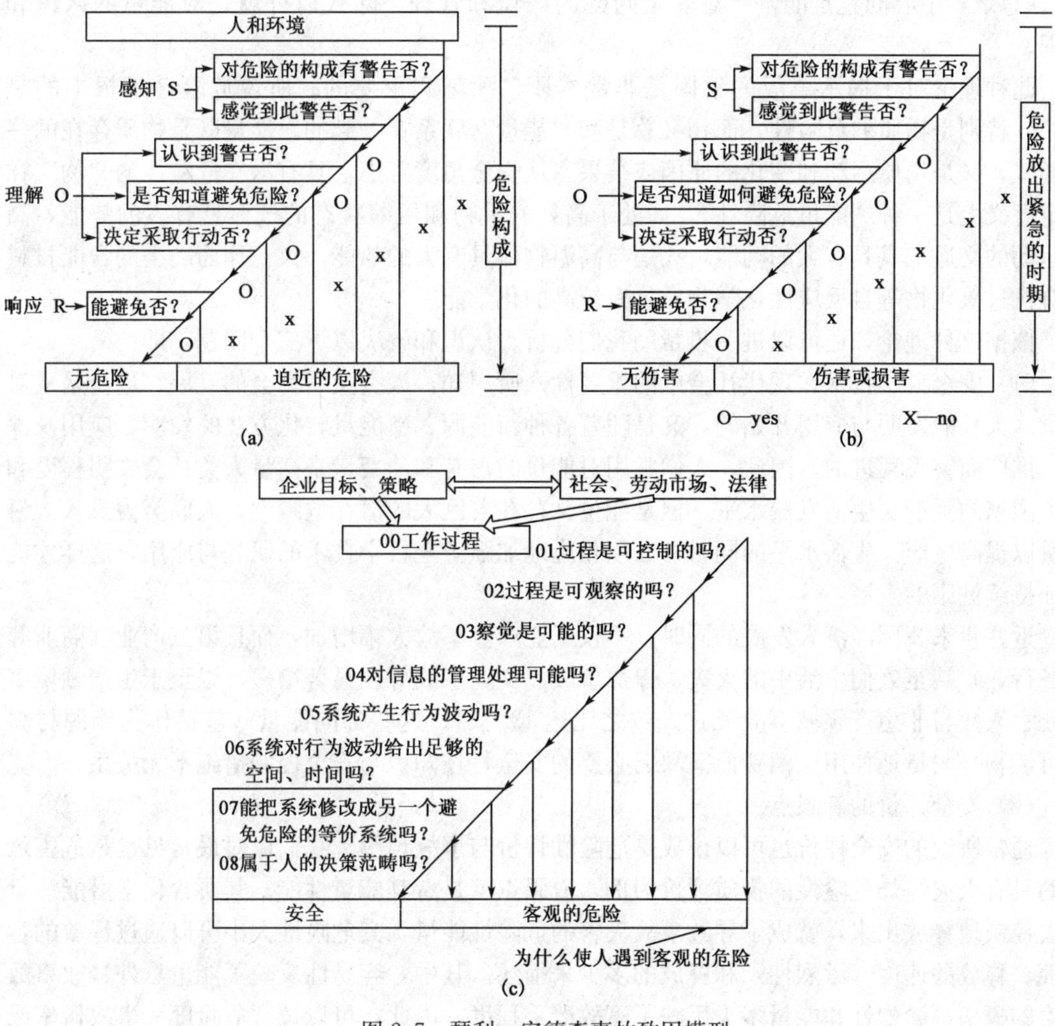

图 2.7 瑟利—安德森事故致因模型

4. 能量转移论

一般一个生产系统及过程大体上可以用图 2.8 的模型来表示。由图可见，向生产系统中输入的工作介质（物流、能流、信息流……统称为流通质）在系统内的传递、作用、变化过程是相互依赖的，能量使机器工作、物质变化，人驱动能量便扩大了人自身能量系统的能力。正常情况下，输入的物质（原材料）在能量作用（能量做有用功）、信息的控制下变为所需要的产品，但如果能量失去控制而作用于人或机器设备，就要造成人员伤亡或机械设备的损坏，这就发生了事故灾害。

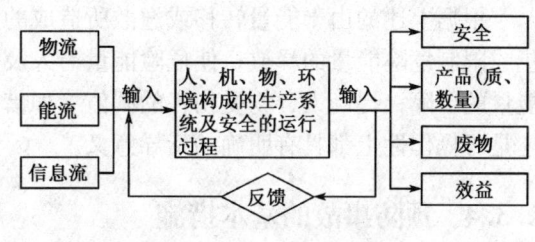

图 2.8 生产系统模型

因此，在关于"为什么会发生事故"、"事故发生经历怎样的过程"所谓事故致因理论的研究中便提出了"能量转移论"。这就是约翰逊关于事故的定义。他说，事故是造成人员伤亡、财产损失或延缓工作进程的所不希望的能量转移，也可以说成是"失控的能量释放或转移"、"能量的逆流（于人体或设备）或逸散"。总之,中心问题是能量。对安全问题的认识和管理,除人以外就是对能量的认识和管理。

此种理论对于揭示事故的致因是非常本质、深刻和重要的。所说危险性最根本的是"物",特别是物质的危险性,而物又总是和"能量"联系在一起的。能量既是物质存在的一种形式,又是物质运动和变化的原因或结果。从安全角度考虑,具有潜在危险性的"物"在一定意义上是一种"能量危险性",如处于高处的重物和压缩状态的气体具有大的势能,高速运动的交通工具具有大的动能,火焰与高温物体具有大的热能,火、炸药之类的含能材料及有机过氧化物等自反应性化学物质具有较高的化学能等。

依据这种理论,还可以进一步帮助我们分析、认识和解决以下三个问题,即:

(1) 安全科学技术在现代社会中的重要性众所周知,人类文明社会的发展、进步是从对能量(火)的发明与应用开始的,又是随着各种新能源、新能量转化方法的发明、应用及深化、推广而突飞猛进的。因此,人们常用对能量的占有和消费量来衡量人类社会文明程度和一个国家的生产、生活发展水平。但是能量又存在着巨大的潜在危险性,人们努力投入大量能量以提高生产、生活水平的同时,必须相应地加强安全科学技术的研究与应用,这样才能保证持续健康的发展。

近些年来我国经济大发展的同时,不仅工业产业事故大幅增加,而且第三产业(商业等服务行业)甚至人们生活中的火灾、爆炸事故、交通事故等也显著增多,以至于生产领域事故死亡人数与非生产领域事故死亡人数之比达 19:81。这些都同能量(包括作为能源材料的可燃物)大量地使用、消费而又缺乏必要的安全科技知识与安全控制措施不无关系。

(2) 安全评价的着眼点。

通常所说的安全评价也可以说成是危险性评价与事故预测。我们以对最常见也是危害最大的具有火灾爆炸危险性的物质评价为例,着眼点就是看其能量性能。其所含化学潜能一旦失去控制地释放出来,就成了导致事故灾害的危险性能量,其危险性大小可以通过释放的容易性、释放的速度(激烈性)和释放的多少来描述。其中,容易性反映了能量意外释放事故发生的概率,激烈性和能量多少反映了事故严重程度。由此,可以按"危险度=事故概率或事故严重度"的关系式来定量估算危险性。目前已开发了多种用于评价能量危险性的方法,例如 DAT、DCS、ARC(Accelerating Rate Calorimeter)、C-80、QRC(Quantitative Reaction Calorimeter)等。

(3) 如何考虑安全对策。

根据上述的由于能量转移或逸散所造成的致因理论,哈登提出了"防止能量的聚集;防止或限制危险能量的释放;使危险能量与人及敏感设备在时空上脱离;设置阻隔或减弱危险能量的屏障;提高人、物受伤害的阀值(如借助于护具)"等安全对策,这无论是在原则上还是可操作性上都具有明确的指导意义。

2.3.4 预防事故的基本措施

1. 理论上事故是可以预防的

事故能否预防可以从理论和实践两方面来说明。从预防事故的原理可以看到,只要消除生产中的不安全因素(人的不安全行为和物的不安全状态),事故就是可以预防的。当然,发生事故的原因是复杂的,特别是在不安全因素涉及人的时候,因为人的状态受各种生理和心理因素的影响。

2. 实践证明事故是可以预防的

从实践中证明事故是可以预防的。不少工厂有长期安全生产的记录。下面主要列举出美国全国安全协会（NSC）《事故真相》（1977年版）以及日本劳动省1968年10月以来（根据青岛贤司《安全管理学》）的统计数据，见表2.4。

表2.4 日本、美国部分工业中最佳无伤害事故记录

工业	连续安全无事故记录，h	
	美国	日本
化学	66645399	2200000～5000000
电气设备	38004393	5000000
纺织	27261284	4700000
汽车	20719687	2600000（运输机械）
金属制品	20023455（薄板）	1400000
机械	17604263	2000000
橡胶	17422846	3500000
钢铁	17133243	1000000～4500000
烟草	14314436	3400000
石油	14300000	3600000（石油、煤炭）
印刷	9611563	3400000
纸浆	9428814	2200000
有色金属	7566115	1200000～3600000
皮革	7310972	2300000
食品	7229953	2000000
建筑	9165858	650000～2200000
采石	3634558	1000000

上述安全记录几乎涉及所有工业，由于各种工业规模不同，发生事故可能性大小不同，统计方法不同，两个国家的安全记录不能进行相互比较，但这些记录足以说明安全记录构成的趋势，而且说明只要采取有效措施，事故是可以预防的。

3. 预防事故的一般规律

针对不同的行业和不同的事故应该采取相应的技术措施，这里介绍预防事故的一般规律。

1）提高人的素质

一切生产活动都是通过人来实现的，为了预防事故，提高人的素质占首要地位。前苏联发生切尔贝利核电站事故后，前苏联核专家、消除事故的功臣瓦列里·阿列克谢耶维奇·列加索夫在探索核事故发生的教训时有许多精辟的见解，他认为主要问题在于人的素质的下降而导致事故的发生。他提出需要防备人损坏技术设备，包括防备设计人员的错误、规划人员的错误和操作人员、维修人员的错误，制造设备中的粗枝大叶都会造成事故隐患。人的素质不仅包括技术素质，也包括职业道德、工作责任心以及工作态度等各个方面。

所有人（包括领导人、普通工人）对安全的态度、人的能力和人的知识技术水平是决定能否实现安全生产、预防事故的关键因素。为了提高人的素质，就必须进行教育。这个教育包括基础文化教育、道德教育、安全教育和专业技术教育。提高人的素质可以提高人在安全生产中的可靠性。

2) 安全管理必不可少

如果在生产管理中选拔的工人能胜任其工作，就比选用一个反应迟钝、能力较差、态度恶劣的工人更能保证安全生产。管理工作中监督检查也很重要，严格的监督检查可以在事故发生前发现工人的不安全行为或不安全状态，从而消除不安全因素。管理工作对提高人和设备的可靠性都具有重要意义。

3) 采取行之有效的技术措施

除了提高人的素质，减少人的失误外，保证设备处于良好状态十分重要。技术措施就是从工程技术上确保各种机器设备处于本质安全状态，也就是提高设备的可靠性。这些技术措施包括从设计、制造、安装、调试、维修及操作等整个过程。这种设备本身应有安全防护措施，如一旦出现危险，能自动报警、停车或消除危险的其他措施，包括使用个人防护装置以及机械防护装置。技术措施是用于弥补一旦出现人为失误时，仍能保证安全生产。

此外，大多数事故并不是突然发生的，事故的发生和发展是按一定规律逐步形成的。事故的发展过程中存在预防事故理论中所提到的征兆，即通常人们所指的事故预兆，这些预兆是可以预测的。只要发现预兆，及时采取措施，就能预防事故的发生，或将事故控制在一般事故而不至于对人和财物造成损失。

思 考 题

(1) 什么是危险源？危险源的类别如何界定？
(2) 危险源辨识的程序如何？试以油库和油气长输管线为对象分析潜在的危险源。
(3) 简述事故的定义及其分类。

参 考 文 献

[1] 吴穹，许开立. 安全管理学 [M]. 北京：煤炭工业出版社，2002.
[2] 沈斐敏. 安全系统工程理论与应用 [M]. 北京：煤炭工业出版社，2001.
[3] 邓琼. 安全系统工程 [M]. 西安：西北工业大学出版社，2009.
[4] 余华军. 石油转储过程的安全性研究 [D]. 武汉：武汉理工大学，2006.
[5] 王如君. 事故致因理论简介（上）[J]. 安全、健康和环境，2005，5（4）.
[6] 如君. 事故致因理论简介（下）[J]. 安全、健康和环境，2005，5（5）.
[7] 阳富强，吴超，覃妤月. 安全系统工程学的方法论研究 [J]. 中国安全科学学报，2009，19（8）.
[8] GB 18218—2009 危险化学品重大危险源辨识

第 3 章 系统安全分析与评价方法

3.1 系统安全分析方法

系统安全分析方法（Analysis Methods of System Safety）在安全系统工程中占有着重要的地位，从某种意义上而言，它是安全系统工程的核心。

目前人们已开发研究了数十种系统安全分析方法，适用于不同的系统安全分析过程。对这些方法可按实行分析过程的相对时间分类，也可按分析的对象、内容分类。从分析的数理方法角度，系统安全分析方法可分为定性分析和定量分析；从分析的逻辑方法角度，可分为归纳法和演绎法。

简单来说，归纳法是从原因推论结果的方法；演绎法是从结果推论原因的方法，这两种方法在系统安全分析中都有应用。从危险源辨识的角度，演绎法是从事故或系统故障出发查找与该事故或系统故障有关的危险源，与归纳法相比较，可以把注意力集中在有限的范围内，提高工作效率；而归纳法是从故障或失误出发探讨可能导致的事故或系统故障，再来确定危险源，与演绎法相比较，可以无遗漏地考察、辨识系统中的所有危险源。实际工作中可以把两类方法结合起来，以充分发挥各类方法的优点。

目前，应用较为广泛的系统安全分析方法主要有以下几种：
(1) 安全检查表（Safety Check List，SCL）；
(2) 预先危害分析（Preliminary Hazard Analysis，PHA）；
(3) 故障类型和影响分析（Failure Model and Effects Analysis，FMEA）；
(4) 危险性和可操作性研究（Hazard and Operability Analysis，HAZOP）；
(5) 事件树分析（Event Tree Analysis，ETA）；
(6) 故障树分析（Fault Tree Analysis，FTA）。

此外还有因果分析（Cause—Consequence Analysis，CCA）、"如果出现异常将会怎样"（What If）分析、管理疏忽和危险树（MORT）分析等方法，可用于特定目的的系统安全分析。

3.1.1 系统安全分析方法的选择

在系统寿命不同阶段的危险源辨识中，应该选择相应的系统安全分析方法。例如，在系统的开发、设计早期可以应用预先危害分析方法；在系统设计或运行阶段可以应用危险性和可操作性研究、故障类型和影响分析等方法进行详细分析，或者应用事件树分析、故障树分析与因果分析等方法对特定的事故或系统故障进行详细分析。表 3.1 列出系统寿命各阶段适用的系统安全分析方法。

表3.1 系统安全分析方法适用情况

分析方法	开发研制	方案设计	样机	详细设计	建造投产	日常运行	改建扩建	事故调查	拆除
安全检查表		√	√	√	√	√	√		√
预先危害分析	√	√		√			√		
危险性和可操作性研究			√	√		√	√	√	
故障类型和影响分析			√	√		√	√	√	
故障树分析			√	√		√	√	√	
事件树分析			√			√		√	
因果分析		√	√			√		√	

在选择系统安全分析方法时，应根据实际情况，并应考虑以下几个问题。

1. 分析的目的

选择系统安全分析方法应该能够满足对分析的要求。虽然系统安全分析的最终目的是辨识危险源，但是在具体工作中可能要求达到一些具体目的。例如，应用系统安全分析方法可能是为了下述目的中的某一个或某几个：

(1) 查明系统中所有的危险源，列出危险源清单。
(2) 弄清危险源可能导致的事故，列出潜在的事故情况清单。
(3) 确定降低危险性的措施或需要深入研究的部位，列出相应清单。
(4) 危险源排序。
(5) 为定量的危险性评价提供数据。

一些系统安全分析方法只能用于查明危险源，而几乎所有的方法都可以用于列出潜在的事故地点清单或者确定降低危险性的措施，只有少数方法可以提供定量的数据。

2. 可获得的资料

分析者可能获得的资料的多少、详细程度、资料的新旧等都会影响对系统安全分析方法的选择。

一般地说，被分析的系统所处的阶段对可能获得的资料有很大影响。例如，分析处于方案设计阶段的系统时，就很难为危险性和可操作性研究或故障类型和影响分析找到足够详细的资料。随着系统年龄的增长，可获得的资料会越来越多，也越来越详细。为了正确地进行分析，应该收集最新的、高质量的资料。

3. 对象的特点

被分析对象的复杂程度和规模、工艺类型、工艺过程中的操作类型，第一类危险源的类型，以及事故和第二类危险源等都会影响对系统安全分析方法的选择。

随着对象复杂程度和规模的增加，有些方法需要的工作量和时间相应地也增加了。针对这种情况应该先用较简捷的方法进行筛选，然后确定分析的详细程度，再选择恰当的分析方法。

有些系统安全分析方法更适用于某些类型的工艺过程或对象，例如，危险性和可操作性研究适用于分析化工类工艺过程，故障类型和影响分析适用于分析机械、电气系统。因此，应该根据被分析对象的类型选择适用的系统安全分析方法。

工艺过程中的操作类型会影响事故发生的情况。有些类型的操作过程中事故的发生是由单一故障（或失误）引起的；有一些类型的操作过程中事故的发生可能是由许多第二类危险源共同起作用的结果。对于前一种情况，可以选择危险性和可操作性研究方法；而对于后一种情况，可以选择事件树分析、故障树分析等方法。

4. 对象的危险性

当对象的危险性较高时，分析者、管理者倾向于采用系统的、严格的、预测性的方法，如危险性和可操作性研究、故障类型和影响分析、事件树分析、故障树分析等；反之，则倾向于采用经验的、不太详细的分析方法，如安全检查表等。

对危险性的认识取决于系统无事故运行时间和严重事故发生次数以及系统变化情况。

5. 其他

影响选择系统安全分析方法的其他因素包括分析者的知识和经验，完成期限，经费支持，分析者和管理者的喜好等。

3.1.2 安全检查表

安全检查表（Safety Check List，SCL）是依据相关的标准、规范，对工程、系统中已知的危险类别、设计缺陷以及与一般工艺设备、操作、管理有关的潜在危险性和有害性进行判别检查；同时，为了避免检查项目遗漏，事先把检查对象分割成若干子系统，以提问或打分的形式将检查项目列表，这种表称为安全检查表。视具体情况可采用不同类型、格式的安全检查表，以便进行有效的分析。该方法可用于工程、系统各个阶段，常用于对熟知的工艺设计进行分析，有经验的人员还要将设计文件与相应的安全检查表进行比较，但也可用于新工艺过程的早期开发阶段。

1. SCL 步骤

一旦确定了分析区域或范围，安全检查表分析一般包括 3 个步骤，即选择或拟定合适的安全检查表，完成分析及编制分析结果文件。

（1）选择或拟定合适的安全检查表。为了编制一张标准的检查表，评价人员应确定安全检查表的标准设计或操作规范，然后依据存在的缺陷和不同编制一系列带问题的安全检查表。编制安全检查表所需资料包括有关标准、规范及规定，国内外事故案例，系统安全分析事例，研究成果等，检查表按设备类型和操作情况提供一系列的安全检查项目。

SCL 是基于经验的分析方法，安全检查表必须由熟悉装置的操作并掌握了相关标准、政策和规程有经验和具备专业知识的人员协同编制。对所拟定的安全检查表，应当是通过回答表中所列问题就能够发现系统设计和操作各个方面与有关标准不符的地方。安全检查表一旦准备好，即使缺乏经验的工程师也能独立使用它，或者是作为其他危险分析的一部分。当建立某一特定工艺过程的详细安全检查表时，应与通用安全检查表对照，以保证其完整性。

（2）完成分析。对已运行的系统，分析组应当视察所分析的工艺区域。在视察过程中，分析人员应将工艺设备和操作与安全检查表进行比较，依据对现场的视察、阅读系统的文件、与操作人员座谈以及个人的理解回答安全检查表项目。当所观察的系统特性或操作特性与安全检查表上表达的特性不同时，分析人员应当记下差异。新工艺过程的安全检查表分析在施工之前常常是由分析组在分析会议上完成,主要对工艺图纸进行审查,完成安全检查表,讨论差异。

(3) 编制分析结果文件。危险分析组完成分析后应当总结视察或会议过程中所记录的差异。分析报告包含用于分析的安全检查表复印件。任何有关提高过程安全性的建议与恰当的解释都应写入分析报告中。

2. SCL 的优点

安全检查表之所以能得到广泛的使用,是因为安全检查表具有以下优点:

(1) 安全检查表通过组织有关专家、学者、专业技术人员,经过详细的调查和讨论,能够事先编制,具有全面性,可以做到系统化、完整化,不漏掉任何能够导致危险的关键因素,及时发现和查明各种危险和隐患。

(2) 安全检查人员能根据安全检查表预定的目标、要求和检查要点进行检查,克服了盲目性,做到突出重点,避免疏忽、遗漏、走过场,提高了检查质量。

(3) 对安全检查表,可以根据已有的规章制度和标准规程等,针对不同的对象和要求编制相应的安全检查表,实现安全检查的标准化、规范化。

(4) 安全检查表具有广泛性和灵活性。对于各种行业、各种岗位操作、设备、设计、各种工种及各类系统,安全检查表都能广泛地适用。安全检查表不仅可以作为安全检查时的依据,同时可以为设计新系统、新工艺、新装备提供安全设计的相关资料。安全检查表使用广泛,灵活多变,可以用于日常的检查,也可以用于定期的检查、事故分析和事故预测等。对安全检查表还可以随时进行修改、补充,使之适用于各种场合。

(5) 依据安全检查表进行检查,是监督各项安全规章制度的实施和纠正违章指挥、违章作业的有效方式。安全检查表能够克服因人而异的检查结果,提高了检查水平,同时也是进行安全教育的一种有效手段,能提高人员的安全意识和安全水平。

(6) 安全检查表具有直观性。它是一种定性的检查方法,采用表格的形式及问答的方式,并对提问项目进行了系统的归类,简明易懂。不同层次的人员都可以掌握和使用安全检查表。

(7) 安全检查表可以作为安全检查人员或现场作业人员履行职责的凭据,有利于分清责任,落实安全生产责任制。

(8) 使用安全检查表有利于安全管理工作的连续改进,实现对安全工作的连续记录。安全检查表可以随着科学技术的发展和标准、规范的变化而随时加以修改和完善。同时,企业也可以根据自己的记录,发现问题并提出改进措施。安全检查表的连续记录可以使新老安全员顺利交接,保证企业安全管理工作的一致性。

3. SCL 的分类

安全检查表的分类方法可以有许多种,如可按基本类型分类,按检查内容分类,也可按使用场合分类。

目前,安全检查表大体有 3 种类型:定性安全检查表、半定量安全检查表和否决型安全检查表。定性安全检查表是通过列出检查要点逐项检查的方式,检查结果以"对"、"否"表示,检查结果不能量化。半定量安全检查表针对每个检查要点赋以分值,检查结果以总分表示,有了量的概念。这样不同的检查对象也可以相互比较,但缺点是检查要点的准确赋值比较困难,而且个别十分突出的危险不能充分地表现出来;我国化工部 1990 年、1991 年、

1992年安全检查表以及中国石化总公司、中国石油天然气总公司安全评价使用的检查表即为此种类型。否决型检查表是指给一些特别重要的检查要点作出标记，这些检查要点如不满足要求，则将检查结果视为不合格，即具有一票否决的作用，这样就可以做到重点突出。

由于安全检查的目的、对象不同，检查的内容也有所区别，因而应根据需要制定不同的安全检查表。如日本消防厅的安全检查表侧重于事故发生后的消防活动，对安全措施进行检查；而日本劳动省的安全检查表则侧重于劳动灾害，对工艺过程的安全管理进行检查。我国化工部1990—1992年发布的3个安全检查表侧重于安全管理；而中国石化总公司、中国石油天然气总公司安全评价方法中的检查表除包括安全管理的内容外，更多地涉及各类生产设备的选型、材质、结构及安全附件等的检查。

安全检查表按其使用场合大致可分为以下几种：

（1）设计用安全检查表，主要供设计人员进行安全设计时使用，也以此作为审查设计的依据。其主要内容包括：厂址选择，平面布置，工艺流程的安全性，建筑物，安全装置、操作的安全性，危险物品的性质、储存与运输，消防设施等。

（2）厂级用安全检查表，供全厂安全检查时使用，也可供安全技改、防火部门进行日常巡回检查时使用。其主要内容包括：厂区内各种产品的工艺和装置的危险部位，主要安全装置与设施，危险物品的储存与使用，消防通道与设施，操作管理以及遵章守纪情况等。

（3）车间用安全检查表，供车间进行定期安全检查。其主要内容包括工人安全，设备布置，通道，通风，照明，噪声、振动、安全标志、消防设施及操作管理等。

（4）工段及岗位用安全检查表，主要用于自查、互查及安全教育。其主要内容应根据岗位的工艺与设备的防灾控制要点确定，要求内容具体。

（5）专业性安全检查表，由专业机构或职能部门编制和使用。主要用于定期的专业检查或季节性检查，如对电气、压力容器、特殊装置与设备等的专业检查表。

4．实例

对汽车加油站建立了火灾爆炸安全检查表，具体见表3.2。

表3.2　汽车加油站火灾爆炸安全检查表

检查单位：　　　　　　　　　　　　　　　　　　　　检查日期：　年　月　日

序号	检查项目	检查要点	备注
1	卸油作业	（1）是否喷溅卸油； （2）是否准确计量空罐容量； （3）司机和加油员是否在场监护； （4）现场跑、冒的油品是否用毛巾、棉纱等回收； （5）罐车来油是否在规定的静置时间后才接卸	根据检查要点，对不符合要求的项： （1）立即整改； （2）按规定严格执行
2	加油作业	（1）加油枪自封件是否损坏； （2）加油箱容量是否估计准确； （3）油箱是否破损； （4）胶管是否有渗漏； （5）加油枪进油口下法兰与吸入管口法兰连接处是否渗漏； （6）油泵、油气分离器排出口是否渗漏； （7）操作是否符合加油规程	
3	清罐作业	是否按要求进行	

续表

序号	检查项目	检查要点	备注
4	罐与管道	(1) 外表面是否做了加强级的防腐处理； (2) 是否定期核对进油量和出油量，以此判断罐体有无渗漏； (3) 罐区周围是否存在腐蚀性废渣以及石块等硬物； (4) 观察罐区覆土隆起情况，以此判断油罐上浮情况； (5) 油罐是否定期检修，防止外力损坏； (6) 管道焊接及法兰连接处是否完好	根据检查要点，对不符合要求的项： (1) 立即整改； (2) 按规定严格执行
5	吸烟	(1) 加强教育，禁止职工将烟火带入站内； (2) 严禁外来人员点火吸烟； (3) 注意加油场地、站房内外是否有烟头	
6	不正常动火作业	(1) 是否有动火管理制度； (2) 在禁区动火前是否按规定办理动火证； (3) 动火前是否按规定做好各项安全准备工作（如检测油蒸气浓度）； (4) 动火作业人员是否经过严格考核； (5) 严禁外来车辆在站内修理	
7	静电火花	(1) 是否喷溅卸油、卸油管口距罐底是否小于 0.2m； (2) 卸油管是否进行了有效接地； (3) 卸油速度是否在规定范围内，发现流速过快是否及时纠正； (4) 卸油场地是否有静电接地装置，油罐车是否接地，接地电阻是否在允许范围内； (5) 加油枪是否接地； (6) 是否向塑料容器直接灌注汽油； (7) 加油速率是否在规定范围内； (8) 是否在卸油作业过程中进行量油； (9) 卸油后是否静置 15min 后才进行人工检尺量油； (10) 操作人员是否穿易产生静电的服装进入油气区工作	根据检查要点，对不符合要求的项： (1) 立即整改； (2) 按规定严格执行； (3) 建立有关制度，完善管理
8	雷击火花	(1) 是否按规定进行防雷接地和保护； (2) 是否定期进行防雷接地电阻值的测量，发现超过规定值是否立即采取措施； (3) 是否采用不会产生火花的防静电地面	
9	电气火花	(1) 是否在爆炸危险区域使用非防爆设备； (2) 防爆电气设备的质量是否符合要求； (3) 在防爆电气设备运行期间是否定期检修； (4) 发现有失爆可能，是否及时维护修理； (5) 电气线路是否老化短路； (6) 电缆沟内是否充沙填实； (7) 是否在营业室、休息间、值班室使用电炉、电饭煲、热得快等； (8) 加油站停电或夜间作业时是否采用非防爆灯具进行照明作业	
10	火星	(1) 机动车是否熄火加油，拖拉机、摩托车是否推离危险区域后发动； (2) 是否在爆炸危险区域接打手机产生电磁火星	
11	撞击摩擦火灾	(1) 是否穿带铁钉鞋进入油气区域接近易燃易爆装置； (2) 是否在油气区用黑色金属或工具敲打、撞击和作业	

3.1.3 预先危害分析

预先危害分析（PHA）主要用于新系统设计、已有系统改造之前的方案设计和选址阶段，在没有掌握详细资料的时候，用来分析、辨识可能出现或已经存在的危险源，并尽可能在付诸实施之前找出预防、改正、补救措施，以消除或控制危险源。

预先危害分析的优点在于允许人们在系统开发的早期识别、控制危险因素，可以用最小的代价消除或减少系统中的危险源，它能为制定整个系统寿命期间的安全操作规程提供依据。

1. PHA 程序

在进行预先危害分析时，首先利用安全检查表、经验和技术判断的方法查明第一类危险源存在部位，然后识别使第一类危险源演变为事故的第二类危险源（触发因素和必要条件），研究可能的事故后果及应该采取的措施。

预先危害分析包括准备、审查和结果汇总三个阶段的工作：

1) 准备工作

在进行分析之前，要收集对象系统的资料和其他类似系统或使用类似设备、工艺物质的系统的资料。关于对象系统，要弄清其功能、构造，为实现其功能选用的工艺过程、使用的设备、物质、材料等。由于预先危害分析是在系统开发的初期阶段进行的，所以可以获得的有关对象系统的资料是有限的，在实际工作中需要借鉴类似系统的经验来弥补对象系统资料的不足，应该尽可能获得类似系统、类似设备的安全检查表。

2) 审查工作

通过对方案设计、主要工艺和设备的安全审查，辨识其中的主要第一类危险源及其相关的第二类危险源，也包括审查设计规范和采取的消除、控制危险源的措施。

一般应按照预先编好的安全检查表进行审查，其主要审查内容包括以下几个方面：

（1）危险设备、场所、物质（第一类危险源）；

（2）有关安全的设备、物质间的交接面，如物质的相互反应，火灾爆炸的发生及传播，控制系统等；

（3）可能影响设备、物质的环境因素，如地震、洪水、高（低）温、潮湿、振动等；

（4）运行、试验、维修、应急程序，如人失误造成后果的严重性，操作者的任务，设备布置及通道情况，人员防护等；

（5）辅助设施，如物质、产品储存，试验设备，人员训练，动力供应等；

（6）有关安全的设备，如安全防护设施、冗余设备、灭火系统、安全监控系统、个人防护用品等。

根据审查结果，确定系统中的主要危险源，研究其产生的原因以及可能导致的事故。根据导致事故原因的重要性和事故后果的严重程度，对危险源进行粗略的分类，一般可以把危险源划分为 4 级：

Ⅰ级——安全的，可以忽略；

Ⅱ级——临界的，有导致事故的可能性，事故后果轻微，应该注意控制；

Ⅲ级——危险的，可能导致事故、造成人员伤亡或财产损失，必须采取措施加以控制；

Ⅳ级——灾难的，可能导致事故、造成人员严重伤亡或财产巨大损失，必须设法消除。

针对辨识出的主要危险源，可以通过修改设计、增加安全措施来消除或控制它们，从而达到系统安全的目的。

3) 结果汇总工作

为方便起见，PHA 的分析结果以表格的形式予以记录。其内容包括识别出的危险、原因、主要后果、危险等类以及改正或预防措施。表 3.3 是 PHA 分析结果记录的表格式样。有些公司还添加其他栏目以记录重要项目的实施时间和负责人以及实际采用的改正措施等。PHA 分析结果表常作为 PHA 的最终产品提交给装置设计人员。

表 3.3 PHA 记录表格

区域：＿＿＿＿＿＿＿ 会议日期：＿＿＿＿＿＿＿
图号：＿＿＿＿＿＿＿ 分析人员：＿＿＿＿＿＿＿

危　险	原　因	主　要　后　果	危险等级	建议改正或预防的措施

2. PHA 优点、缺点及适用范围

PHA 是进一步进行危险分析的先导，是一种宏观的概略定性分析方法。在项目发展初期使用 PHA 有如下优点：

（1）它能识别可能的危险，用较少的费用或时间就能进行改正。

（2）它能帮助项目开发组分析和设计操作指南。

（3）该方法简单易行且经济、有效。

因此，对固有系统中采取新的操作方法，接触新的危险物质、工具和设备时，采取 PHA 方法比较合适，从一开始就能消除、减少或控制主要的危险。当只希望进行粗略的危险和潜在事故情况分析时，也可利用 PHA 对已建成的装置进行分析。

3. PHA 方法应用实例

大型油罐罐体巨大，储存油量多，一旦发生事故，将会造成巨大经济损失，还可能带来火灾爆炸等严重危害。油罐事故主要有浮顶沉船、基础不均匀下沉、罐体裂纹与砂眼以及腐蚀穿孔等。油罐在运营中，因管理不善、操作失误、报警系统失灵等还可能发生冒罐跑油。另外，在对储罐清理时，安全措施失误也可能会导致事故发生。储油罐的预先危险性分析结果见表 3.4。

表 3.4 储油罐的预先危险性分析结果

事　故	原　因	主　要　后　果	危险等级	预防措施
浮顶沉船	（1）浮顶安全系数设计过小，未设紧急排水口，或刮蜡机设计不合理； （2）浮盘变形，转动扶梯与轨道卡死，中央升降管升降不灵活，浮盘密封圈损坏撕裂翻转，导向柱安装超差； （3）刮蜡不净，暴雨时中央排水管不畅，浮盘腐蚀进油，进油速度过快损坏浮盘，收付油超过安全限度	导致巨大设备经济损失和油品溢出，罐体不稳，底板及罐壁撕裂，原油外泄	2～3	（1）按规范设计，精心制造，加强监督； （2）进油、付油按规程操作； （3）防止浮盘锈蚀； （4）保持油罐高位、低位报警器装置及开、停泵联锁装置完好； （5）加强管理，发现浮盘倾斜，应及时采取防倾覆措施

续表

事 故	原 因	主要后果	危险等级	预防措施
基础不均匀下沉	(1) 库址地质条件差； (2) 地基处理不好； (3) 罐底板强度设计有误； (4) 地震、滑坡等造成罐体偏移	罐体不稳，底板及罐壁撕裂，导致原油外泄	2~3	(1) 取得准确地址资料，据此进行可靠的基础设计； (2) 对基础施工质量进行监察； (3) 安装抗震装置
罐体裂纹与砂眼	(1) 钢板存在脆性，存在焊接应力、缺陷，基础下沉，内部超压； (2) 严寒气候下钢板存在冷脆性； (3) 钢板存在质量缺陷，施工质量差	油气泄漏，原油渗漏或跑油、着火	2~3	(1) 加强对钢板质量的管理； (2) 做好罐体保温； (3) 加强焊接施工管理
腐蚀穿孔	(1) 油中存在水分、杂质，发生电化学腐蚀； (2) 罐清洗后残液未处理干净； (3) 空气腐蚀	油气泄漏，原油渗漏或跑油、着火	2~3	(1) 做好防腐蚀（采取阴极保护，涂防腐层）； (2) 定期进行罐体检查和维护； (3) 规范操作

3.1.4 故障类型和影响分析

故障类型和影响分析（FMEA）是以可能发生的不同类型的故障为起点对系统的各组成部分、元素进行的系统安全分析。首先要找出系统中各组成部分及元素可能发生的故障及其类型，查明各种类型故障对邻近部分或元素的影响以及最终对系统的影响，然后提出避免或减小这些影响的措施。最初的故障类型和影响分析只能做定性分析，后来在分析中包括了对故障发生难易程度的评价或发生概率的分析，更进一步地把它与危险度分析结合起来，构成故障类型和影响、危险度分析（Failure Modes，Effects and Criticality Analysis，FMECA）。这样，如果确定了每个元素故障发生概率，就可以确定设备、系统或装置的故障发生概率，从而定量地描述故障的影响。

1. 故障类型

系统或元素在运行过程中由于性能低下而不能实现预定功能，称为发生故障。

产品或设备发生故障的机理十分复杂，故障类型是由不同故障机理显现出来的各种故障现象的表现形式，因而也很复杂。一般来说，一件产品或一台设备往往有多种故障类型。表3.5列出一般机电产品、设备常见的故障类型。

只有弄清产品、设备、元件的全部故障类型及其影响，才能恰当地采取防止发生故障的措施。有时忽略了一些故障类型，则可能因为没有采取防止这些类型故障的措施而发生事故。例如，美国在研制NASA卫星系统时，仅考虑了旋转天线汇流环开路故障而忽略了短路故障，结果由于天线汇流环短路故障导致发射失败，造成1亿多美元的损失。

要了解产品、设备、元件的故障类型，需要具有大量的实际工作经验，特别是通过故障类型和影响分析来积累这些经验。

表 3.5　一般机电产品、设备常见的故障类型

序号	故障类型	序号	故障类型	序号	故障类型	序号	故障类型
1	结构破损	9	外漏	17	假运行	25	输出量过大
2	机械性卡住	10	超出允许上限	18	不能开机	26	输出量过小
3	振动	11	超出允许下限	19	不能关机	27	无输入
4	不能保持在指定位置上	12	间断运行	20	不能切换	28	无输出
5	不能开启	13	运行不稳定	21	提前运行	29	电短路
6	不能关闭	14	意外运行	22	滞后运行	30	电开路
7	误关	15	错误指示	23	输入量过大	31	漏电
8	内漏	16	流动不畅	24	输入量过小	32	其他

2. 故障类型和影响分析程序

1) 确定对象系统

进行故障类型和影响分析之前，必须确定被分析的对象系统的边界条件和分析的详细程度。

确定对象系统的边界条件包括以下内容：

（1）明确作为分析对象的系统、装置或设备。

（2）确定要分析的系统边界。划清对象系统、装置、设备与邻接系统、装置、设备的界线，固定所属的元素（设备、元件）。

确定系统分析的边界，包括两方面的问题：

①明确分析时不需要考虑的故障类型、运行结果、产生原因或防护装置等。例如，在分析故障原因时不考虑飞机坠落到系统上、地震、龙卷风等。

②明确初始运行条件或元素状态等，例如，作为初始运行条件，必须明确正常情况下阀门是开启还是关闭的。

（3）收集元素的最新资料，包括其功能、与其他元素之间的功能关系等。

分析的详细程度取决于被分析系统的规模和层次。例如，选定一座化工厂作为对象系统时，故障类型和影响分析应着眼于组成工厂的各个生产系统，如供料系统、间歇混合系统、氧化系统、产品分离系统和其他辅助系统等，分析这些系统的故障类型及其对工厂的影响。当把某个生产系统作为对象系统时，应该分析构成该系统的设备的故障类型及其影响。当以某一台设备为分析对象时，则应分析设备的各组成部件的故障类型及其对设备的影响。当然，分析各层次故障类型和影响时，最终都要考虑它们对整个工厂的影响。

2) 分析系统元素的故障类型及其产生原因

在分析系统元素的故障类型时，要把它视为故障原因产生的结果。首先，找出所有可能的故障类型，同时找出造成每种故障类型的可能原因，最后确定系统元素的故障类型。

确定故障类型可以从以下两方面着手：

（1）如果分析对象是已有元素，则可以根据以往运行经验或试验情况确定元素的故障类型。

（2）如果分析对象是设计中的新元素，则可以参考其他类似元素的故障类型，或者对元素进行可靠性分析来确定元素的故障类型。

一般地，针对一个元素可能至少存在 4 种可能的故障类型：

——意外运行；

——不能按时运行；

——不能按时停止；

——运行期间的故障。

3）研究故障类型的影响

在假设其他元素都能正常运行或处于可以正常运行的状态的前提下，应系统、全面地研究、评价一个元素的每种故障类型对系统的影响。

研究故障类型的影响，可以通过考察主要的系统参数及其变化来确定故障类型对系统功能的影响，有时也可以通过建立故障后果的物理模型或根据经验来研究元素故障类型的影响。通常从三个方面来研究元素故障类型的影响：

——该元素故障类型对相邻元素的影响，它们可能是其他元素故障的诱因。

——该元素故障类型对整个系统的影响。作为一种危险源辨识方法，故障类型和影响分析更重视元素故障类型导致重大系统故障或事故的情况。

——该元素故障类型对邻近系统的影响及其对周围环境的影响。

4）故障类型和影响分析表

利用预先准备好的表格，可以系统、全面地进行故障类型和影响分析。在分析结束后将分析结果汇总，编制一览表，可以简明地显示全部分析内容。故障类型和影响分析表格形式很多，分析者可以根据分析的目的、要求设立必要的栏目。

3. FMECA方法应用实例

对起重机的两种主要故障（钢丝绳过卷和切断）进行的故障类型和影响、危险度分析见表3.6。

表3.6 起重机的故障类型和影响、危险度分析（部分）

检查项目	构成因素	故障模式	故障影响	危险度	故障发生概率	检查方法	校正措施和注意事项
防止过卷装置	电气零件	动作不可靠	误动作	大	10^{-2}	通电检查	立即修理
	机械部分	变形生锈	破损	中	10^{-4}	观察	警戒
	安装螺栓	松动	误报、漏报	小	10^{-3}	观察	立即修理
钢丝绳	绳	变形、扭结	切断	中	10^{-4}	观察	立即更换
	单根钢丝	15%切断	切断	大	10^{-1}	观察	立即更换

注：(1) 危险度：大（危险）；中（临界）；小（安全）。
(2) 校正措施：立即停止作业；看准机会修理；注意。
(3) 发生概率：非常容易发生为 10^{-1}；容易发生为 10^{-2}；偶尔发生为 10^{-3}；不太发生为 10^{-4}；几乎不发生为 10^{-5}；很难发生为 10^{-6}。

3.1.5 危险性和可操作性研究

危险性与可操作性研究（HAZOP）是运用系统审查方法全面地审查工艺过程，对各个部分进行系统的提问，发现可能偏离设计意图的情况，分析其产生原因及后果，并针对其产生原因采取恰当的控制措施。由于通常用系统温度、压力、流量等过程参数的偏差来判断偏离设计意图的情况，因此HAZOP特别适用于石化工业的系统安全分析。

实施HAZOP需要由一组人而不是一人实行，这一点有别于其他系统安全分析方法。

通常，分析小组成员应该包括相关各领域的专家，采用头脑风暴法（Brain Storming）来进行创造性的工作。

1. 基本概念和术语

危险性和可操作性研究中要用到许多专门术语，常用的术语有：

（1）意图（intention），希望工艺的某一部分完成的功能，可以用多种方式表达，在很多情况下用流程图描述。

（2）偏离（deviation），背离设计意图的情况，在分析中常运用引导词系统地审查工艺参数来发现偏离。

（3）原因（cause），引起偏离的原因，可能是物的故障、人的失误、意外的工艺状态（如成分的变化）或外界破坏等。

（4）后果（result），偏离设计意图所造成的后果（如有毒物质泄漏等）。

（5）引导词（guide words），在辨识危险源的过程中引导、启发人的思维，对设计意图定性或定量描述的简单词语。表3.7给出了危险性和可操作性研究常用的引导词。

表3.7 危险性和可操作性研究常用的引导词

引导词	意义	注释
没有或不	对意图的完全否定	意图的任何部分均没有达到，也没有其他事情发生
较多	量的增加	原有量正增值，或原有活动的增加
较少	量的减少	原有量负增值，或原有活动的减少
也，又	量的增加	与某些附加活动一起，达到全部设计或操作意图
部分	量的减少	只达到一些意图，没达到另一些意图
反向	与意图相反	与意图相反的活动或物质
不同于	完全替代	没有一部分达到意图
非	—	发生完全另外的事情

（6）工艺参数，有关工艺的物理或化学特性，它包括一般项目，如混合、浓度、pH值等，以及特殊项目，如温度、压力、相态、流量等。

当工艺的某个部分或某个操作步骤的工艺参数偏离了设计意图时，系统的运行状态将发生变化，甚至造成系统故障或事故。

在进行危险性和可操作性研究时，依次利用引导词，如"不（没有）"、"较多"、"较少"等，设想对象部分或操作步骤出现了由引导词与工艺参数相结合而构成的与意图的偏离，如"没流量"、"流量过大"等，就可以详细地分析出现偏离的可能原因、偏离可能造成的后果，进而研究为防止出现偏离所应该采取的措施。

表3.8列出对一般生产工艺进行危险性和可操作性研究时常用的工艺参数。表3.9列出引导词与工艺参数相结合设想偏离的例子。

表3.8 HAZOP中常用的工艺参数

序号	工艺参数	序号	工艺参数	序号	工艺参数	序号	工艺参数
1	流量	5	时间	9	频率	13	混合
2	压力	6	成分	10	粘度	14	添加
3	温度	7	pH值	11	浓度	15	分离
4	液位	8	速度	12	电压	16	反应

表 3.9　应用引导词与工艺参数设想偏离的例子

引导词	+	工艺参数	=	偏离
没有	+	流量	=	没流量
较多	+	压力	=	压力升高
又	+	一种相态	=	两种相态
非	+	运行	=	维修

2．分析程序

1）准备工作

危险性和可操作性研究的准备工作包括以下内容：

（1）确定分析的目的、对象和范围。

首先，必须明确进行危险性和可操作性研究的目的，确定研究的系统或装置等。分析目的可以是审查一项设计，如选择对公众最安全的厂址；也可以是审查现行的指令、规程是否完善，以及找出工艺过程中的危险源等。在确定研究对象时要明确问题的边界、研究的深入程度等。

（2）成立研究小组。

开展危险性和可操作性研究要依靠集体的智慧和经验。小组成员以 5～7 人为宜，应该包括有关各领域专家、对象系统的设计者等。

（3）获得必要的资料。

危险性和可操作性研究资料包括各种设计图纸、流程图、工厂平面图、等比例图和装配图，以及操作指令、设备控制顺序图、逻辑图或计算机程序，有时还需要工厂或设备的操作规程和说明书等。

（4）制订研究计划。

在收集了足够的资料之后，要制订研究计划。首先要估计研究工作需要的时间，根据经验估计分析每个工艺部分或操作步骤耗费的时间，再估计全部研究需耗费的时间。然后安排会议和每次会议研究的内容。

2）开展审查

通过会议的形式对工艺的每个部分或每个操作步骤进行审查。会议组织者以各种形式的提问来启发小组成员，让小组成员对可能出现的偏离、偏离的原因与后果及应采取的措施发表意见。具体工作程序如图 3.1 所示。

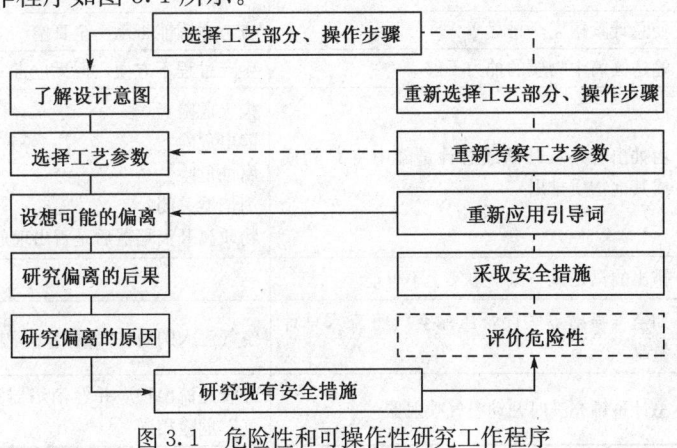

图 3.1　危险性和可操作性研究工作程序

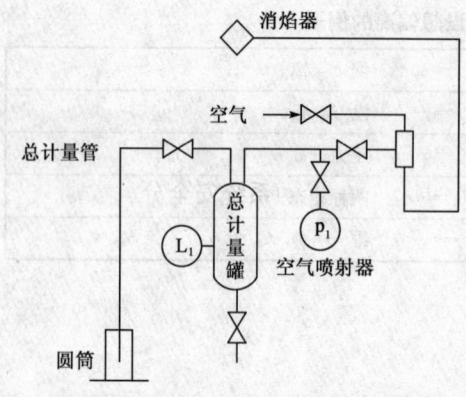

图 3.2 间歇式化工工艺系统（局部）

3. HAZOP方法应用实例

图 3.2 为某间歇式化工工艺系统，在运行中，须将 100L 的 C 物质从圆筒经计算管装入总计量罐。该操作步骤包括两个工艺参数，即从总计量罐中排出空气和将一定流量物质 C 由圆筒经空气喷射器装入总计量罐。分别利用 7 个引导词与这两个工艺参数相结合，设想可能出现的偏离，并研究偏离的原因和后果，得到表 3.10 和表 3.11 的结果。

3.1.6 事件树分析

事件树分析（ETA）是一种按事故发展的时间顺序由初始事件开始推论可能的后果，从而进行危险源辨识的方法。

表 3.10 将一定流量 C 物质装入总计量罐可能出现的偏离

偏 离	原 因	后 果
不装入 C	得不到 C，阀门关闭	无危险
装入较多 C	装入 100L 以上	如果罐已装满而喷射器启动，C 物质流入空气喷射器，危险；如果装入总计量罐过量，应考虑如何安全地将它排出
装入较少 C	装入不足 100L	此时无危险
也装入 C	得到 C 物质与其他物质的混合物，列出可能产生的混合物	可能的危险混合物产生
装入一部分 C	无意义，C 不是几种物质的混合物	—
反向装入 C	从总计量罐流入圆筒	物质溢出
而不装入 C	与圆筒中的物质相混，列出其他物质	总计量罐中可能发生反应或腐蚀

表 3.11 从总计量罐中排出空气可能出现的偏离

偏 离	原 因	后 果
不排出空气	无空气供应 喷射器故障 阀门关闭	生产过程不方便，但无危害
排出较多空气	使总计量罐完全排尽	应考虑罐能否承受全真空
排出较少空气	输送圆筒中物质的抽力不够	生产过程不方便，但无危害
也排出空气	由抽出管路从圆筒或总计量罐中将 C 物质或其他物质排出	失火危险？ 静电危险？ 腐蚀危险？ 消焰器关闭？ 物质离开消焰器后是否出现危险？它们流入何处？
排出部分空气	排出的只是氧与氮，事实上不可能	—
反向排出空气	如空气喷射器关闭，压缩空气将流入总计量罐	空气流入圆筒并喷洒出圆筒中的物质？
而不排出空气	总计量罐充满时开动空气喷射器	经管路流出物质并经消焰器流出，与"也排出空气"危险相同

一起事故的发生是多种原因事件相继发生的结果，其中一些事件的发生是以另一些事件首先发生为条件的。事件树分析以一个初始事件为起点，按每个事件可能的后续事件只能取完全对立的两种状态（成功或失败，正常或故障，安全或危险等）之一的原则，逐步向结果方面发展，直到达到系统故障或事故为止。

事件树分析起源于决策树（Decision Tree）分析，是一种归纳的系统安全分析方法，可以用于定性分析，也可以用于定量分析。

这种系统安全分析方法最初用于核电站的安全分析，并且迄今为止仍然是核电站采用的主要系统安全分析方法之一。由于事件树分析方法特别适用于表达事件之间的时间顺序，在其他工业领域也有广泛应用。

1. 事件树的定性分析

事件树的定性分析是通过编制事件树，研究系统中的危险源如何相继出现而最终导致事故、造成系统故障或事故。为此，需要确定初始事件、发展事件以编制事件树。

1）编制事件树

（1）确定初始事件。

事件树分析是一种系统地研究作为危险源的初始事件如何与后续事件形成事故连锁而导致事故的方法。因此，正确选择初始事件十分重要。初始事件可以是系统或设备的故障、人为失误或工艺参数偏离等可能导致事故的事件。如果选择的初始事件直接导致事故，则应利用故障树分析而不用事件树分析。一般地，初始事件是一种先行事件，针对它，一些系统、屏蔽或程序将作出反应，消除或减轻其影响。

可以用以下两种方法确定初始事件：

①根据系统设计、系统危险性评价、系统运行经验或事故经验等确定。

②根据系统重大故障或事故的原因，从中间事件或初始事件中选择。在核电站系统安全分析中，经常采用这种方法确定事件树的初始事件。

（2）判定安全功能。

系统中包含许多安全功能（安全系统、操作者的行为等），在初始事件发生时，消除或减轻其影响，以维持系统的安全运行。常见的系统安全功能有：

①提醒操作者发生初始事件的报警系统；

②根据报警或程序要求操作者采取的措施；

③缓冲装置，如减振、压力泄放系统或持放系统；

④局限措施或屏蔽措施等。

（3）发展事件树和化简事件树。

从初始事件开始，自左至右发展事件树。首先考察初始事件一旦发生时应该最先起作用的安全功能，把可能发挥功能（又称正常或成功）的状态画在上面的分支，把不能发挥功能（又称故障或失败）的状态画在下面的分支。然后依次考虑各种安全功能的两种可能状态，同样，把发挥功能的状态画在上面的分支，把不能发挥功能的状态画在下面的分支，直到达到系统故障或事故为止。

在发展事件树的过程中，会遇到一些与初始事件或事故无关的安全功能，或者其功能关系相互矛盾、不协调的地方，应将其省略、剔除。

图 3.3 所示为根据安全功能发展、化简了事件树的功能。

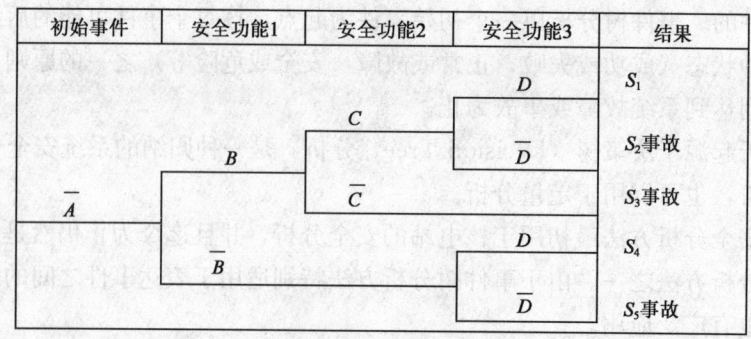

图 3.3 编制事件树

2) 找出事故连锁和预防事故的途径

在编制出事件树之后，可以进行事件树分析。

(1) 事故连锁。

事件树的各分支代表初始事件一旦发生其可能的发展途径，其中，最终导致事故的途径即为事故连锁。一般导致系统事故的途径有很多，即有许多事故连锁。

事故连锁中包含的初始事件与安全功能出现故障的后续事件之间具有"逻辑与"的关系，构成了事件的最小割集合。事件树中包含有多少条事故连锁，就包含有多少个最小割集合。显然，最小割集合越多，系统越不安全。

(2) 预防事故的途径。

事件树中最终达到安全的途径会为如何采取措施预防事故提供依据。在达到安全的途径中，安全功能正常的事件构成了事件树的最小径集合。如果能保证这些安全功能发挥作用，则可以防止发生事故。一般地，事件树包含的最小径集合可能有多个，即可以通过若干途径来防止事故发生。

由于事件树体现了事件间的时间顺序，所以为了防止发生事故，应该尽可能地从最先发挥功能的安全功能着手采取相应措施。

2. 事件树的定量分析

事件树的定量分析基本内容是由各事件的发生概率计算系统故障或事故发生的概率。一般当各事件之间相互统计独立时，其定量分析比较简单；当事件之间相互统计不独立（如有共同原因故障、顺序运行等）时，则定量分析变得非常复杂。这里仅讨论前一种情况。

1) 各发展途径的概率

各发展途径的概率等于自初始事件开始的各事件发生概率的乘积。例如，图 3.3 所示事件树中各发展途径的概率计算如下：

$$P[S_1] = P[\overline{A}] \cdot P[B] \cdot P[C] \cdot P[D]$$

$$P[S_2] = P[\overline{A}] \cdot P[B] \cdot P[C] \cdot P[\overline{D}]$$

$$P[S_3] = P[\overline{A}] \cdot P[B] \cdot P[\overline{C}]$$

$$P[S_4] = P[\overline{A}] \cdot P[\overline{B}] \cdot P[D]$$

$$P[S_5] = P[\overline{A}] \cdot P[\overline{B}] \cdot P[\overline{D}]$$

2）事故发生概率

在事件树定量分析中，事故发生概率等于导致事故的各发展途径的概率和。对于如图3.3所示的事件树，其事故发生概率为：

$$P = P[S_2] + P[S_3] + P[S_5]$$

3. ETA方法应用实例

以氧化反应釜缺少冷却水事件为初始事件，相关的安全功能有如下三种：
(1) 当温度达到 T_1 时，高温报警器提醒操作者；
(2) 操作者增加供给反应釜冷却水量；
(3) 当温度达到 T_2 时，自动停车系统停止氧化反应。

编制的事件树如图3.4所示，该事件树中有2条事故连锁和3条防止事故的途径。

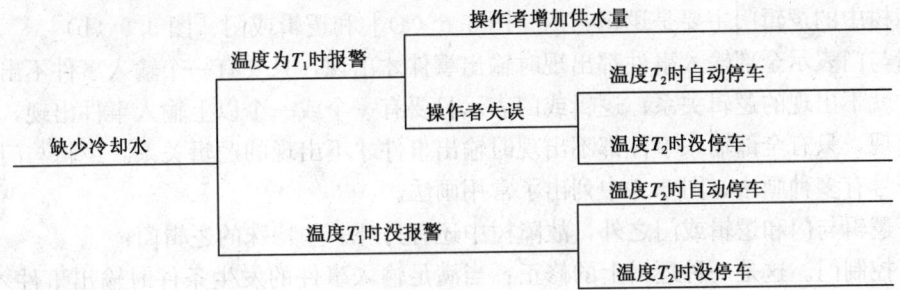

图 3.4　氧化反应釜缺省冷却水事件树分析

3.1.7　故障树分析

故障树分析（FTA）是从特定的故障事件（或事故）开始，利用故障树考察可能引起该事件发生的各种原因事件及其相互关系的系统安全分析方法。

故障树是一种利用布尔逻辑（又称布尔代数）符号演绎的表示特定故障事件（或事故）发生原因及其逻辑关系的逻辑树图，因其形状像一棵倒置的树，且其中的事件一般都是故障事件，故而得名。

1. 故障树中的符号

故障树中有事件符号和逻辑门符号两类符号。

1) 故障树中的事件及其符号

在故障树中，事件间的关系是因果关系或逻辑关系均用逻辑门来表示。以逻辑门为中心，上一层事件是下一层事件产生的结果，称为输出事件；下一层事件是上一层事件的原因，称为输入事件。

作为被分析对象的特定故障事件（或事故）被画在故障树的顶端，称为顶事件；导致顶事件发生的最初始的原因事件位于故障树下部的各分支的终端，称为基本事件；处于顶事件与基本事件之间的事件称为中间事件，它们是造成顶事件的原因，又是基本事件产生的结果。

故障树中各种事件的具体内容写在事件符号之内。常用的事件符号如图3.5所示。

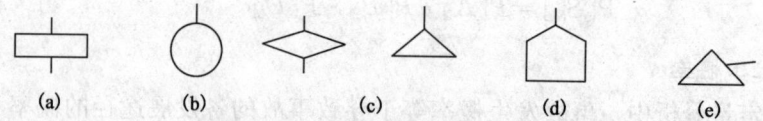

图 3.5　故障树中的事件符号

矩形符号［图 3.5（a）］：表示需要进一步被分析的故障事件，如顶事件和中间事件；

圆形符号［图 3.5（b）］：表示属于基本事件的故障事件；

菱形符号［图 3.5（c）］：省略符号，表示目前不能分析或不必分析的事件；

房形符号［图 3.5（d）］：表示属于基本事件的正常事件，一些对输出事件的出现必不可少的事件；

转移符号［图 3.5（e）］：表示转入与对应的字母或数字标注的子故障树部分，或该部分故障树由此转出。

2）逻辑门及其符号

系统安全分析中常见的故障树事件间的逻辑关系主要是逻辑与和逻辑或的关系，相应地，故障树中的逻辑门主要是逻辑与门［图 3.6（a）］和逻辑或门［图 3.6（b）］。

逻辑与门表示全部输入事件都出现时输出事件才出现，只要有一个输入事件不出现，则输出事件就不出现的逻辑关系；逻辑或门表示只要有一个或一个以上输入事件出现，则输出事件就出现，只有全部输入事件都不出现时输出事件才不出现的逻辑关系。逻辑与门和逻辑或门的符号有多种画法，图 3.6 中列出了常用画法。

除了逻辑与门和逻辑或门之外，故障树中还有另外一些特殊的逻辑门：

（1）控制门。这是一种逻辑上的修正：当满足输入事件的发生条件时输出事件才出现，如果不满足输入事件发生条件，则不产生输出。控制门符号如图 3.6（c）所示。

（2）条件门。把逻辑与门或逻辑或门同条件事件结合起来，构成附有各种条件的逻辑门。图 3.6（d）、图 3.6（e）分别为条件与门和条件或门符号。

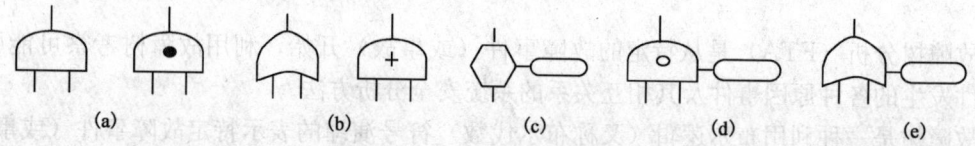

图 3.6　故障树中的逻辑门符号

在故障树分析中，控制门和条件门在性质上相当于逻辑与门，而要求满足的条件相当于输入到逻辑与门的一个基本事件。

2. 故障树的数学表达

为了进行故障树定性和定量分析，需要建立故障树的数学模型，写出数学表达式。布尔代数是故障树分析的数学基础。

布尔代数是集合论的一部分，是一种逻辑运算方法，它特别适用于描述仅能取两种对立状态之一的事物。故障树中的事件只能取故障发生或不发生两种状态之一，不存在任何中间状态，并且故障树事件之间的关系是逻辑关系，因此可以用布尔代数来表现故障树。

在布尔代数中，与集合的"并"相对应的是逻辑和运算，记为"∪"或"+"；与集合的"交"相对应的是逻辑积运算，记为"∩"或"·"。本书把逻辑和记为"+"，把逻辑积记为"·"。表 3.12 列出了布尔代数的主要运算法则。

表 3.12　布尔代数的主要运算法则

公式	法则
$A \cdot A = A$ $A + A = A$	幂等法则
$A \cdot B = B \cdot A$ $A + B = B + A$	交换法则
$A \cdot (B \cdot C) = (A \cdot B) \cdot C$ $A + (B + C) = (A + B) + C$	结合法则
$A \cdot (B + C) = (A \cdot B) + (A \cdot C)$ $A + (B \cdot C) = (A + B) \cdot (A + C)$	分配法则
$A \cdot (A + B) = A$ $A + (A \cdot B) = A$	吸收法则
$\overline{A \cdot B} = \overline{A} + \overline{B}$ $\overline{A + B} = \overline{A} \cdot \overline{B}$	对偶法则（德·摩根法则）
$\overline{(\overline{A})} = A$	对合法则
$A + B = A + \overline{A} \cdot B$ $\overline{A} + B = \overline{A} + A \cdot B$	重叠法则

注：表中 $\overline{A}$ 为 A 的补。

故障树中的逻辑或门对应于布尔代数的逻辑和运算，逻辑与门对应于逻辑积运算。

1) 故障树的布尔表达式

把故障树中连接各事件的逻辑门用相应的布尔代数逻辑运算表示，就得到了故障树的布尔表达式。

例如，对于如图 3.7 所示的故障树，可以按下列步骤写出其布尔表达式：

$$\begin{aligned}
T &= G_1 + G_2 \\
&= x_4 \cdot G_3 + x_1 \cdot G_4 \\
&= x_4 \cdot (x_3 + G_5) + x_1 \cdot (x_3 + x_5) \\
&= x_4 \cdot (x_3 + x_2 \cdot x_5) + x_1(x_3 + x_5)
\end{aligned}$$

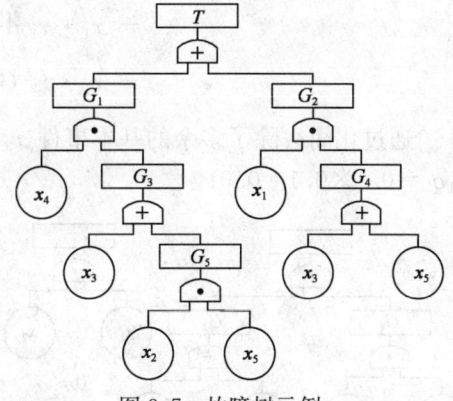

故障树的布尔表达式是故障树的数学描述。对于给定的故障树，可以写出相应的布尔表达式；给出布尔表达式，则可以画出相应的故障树。

当故障树中的基本事件相互统计独立时，布尔表达式中的事件逻辑积的概率为：

图 3.7　故障树示例一

$$g(x_1 \cdot x_2 \cdot \cdots \cdot x_n) = q_1 \cdot q_2 \cdot \cdots \cdot q_n = \prod_{i=1}^{n} q_i \quad (3.1)$$

事件逻辑和的概率为：

$$g(x_1 + x_2 + \cdots + x_n) = 1 - (1 - q_1)(1 - q_2) \cdots (1 - q_n) = 1 - \prod_{i=1}^{n}(1 - q_i) \quad (3.2)$$

式中　q_i——第 i 个基本事件的发生概率。

利用上述公式，可以由故障树的布尔表达式得到根据基本事件发生概率计算顶事件发生概率的公式。因为顶事件发生概率是基本事件发生概率的函数，所以又把这样得到的顶事件发生概率计算公式称为概率函数。

例如，由图 3.7 所示故障树的布尔表达式，可以得到其概率函数为：

$$g(q) = 1-\{1-q_4[1-(1-q_3)(1-q_2q_5)]\}\{1-q_1[1-(1-q_3)(1-q_5)]\} \quad (3.3)$$

如果知道各基本事件发生概率，则可以按式（3.3）计算出顶事件发生概率。这里假设 q_1 =0.01，q_2 =0.02，q_3 =0.03，q_4 =0.04，q_5 =0.05，代入式（3.3）得 $g(q)$ =2.02×10^{-3}。

2）故障树化简

在同一故障树中，如果相同的基本事件在不同的位置上出现，则需要考虑故障树中是否有多余的事件必须除掉，否则将造成分析结果的错误。

例如，图3.8（a）所示的故障树中基本事件 x_1 在两处均出现，该故障树的布尔表达式为：

$$T = x_1 \cdot x_2 \cdot (x_1 + x_3)$$

其概率函数为：

$$g(q) = q_1 q_2 [1-(1-q_1)(1-q_3)]$$

假设三个基本事件发生概率均为0.1，即 $q_1=q_2=q_3=0.1$，则 $g(q)$ =0.1×0.1×[1－（1－0.1）×（1－0.1）]=0.019。

实际上，如果用布尔代数的分配法则、幂等法则和吸收法则对布尔表达式进行整理，则有：

$$T = x_1 \cdot x_2 \cdot (x_1 + x_3)$$
$$= x_1 \cdot x_2 \cdot x_1 + x_1 \cdot x_2 \cdot x_3 \text{（分配法则）}$$
$$= x_1 \cdot x_2 + x_1 \cdot x_2 \cdot x_3 \text{（幂等法则）}$$
$$= x_1 \cdot x_2 \text{（吸收法则）}$$

通过化简去除了多余的基本事件 x_3 [图3.8（b）]，这时顶事件发生概率为：$g(q)$ = $q_1 q_2$ =0.1×0.1=0.01。

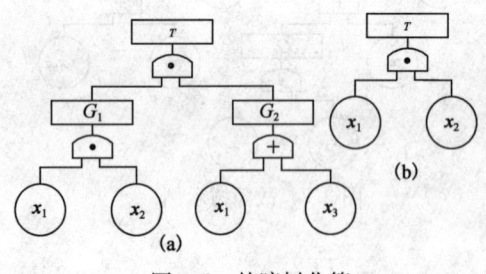

图3.8 故障树化简

3. 故障树定性分析

故障树定性分析包括三方面的工作：编制故障树，找出导致顶事件发生的全部基本事件；求出基本事件的最小割集合和最小径集合；确定各基本事件发生对顶事件发生的重要度，为防止发生顶事件而采取措施提供依据。

1）最小割集合

故障树的全部基本事件都发生，则顶事件必然发生。但是，大多数情况下并不一定要全部基本事件都发生时顶事件才发生，而是只要某些基本事件组合在一起发生，就可以导致顶事件发生。

在故障树分析中，把能使顶事件发生的基本事件集合称为割集合。如果割集合中任一基本事件不发生，就会造成顶事件不发生，即割集合中包含的基本事件对引起顶事件发生不但充分而且必要，则该割集合称为最小割集合。简言之，最小割集合是能够引起顶事件发生的最小的割集合，对于事故原因分析故障树，最小割集合表明哪些基本事件组合在一起发生即可以使顶事件发生，给人们指明了事故发生模式。

最小割集合求解有以下几种方法：
(1) 通过观察可以直接找出简单故障树的最小割集合。例如，对于如图 3.9 所示的故障树，考察能引起顶事件发生的基本事件组合，可以得到 12 个割集合：

$$(x_1,x_1) \quad (x_1,x_3) \quad (x_1,x_4)$$
$$(x_1,x_2) \quad (x_2,x_3) \quad (x_2,x_4)$$

上述割集合中有的不是最小割集合。应用布尔代数的幂等法则、吸收法则整理后，得到该故障树的最小割集合为：

$$(x_1) \quad (x_2,x_3) \quad (x_2,x_4)$$

(2) 利用故障树的布尔表达式可以方便地找出简单故障树的最小割集合。根据布尔代数运算法则，把布尔表达式变换成基本事件逻辑积的逻辑和的形式，则逻辑积项包含的基本事件构成割集合，进一步应用幂等法则和吸收法则整理，可得到最小割集合。例如，对于图 3.9 所示的故障树，其布尔表达式展开后化简：

$$T = (x_1 + x_2)(x_1 + x_4 + x_3)$$
$$= x_1 \cdot x_1 + x_1 \cdot x_4 + x_1 \cdot x_3 + x_1 \cdot x_2 + x_2 \cdot x_4 + x_2 \cdot x_3$$
$$= x_1 + x_2 \cdot x_4 + x_2 \cdot x_3$$

最终得到最小割集合为：

$$(x_1) \quad (x_2,x_3) \quad (x_2,x_4)$$

(3) 对于比较复杂的故障树，其布尔表达式很复杂，最小割集合数目也很多，往往利用计算机求解。在计算机求解法中行列法比较著名，这是栖赛尔在计算机程序 MOCUS 中使用的方法。该方法的基本思想是，逻辑与门使割集合内包含的基本事件增加，逻辑或门使割集合的数目增加。例如，对于图 3.9 所示的故障树，应用行列法求解最小割集合过程如下：

$$T \longrightarrow G_1, G_2 \longrightarrow \begin{matrix} x_1, G_2 \\ x_2, G_2 \end{matrix} \longrightarrow \begin{matrix} x_1, x_1 \\ x_1, x_3 \\ x_1, x_4 \\ x_2, x_1 \\ x_2, x_3 \\ x_2, x_4 \end{matrix} \longrightarrow \begin{matrix} x_1 \\ x_2, x_3 \\ x_2, x_4 \end{matrix}$$

最终得到的最小割集合为 (x_1)、(x_2,x_3)、(x_2,x_4)，与前面的结果一致。

2) 最小径集合

故障树中的全部基本事件都不发生，则顶事件一定不发生。但是某些基本事件组合在一起都不发生，也可以使顶事件不发生。在故障树分析中，把其中的基本事件都不发生就能保证顶事件不发生的基本事件集合称为径集合。若径集合中包含的基本事件不发生对保证顶事件不发生不但充分而且必要，则该集合称为最小径集合。最小径集合表明哪些基本事件组合在一起不发生就可以使顶事件不发生。针对事故原因分析故障树，它能指明应该如何采取措施防止事故发生。

根据布尔代数的对偶法则：

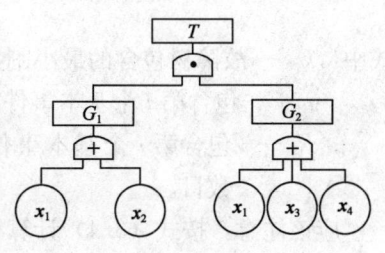

图 3.9 故障树示例二

$$\left.\begin{array}{l}\overline{A \cdot B} = \overline{A} + \overline{B} \\ \overline{A + B} = \overline{A} \cdot \overline{B}\end{array}\right\}$$

把故障树中故障事件用其对立的非故障事件代替,把逻辑与门用逻辑或门代替,逻辑或门用逻辑与门代替,便得到了与原来的故障树对偶的成功树;求出成功树的最小割集合,再用故障事件取代非故障事件,就得到了原故障树的最小径集合。

例如,由图 3.9 所示故障树得到其对偶的成功树(图 3.10)。该成功树的最小割集合为:

$$(\overline{x_1}, \overline{x_2}) \qquad (\overline{x_1}, \overline{x_3}, \overline{x_4})$$

于是,原故障树的最小径集合为:

$$(x_1, x_2) \qquad (x_1, x_3, x_4)$$

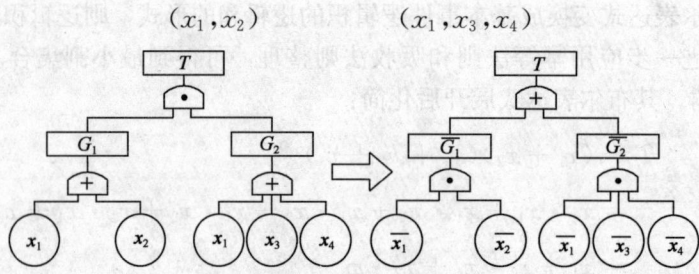

图 3.10 由故障树得到成功树

3) 基本事件结构重要度

导致顶事件发生的基本事件很多,在采取防止发生顶事件的措施时应该分清轻重缓急,优先解决那些比较重要的问题,首先消除或控制那些对顶事件影响重大的基本事件。在故障树分析中,用基本事件重要度来衡量某一基本事件对顶事件影响的大小。在故障树分析中常用的基本事件重要度有结构重要度、概率重要度和临界重要度。这里首先介绍基本事件的结构重要度。

基本事件的结构重要度取决于它们在故障树结构中的位置。基本事件在故障树结构中的位置不同,对顶事件的作用也不同。评价基本事件结构重要度的方法有以下两种:

(1) 基本事件在最小割集合(或最小径集合)中出现的情况直接反映了该基本事件的结构重要度:

①在由较少基本事件组成的最小割集合(或最小径集合)中出现的基本事件,其结构重要度较大;

②在不同最小割集合(或最小径集合)中出现次数多的基本事件,其结构重要度大。

可以按式(3.4)计算第 i 个基本事件的结构重要度:

$$I_\phi(i) = \frac{1}{k}\sum_{j=1}^{m}\frac{1}{R_j} \tag{3.4}$$

式中 k——故障树包含的最小割集合(或最小径集合)数目;

m——包含第 i 个基本事件的最小割集合(或最小径集合)数目;

R_j——包含第 i 个基本事件的第 j 个最小割集合(或最小径集合)中基本事件的数目。

应该注意,按式(3.4)计算得到的数值没有绝对意义,只有相对意义,即为基本事件结构重要度的排序。另外,有时需要分别根据最小割集合和最小径集合计算再作出判断。

例如,图 3.7 所示故障树的最小割集合为 (x_1)、(x_2, x_3)、(x_2, x_4),按 (3.4) 式计

算各基本事件的结构重要度如下：

$$I_\phi(1) = \frac{1}{3} \times \left(\frac{1}{1}\right) = \frac{1}{3}$$

$$I_\phi(2) = \frac{1}{3} \times \left(\frac{1}{2} + \frac{1}{2}\right) = \frac{1}{3}$$

$$I_\phi(3) = I_\phi(4) = \frac{1}{3} \times \left(\frac{1}{2}\right) = \frac{1}{6}$$

于是，$I_\phi(1) = I_\phi(2) > I_\phi(3) = I_\phi(4)$。显然该结果不符合实际情况。同时，由该故障树的最小径集合为(x_1, x_2)、(x_1, x_3, x_4)，按式(3.4)计算各基本事件的结构重要度如下：

$$I_\phi(1) = \frac{1}{2} \times \left(\frac{1}{2} + \frac{1}{3}\right) = \frac{5}{12}$$

$$I_\phi(2) = \frac{1}{2} \times \left(\frac{1}{2}\right) = \frac{1}{4}$$

$$I_\phi(3) = I_\phi(4) = \frac{1}{2} \times \left(\frac{1}{3}\right) = \frac{1}{6}$$

得到 $I_\phi(1) > I_\phi(2) > I_\phi(3) = I_\phi(4)$。

(2) 计算各基本事件发生概率均为0.5时的概率重要度。这时，基本事件结构重要度顺序与概率重要度顺序一致。

4. 故障树定量分析

故障树定量分析的基本任务是计算顶事件发生概率，在此基础上考察基本事件的概率重要度和临界重要度。

1) 顶事件发生概率计算方法

顶事件发生概率计算方法有根据故障树的概率函数计算的直接计算法以及在最小割集合发生概率基础上计算的最小割集合方法。

(1) 直接计算法。

根据故障树的结构函数得到概率函数后，代入各基本事件发生概率值，可以直接计算出顶事件发生概率。

当基本事件发生概率很小，$q_i \ll 1$时，事件逻辑和的概率可以近似地按式(3.5)计算：

$$g(q) = P_r(x_1 + x_2 + \cdots + x_n) \approx q_1 + q_2 + \cdots + q_n = \sum_{i=1}^{n} q_i \qquad (3.5)$$

事件逻辑积的概率仍为：

$$g(q) = P_r(x_1 \cdot x_2 \cdot \cdots \cdot x_n) \approx q_1 \cdot q_2 \cdot \cdots \cdot q_n = \prod_{i=1}^{n} q_i$$

利用上述公式由故障树结构函数得到的概率函数比较简单，但是得到的是近似值，计算结果误差的大小取决于基本事件发生概率的大小。当基本事件发生概率很小时，计算结果的误差不会很大。例如，对于图3.7所示的故障树，可以写出概率函数为：

$$g(q) \approx q_4(q_3 + q_2 \cdot q_5) + q_1(q_3 \cdot q_5)$$

仍然假设各基本事件发生概率分别为 $q_1 = 0.01$, $q_2 = 0.02$, $q_3 = 0.03$, $q_4 = 0.04$, $q_5 = 0.05$，计算得到 $g(q) \approx 2.04 \times 10^{-3}$，与前面得到的 $g(q) \approx 2.02 \times 10^{-3}$ 很接近。

(2) 最小割集合方法。

求出故障树的最小割集合之后，可以用最小割集合来表达故障树的结构函数。最小割集合是其中包含的基本事件的逻辑积，故障树的结构函数是所包含的最小割集合的逻辑和。设由 n 个基本事件组成的故障树 T，包含有 K_1，K_2，…，K_k 共 k 个最小割集合，则故障树的结构函数可以表达为：

$$T = K_1 + K_2 + \cdots + K_k \tag{3.6}$$

其中，$K_t = X_1 \cdot X_2 \cdot \cdots \cdot X_m$，$m$ 为第 j 个最小割集合 K_j 中包含的基本事件数。

故障树的概率函数可以表达为：

$$g(q) = P_r(K_1 + K_2 + \cdots + K_k) \tag{3.7}$$

当不同的最小割集合中不包含相同的基本事件，即各最小割集合"不交"时，故障树顶事件发生概率为：

$$g(q) = 1 - \prod_{j=1}^{k}(1 - \prod_{i \in K_j} q_i)$$

一般情况下，按容斥公式计算故障树顶事件发生概率为：

$$g(q) = \sum_{r=1}^{k} \prod_{i \in K_j} q_i - \sum_{1 \leqslant h < j \leqslant k} \prod_{i \in K_h \cup K_j} q_i + \cdots + (-1)^{k-1} \prod_{i=1}^{n} q_i \tag{3.8}$$

式中　r、h、j——最小割集合的序号；

k——故障树中包含的最小割集合数目。

故障树中逻辑或门较多时，最小割集合数目较多而最小径集合数目较少，利用最小径集合计算顶事件发生概率比较方便。

设由 n 个基本事件组成的故障树 T，包含有 $P_1, P_2, \cdots, P_k$ 共 k 个最小径集合，则故障树的结构函数可以表达为：

$$T = P_1 \cdot P_2 \cdot \cdots \cdot P_k \tag{3.9}$$

其中，$P_i = X_1 + X_2 + \cdots + X_m$，$m$ 为第 j 个最小径集合 P_j 中包含的基本事件数。

故障树的概率函数可以表达为：

$$g(q) = P_r(P_1 \cdot P_2 \cdot \cdots \cdot P_k)$$

当不同的最小径集合中不包含相同的基本事件，即各最小径集合"不交"时，故障树顶事件发生概率为：

$$g(q) = \prod_{j=1}^{p}[1 - \prod_{i \in P_j}(1 - q_i)]$$

一般情况下，按容斥公式计算故障树顶事件发生概率为：

$$g(q) = 1 - \sum_{r=1}^{p} \prod_{i \in P_r}(1 - q_i) + \sum_{1 \leqslant h < j \leqslant p} \prod_{i \in P_h \cup P_j}(1 - q_i) - \cdots + (-1)^p \prod_{i=1}^{n}(1 - q_i) \tag{3.10}$$

式中　r、h、j——最小径集合的序号；

p——故障树中包含的最小径集合数目。

当基本事件发生概率很小时，可以仅计算式（3.10）中的前几项得到近似值，其误差不会超过被略去项中的第一项。

（3）不交化方法。

当故障树复杂，基本事件的最小割集合或最小径集合数目较多时，即使利用计算机按容斥公式计算得到顶事件发生概率精确解，也是一件非常耗时的工作。因此，实际计算时，往往根据阶截断或概率截断的原则，只计算容斥公式的前几项，获得满足工程需要的近似解。

应用不交化方法可以大大减少顶事件发生概率计算的工作量。所谓不交化（exclusion），是利用布尔代数运算法则使相交的即相互统计不独立的最小割集合（例如，同一基本事件在不同的最小割集合中出现的情况）变为不交的，即相互统计独立且互斥的最小割集合，然后按各最小割集合发生概率的代数和来计算顶事件发生概率：

$$g(q) = \sum_{j=1}^{k} \prod_{i \in K_j} q_i \tag{3.11}$$

把相交的最小割集合变为不交的最小割集合，其基本原理是利用布尔代数的重叠法则：

$$A + B = A + \overline{A} \cdot B$$
$$\overline{A} + B = \overline{A} + A \cdot \overline{B}$$

对于复杂的故障树，可以按下述的命题简化不交化过程：

①若集合 A 和 B 不包含共同基本事件，则 $\overline{A} \cdot B$ 可以先按对偶法则将集合 $\overline{A}$ 变换后按重叠法则进行不交化，再按分配法则展开。

②若集合 A 和 B 包含共同基本事件，则有：

$$\overline{A} \cdot B = \overline{A_0} \cdot B \tag{3.12}$$

式中　A_0——除去与集合 B 共有的基本事件后 A 集合中剩余基本事件的集合。

③若集合 A 和 C 包含共同基本事件，集合 B 和 C 也包含共同基本事件，则有：

$$\overline{A} \cdot \overline{B} \cdot C = \overline{A_0} \cdot \overline{B_0} \cdot C \tag{3.13}$$

式中　A_0——除去与集合 C 共有的基本事件后 A 集合中剩余基本事件的集合；

　　　B_0——除去与集合 C 共有的基本事件后 B 集合中剩余基本事件的集合。

④若集合 A 和 C 包含共同基本事件，集合 B 和 C 也包含共同基本事件，且 $A \subset B$（A 属于 B），则有：

$$\overline{A_0} \cdot \overline{B_0} \cdot C = \overline{B} \cdot C$$

例如，把图 3.11 所示故障树的结构函数做不交化处理，其过程如下：

$$T = x_1 + x_2 \cdot x_4 + x_2 \cdot x_3$$
$$= x_1 + \overline{x_1} \cdot x_2 \cdot x_4 + \overline{x_1} \cdot x_2 \cdot x_3$$
$$= x_1 + \overline{x_1} \cdot x_2 \cdot x_4 + \overline{x_1} \cdot x_2 \cdot x_3 \cdot \overline{x_4}$$

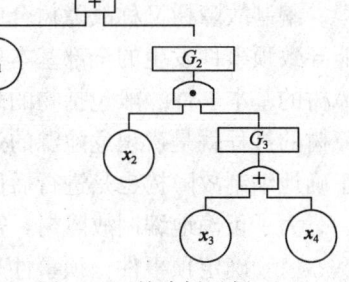

图 3.11　故障树示例三

假设各基本事件发生概率分别为 $q_1 = 0.1$，$q_2 = 0.2$，$q_3 = 0.3$，$q_4 = 0.4$，根据此式计算顶事件发生概率如下：

$$g(q) = q_1 + (1 - q_1)q_2 q_4 + (1 - q_1)q_2 q_3 (1 - q_4)$$
$$= 0.1 + (1 - 0.1) \times 0.2 \times 0.4 + (1 - 0.1) \times 0.2 \times 0.3 \times (1 - 0.4)$$
$$= 0.2044$$

2）基本事件发生概率计算方法

在进行故障树定量分析时，需要知道基本事件发生概率。为了取得关于基本事件发生概率的数据资料，需要进行大量的试验和观测。由于取得各种基本事件发生概率的数据非常困难，故障树定量分析的应用受到了限制。

物的故障概率可以由其故障率求得。从一些产品手册、样本中可以查得产品的故障率。在不考虑物的元素发生故障后修理和更换的场合，可以通过计算与基本事件对应的物的故障率来获得基本事件发生概率。

根据公式：

$$F(t) = 1 - e^{-\lambda t}$$

故障率为 λ_i 的基本事件 i 的发生概率 q_i 为：

$$q(i) = 1 - e^{-\lambda_i t}$$

当物的故障率很小时，可以按级数展开后取前两项做近似计算：

$$e^{-\lambda t} = 1 - \lambda t + \frac{1}{2}(\lambda t)^2 - \frac{1}{3}(\lambda t)^3 + \cdots$$

$$\approx 1 - \lambda t$$

即可以近似计算故障率为 λ_i 的基本事件 i 的发生概率 q_i 为：

$$q_i \approx \lambda_i t$$

由于基本事件发生概率与其对应的物的元素运行时间有关，所以根据基本事件发生概率计算得到的顶事件发生概率也与系统运行时间有关。有时为简便起见而忽略时间因素，计算单位时间内顶事件发生的概率。针对这种场合，基本事件发生概率亦应该取相应物的元素故障率的时间平均值：

$$q_i = \frac{\lambda_i t}{t} = \lambda_i$$

根据求得的单位时间内顶事件发生概率，可以估计顶事件发生次数的期望值。

手册、样本给出的物的故障率是在试验条件下获得的，实际应用时必须考虑受实际使用条件的影响。

5. 故障树分析应用实例

1）编制故障树

编制故障树又称故障树合成（synthesis），是故障树分析的第一步，其目的在于找出可能导致顶事件发生的全部基本事件，弄清基本事件之间、基本事件与顶事件之间的关系。故障树的基本事件一般包括物的故障、人为失误或环境问题，即第二类危险源。因此，编制故障树的过程就是辨识危险源的过程，只有正确地编制故障树才能正确地辨识危险源。同时，正确地编制故障树也是进行后面的定性分析和定量分析的基础。

为了正确地编制故障树，需要注意以下两个问题：

（1）确定顶事件。顶事件是故障树分析的对象，在危险源辨识、控制和评价时，把被分析的系统故障或事故确定为顶事件。为了更有效地进行故障树分析，对于作为顶事件的系统故障或事故，应该能清晰地回答"何时"、"何地"、"何种故障或事故"。例如，以"装置火灾"为顶事件就不如将"氧化反应装置运转中反应失控"作为顶事件明确。

（2）规定分析的边界条件。编制故障树时必须规定下列边界条件：

①硬件系统的边界。硬件系统的边界包括故障树分析涉及的设备，这些设备与衔接工艺之间的交接面，公用供应系统等。

②分析的深度。分析的深度是指分析的详细程度，即查找的基本原因详细到什么程度。例如，可以把阀门作为一个部件来考虑，也可以把它分解成阀体、阀杆等零件来考虑。在确定分析的深度时，一方面要考虑分析的目的、要求，另一方面也要考虑到可能获得的故障资料的详细程度。

③初始条件。初始条件包括初始设备条件和初始运转条件。这些条件确定了什么样的状态属于故障状态，什么样的状态属于正常状态。例如，阀门可能关闭也可能开启，根据其在系统中的功能情况确定哪种状态属于正常状态。

④不考虑的事件。有些事件或条件在故障树分析中可以不考虑。例如，在分析仪器故障

时一般不考虑导线故障。

⑤现有条件。现有条件是一些在故障树分析中一定要出现的事件或条件。不考虑的事件和现有条件不一定在故障树中出现，但是在分析其他故障时必须考虑其影响。

⑥其他前提条件。其他前提条件是指分析者在进行故障树分析时对系统做的一些有关假设。

编制故障树从顶事件开始，演绎地推论其发生原因，得到第一层中间事件，然后再寻找中间事件发生原因，直到找出全部基本事件为止。如果只要有一个输入事件发生则输出事件就发生，则用逻辑或门把输入事件和输出事件关联起来；如果必须全部输入事件都发生时输出事件才发生，则用逻辑与门把输入事件和输出事件关联起来。

为了系统、全面地编好故障树，在编制过程中应该遵循以下规则：

①故障事件的描述。把故障事件写入事件符号中，准确地描述元素及其故障模式。应该写清楚在"何时"、"何处"发生了"何种"故障，并且尽可能做到用语简明扼要。

②故障事件的分类。在编制故障树时，要把故障事件划分为两类：元素故障和系统故障。如果是元素故障，则可以在逻辑或门下分别找出元素的原生故障、次生故障和指令故障。

原生故障是元素在规定的条件下运转过程中发生的故障，其发生往往是由于元素自身的缺陷造成的，而不是由于外力或外部条件引起的。

次生故障是元素在规定之外的条件下运转时发生的故障，其发生是由于外力或外部条件作用的结果，并非元素自身缺陷引起。

指令故障是由于元素的控制指令不正确而出现的功能故障，其发生不是元素自身的问题而是控制它的指令方面的问题。例如，超温报警器在超温时没有报警而发生了故障，但是其故障原因是因温度传感器故障而没有向报警器传达指令。

一般来说，在编制故障树过程中，如果元素发生的是次生故障或指令故障，则需要继续分析，一直分析到原生故障为止。

③完成每个逻辑门。应该完成每个逻辑门的全部输入事件后再去分析其他逻辑门的输入事件。需要注意，两个逻辑门不能直接连接，必须经过中间事件连接。

在编制故障树时，不同的人对事故发生机理认识不同，看问题的角度不同，或者知识、经验不同，对同一系统中发生的同样事故编制出的故障树也不尽相同，甚至差异很大。特别是涉及人的因素时，问题就变得复杂起来，能编制出得到公认的故障树则更加困难。

2) 化学反应失控事故原因分析故障树

布朗宁（Browning R.L）曾编制了化学反应失控事故原因分析故障树，用以说明如何利用故障树分析的结果指导系统改进。

图 3.12 所示为一个放热化学反应装置。在生产过程中随着供料速度的增大，化学反应放热量增加，当反应器的温度达到 149℃时，将发生重大破坏性反应失控事故。为了保证正常的反应温度（93℃），利用了流经水冷热交换器的循环水排走热量。

该装置设有安全监控系统，其功能如下：

——利用温度传感器 TE/TT-714 监测反应温度；

——反应器温度升高到 107℃时发出声音警报（利用喇叭）；

——反应器温度升高到 107℃时关闭电磁阀 SV-1，切断物料供给，使反应停止；

——操作者听到报警后可以按下应急按钮关闭电磁阀，切断物料供应，使反应停止。

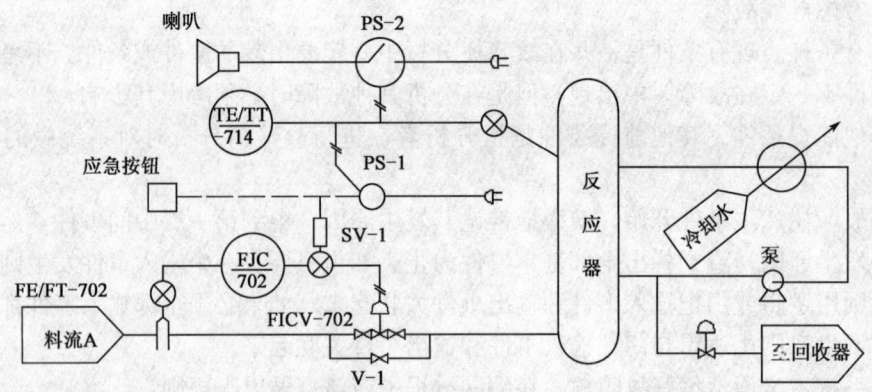

图 3.12　化学反应装置及其安全保护系统

（1）编制故障树。

故障树事件为"反应失控"，其发生是由于"温度向 149℃ 偏移"和"偏移没被抑制（FICV-702 没关闭）"两个事件同时发生的结果，两中间事件与顶事件之间用逻辑与门连接。

分析"温度向 149℃ 偏移"事件，可以从供料失控、反应器冷却不好两方面探究原因，前者对应于"FICV-702 开启或卡在开位"事件，后者对应于"反应器失冷"事件。

"偏移没被抑制"事件的发生除了"阀故障"和"旁通阀开启"两方面原因外，主要是由于安全监控系统故障，即"SV-1 没开启"引起的，仔细地研究安全监控系统的构成和发挥功能情况，可以逐次找出导致其事故的所有基本事件。

最终编制出的故障树如图 3.13 所示（图中 ⌂ 表示与门，⌂ 表示或门）。由故障树图可以看出，该故障树共包含 19 个基本事件，其中 C_3、E_3、E_4、E_5 在故障树中重复出现，实际上有 16 个基本事件。

（2）分析故障树。

该故障树共包括 14 个逻辑门，其中仅有 1 个逻辑与门，其余皆为逻辑或门，表明该化学反应系统安全性较差，较容易发生事故。

利用计算机程序（MOCUS）求得故障树的全部最小径集合为：

$$(C_3, E_{35}, C_8, C_{10}, E_4)$$

$$(C_3, C_4, C_5, C_6, C_7, E_1, E_2, E_3, E_4)$$

$$(C_3, E_3, E_5, C_8, E_4, C_{11}, C_{12}, C_{13}, C_{14})$$

利用计算机程序 PATHCUT 由最小径集合求得 41 个最小割集合：

一阶最小割集合 2 个：(C_3)　　(E_5)

二阶最小割集合 15 个：

$$(E_3, E_4)　(E_3, C_8)　(E_3, C_{10})$$

$$(E_2, E_4)　(E_2, C_8)　(E_1, E_4)$$

$$(E_1, C_8)　(E_4, C_7)　(C_7, C_8)$$

$$(E_4, E_6)　(C_6, C_8)　(E_4, C_5)$$

$$(C_5, C_8)　(E_4, C_4)　(C_4, C_8)$$

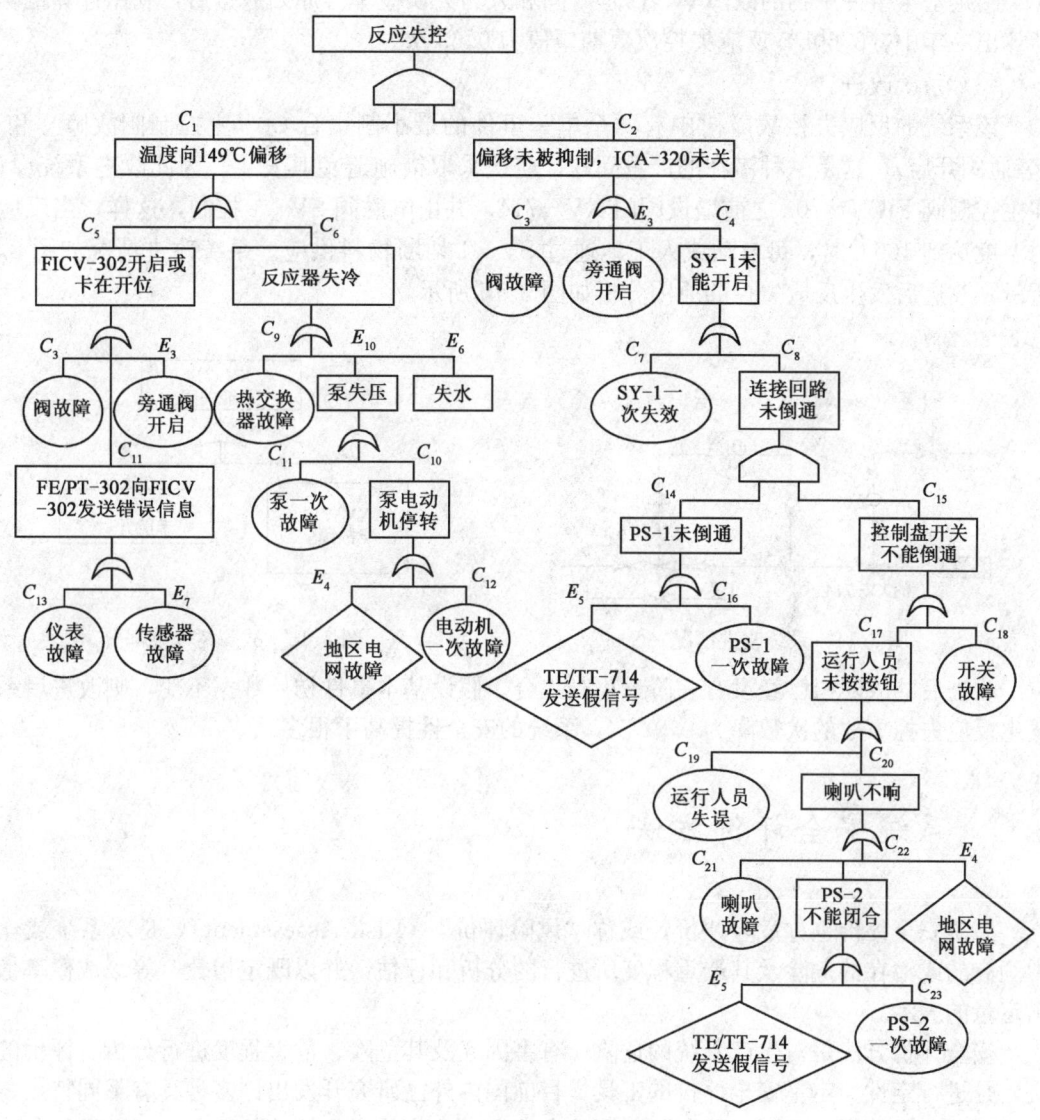

图 3.13 反应失控故障树

三阶最小割集合 24 个：

(C_4,C_{10},C_{11}) (C_4,C_{10},C_{12}) (C_4,C_{10},C_{13})
(C_4,C_{10},C_{14}) (C_5,C_{10},C_{11}) (C_5,C_{10},C_{12})
(C_5,C_{10},C_{13}) (C_5,C_{10},C_{14}) (C_6,C_{10},C_{11})
(C_6,C_{10},C_{12}) (C_6,C_{10},C_{13}) (C_6,C_{10},C_{14})
(C_7,C_{10},C_{11}) (C_7,C_{10},C_{12}) (C_7,C_{10},C_{13})
(C_7,C_{10},C_{14}) (C_{10},C_{11},E_1) (C_{10},C_{12},E_1)
(C_{10},C_{13},E_1) (C_{10},C_{14},E_1) (C_{10},C_{11},E_1)
(C_{10},C_{12},E_2) (C_{10},C_{13},E_2) (C_{10},C_{14},E_2)

该故障树包含的最小割集合数目较多，且有两个一阶最小割集合，也说明该系统安全性较差。

给定基本事件中物的故障率、修理时间和人为失误概率等原始数据后，利用计算机程序计算出一年中（8760h）反应失控次数期望值为0.63次。

（3）系统改进。

该系统的反应失控故障树中有两个单一事件的最小割集合C_3（主控制阀故障）和E_5（旁通阀开启），这是一种潜在的严重问题，应该采取措施避免其发生。为此改进系统设计，在主控制阀FICV-702之前增设阀门XV-714，并由电磁阀SV-1控制，这样，当反应器内温度达到109℃时，可自动或人工地通过SV-1切断物料供应。系统改进情况如图3.14所示，改进后发生反应失控的原因分析如图3.15所示。

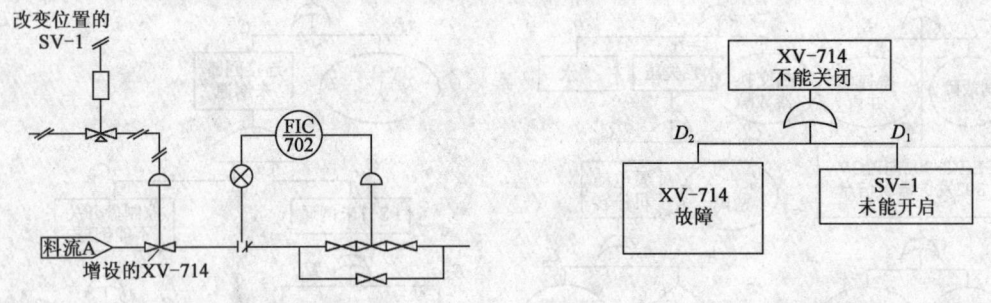

图3.14 系统改进情况　　　　　　　图3.15 故障树修改部分

改进后的故障树已经没有一阶最小割集合。假设基本事件初始数据不变，则改进后系统发生反应失控事故的次数降为0.02次，系统的安全性提高了很多。

3.2 系统安全评价方法

系统安全评价也称危险评价，或称"风险评价"（Risk Assessment），是对系统或作业中固有的或潜在的危险及其严重程度所进行的分析和评估，并以既定指数、等级或概率值作出定量的表示。

安全评价方法是对生产系统的危险、有害因素及其危险、危害程度进行分析、评价的方法，是进行定性、定量安全评价的工具。目前国内外已研究开发出许多种具有不同特点、不同适用对象和范围、不同应用条件的评价方法和商业化的安全评价软件包。每种评价方法都有其适用范围和应用条件，在进行安全评价时，应根据安全评价对象和要实现的安全评价目标选择适用的安全评价方法。许多方法是利用过去发生事件的概率和危害程度作出推断，往往对高风险性事件更为关注，而高风险事件通常发生概率又很小，概率值误差很大，因此在预测低风险事件危险度时可能会得出不符合实际的判断。有时在利用定量评价方法计算绝对风险度时，由于选取事件的发生频率和事故的严重度的基准、标准不准确，有可能使得出的结果出现较大的失真。选择评价方法的失用还会导致错误的评价结果。本节主要介绍一些国内外常用的安全评价方法。

3.2.1 安全评价概述

1. 安全评价程序

1）成立评价组织

由企业领导、安全技术部门负责人与业务人员、技术部门负责人和技术员、高级技工组成评价领导组织。同时，为了提高评价水平，可外聘安全工程方面的专家进行评价指导。在评价大组内，可分设专业评价小组，例如设备装置组、电气组、易燃易爆组、工业卫生（包括环境条件）组和综合管理组。各组相互独立，相互配合，由评价大组负责协调。评价人员应专业对口，技术匹配，具有发现问题、解决问题的能力。要防止安排闲人、走走过场的现象。在组织成立时，要明确分工，落实责任制。如果有隐患而未被发现，不进行及时排除，则在3~5年（本期评价到下期评价的周期）中，评价人员应有不可推卸的法律责任，因为安全评价是一项关系到企业安全的大事，决不能有丝毫放松。所有评价组成员都要进行一个阶段的培训和讨论，弄清任务、目标、原则和方法。

2）做好各项评价前的准备工作

（1）制定评价计划。可参考同行业中其他企业安全评价计划，结合本企业情况，提出一个供讨论的初步方案。方案应是动态的，在评价过程中若发现了某些缺陷或漏掉了某些项目，应及时修改、补充和完善。

一般情况下，评价计价计划中应包括以下项目：评价的任务和目的；评价的对象和区域；评价标准；评价程序；评价负责人和成员；评价进度；评价要求；试点建议；安全问题的发现、统计和列表，整改措施的提出；测试方法；整改效果分析；总结报告等。

可划分评价阶段，各组同步进行。具体的安全评价程序如图3.16和图3.17所示。

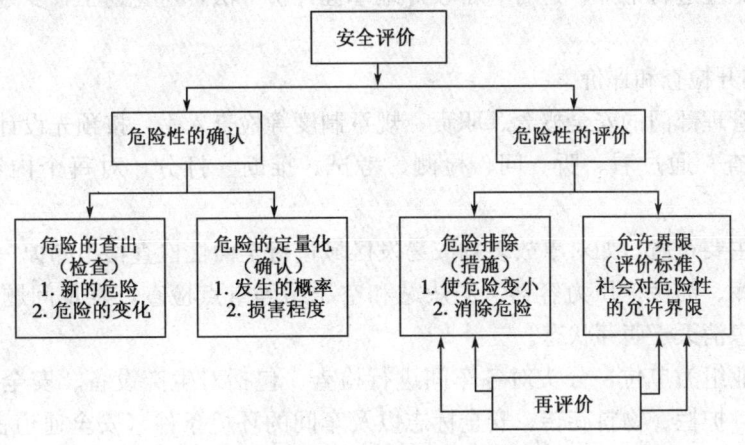

图3.16 安全评价程序

如果对这样一个安全评价内容加以适当扩充，考虑社会环境的影响和安全管理的最终目的，系统安全评价的内涵也可以得到补充，用图3.17来表示较为合适。

（2）收集资料。资料包括各项目的安全性标准、评价参考资料、安全规章制度、安全教育资料、设备运行记录、事故分析报告以及有关统计数据等。

（3）对员工进行安全教育，并提出要求。此种教育应由企业领导亲自上讲台进行宣传，以充分引起员工的注意。

（4）制定安全性评价的危险等级划分表、评价表和检查表，统一检查方法。若是用打分法评价，则应对各检查项目的安全程度进行量化。

所有与企业安全相关的事物都要进行检查。检查时，针对各被检对象都要有一张安全检查表，来评定每个检查项目"目标分"、"实得分"以及"是"或"否"，检查表要事先设计周到，并印制好，发给每个评价组成员，人手一份，以便打分，并用文字说明检查结果。

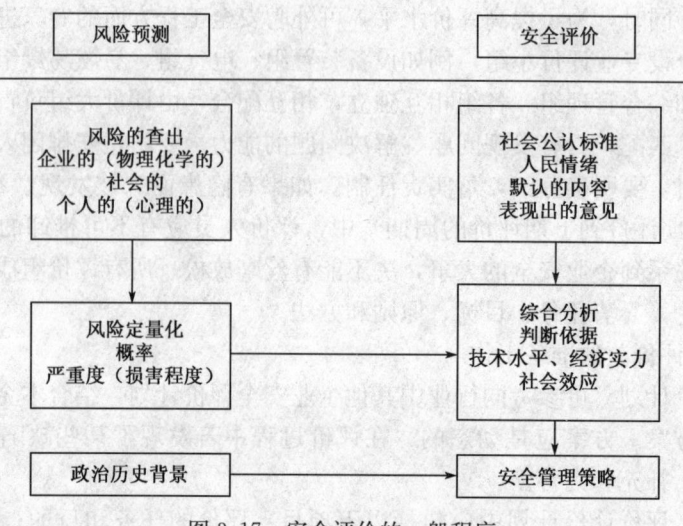

图 3.17 安全评价的一般程序

3) 试点建议

试点是摸索经验,也是让评价组成员先做热身操作,考验自身的安全评价能力。在总结试点经验的基础上进行铺开,这有利于较好地掌握评价方法,避免返工,少走弯路,提高工作效率。

4) 全面铺开检查和评价

(1) 从对管理部门的安全概念、职责、规章制度等检查入手,按预先设计好的检查表中的内容逐项检查。通过看、听、问、检测、考试、推断、打分,对每个内容或项目做出结论。

(2) 抓住主要矛盾,如对事故多发或易发区域进行全面性检查,不漏掉一个小问题。例如对危险品仓库、油库、压力容器、乙炔站和空压站等重点检查,发现问题,立即采取措施,将事故隐患消灭于萌芽状态。

(3) 以专业组为单位,分头对各车间进行检查。包括对生产设备、安全装置、起重设备、运输工具、护栏、物料旋转、安全标志以及车间的环境条件(安全通道占道率、采光、噪声、粉尘、温度、湿度、通风、工业垃圾清理等)是否符合标准进行评价。检查时,要重视对员工的安全观念、安全知识、排除故障能力、是否违章操作、是否按规定佩戴劳保用品等方面的检查,不能放过"留长发不戴帽子"、设备无护栏、管线泄漏和建筑无防雷接地等现象。

5) 资料汇总、分析与评价报告撰写

对资料汇总、分析,计算总分,划定安全级别,制定整改措施,写出评价报告。汇总资料应突出不安全问题,分清轻重缓急,作出标记。

安全问题的分析,包括人的素质分析(人的安全素质由安全意识和安全技能组成)、设备现状分析(包括结构安全、电器安全、安全装置的完好率、管道的无泄漏等)、环境分析和管理分析等。

评价总分的多少可以裁定一个企业属于哪一类安全型单位。通常将一个企业的目标分定为 1000 分,分别分配到各检查项目上。评价后,按实际得分分为四级:一级(特级)950 分以上;2 级(安全级)800~949 分;三级(临界级)500~799 分;四级(危险级)500 分以下。一个企业如果处于临界级状态,只要努力整改,便可上升为安全级,否则可能降为事故多发的危险级。

制定整改措施是评价后期的一项重要工作。所谓整改，就是采取改进方法，使未达标的事物按期达标。它包括提高全员安全素质和知识，完善规章制度和操作规程，强化职工自我保护意识，减少人为失误，消除各种隐患。例如，对带病运转的设备应及时安排检修，缺乏安全装置的设备都要设法配上；车间安全通道被他物所占的，限期将其撤去；所有物料要按"定置"原则进行存放；对噪声大的空压机房和冲压车间，要作为课题招标解决，将噪声降到规定范围。措施要具体可行，企业要抽出一定资金，支持措施的实施。

2. 安全标准

经定量化的风险率或危害度要与要求（期盼）的安全程度目标或标准进行比较，这个标准称为安全标准。

安全标准的确定主要取决于一个国家、行业或部门的政治、经济、技术和安全科学发展的水平。很显然，一个国家的政治制度是其安全政策方针的主要决定因素，保护人民的生命财产安全应该是一个先进发达国家的基本国策。

充足的财富、发达的技术会为提供舒适的生活工作环境创造条件。但是随着生产技术的发展，新工艺、新技术、新材料、新能源的出现，又会产生新的危险。同时，对已经认识到的危险。由于技术、资金等因素的制约，也不可能完全杜绝。因此，所谓安全标准，实际上就是确定一个危害度，这个危害度必须是社会各方面允许的、可以接受的。

同时，安全标准本身也是个科学问题，随着安全科学的发展，人们认识到世界上没有绝对的安全。那种认为事故为零就是最终安全标准的看法是不客观的，安全标准是在社会发展进程中不断修订和完善的。

确定安全标准的方法有统计法以及风险与收益比较法。对系统进行安全评价时，也可根据综合评价得到的危险指数进行统计分析，确定使用一定范围的安全标准。例如，美国根据交通事故的统计资料，得出小汽车的交通死亡率为 2.5×10^{-4} 死亡/（人·年），这就意味着每年每 10 万美国人因乘坐小汽车有 25 人死亡的风险率。但是美国人没有因害怕这个风险而放弃使用小汽车，说明这个风险能够被美国社会所接受，这个风险率可以作为美国人使用小汽车作为交通工具的安全标准。

美国原子能委员会报告中所引用的收益和风险率的关系说明，人们要获得较大的收益，必须要承担较大的风险，风险较小的活动其收益也较少，可以从中权衡选择适当的值作为安全标准。一般认为，在生产活动中若以死亡/（人·年）的风险率表示，则 10^{-3} 数量级的作业危险性很大，是不能被人接受的，要立即采取安全措施；10^{-4} 数量级的作业危险性一般人是不愿意接受的，所以要支出费用进行改善才行；10^{-5} 数量级的作业危险性与游泳溺死的风险率相当，对此人们是积极关注的；而 10^{-6} 数量级的作业危险性与天灾死亡的风险率相同，人们感到有危险，但不一定会发生在自己身上，人们要工作、要生活，冒这个风险与其收益相比还是值得的。但是对有的行业就不是这样，例如拳击运动，选手的死亡率高达 0.5%，但由于拳击手可获得上千万的美金收入，虽然风险大，仍然有人从事此工作。

对于有统计数据的行业，国外就是以行业一定时间内的实际平均死亡率作为确定安全标准的依据。例如，英国化学工业的 FAFR 值（指劳动 1×10^8 h 的死亡率）为 3.5，英国帝国化学公司（ICI）提案取其 1/10，即 0.35 作为安全标准，而美国各公司的风险目标值（安全标准）大都取各行业安全标准的 1/10。表 3.13 列出了美国各行业的安全标准，表 3.14 给出了英国各行业的风险率。

对于系统安全综合评价，由于其评价内容不仅涉及技术设备，还涉及管理、环境等因素，前者可用风险率量化，后者则难以严格定量，所以在综合评价方法中常采用加权系数的方法，并通过一定的数理关系使它们整合在一起，最终计算出总的危险性评分。采用这种评价方法对一个行业内的若干企业进行试评，然后对不同单位的危险性评分进行分析总结，就可以得出在一定时期内适用于该行业的以危险性分值表示的安全标准。

表 3.13 美国各行业的安全标准

（每年以接触 2000h 计算）

工业类型	FAFR值	死亡/（人·年）	工业类型	FAFR值	死亡/（人·年）
工业	7.1	1.4×10^{-4}	运输及公用事业	16	3.6×10^{-4}
商业	3.2	0.6×10^{-4}	农业	27	5.4×10^{-4}
制造业	4.5	0.9×10^{-4}	建筑业	28	5.6×10^{-4}
服务业	4.3	0.86×10^{-4}	采矿、采石业	31	6.2×10^{-4}
机关	5.7	1.14×10^{-4}			

表 3.14 英国各行业的风险率

工业类型	FAFR值（劳动 1×10^8 h 的死亡率）	死亡/（人·年）（每日8h，每月20d，每年1920h）	工业类型	FAFR值（劳动 1×10^8 h 的死亡率）	死亡/（人·年）（每日8h，每月20d，每年1920h）
化工	3.5	6.75×10^{-5}	铁路扳道员	45	8.64×10^{-4}
英国全工业	4	7.68×10^{-5}	建筑	67	1.28×10^{-3}
钢铁	8	1.54×10^{-4}	飞机乘务员	250	4.8×10^{-3}
捕鱼	35	6.72×10^{-4}	拳击	7000	1.34×10^{-1}
煤矿	40	7.68×10^{-4}	狩猎竞赛	50000	9.6×10^{-1}

3. 安全评价方法

安全评价起源于20世纪30年代美国的保险行业。60年代，美国道化学公司公开发表了火灾、爆炸物危险性指数评价方法，德国、英国、荷兰、日本、中国先后提出了多种评价方法。目前国内外使用的安全评价方法达到几十种，安全评价的类型也从初期的定性评价扩展到半定量评价和定量评价。

根据评价目的、对象的不同，具体的评价内容和指标不同，所采用的评价方法也不同。目前国内外常用的安全评价方法归纳起来主要有指数评价方法、概率风险评价方法、综合评价法和数值模拟与人工智能方法等。

3.2.2 指数评价方法

指数评价方法是用火灾爆炸指数作为一个化工企业安全评价的标准。指数评价方法以物质系数法为基础。这种方法是根据工厂所用原材料的一般化学性质，结合它们具有的特殊危险性，再加上进行工艺处理时的一般和特殊危险性，以及量方面的因素，换算成火灾爆炸指数或评点数，然后按指数或评点数分成危险等级，根据不同危险等级确定在建筑结构、消防设备、电气防爆、检测仪表、控制方法等方面的安全要求。

1. 美国道化学公司火灾、爆炸物危险性指数评价法

美国道化学公司火灾、爆炸物危险性指数评价法是以工艺过程中物料的火灾、爆炸潜在危险性为基础,结合工艺条件、物料量等因素求取火灾、爆炸物危险性指数,进而求出经济损失的大小,以经济损失评价生产装置的安全性。评价中定量的依据是以往事故的统计资料、物质的潜在能量和现行安全措施状况。

评价的目的是:真实地量化潜在火灾、爆炸和反应性事故的预测损失;确定可能引起事故发生或使事故扩大的设备(或单元);向管理部门通报潜在的火灾、爆炸危险性;使工程技术人员了解各工艺部分可能造成的损失,并帮助确定减轻潜在事故严重性和总损失的有效而又经济的途径,这是评价的最重要目的。评价的基本程序如图3.18所示。

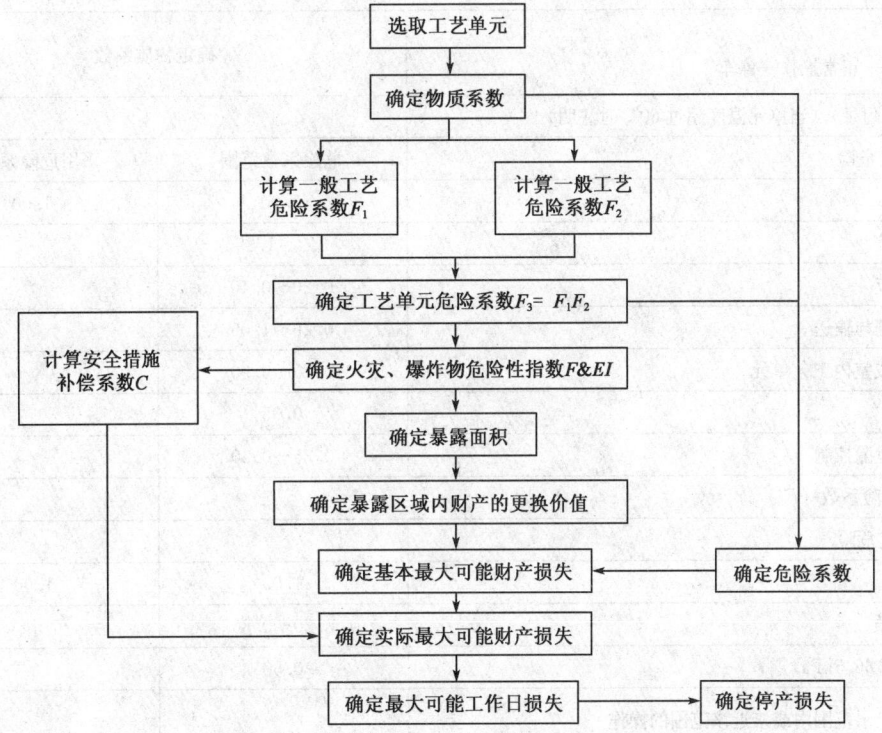

图3.18 美国道化学公司火灾、爆炸物危险性指数评价法(第7版)评价基本程序

在评价之前首先要准备如下资料:
(1)装置或工厂的设计方案;
(2)火灾、爆炸物危险性指数危险度分级表;
(3)火灾、爆炸物危险性指数计算表(表3.15);
(4)安全措施补偿系数表(表3.16);
(5)工艺单元风险分析汇总表;
(6)工厂风险分析汇总表;
(7)有关装置的更换费用数据。

在资料准备齐全和充分熟悉评价系统的基础上再按如图3.18所示的程序进行。

1)选择工艺(评价)单元

一套生产装置包括许多工艺单元,但在计算火灾、爆炸物危险性指数时,只评价那些从损失预防角度来看影响比较大的工艺单元,这些单元可称为评价单元。工艺单元的划分要根据设备间的逻辑关系来确定。如在氯乙烯单体或二氯乙烷工厂的加热区与急冷区中可以划分为二氯乙烷预热器、二氯乙烷蒸发器、加热炉、冷却塔、二氯乙烷吸热器和脱焦槽。仓库的整个储存区不设防火墙,可划分为一个单元。

表 3.15 火灾、爆炸物危险性指数表

地区/国家:	部门:	场所:	日期:
位置:	生产单元:	工艺单元:	
评价人:	审定人(负责人):		建筑物:
检查人(管理部):	检查人(技术中心):		检查人(安全和损失预防):
工艺设备中的物料:			
操作状态: 设计—开车—正常操作—停车		确定物质系数	
物质系数(附录)(当单元温度超过60℃时注明)			
1. 一般工艺危险		危险系数范围	采用危险系数①
基本系数		1.00	1.00
A. 放热反应		0.3~1.25	
B. 吸热反应		0.20~0.40	
C. 物料处理与输送		0.25~1.05	
D. 密闭式或室内工艺单元		0.25~0.90	
E. 通道		0.35	
F. 排放和泄漏控制		0.25~0.50	
一般工艺危险系数(F_1)			
2. 特殊工艺危险			
基本系数		1.00	1.00
A. 毒性物质		0.20~0.80	
B. 负压(<66.5kPa)		0.50	
C. 在爆炸极限范围内或接近该范围的操作 惰性化— 未惰性化—			
(1) 灌装易燃液体		0.50	
(2) 过程失常或吹扫故障		0.30	
(3) 一直在燃烧范围内		0.80	
D. 粉尘爆炸		0.25~2.00	
E. 释放压力			
F. 低温		0.2~0.30	
G. 易燃和不稳定物质的质量 物质质量(kg) 物质燃料热 H_e (J/kg)			
工艺过程中的液体和气体(图 3.19)			
储存中的液体和气体(图 3.20)			
储存中的可燃固体和工艺过程中的粉尘(图 3.21)			
H. 腐蚀		0.10~0.75	

续表

地区/国家：		部门：		场所：		日期：	
位置：		生产单元：		工艺单元：			
评价人：		审定人（负责人）：				建筑物：	
检查人（管理部）：		检查人（技术中心）：				检查人（安全和损失预防）：	
I. 泄漏——接头和填料				0.10～1.50			
J. 明火设备							
K. 热油交换系统				0.15～1.15			
L. 转动设备				0.50			
特殊工艺危险系数（F_2）							
工艺单元危险系数（$F_1 F_2 = F_3$）							
火灾、爆炸物危险性指数（$F_3 MF = F\&EI$）							

①无危险时系数取0.00。

表 3.16 安全措施补偿系数

1. 工艺控制安全补偿系数（C_1）					
项目	安全补偿系数范围	采用安全补偿系数①	项目	安全补偿系数范围	采用安全补偿系数①
（1）应急电源	0.10～0.75		（6）惰性气体保护	0.10～0.75	
（2）冷却装置	0.10～0.75		（7）操作规程（程序）	0.10～0.75	
（3）抑爆装置	0.10～0.75		（8）化学活泼性物质检查	0.10～0.75	
（4）紧急切断装置	0.10～0.75				
（5）计算机控制	0.10～0.75		其他工艺危险分析	0.91～0.98	
C_1 值②					

2. 物质隔离安全补偿系数（C_2）					
项目	安全补偿系数范围	采用安全补偿系数①	项目	安全补偿系数范围	采用安全补偿系数①
（1）遥控阀	0.96～0.98		（3）排放系统	0.91～0.97	
（2）卸料、排空装置	0.96～0.98		（4）联锁装置	0.98	
C_2 值②					

3. 防火措施安全补偿系统（C_3）					
项目	安全补偿系数范围	采用安全补偿系数①	项目	安全补偿系数范围	采用安全补偿系数①
（1）泄漏检测装置	0.94～0.98		（6）水幕	0.97～0.98	
（2）结构钢	0.95～0.98		（7）泡沫灭火装置	0.92～0.97	
（3）消防水供应系统	0.94～0.97		（8）手提式灭火器材、喷火枪	0.93～0.98	
（4）特殊灭火系统	0.91				
（5）洒水灭火系统	0.74～0.97		（9）电缆防护	0.94～0.98	
C_3 值					
安全措施补偿系数 $C = C_1 C_2 C_3$					

①无安全补偿系数时，此处填入1.00。
②所采用安全补偿系数的乘积。

选择评价单元时可以从以下几个方面考虑：

（1）潜在化学能（物质系数）；
（2）工艺单元中危险物质的数量；
（3）资金密度（每平方米投入的美元）；
（4）操作压力和操作温度；
（5）导致火灾、爆炸事故的历史资料。

一般情况下，这些方面的数值越大，说明该工艺单元越需要评价。

2）确定物质系数（MF）

在火灾、爆炸物危险性指数的计算和其他危险性评价时，物质系数（MF）是最基础的参数，它表示物质由燃烧或其他化学反应引起的火灾、爆炸中释放能量大小的内在特性。

物质系数是由美国消防协会规定的物质可燃性 N_f 和化学活泼性（或不稳定性）N_r 从表 3.17 中求取。

3）计算一般工艺危险系数（F_1）

一般工艺危险性是确定事故损害大小的主要因素，共包括 6 项内容，即放热反应、吸热反应、物料处理与输送、密闭式单元或室内工艺单元、通道、排放和泄漏控制。

一个评价单元不一定包括每项内容，要根据具体情况选取恰当的系数，填入表 3.17 中，并将这些危险系数相加，得到单元一般工艺危险系数。

表 3.17 物质系数确定表

液体、气体的易燃性或可燃性	N_f（依据 NFPA 325M 或 NFPA49）	反应性或不稳定性				
		$N_r=0$	$N_r=1$	$N_r=2$	$N_r=3$	$N_r=4$
不燃物	$N_f=0$	1	14	24	29	40
F.P.>93.3℃	$N_f=1$	4	14	24	29	40
37.8℃≤F.P.≤93.3℃	$N_f=2$	10	14	24	29	40
22.8℃≤F.P.≤37.8℃ 或 F.P.<22.8℃ 并且 B.P.≥37.8℃	$N_f=3$	16	16	24	29	40
或 F.P.<22.8℃ 并且 B.P.>37.8℃	$N_f=4$	21	21	24	29	40
可燃性粉尘等级（St）						
St-1（K_{St}≤200Pa·m/s）		16	16	24	29	40
St-2（K_{St}=201~300Pa·m/s）		21	21	24	29	40
液体、气体的易燃性或可燃性	N_r（依据 NFPA 325M 或 NFPA49）	反应性或不稳定性				
		$N_r=0$	$N_r=1$	$N_r=2$	$N_r=3$	$N_r=4$
St-3（K_{St}>300Pa·m/s）		24	24	24	29	40
可燃性固体						
厚度>40mm，紧密的	$N_f=1$	4	14	24	29	40
厚度<40mm，紧密的	$N_f=2$	10	14	24	29	40
泡沫材料、纤维、粉状物等	$N_f=3$	16	16	24	29	40

注：表中 F.P. 表示闭杯闪点；B.P. 表示标准温度和压力下的沸点；St 表示可燃性粉尘等级；N_f 表示物质可燃性等级；N_r 表示物质化学活泼性（不稳定性）。

表中 N_r 值可按下述原则确定：

$N_r=0$，燃烧条件下仍能保持稳定的物质；

$N_r=1$，加热加压条件下稳定性较差的物质；

$N_r=2$，加热加压条件下易发生剧烈化学反应变化的物质；

$N_r=3$，本身能发生爆炸分解或爆炸反应，但需强引发源或引发前必须在密闭状态下加热的物质；

$N_r=4$，在常温常压下自身易引发爆炸分解或爆炸反应的物质。

4) 计算特殊工艺危险系数（F_2）

特殊工艺危险性是影响事故发生概率的主要因素。共包括12项内容，即毒性、负压、在爆炸极限范围内或接近该范围的操作、粉尘爆炸、释放压力、低温、易燃和不稳定物质的质量、腐蚀、泄漏、明火设备、热油交换系统以及转动设备。

每一个评价单元不一定针对每项都要取值，对有关各项按规定求取危险系数。如对"易燃和不稳定物质的质量"分3种情况确定危险系数：

（1）对工艺过程中的液体和气体，求出评价单元中可燃或不稳定物质总量后乘以燃烧热 H_c（J/kg），得到总热量，然后从图3.19中查得危险系数。

（2）对储存中的液体和气体，求得总燃烧热，由图3.20查出危险系数。

（3）对储存中的可燃固体和工艺过程中的粉尘，通过储存固体总量（kg）或工艺单元中粉尘总量（kg），由图3.21查得危险系数。

5) 确定工艺单元危险系数（F_3）

工艺单元危险系数（F_3）等于一般工艺危险系数（F_1）和特殊工艺危险系数（F_2）的乘积。

6) 计算火灾、爆炸物危险性指数（$F\&EI$）

火灾、爆炸物危险性指数用来估算生产过程中事故可能造成的破坏情况，它等于物质系数（MF）和工艺单元危险系数（F_3）的乘积。

美国道化学公司火灾、爆炸物危险性指数评价法第7版还将火灾、爆炸物危险性指数划分成5个危险等级（表3.18），便于了解单元火灾、爆炸的严重度。

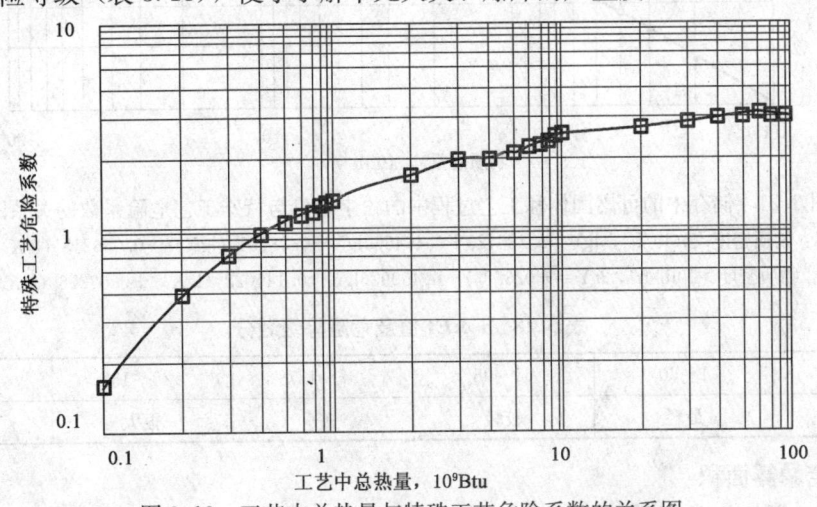

图3.19 工艺中总热量与特殊工艺危险系数的关系图

（1Btu=1.055×10³J）

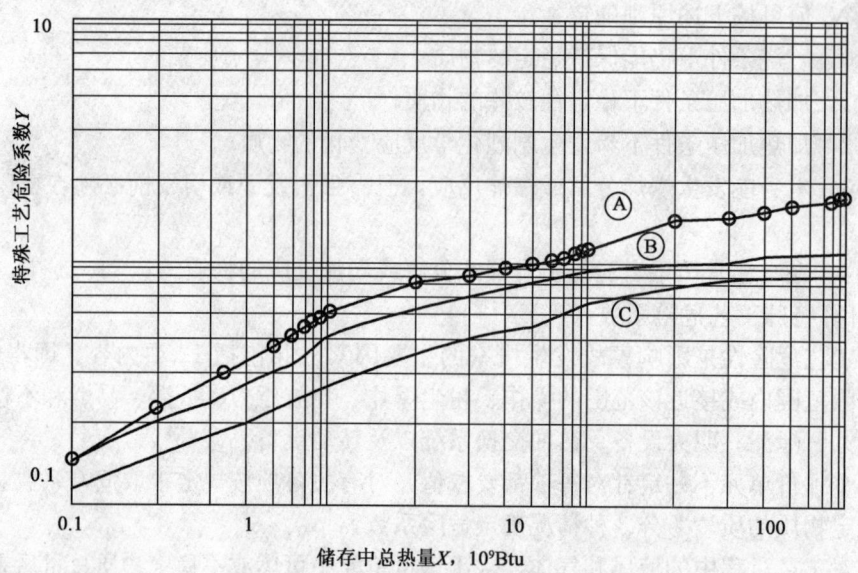

图 3.20 储存中的液体和气体总热量与特殊工艺危险系数的关系图

A＝液化气：$\lg Y=0.289069+0.472171\lg X-0.074585(\lg X)^2+0.018641(\lg X)^3$

B＝1 类易燃液体（闪点＜37.8℃）：$\lg Y=-0.403115+0.378703\lg X-0.46402(\lg X)^2+0.015379(\lg X)^3$

C＝2 类可燃液体（37.8℃＜闪点＜60℃）：$\lg Y=-0.55839+0.363321\lg X-0.057296(\lg X)^2+0.01075(\lg X)^3$

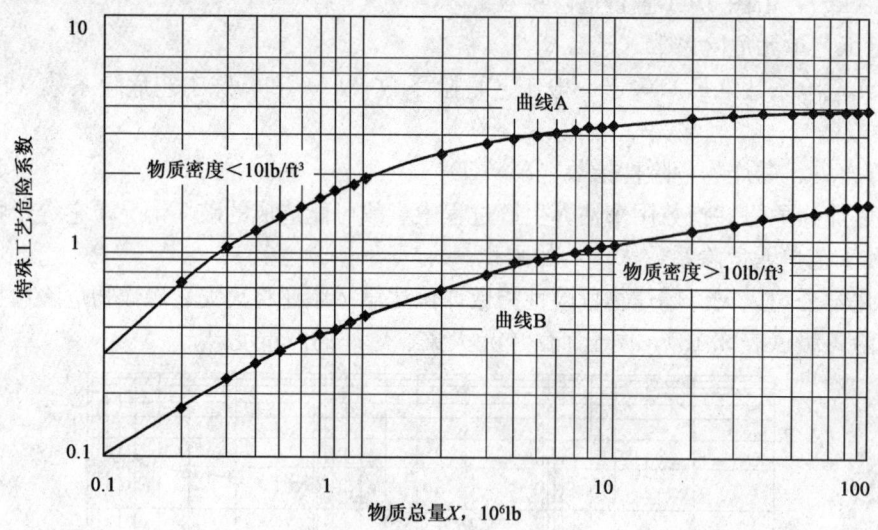

图 3.21 储存中的可燃固体和工艺过程中的粉尘总量与特殊工艺危险系数的关系图

A：物质密度＜10lb/ft³，$\lg Y=0.280423+0.464559\lg X-0.28291(\lg X)^2+0.066218(\lg X)^3$

B：物质密度＞10lb/ft³，$\lg Y=-0.35831+0.459926\lg X-0.141022(\lg X)^2+0.02276(\lg X)^3$

表 3.18 F&EI 值及危险等级划分

F&EI 值	1～60	61～96	97～127	128～158	＞159
危险等级	最轻	较轻	中等	很大	非常大

7）确定暴露面积

用火灾、爆炸物危险性指数乘以 0.84，即可求出暴露半径 R（ft）。根据暴露半径计算出暴露区域面积。

8) 确定暴露区域内财产的更换价值

更换价值＝原来成本×0.82×价格增长系数

其中，系数0.82是考虑事故发生时有些成本不会被破坏或无须更换，如场地、道路、地下管线和地基、工程费等。如果对更换价值有更精确的计算，则这个系数可以改变。

9) 单元危害系数的确定

单元危害系数由单元危险系数 F_3 和物质系数 MF 按图3.22来确定。如 F_3 值超过8.0，则以8.0来确定单元危害系数。

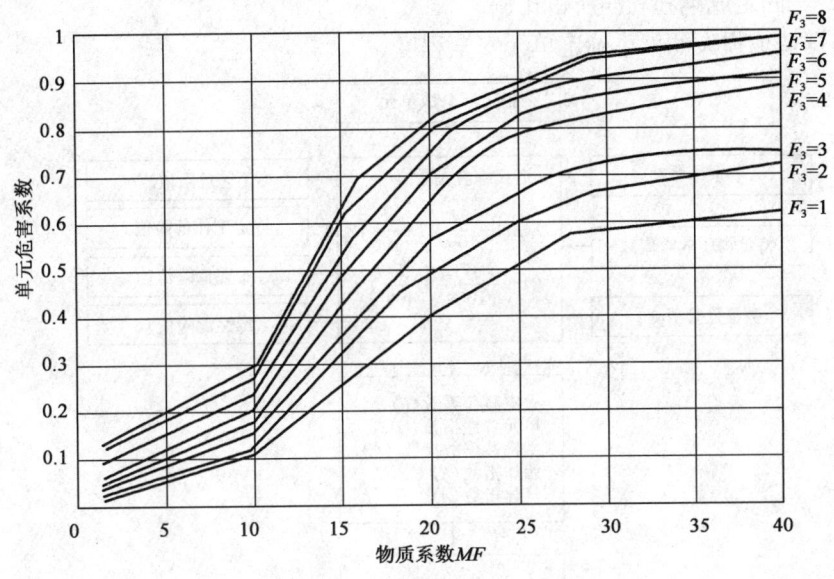

图3.22 单元危害系数计算图

10) 计算基本最大可能财产损失（基本 $MPPD$）

确定了暴露区域面积（实际为体积）和单元危害系数后，就可以计算出事故造成的基本最大可能财产损失。

基本 $MPPD$＝暴露区域的更换价值×危害系数

11) 安全措施补偿系数（C）的计算

美国道化学公司火灾、爆炸物危险性指数评价法第7版考虑的安全措施分成3类，即工艺控制（C_1）、物质隔离（C_2）和防火措施（C_3），其总的补偿系数是该类中所有选取系数的乘积，即 $C=C_1C_2C_3$。

12) 确定实际最大可能财产损失（实际 $MPPD$）

基本最大可能财产损失与安全措施补偿系数的乘积就是实际最大可能财产损失，它表示采取适当（但不完全理想）的防护措施后事故造成的财产损失。

13) 估算最大可能工作日损失（$MPDO$）

估算最大可能工作日损失是为了评价停产损失（BI）。最大可能工作日损失的求法：以实际最大可能财产损失（实际 $MPPD$），根据图3.23即可求出。图中 $MPPD$（X）与停工日 $MPDO$（Y）之间的方程式为：

上限70%的斜线　　　　　$\lg Y=1.550233+0.598416\lg X$

正常值的斜线　　　　　　$\lg Y=1.325132+0.592471\lg X$

下限70%的斜线　　　　　$\lg Y=1.045515+0.610426\lg X$

在大多数情况下,一般从中间线直接读出 MPDO。若某设备发生事故存在备件时,可以取下线(下限)值;若是影响生产时间较长或难以恢复生产的故障,则取上线(上限)值。

14) 估算停产损失（BI）

$$BI = \frac{MPDO}{30} \times VPM \times 0.7 \tag{3.14}$$

式中　VPM——月产值；

0.7——固定成本和利润所占比例。

最后根据造成损失的大小确定单元安全程度。

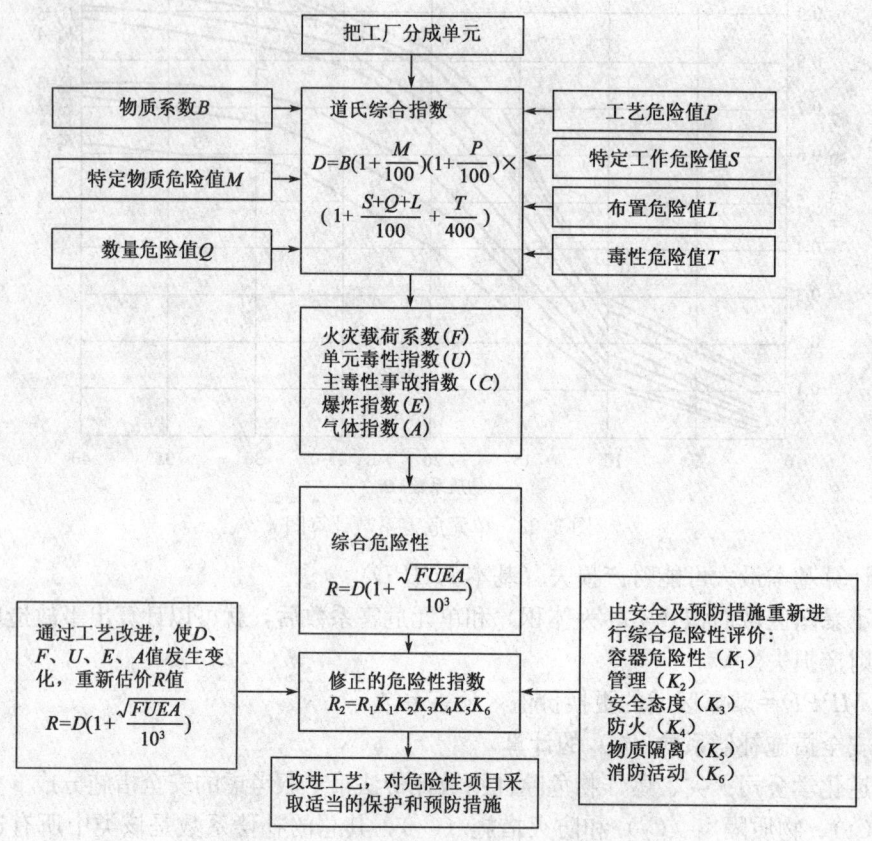

图 3.23　DOW/ICI Mond 安全评价图

3.2.3　概率评价法

概率评价法是一种定量评价法,先求出系统发生事故的概率,采用故障类型和影响、危险度分析、事故树定量分析、事件树定量分析等方法,在求出事故发生概率的基础上,进一步计算风险率,以风险率大小确定系统的安全程度。系统危险性的大小取决于两个方面,一是事故发生的概率,二是造成后果的严重度。风险率是综合了两个方面因素,它的数值等于事故的概率(频率)与严重度的乘积,其计算公式如下:

$$R = SP \tag{3.15}$$

式中　R——风险率,事故损失/时间；

　　　S——严重度,事故损失/事故次数；

P——事故发生概率（频率），事故次数/时间。

风险率表示单位时间内事故造成损失的大小，单位时间可以是年、月、日、小时等；事故损失可以用人的死亡、经济损失或是工作日的损失等表示。

计算出风险率后，与安全指标比较，从而得知风险是否降到人们可以接受的程度。要求风险率，必须首先求出系统发生事故的概率，因此下面就概率的有关概念和计算作一简述。

生产装置或工艺过程发生事故是由组成它的若干元件相互作用的结果，总的故障概率取决于这些元件的故障概率和它们之间相互作用的性质，因此，要计算装置或工艺过程的事故概率，必须首先了解各个元件的故障概率。

1. 元件的故障概率及其求法

构成设备或装置的元件工作一定时间后就会发生故障或失效。所谓故障，就是指元件、子系统或系统在运行时达不到规定的功能。可修复系统的失效就是故障。根据可靠性工程理论，元件分为可修复系统元件和不可修复系统元件。可修复系统元件的故障概率为 $q \approx \lambda \tau$，λ 为故障率，τ 为平均修复时间；不可修复系统元件的故障概率为 $q \approx \lambda t$，t 为元件运行时间。

元件在两次相邻故障间隔期内正常工作的平均时间称为平均故障间隔期，用 τ 表示。如果元件在第一次工作时间 t_1 后出现故障，第二次工作时间 t_2 后出现故障，第 n 次工作时间 t_n 后出现故障，则平均故障间隔期为：

$$\tau = \frac{\sum_{i=1}^{n} t_i}{n} \tag{3.16}$$

其中，τ 一般是通过实验测定 n 个元件的平均故障间隔时间的平均值而得到。

元件在单位时间（或周期）内发生故障的故障率平均值称为平均故障率，用 λ 表示，单位为故障次数/时间。平均故障率是平均故障间隔期的倒数，即

$$\lambda = \frac{1}{\tau}$$

故障率是通过实验测定出来的，实际应用时会受到环境因素如温度、湿度、振动、腐蚀等的不良影响，应给予修正，即考虑一定的修正系数（严重系数 k）。部分环境下严重系数 k 取值见表 3.19。

表 3.19 严重系数取值

使用场所	k	使用场所	k
实验室	1	火箭试验台	60
普通室内	1.1～10	飞机	80～150
船舶	10～18	火箭	400～1000
铁路车辆、牵引式公共汽车	18～30		

元件在规定时间内和规定条件下完成规定功能的概率称为可靠度，用 $R(t)$ 表示。元件在时间间隔 $(0, t)$ 内的可靠度符合下列关系：

$$R(t) = e^{-\lambda t} \tag{3.17}$$

式中 t——元件运行时间。

元件在规定时间内和规定条件下没有完成规定功能（失效）的概率就是故障概率（或称不可靠度），用 $P(t)$ 表示。故障是可靠的补事件，用下式可得到故障概率：

$$P(t) = 1 - R(t) = 1 - e^{-\lambda t} \tag{3.18}$$

式（3.17）和式（3.18）只适用于故障率 λ 稳定的情况。许多元件的故障率随时间而变化，显示出如图3.24所示的"浴盆"形曲线。

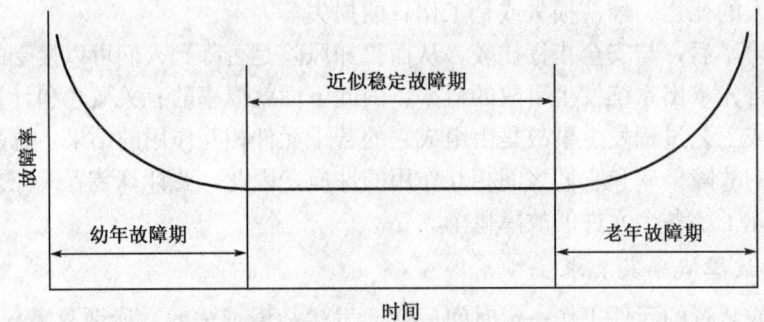

图 3.24　故障率"浴盆"形曲线图

由图 3.25 可见，元件故障率随时间变化表现为 3 个时期，即幼年故障期（早期故障期）、近似稳定故障期（偶然故障期）和老年故障期（损耗故障期）。元件在幼年期和老年期故障率都很高。这是因为元件在比较新的时候可能内部有缺陷或调试过程被损坏，开始故障率较高，但很快就下降了；当使用时间较长时，由于老化、磨损，其功能下降，故障率又会迅速提高。如果在设备或元件进入老年期之前就更换或修理即将失效部分，则可延长其使用寿命。在幼年期和老年期两个周期之间（偶然故障期）的故障率低且稳定，式（3.17）和式（3.18）都适用。表 3.20 列出部分元件的故障率。

表 3.20　部分元件的故障率

元　　件	故障，次/年	元　　件	故障，次/年
控制阀	0.6	压力测量	1.41
控制器	0.29	泄压阀	0.022
流量测量（液体）	1.14	压力开关	0.14
测量测量（固体）	3.75	电磁阀	0.42
流量开关	1.12	步进电动机	0.044
气流色谱	30.6	长纸条记录仪	0.22
手动阀	0.13	热电偶温度测量	0.52
指示灯	0.044	温度计温度测量	0.027
液位测量（液体）	1.70	阀动定位器	0.44
液位测量（固体）	6.86	—	—
氧分析仪	5.65	—	—
pH 计	5.88	—	—

资料来源：Fank P. lees. Loss Prevention in the Process Industries (London: Rutterworths, 1986).

2. 元件的连接及系统故障（事故）概率的计算

生产装置或生产工艺是由许多元件连接在一起构成的，这些元件发生故障常会导致整个系统故障或事故的发生。因此，可根据各个元件故障概率，依照它们之间的连接关系计算出整个系统的故障概率。

元件的相互连接有串联和并联两种情况。

(1) 串联连接的元件用逻辑或门表示，意思是任何一个元件发生故障都会引起系统发生故障或事故。串联元件组成系统的可靠度计算公式如下：

$$R = \prod_{i=1}^{n} R_i \tag{3.19}$$

式中 R_i——某个元件的可靠度；

n——元件的数量。

系统的故障概率 $P_串$ 由（3.20）式计算：

$$P_串 = 1 - \prod_{i=1}^{n}(1 - P_i) \tag{3.20}$$

式中 P_i——某个元件的故障概率。

对于只有 A 和 B 两个元件组成的系统，式（3.20）展开为：

$$P_串(A \cup B) = P(A) + P(B) - P(A)P(B)$$

如果元件的故障概率很小，则 $P(A)P(B)$ 项可以忽略。此时上式可简化为：

$$P_串(A \cup B) = P(A) + P(B)$$

式（3.20）则可简化为：

$$P_串 = \sum_{i=1}^{n} P_i \tag{3.21}$$

当元件的故障概率不是特别小时，不能用简化公式计算系统总的故障概率。

（2）并联连接的元件用逻辑与门表示，意思是并联的几个元件同时发生故障。并联元件组成的系统故障概率 $P_并$ 的计算公式是：

$$P_并 = \prod_{i=1}^{n} P_i \tag{3.22}$$

系统的可靠度计算公式如下：

$$R = 1 - \prod_{i=1}^{n}(1 - R_i) \tag{3.23}$$

计算出系统的可靠度之后，可由式（3.17）求出总的故障率 λ。

3.2.4 安全综合评价法

1. 概述

关于系统安全水平的综合评价，现在已提出多种方法，考虑的内容和思路可以归纳为图 3.25 所示的原理框图。

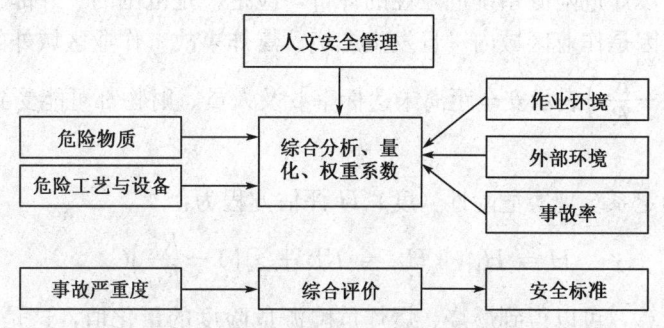

图 3.25 系统安全水平的综合评价原理框图

由于是系统安全评价，所以评价工作的第一步，首先是划定系统或确认系统，也就是对评价对象范围进行界定。评价对象小到可以是一个工房、一个生产车间或一条生产线，大到可以是一个工厂、一个企业。应该注意的是，评价对象自然范围的界定与系统的确认是不同的，系统的目标、系统的组成及其相互关系与系统目标的求解都要依据系统科学原理来认定。

2. 评价模式

下面以具有燃烧与爆炸危险性的典型危险源为评价对象，讨论其评价模式。

(1) 燃烧、爆炸危险源的潜在危险主要是意外能量释放，用能量危险系数 W_B 来表示。W_B 的大小主要决定于具有燃爆性质的物质的本质特性（敏感度、威力等）、数量和在生产条件下所处的工艺状态（温度、压力等），即 W_B 为物性系数 α、物量系数 β 和工艺条件系数 γ 的乘积：

$$W_B = \alpha\beta\gamma \tag{3.24}$$

(2) 作业环境内的危险度 $H_内$：

$$H_内 = KB \tag{3.25}$$

其中，B 是由能量危险系数 W_B、生产工艺的自动化程度——作业环境内人员密度或出现频次 D 和历史上此类作业出现事故的概率（频数）P 所决定，即 $B=W_B DP$；K 是指可控危险未受控系数，也称为安全隐患系数。

(3) K 的大小在这里主要取决于安全管理，它的内涵主要是指作业环境内设备、设施的安全状况、完好率、作业环境条件（气、尘、光、辐射等）和人文安全管理等综合因素，也就是说作业环境内的危险度可通过对人、机（物）、环境的安全管理得到控制。

(4) 对人、机（物）、环境安全状态的控制分别用 $S_x/S_人$、$S_y/S_机$、$S_z/S_环$ 来表示，那么 $(1-S_x/S_人)$、$(1-S_y/S_机)$、$(1-S_z/S_环)$ 就分别表示人、机（物）、环境的安全未达标率，也就是3个子系统的失控率。事故的发生就是这些失控因素在时空域交叉作用的结果。当然，由于人、机、环境失控对事故形成的重要程度是不同的，所以还要用不同的权重系数 X、Y、Z 加以区别。通过分析事故资料结合实际，有文献提出权重系数 $X=6.1$，$Y=2.2$，$Z=1.7$。于是：

$$K = 6.1 \times \left(1-\frac{S_x}{S_人}\right)\left(1-\frac{S_y}{S_机}\right) + 2.2 \times \left(1-\frac{S_x}{S_人}\right)\left(1-\frac{S_y}{S_环}\right) \\ + 1.7 \times \left(1-\frac{S_y}{S_机}\right)\left(1-\frac{S_z}{S_环}\right) \tag{3.26}$$

(5) 对燃烧、爆炸危险源系统危险性的评价，应把一定范围的"外部"环境作为系统组成成分来考虑，原因是作业区域内一旦发生燃烧、爆炸事故，作业区域外的那些安全距离不足的建筑物 [用 $\left(1-\frac{R_1}{R_0}\right)$ 表示安全距离未达标率] 及人员、财物都可能受到影响或伤害，其严重度用 C 表示。

综上所述，确定系统现实危险性（度）H 评估方程为：

$$H = H_内 + H_外 = KB + \sum\left(1-\frac{R_{1i}}{R_{0i}}\right)C_i \tag{3.27}$$

通过前面的计算，可以得到燃烧、爆炸危险源危险度的量化值，这是一个相对比较值。国内许多企业应用此方法，对各种安全状况进行了安全评价。总结这些评估数据，结合实际，有人提出与这些数值相对应的危险等级划分表，见表3.21。根据安全评价结果，对照此表可作为确定评价对象危险等级的参考。

表 3.21 危险源的危险等级划分表

危 险 等 级	现实危险度 H	危 险 类 别	可 能 后 果	技术措施分级
Ⅰ	<500	轻度危险	较小伤亡和损失	车间或分厂级
Ⅱ	500~800	比较危险	一定伤亡和损失	工厂或总厂级
Ⅲ	800~1200	中等危险	较大伤亡和损失	主管部门级
Ⅳ	1200~1500	严重危险	重大伤亡和损失	集团公司级
Ⅴ	>1500	非常危险	灾难性伤亡和损失	国家级

思 考 题

(1) 对房间电气照明系统进行故障类型和影响分析。
(2) 什么是安全评价？它包括哪些内容？
(3) 安全评价怎样进行分类？
(4) 什么是安全标准？怎样确定安全标准？
(5) 安全评价的基本程序和步骤有哪些？
(6) 美国道化学公司第七版评价法的步骤有哪些？
(7) 系统安全综合评价的内容和评价模式的关系是怎样确定的？

参 考 文 献

[1] 龙凤乐. 油田生产安全评价 [M]. 北京：石油工业出版社，2005.
[2] 郑津洋，马夏康，尹谢平. 长输管道安全风险辨识评价控制 [M]. 北京：化学工业出版社，2004.
[3] 顾祥柏. 石油化工安全分析方法及应用 [M]. 北京：化学工业出版社，2001.
[4] 邵辉. 系统安全工程 [M]. 北京：石油工业出版社，2008.

第4章 油气站场的安全管理

4.1 概述

油气站场是一个由储存、输送、消防、维修等子系统构成的易燃、易爆、有毒的危险场所。在油气站场的生产区内，分布于各处的工艺装置由各种阀门与管道相通，构成一个相互关联、相互制约的生产体系。油气站场安全管理就是将油气站场作为一个系统，为实现油气安全目标而进行的有关决策、计划、组织、控制等方面的活动。油气站场安全管理是油气站场管理的重要组成部分。由于输送的物质具有易燃、易爆以及易腐蚀、有毒等特性，危险性很大。一旦油气站场发生事故，就可能造成人员伤亡和油气物资的大量损失，因此，搞好油气站场的安全管理，保证油气站场安全生产，具有十分重要的现实意义。

4.1.1 油气站场安全管理的方针及对象

1. 油气站场安全管理的方针

油气站场安全管理的目的是保证油气站场生产活动全过程的安全，以及参与生产活动的人、物（油料、设备、设施等）、环境（内部环境和外部环境）的安全。安全生产是油气站场管理水平高低的重要标志，也是油气站场生产活动顺利进行和稳定发展的前提条件。加强油气站场安全管理，杜绝各类事故的发生，有利于提高油气站场管理效益，保障劳动者的利益。在油气站场安全管理工作中，必须贯彻"安全第一、预防为主、防消结合"的方针，实行消防安全责任制。站长为单位安全生产的第一责任人，各班组负责人为相应部门、岗位安全生产责任人。安全消防员协助站长做好全站的安全消防管理工作，并具体负责日常安全消防工作。

2. 油气站场安全管理的对象

油气站场安全管理涉及面广，它是顺利进行各项管理工作的前提，又是实现油气站场管理目标的重要内容和约束条件。在油气站场生产过程中，由于导致发生灾害事故的原因较多，包括人、设备与设施、环境等诸因素，所有这些因素又涉及设计、施工、操作、维修、存储、运输以及经营管理诸环节，油气站场安全管理与生产过程中的许多环节和因素发生联系并受其制约。因此，油气站场安全管理对象应包括构成油气站场系统的人、物、环境三要素以及三者之间的各个环节。其中，对物的管理包括设备、设施，对环境的管理包括油气站场内部环境和外部环境。

4.1.2 油气站场安全管理的内容

油气站场安全管理主要是从油气站场安全管理体制、安全管理技术、安全管理方法、安全管理法规以及安全管理理论等入手，对涉及油气站场安全的各个环节，如组织体制、监督管理、生产作业、安全分析等进行有效控制，从而保证油气站场生产过程顺利进行。油气站场安全管理的内容主要包括以下几方面：

（1）油气站场安全管理组织体制。主要从安全管理组织机构设置的原则、形式、任务、目标等方面进行研究，从而达到优化体制建设的目的。

（2）油气站场安全管理基础工作。主要研究油气站场安全管理法规建设，油气站场安全培训教育的组织与实施，油气站场安全设计及其评价，油气站场安全检查方案的制定与实施等内容。

（3）油气站场生产和检修作业安全管理。主要研究油气站场储存运输作业、收发作业及维修检修作业的组织实施等。

（4）油气站场设施、设备的安全管理。主要研究油气站场储油（气）设备、输油（气）管线、压缩机、泵房设备、装卸油（气）设备、加温设备、电气设备、消防设备等安全管理内容，常见事故及其预防措施，安全检查与维护。

（5）油气站场劳动保护。主要包括油气站场生产作业危险及防护、中毒物的防护、油气站场生产噪声的危害及控制、劳动保护用品的使用等内容。

（6）油气站场作业人员的安全管理。主要研究人的行为与安全的关系，安全行为的模型，站场人员身体状况和业务素质、安全意识、政治思想素质等，站场人员不安全行为的表现以及消除这些不安全行为所采取的对策。

（7）油气站场事故管理。主要研究油气站场事故调查分析处理程序与方法，油气站场事故发生发展规律，油气站场事故的预测预报理论及方法等内容。

4.1.3 油气站场的安全防范措施

1. 加强明火管理，严防火种进入

油气火灾蔓延和扩展速度极快，且难以扑灭，特别是爆炸事故，一旦发生，将立即造成重大灾害。采取预防措施，加强明火管理，严防火种产生是油气站场安全管理的首要措施。

油气站场内应在醒目位置设立"严防烟火"、"禁火区"等警戒标语和标牌，禁止任何人携带火种或穿易产生碰撞火花的钉鞋等进入站内。操作和维修设备时，应使用不产生火花的工具。生产区内不准无阻火器车辆行驶；禁止拖拉机、畜力车等进入站内。

2. 严格站内动火管理

油气站场的扩建、改造和维修需要使用电气焊或其他维修火焰动火，必须按照规定程序和审批权限办理动火手续。要做到"三不动火"：没有批准动火票不动火，防火措施不落实不动火，防火监护人不到现场不动火。动火现场 5m 内应无易燃物。

3. 做好事故抢险演练，提高处理事故的能力

应根据油气站场的工艺特点、设备及法兰状况、站区布置等情况，制定出切实可行的事故预演方案，定期组织义务抢险队有针对性地进行事故抢险演练，使职工掌握处理事故的本领，懂得油气站场火灾的性质、特征、预防措施、扑救方法，会报警，会扑救火灾，会使用防火器械进行自防自救，将突发事件消灭在萌芽阶段，避免酿成大的灾害。

4. 开展安全检查

组织好安全检查，确定检查周期、检查类型和检查内容。督促和指导现场安全建设，规

范作业行为，及时纠正问题，采取预防措施消除隐患。重点检查各危险点、防火设施、安全记录，定期校对安全阀、压力表、可燃气体报警仪以及配电设备，加强对管线设备、闸门检查，防止渗漏。

5. 做到"三时、一定期"

"三时"包括"及时"、"按时"和"随时"。

"及时"：及时检查修补防火堤，及时清除油污、杂草等易燃物；及时通风，清除泄漏；及时启停泵或压缩机；及时检查罐的液位以及泵或压缩机运行情况；及时清理地沟、泵房（压缩机房）内的油污；及时校验安全装置、仪表，听到异声及时停机检修；及时处理其他各种情况。

"按时"：按时巡回检查，发现压力升高及时调整；按时检查，按时巡检。

"随时"：随时监察锅炉压力，随时观察加热炉火焰情况，调火时需调节风门。

"定期"：定期检修安全阀、呼吸阀、压力表并保持其完好，定期检查可燃气体报警仪，定期检查锅炉熄火报警；定期检查静电接地、避雷针接地线以及静电夹的导电性和牢固程度。

6. 加强防毒、防噪声及作业环境的管理

除做好个人防护措施外，还应加强站内通风管理，对输、储油（气）设备进行管理和检查，从源头上消除毒源和噪声源。油气站场区内的温度和湿度不仅会对人产生生理上的效应，而且对生产设备也会产生破坏性影响，特别在高温、高湿及低温事故多发季节，更应该缩短每班作业时间，加强对设备的检修。油气站场内各场所的照明设计要合理，环境色调要适宜。在油气站场区适当的位置合理地种植一些花木，加强绿化是环境保护的重要措施。站区绿化位置要合理选择，不得妨碍安全。

4.1.4 油气站场油（气）类火灾的扑救

油气站场输送的油气具有易燃、易爆，燃烧值大、燃烧温度高、燃烧范围宽且爆炸下限低等特点。若对初起的火灾不及时扑救，一旦发生了油气火灾事故，除了直接破坏财产，引起人员伤亡外，还会发生爆炸、建筑物与设备塌崩飞散以及引起火情进一步扩大等继生灾害，造成更加严重的后果。因此，及时扑救初起火灾是极为重要的。

1. 堵塞泄漏，杜绝火种

消除油气的泄漏，杜绝火种的产生，这是防止火灾蔓延最重要的步骤。当油气从工艺装置中外泄时，要立即采取措施控制住泄漏点，同时切断电源，严禁一切明火的产生。

关闭漏点管道上游的阀门。若无上游阀门，可采用内衬橡胶皮的卡箍临时堵塞漏点，尽快把泄漏的油气移走。

若泄漏点一时难以堵塞或火势大，人员难以靠近时，要将周围受到威胁的易燃易爆物品移到安全地点，不能转移的要用水进行冷却。

产生泄漏但未着火时，堵漏过程中要严防着火。

2. 控制着火区，扑灭火灾

在切断油气源的同时，根据火灾发生地点的不同启用不同消防器材，向着火区喷洒灭火剂，以阻断空气与火苗及石油气的继续接触。

火灾若发生在储罐、管道断裂口处，可用直流水枪或高压水枪对准根部扑灭，或用灭火器等扑救，防止复燃。

若火情发生在储油罐内，应及时向油面喷射足够的灭火泡沫，同时还要加强对着火油罐的冷却，尽可能地降低储罐的温度。

3. 冷却降温，防止爆炸

对着火区进行扑灭的同时，现场指挥人员还要根据火势大小和周围易燃物的情况，及时组织向邻火容器或设备表面进行喷水降温，以避免其他容器受火焰的烘烤而导致着火爆炸事故。

4. 严密组织，指挥得当

一旦发生火灾，现场人员应保持冷静，理智处理，迅速采取相应的对策，及时报警。对于初起火灾，在场的全体人员要做到不慌不乱，坚守岗位，听从指挥，措施得当，扑救准确。对一时不能扑救的火灾，也应采取有效的措施，为专业消防人员扑救赢得时间。

4.2 油气集输站场安全管理

油气集输站场的功能是将油井中采出的油气混合物进行汇集储存，经初步处理后输送到处理装置中。油气集输站场在油田分布广，输送的油气性质差异大，工艺复杂，压力容器多，生产连续性强，一旦油气集输站场出现事故，会造成火灾爆炸和人员伤亡的严重后果。对油气集输站场的事故隐患采取安全对策，加强安全管理，可保障油气集输站场的安全运行。

4.2.1 油气集输站场的工艺安全管理

1. 油气集输站场工艺

油气集输站场在石油工业内部是联系产、运、销的纽带，也是能源保障系统的重要环节。按照功能和主要任务将油气集输站场分为计量站、接转站、转油站（又称集油站）和集中处理站（也称联合站）。按集输布站方式可分为：一级布站集油流程，即井口与原油库之间只有集中处理站；二级布站集油流程，即井口与原油库之间有计量站和集中处理站；三级布站集油流程，井口与原油库之间有计量站、接转站（用于对原油或油气增压）和集中处理站。

1）计量站

油田内完成分井计量油、气、水的站称为计量站，主要由集油阀组和单井油气计量分离器组成，把数口油井生产的油气产品集中在一起，对各单井的产油气量分别进行计量，如图4.1所示。

计量站主要担负单井生产出的原油与天然气或伴生气的分离、计量、加热和输送到转油站等作业。计量站可分为井口加热计量站、热水或蒸汽伴热计量站、掺油（水）计量站。在某些油气计量站因油压较低，增加了缓冲罐和输油泵等外输设备，既进行油气计量，又承担原油接转任务，在油田油气收集系统中把这种以液体增压为主的站称为接转站。

2）转油站

转油站是把数座计量（接转）站来油集中在一起，进行油气分离、油气计量、加热沉降和油气转输等作业的中型油站，又称集油站。有的转油站还包括原油脱水作业，所以也称为脱水转油站。

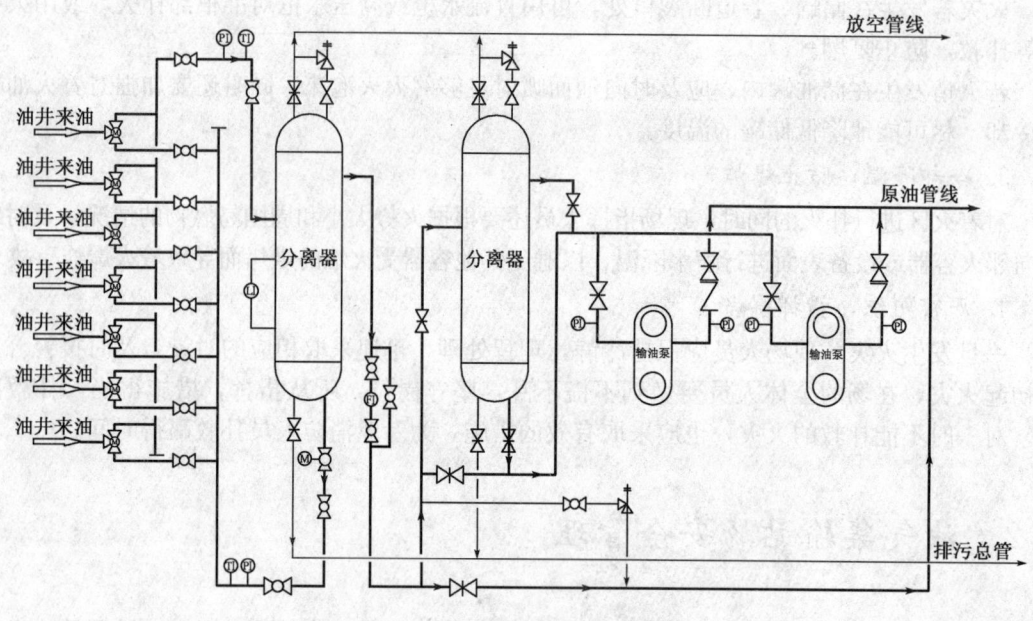

图 4.1 计量站工艺流程

油田转油站是油田油气集输流程的重要组成部分。它所承担的任务、规模是根据整个采油区块生产能力、生产集输水平、集输经济指标和其他各系统情况综合确定的。

来自计量站的油进入油、气、水三相分离器,对油、气、水进行分离。分离后的油进行升压、计量后外输到联合站,分离出的天然气进入天然气除油器脱除天然气携带的油,然后一部分经计量后外输到天然气处理厂,另一部分经计量后用于本站的加热装置。分离出的水进入加热炉进行加热,然后分别通过掺水泵和热洗泵升压并计量后用于掺水和热洗,如图4.2所示。

来自转油站、放水站的含水原油进入游离水脱除器脱出大部分游离水和少量粒径较大的乳化水,使原油含水降到30%以下。沉降分离后的低含水原油通过加热炉升温到55~65℃,然后进入电脱水器。在电脱水器中,在电场和破乳剂的双重作用下,原油的乳化水发生破乳,油、水分离。脱水后含水低于0.5%的净化油进入净化油缓冲罐,计量后泵送到原油联合站。

3) 联合站

油田内部主要对原油、天然气、采出水进行集中处理的站称为联合站。是油气集中处理联合作业站的简称,主要包括油气集中处理(原油脱水、天然气净化、原油稳定、轻烃回收等)、油田注水和污水处理。

原油稳定是减少油气损失最根本的措施。从油气分离器分离出的液相原油中常带有大量的甲烷、乙烷、丙烷等挥发性轻烃,这些轻烃在常压储存和输送时会从原油中挥发出来,与此同时,又会携带走大量的戊烷、己烷等轻质汽油组分,发生闪蒸损耗。原油稳定就是通过一系列工艺措施,比较完全地从原油中脱除所含 C_1~C_4 等挥发性强的轻烃,降低原油的挥发性和饱和蒸气压,使原油保持稳定,减少原油在集输和储运过程中的蒸发损耗。

2. 油气集输站场主要环节危害分析

1) 油气分离

油气分离采用较多的是多级分离,运行的关键是控制分离器的压力和液面。为了使油气

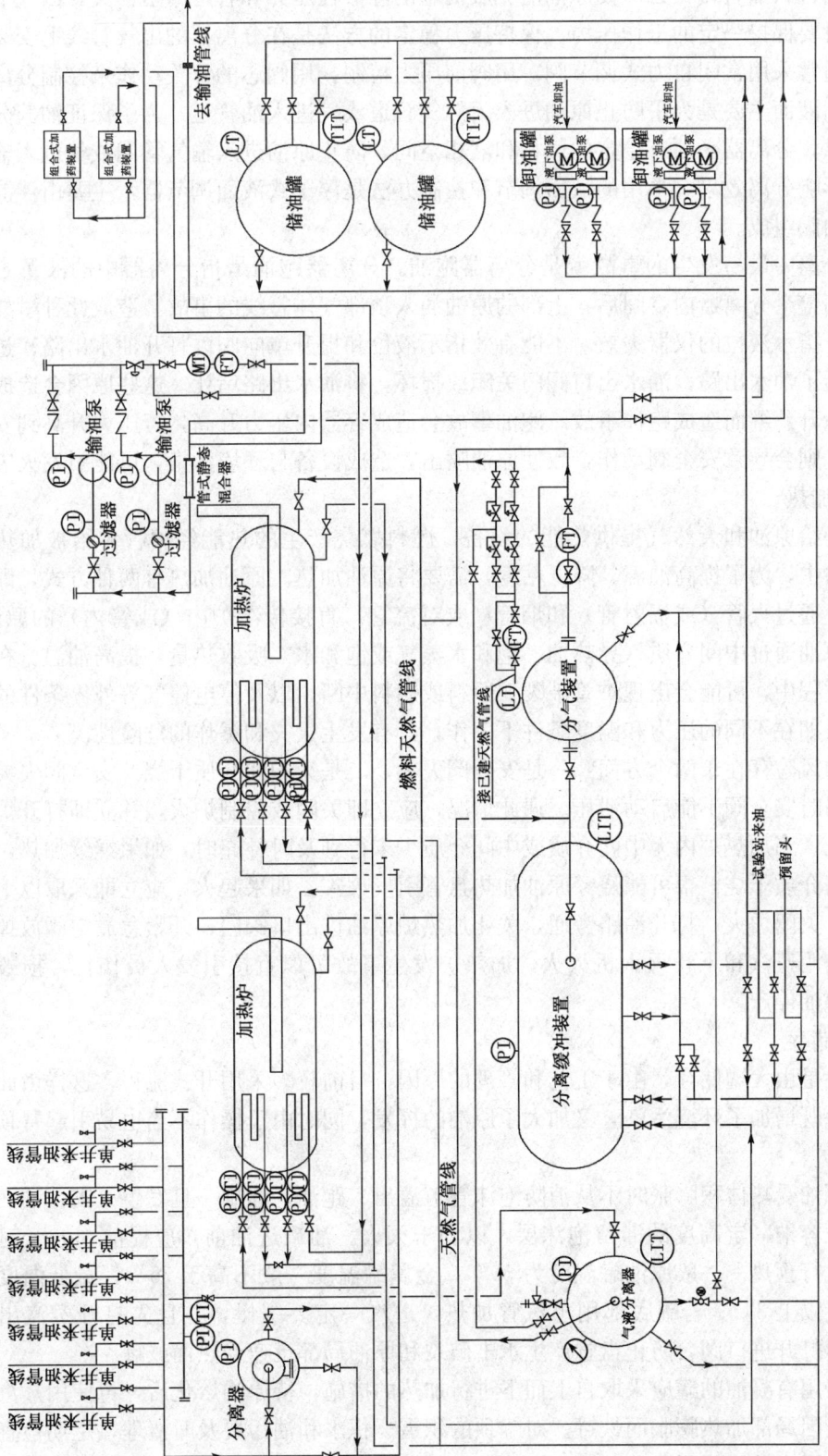

图 4.2 转油站工艺流程

分离后的原油进入油管线，必须使原油能克服油罐的静液柱压力和管道摩阻损失，因此油气分离器工作时要保持一定的工作压力。保持压力稳定的方法是在分离器的出气管线上安装压力控制阀。通常采用常闭自力式调节阀，用阀前压力控制，用阀芯的开关动作来控制分离器的压力。控制液面主要是为了防止原油进入天然气管道或气进入油管道。为了保证油气分离器的分离效果，分离器必须有稳定的气相和液相空间，防止原油进入输气管网或气进入输油管线，严重影响分离效果。常用的液面调节和控制办法是浮子式液面调节器，主要由浮漂连杆机构和出油阀组成。

在油气分离中最易发生的事故就是分离器跑油。分离器跑油是指分离器中的液量走不及，油水充满整个分离器内空间后，上部的原油涌入顶部气体管线的事故。造成此种事故的原因有三个：指示液位的仪器失效，不能有效指示液位和提升单向阀以打开油水出路；过滤器堵塞，切断了油水出路；油水出口阀门关闭或损坏，将油水出路堵死。这些原因会造成分离器内液位抬升，继而造成跑油事故。跑油事故会造成容器内压力升高，若压力升高到安全阀启动压力，则会导致安全阀动作，致使原油喷出，造成设备与环境污染，可能引发火灾。

2）原油加热

加热炉是给原油和天然气提供热能的设备，燃料燃烧产生的热能经炉管传给被加热介质。在联合站中，为了提高油温、降低粘度，需要将原油加热。原油加热有两种方式，即直接加热，热量通过火管（或辐射管）和烟管（或对流管）直接传给炉内（或管内）的原油；间接加热，原油通过中间介质（导热油、饱和水蒸气或饱和水）吸收热量，提高油温。在加热炉的运行过程中，可能会出现炉管破裂、原料或燃料中断，以及停电停气等外界条件的干扰，又由于长期在不同的压力和温度条件下工作，具有发生火灾和爆炸的危险性。

加热炉的风险存在于两个方面：一是安全阀失灵，二是无中间介质干烧。安全阀失灵会造成压力超高时安全阀不能启动泄压。遇此情况，应立即关闭或控制炉火，并立即打开炉顶泄压阀门泄压。当加热炉内无中间介质或中间介质少未得到及时补充时，如果继续加热，就会造成无中间介质干烧，很可能烧穿原油加热盘管引发火灾。如果起火，应立即采取以下措施进行处理：关闭炉火；打开油路旁通，关死加热炉原油进出口阀门；开紧急放空阀放掉管内剩余原油；用蒸汽和干粉灭火机灭火。加热炉发生事故可以直接引发人员伤亡，损毁设备，或造成原油停产。

3）原油储存

原油一般是由大罐储存，由于工艺和管理的原因，目前较多采用开式流程，这样由此产生的蒸发损耗既增加了环境污染，又加大了原油的挥发，同时由于操作不当也易引起冒顶和憋压。

应控制原油受热体积膨胀时不从消防泡沫管道溢出、跑油。油罐一旦发生火灾，油面上的空间应保证容纳一定高度的滞留泡沫层，以利于灭火。油罐进油前，应提前30min对投运采暖管线进行预热。一般原油罐温度为50℃，金属罐温度一般不高于75℃，最低温度不低于原油凝点以上3℃。若罐底部用蒸汽管加热，送汽一定要缓慢，并且先打开蒸汽出口阀，然后逐渐打开进口阀，防止盘管产生水击破裂和原油局部迅速受热而鼓罐。

对长期停用有凝油的罐应采取自上而下进行加热的措施，待原油熔化后，再使用蒸汽盘管加热，防止因局部加热膨胀而鼓罐。对罐顶的积雪、积水和油污要及时清理，定期检查每个浮舱，防止因腐蚀、破裂漏油。

在油罐周围50m以内严禁使用明火或进行焊接作业等。运行人员及其他人员上罐不得穿带铁钉的鞋，不能用铁器互相撞击，以免产生火花引起油气爆燃。在罐区禁止使用开关不防爆的手电。进入罐区的机动车辆或进入罐区进行动火作业要严格履行动火审批手续，并做好防火安全措施。

4）原油外输

原油外输涉及的主要设施是输油泵、容器、加热炉和工艺管线等。一般输油泵均设置在泵房内，所输送的原油属易燃、易爆、易挥发物质，由于设备的原因，输油泵端面密封装置不能保证完全密封，加上泵房的构造特点，使得泵房内有一定浓度的可燃蒸气，有可能形成爆炸和火灾事故隐患。输油系统大多属于连续运行的压力系统，操作不当易引起憋压、跑油、抽空等安全事故。

5）原油稳定

原油稳定的方法主要有负压闪蒸、正压闪蒸和分馏稳定法。当原油中的 $C_1 \sim C_4$ 质量含量在 2.5% 以下，原油脱水或外输温度能满足负压闪蒸的需要时，宜采用负压闪蒸稳定工艺。当原油中的 $C_1 \sim C_4$ 质量含量大于 2.5% 时，可采用正压闪蒸稳定工艺或分馏稳定工艺。由于我国各油田所产部分原油的 $C_1 \sim C_4$ 质量含量均在 0.8%～2.5%，采用负压闪蒸稳定工艺进行原油稳定处理在我国得到广泛的应用。

负压闪蒸稳定装置一般要求控制稳定塔的操作压力为 70kPa（绝对压力）左右，这样就可以满足我国对稳定原油的质量要求。对于加热闪蒸来说，其分离压力可取 0.3MPa 左右，可以减小气体压缩机的抽吸功耗。稳定塔的操作温度与稳定工艺和操作压力有关，操作压力越高，相应的操作温度也越高。负压闪蒸稳定工艺其操作压力低，所需的加热温度一般在 60℃ 左右，提高原油温度，会增加轻烃回收率。为了减少对稳定设备的腐蚀和污染，对进料原油的含水量和含盐量应予以控制。

负压闪蒸稳定装置由于系统为负压，防止空气进入系统是安全生产的首要条件。每年应对真空系统做一次气密性试验，以检查有无泄漏情况，气密性试验压力不能小于 0.2MPa（表压），24h 内不应下降 0.02MPa（表压）。

负压闪蒸稳定装置的主要设备还有压缩机，正常运行时要化验检查压缩机出口气体的含氧量，如发现超标（≥1%），应停机做整套装置的气密性试验；否则，当氧气进入压缩机的量太大，会引起压缩机出口管线的爆炸。

原油的分馏稳定工艺是脱水后的原油换热到 90～150℃ 进入分馏稳定塔中部［稳定塔的操作压力一般为 0.2MPa（表压），上部为精馏段，下部为提馏段］；塔底用重沸油泵抽出部分原油经加热炉加热到 120～200℃ 回到分馏塔，另一部分原油用稳后油泵抽出外输；塔顶气体降温后进入回流罐，分离后，一部分液体回流到分馏塔的顶部，另一部分液体由轻油泵输至轻油储罐；分离出的气体进入低压输气管网。

分馏塔塔顶的压力要稳定，压力太低会使分离出的气体过多，使气相流速加大，夹带太多的雾沫，部分液体进入压缩机，形成事故隐患。原油稳定塔泄压装置失效［泄压装置选型错误（偏小）、定压过高、阀座锈死、泄压管线堵塞］，会造成稳定塔超压引发塔体危险。分馏稳定系统的稳后油泵和重沸油泵输送的原油温度较高，原油在较高温度下渗透性强，一旦泄漏，危险性很大。重沸加热炉在运行中，由于加热介质均为易燃易爆介质，危险性很大，一种情况是加热炉熄火，可能造成二次点燃时炉膛爆炸，主要原因有燃烧器质量不合格、燃烧器喷嘴堵塞、燃气压力过低、燃气管线充液、风机故障、燃气和空气的配比达不到标准等；另一种情况是停用炉因阀门内漏在炉膛里积聚燃气，点火时可能引起炉膛爆炸。回流的三相分离器分离脱水不好或界面控制失灵,会造成部分轻烃直接排至污水系统,形成危险源。在冬季,分离系统要注意防冻,在管线和换热设备中容易出现冻堵现象,会造成管束冻裂,导致大量轻烃和脱出气外泄,遇到明火会造成重大事故。对压缩机要防止空气进入(引起的原因是压缩机进口压力控制仪表失灵,进气管线漏气,投产时进气管线中的空气未置换干净),否则会引起压缩机爆炸。

6) 原油脱水

原油脱水是将原油中的游离水、乳化水脱除,使原油中含水量降至 0.5% 以下,同时使污水中的含油量控制在 0.1% 以下。原油脱水方法有重力沉降脱水、热化学脱水和电脱水。为了提高脱水效果,在油田经常联合使用这些脱水方法。重力沉降脱水方法是针对含水原油经破乳后,需要把原油同游离水、杂质等分开。在沉降罐中主要依靠油水密度差产生的下部水层的水洗作用和上部原油中水滴的沉降作用使油水分离,此过程在油田常被称作一段脱水。原油热化学脱水是将含水原油加热到一定的温度,并在原油乳化液中加入少量的表面活性剂(称为破乳剂),破坏其乳化状态,使油水分离。热化学脱水工艺简单、成本低廉、效果显著,近几十年来在国内外得到广泛应用。电脱水是对低含水原油彻底脱水的最好方法。将原油乳化液置于高压直流或交流电场中,由于电场对水滴的作用,削弱了水滴界面膜的强度,促进了水滴的碰撞,使水滴聚结成粒径较大的水滴,在原油中沉降分离出来。

电脱水器正常工作时,其出口压力控制在 0.2～0.28MPa 范围内,最高操作压力应小于 0.3MPa。当电脱水器操作压力大于 0.3MPa 时,由于超出了容器安全工作压力,易造成跑油着火事故。电脱水器的出口压力波动误差应小于 0.01MPa,压力低于 0.1MPa 时不得送电。这是因为当电脱水器操作压力小于 0.1MPa 时,原油中的气体容易析出,使容器顶部产生气体空间,通电容易引起爆炸事故。控制脱水器的油水界面很重要,油水界面过高,会造成电场电压过高、绝缘棒被击穿或是电极损坏;油水界面过低,会造成放水跑油事故。

4.2.2 油气集输站场的安全投产和运行

1. 油气集输站场的安全投产

油气集输站场的投产方案应经管理单位上级安全和技术负责人审核签字。投产试运应严格按照批准的投产方案进行。生产单位应在油气集输站场试运前和运行中开展安全检查和隐患整改。油气集输站场投产前,应对值班人员进行安全技术培训,达到熟悉工艺流程,掌握设备性能、结构、原理、用途,做到会操作、会保养、会排除一般故障。岗位人员应严格遵守安全技术操作规程和有关安全规定。一、二级油气集输厂(站)应设警卫(门卫),并制定执勤责任制和出入站安全检查制度。油气集输厂(站)应配备可靠的通信设施,并保持通信畅通。一级油气集输泵站宜配备应急通信手段。

2. 油气集输站场的安全运行

1) 井场及计量站

油气井及计量站与周围建(构)筑物、设施的防火间距应符合 GB 50183—2004 中的有关规定。井场布局应合理,单井拉油的采油井口、水套加热炉和高架罐宜采用三角形布置。井场用地应能满足修井施工占地要求;井场应平整,无积水、无油污、无杂草。原油回收池距井口不应小于 20m。井口装置及设备、设施应做到不漏油、不漏气、不漏电。位于居民区附近的油井,其抽油机外露 2m 以下的旋转部位应安装护栏,护栏高度不应低于 1.2m。当机械采油井场采用非防爆启动器时，该启动器距井口水平距离不得小于5m。仪器仪表应配备齐全，性能应良好。抽油机刹车装置应齐全、完好。气井井口节流后应装设安全阀。开关阀门、装压力表时，操作人员不应将身体和面部正对阀门丝杠和压力表轴向。检查采油树小四通和油嘴时，应先放压，确认无压后再操作；操作时脸部不得面对丝堵。当使用有凝液析出的天然气作燃料时，其管线上应设置气液分离器。加热炉炉膛内宜设"长明灯"，其气源可从燃料气调节阀前的管道上引向炉膛。井口放喷管线应用硬质金属管线连接并固定。计量站放空管线应引入原油回收池。

2）集输管线

油气田集输管线工程防火应按GB 50183—2004的规定执行。输气、输油管线清管设施应按相应标准规定执行。应定期对管线巡回检查，巡回检查应按有关现行标准规定执行。对运行管线应按规定观察、记录压力、温度，发现异常情况应及时采取处理措施。油气管线严禁超压运行。各种管径输油管线停输、计划检修及事故状态下的应急处理应按SY/T 5536—2004的规定执行，并在允许停输时间内完成。针对管线解堵应制定切实可行的安全保证措施，严禁用明火烘烤。

3）原油计量

用分离器量油时，严禁敲击和摇动玻璃管。量完后应把玻璃管内的液位降到底部，然后关闭上、下端阀门。储油罐人工检尺应采用铜质金属重锤。储油罐检尺口应设有色金属衬套，检测后盖上孔盖。上罐人员宜为2～3人，不应在罐顶跑、跳。五级风以上、雨雪天、浓雾天及有雷雨时严禁上罐。上罐应用防爆手电筒，且不应在罐顶开或关。

4）原油脱水

电脱水器设计应按SY/T 0045—1999的规定执行。梯子口应有醒目的"高压危险，禁止攀登"以及"当心触电"等安全标牌。电脱水器高压部分应有围栅，安全门应有锁，并有电气联锁自动断电装置。对绝缘棒应定期做耐压试验，有耐压合格证。对电脱水器高压部分应每年检修一次，及时更换极板。电化学脱水器油水界面自动控制设施及安全附件应完好可靠。对脱水器安全阀应定期检查保养，确保性能可靠。脱水投产前应按规定做强度试验和气密试验，变压器检修前应先放电。脱水器的一切检修作业均应在停电状态下进行，取下保险并挂牌。送电前应把脱水器内的气体排除干净，并做全面检查合格后方可送电。

5）原油稳定

原油稳定装置不应超温、超压运行。压缩机启动及事故车安全联锁装置应完好、可靠。压缩机接线应有可靠的防静电接地装置。压缩机吸入管应有防止空气进入的可靠措施。压缩机间应有强制通风设施，并应有"当心爆炸"安全标志。

6）污油污水处理

污油污水间电气防爆等级应按GB 50183—2004、GB 50058—1992的规定执行。污油罐应有高、低液位自动报警装置。加药宜采用自动装置。加药间应设置强制通风设施。含油污水处理浮选机应可靠接地，接地电阻应小于10Ω。浮选机外露旋转部位应有防护罩。

7）输油泵房

电动往复泵、螺杆泵和齿轮泵等的出口管段阀门前应装设安全阀（泵本身有安全阀的除外）及泄压和联锁保护装置。泵房内不应存放易燃、易爆物品。泵和不防爆电动机之间应设防火墙。发生较大泄漏需紧急停泵处理时，应首先到低压配电间切断电动机控制电源。

8）储油罐

油罐区竣工后，应经安全、消防等有关部门验收合格后方能交工投产。储油罐呼吸阀、阻火器、液压安全阀应分别按 SY/T 0511.1—2010、SY/T 0512—1996、SY/T 0511.2—2010 的规定执行。呼吸阀、液压安全阀底座应装设阻火器，阻火器每季至少检查一次，冬季至少检查两次。甲、乙类液体常压储罐容器通向大气的开口处应有阻火器。

储油罐液位检测宜采用自动监测液位系统，放水时应有专人监护。为防止储油罐溢流和抽瘪，装油量应在安全液位内，宜单独设置高、低液位报警装置。5000m^3 以上的储油罐进油、出油管线应装设韧性软管补偿器。浮顶罐的浮顶与罐壁之间应有 2 根截面积不小于 25mm^2 的软铜线连接。浮顶罐竣工投产前和检修投用前，应对浮船进行不少于两次的起降试验，合格后方可使用。

储油罐应有防雷、防静电接地装置，接地点沿罐底周边每 30m 至少设置 1 处，单罐接地应不少于 2 处，接地电阻应不大于 10Ω，在每年雷雨季前对其检测备案。储油罐顶阀体法兰跨线应用软铜线连接完好。

储油罐消防设施、器材配备和管理应按有关规定执行。油罐区防火堤应按 GB 50351—2005 的规定执行，并保持完好。油罐区排水系统应设水封井，排水管在防火堤外应设阀门。油罐区上空应装设防爆电气设备。架空电力线路不应通过油罐区上空；在一侧通过时，距防火堤应不小于 1.5 倍杆塔高度的距离。

4.3 输油站场安全管理

输油站场输送的是原油和成品油等流体，这些流体具有易燃、易爆、易挥发以及容易产生静电积聚的特性。输油站场输送、储存着大量油品，各种工艺操作频繁，一旦输油站场发生事故，泄漏的油气不仅污染环境，还可能引发燃烧、爆炸等恶性事故，造成财产损失和人员伤亡。当油品大量泄漏时，对水源和土壤的污染会对公众健康和自然环境造成长期难以弥补的影响。提高输油站场的安全管理水平，是保证输油管道安全运行，提高企业的综合效益及竞争能力的重要手段。输油站场事故产生的主要原因是设备故障、操作失误、腐蚀、施工不合理和管材质量问题以及外部干扰等，可能发生的事故有人为的操作失误、设备失灵、设备腐蚀引起的漏油事故，静电和火源等引起的火灾爆炸事故，设备漏电及误操作引起的触电事故等；设备运行噪声对操作人员造成听力及神经系统损伤，站场设备机械事故也会对操作人员造成伤害。

4.3.1 输油站场工艺安全管理

输油站场是一个复杂的系统，它的不安全因素及引发事故的原因很多，与站场的工艺设计、施工、运营、维护和抢修有关。为了达到安全生产的目的，需要从输油站场的工艺安全管理做起。

1. 规划工艺流程的基本原则

（1）工艺流程要满足各种输油生产环节的需要。输油管线建成后，要经历三个生产过程：试运投产、正常输油和停输再启动，在规划工艺流程时应同时兼顾三者的需要。

（2）输油站场的工艺流程要和所采用的输送方式相适应。目前输油站场采用的流程有"旁接油罐"和"从泵到泵"两种，两种输油方式各有其特点，特别是"从泵到泵"密闭输油方式，中间站无旁接油罐。采用"从泵到泵"的中间站要考虑水击产生时的压力保护，当进站压力超低时，应设置回流保护流程，或采用调压阀调节；当出站压力高于限定值时，应采用调压阀调节或顺序停泵保护程序；当站内压力超过高限时，可使用安全阀或泄压阀进行保护。

（3）输油站的工艺流程要有预防事故发生和减少事故损失的措施以及用于正常检修的设施。长距离输油管线线长、站多、连续性强，输油站的突然停电、管路的腐蚀穿孔和破裂、加热炉的紧急放空等都是输油生产中容易出现的故障，而设备的定期检修等更是必不可少。因此，工艺流程的设计要考虑方便事故的处理和正常的设备检修。例如，设反输流程就是用于输油管路发生局部破裂，造成一个站间管路停输的情况，这时因不能很快恢复正常输油，为防止凝管事故的发生，应组织全线其余站间管路交替正反输。

（4）工艺流程应力求做到经济合理。例如，阀门尽量少，管线尽量短、直、整齐；应充分利用现有的材料、设备等。工艺流程设计应做到既满足工艺要求，又经济合理，节省投资。

（5）采用最新科学技术成就，不断提高输油水平。现代科学技术的发展，促进输油生产水平的提高，"从泵到泵"输油方式、大型串联泵及热媒炉的使用都将不断推动输油生产的发展，特别是电子计算机应用于输油生产，进一步提高了输油生产的自动化水平。

2. 输油站场常用工艺流程

1）输油首站工艺流程

输油首站应具有收油、储存、正输清管站内循环的功能，必要时还应具有反输和交接计量的功能。输油首站工艺流程如图4.3所示。

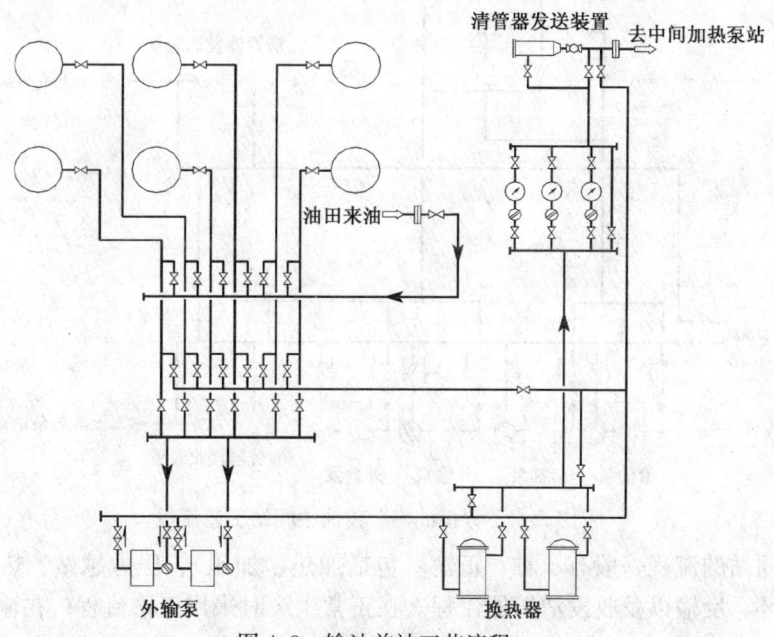

图4.3 输油首站工艺流程

首站输油的特点之一是必须设置专门的计量装置，因为首站有接收来油和发油的任务，必须计量收发油量。目前，普遍采用浮顶罐计量，这就要求首站应设有足够的油罐，一般至少3个，其中一个计量来油，另一个计量发油，最后一个用作静罐计量，以便倒换，3个油罐互为备用。首站输油的另一个特点是因首站是全线的龙头，要保证输油连续进行，除了必须不断给油品加热、加压外,还必须储有足够量的油品,这就要求首站有相应容量的储罐,以确保输油生产的正常进行。

输油首站一般有7种流程:来油与计量、正输(包括加热、加压)、倒罐、站内循环、热力越站、反输和收发清管器流程。

正常生产时,采用来油与计量以及正输两个流程;在加热炉发生故障或夏、秋季地面温度较高,经核算不经加热仍可正常输油时,可采用热力越站流程;站内循环流程是在管道发生事故及站内试压时采用;反输流程是在投产前的预热、部分管段发生故障以及输量较低的情况下采用;收发清管器流程是在投产初期清理管内脏物、投产中期清蜡以及保证成品油质量时采用。

2) 输油中间站工艺流程

中间(热)泵站的工艺应具有正输、压力(热力)越站、全越站、收发清管器或清管器越站的功能,根据需要还可设置反输功能。中间加热站的工艺应具有正输、全越站的功能,也可在必要时设反输功能。

输油中间站的流程应根据不同的输油方式选用,还需根据输油全线的需要采用相应的流程。当全线输量较小时,可采用压力越站流程;夏、秋季地面温度较高时,可尽量降低热负荷,如减少加热炉台数或采用热力越站流程,以节省燃料消耗。由于采用"旁接油罐"方式中间站油罐较少,所以要尽量保证油品进出量的平衡,否则会影响正常输油生产。"旁接油罐"输油中间站工艺流程如图4.4所示。

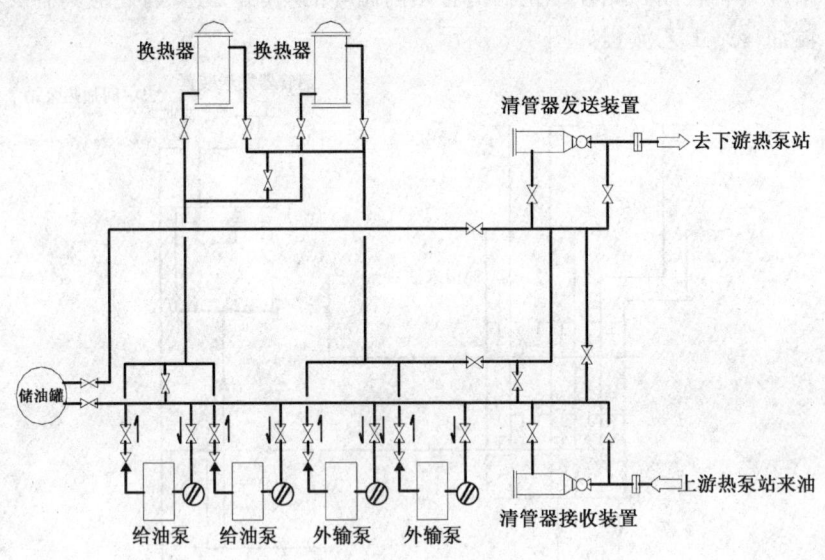

图4.4 "旁接油罐"输油中间站工艺流程

输油中间站的流程一般有7种:正输(包括加热、加压)、压力越站、热力超站、全越站、站内循环、反输以及收发清管器流程。在正常生产时采用正输流程;在输量较小或泵站的机组发生故障的情况下采用压力越站流程;而全越站流程是在输油站内发生事故,或站内主要管线检修,以及不加热、不加压均能把油品输送到目的地的情况下才使用;其他几种流程的适用范围与输油首站相似。

3) 输油末站工艺流程

输油末站的工艺应具有接收上站来油、存储或不进罐经计量后去用户、接收清管器以及站内循环的功能，必要时应有反输的功能。输油末站往往设在炼厂油库或是转运油库，或两者兼有。如果输油末站是设在水陆转运油库，其流程就比较复杂；但对于炼厂油库，其流程就比较简单。输油末站有这样的特点：一是收油和发油要计量，所以要设有计量装置；二是作为管线的终点，要有一定的储油能力，因此要设有足够容量的储油罐。输油末站工艺流程如图4.5所示。

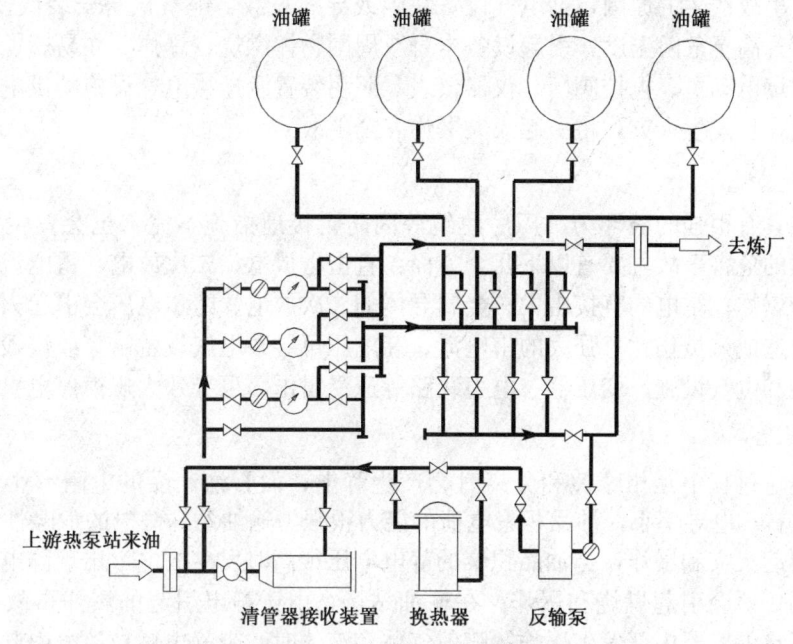

图4.5 输油末站工艺流程

输油末站一般设有4种流程：收油、发油（包括装车、装船及管路运输）、倒罐以及接收清管器流程。正常生产时采用收油和发油流程，并要进行计量。

4.3.2 输油站场主要危险因素分析

1. 输油站场的火灾危险性

（1）原油为易燃、易爆、易挥发液体，当空气中石油蒸气含量达到爆炸极限范围时，一旦接触火源，混合气就会发生先爆炸后燃烧；当空气中石油蒸气含量超过爆炸上限时，混合气与火源接触后先燃烧，随后发生爆炸。由于输油站场的生产装置处于高压状态，若设备的连接点、管道的连接部位、阀门等处出现破裂，泄漏出来的油蒸气与空气形成混合气体，遇到明火即发生火灾、爆炸，将导致生产装置、建（构）筑物发生破裂、变形或坍塌，造成严重经济损失，甚至造成惨重的人员伤亡；若在密闭高压条件下，则原有的火灾事故极易发展成为爆炸事故。

（2）输油设备和管道超压时可能会发生爆裂，造成油品的大量泄漏，一旦着火，火势会随着油品蔓延扩大，危害十分严重。

（3）输油站场有大量油罐储存油品时，对含水原油及重质油的油罐火灾要防止沸溢现象的出现，因为发生沸溢时会产生大量油品的喷溅，使着火面积增大，辐射热量急剧增加。汽油、煤油等成品油的燃烧速度比重油快，燃烧温度较低，不会发生沸溢现象。

2. 电气伤害危险性

电气伤害是电能作用于人体造成的伤害，电气伤害事故以触电伤害最为常见。造成电气伤害的电危害源主要包括带电部位裸露、漏电、雷电、静电、电火花等。电气系统危险性主要为大气过电压及操作过电压、电气设备外壳漏电产生的电击人身事故；生产设施配套的各类电气设备、电气开关、电缆敷设可能因接地、接零或屏护措施不完善、防护间距不够、耐压强度低、耐腐蚀性差等原因造成漏电，导致触电伤人事故。

电气火灾事故产生的原因包括电气设备缺陷或导线过载、电气设备安装或使用不当等，从而造成温度升高至危险温度，引起设备本身或周围物体燃烧、爆炸。在易燃、爆炸危险环境中设置有防爆电动机、电控阀门、仪器仪表、照明装置及连接电气设施的供电、控制线路等，这些设施一旦发生火灾，将引起火灾爆炸安全事故。

3. 雷电危害

雷电危害具有很强的破坏力。厂房建筑等因防雷接地措施不完善也会发生雷电伤害事故。雷电产生的危害事故主要有以下几个方面：直击雷放电、二次放电，雷电流的热量均可能引起火灾和爆炸；雷电的直接击中、金属导体的二次放电、跨步电压会引起火灾爆炸的间接作用，均会造成人员伤亡；强大的雷电流、高电压可导致电气设备击穿或烧毁；雷击可直接毁坏建筑物和电气设施。变压器、电力线路等遭受雷击，可导致大规模停电事故。

4. 静电危害

油品在输送过程中互相摩擦和分离时会产生静电，而石油产品的电阻率很高，一般在 $10^{12}\Omega \cdot cm$ 左右，电导率小，油品积聚电荷的能力很强。输油站场静电的危险性主要体现在静电放电会引起火灾和爆炸，当油品积聚的静电电压很高时发生放电，出现静电火花，在有可燃物存在的场所会引起燃烧和爆炸。在输油站场，由于静电引起的爆炸事故有灌装油品时，在接地不良的容器内部发生爆炸；喷射气体和液体时，带静电微粒放电引起爆炸；带电油品灌装绝缘容器发生爆炸；当人体接近带电物体或带静电电荷的人体接近接地体的时候，会由于静电放电造成人体被电击。

5. 机械危害

输油站场的增压设备为各种形式的泵、电动机等。泵、电动机的联轴器等传动设备存在着机械伤害的危险。如果上述机械传动部分的安全防护设施不完善或者安全距离不够，则人体可能受到伤害。

6. 管线腐蚀和管线破裂

输油站场的地上管道受到大气中的水、氧、酸性污染物等的作用而引起大气腐蚀；埋地管道所处土壤环境会造成管道的电化学腐蚀、化学腐蚀、微生物腐蚀、应力腐蚀和干扰腐蚀。输油站场输送的油品本身也具有腐蚀性，主要来自于含硫化合物，还有少量的环烷酸，这些都会对站场的金属设备造成内腐蚀。腐蚀会减薄管的壁厚，导致管道变形或破裂，也有可能导致管道穿孔，引发漏油事故。

7. 毒物危害

原油是以链烃为主的混合物，其高浓度蒸气对人体有一定的危害作用。当油蒸气经口鼻进入人的呼吸系统时，能使人体器官受损害而产生急性或慢性中毒，严重时可造成窒息甚至死亡。成品油中的毒性主要来自其中的芳香烃如苯及甲苯，硫化物以及含铅汽油中的添加剂四乙基铅也是毒物。

8. 噪声危害

在输油站场产生噪声的设备主要有泵、电动机、加热炉及调节阀等。这些设备运行时产生的噪声可能对周围环境及人体健康产生影响。噪声作用于人体的神经系统，从而诱发许多疾病，使人体产生疲劳，降低劳动生产率，影响安全生产。

在输油站场的安全运行上，针对输油站场所存在的危险因素，应该采取必要措施加强管理，提高输油站场员工安全意识，完善技术保障，强化员工安全技术培训，避免由于危害因素引起的事故和人员伤害。

4.3.3 输油站场设备安全管理

1. 输油泵的安全管理

以离心泵为例，其常见故障及对应的处理方法见表4.1。

表4.1 离心泵常见故障及其处理方法

故　　障	原　　因	处 理 方 法
启动后打不出液体	泵内液体没有灌注满	重新灌泵
	吸入阀或吸入管路连接处不密封	检查和清除不严密情况
	吸入高度太大	检查吸入管，降低吸入高度
	填料箱液封管子堵塞	检查并清洗管子
	底阀或滤网堵塞	检查并清洗底阀或滤网
启动时泵所需功率过大	填料压盖太紧，填料箱发热	检查压盖
	叶轮平衡盘装得不正确，因磨损增加了内部漏损	重新安装
	三相电动机中一相熔断丝烧毁	检查并换新熔断丝
运转过程中流量减小	转速降低	检查原动机
	空气混入吸入管或填料箱而进入泵	检查管路，压紧或更换填料
	排出管路中阻力增加	检查所有阀门和管路中可能堵塞的地方并排除
	叶轮堵塞	检查原动机
运转过程中扬程减小	叶轮口环磨损	更换或修复口环
	转速降低	检查原动机
	液体中含有空气	检查吸入管，压紧或更换填料
	排出管破裂	检查并更换
轴承过热	轴承缺润滑油	加润滑油
	泵轴与电动机轴不同心	重新调整
	轴向力过大	检查叶轮和平衡盘有无问题
发生振动，噪声大	液体温度过高或吸入压力过低，发生汽蚀	设法降低温度，增大吸入压力
	机组装置不当	检查机组
	叶轮局部堵塞	检查和清洗叶轮
	轴承损坏	更换轴承
	泵与原动机不同心	重新调整并找正
	排出管或吸入管的紧固装置松动	上紧紧固装置

输油泵是输油站的核心设备，它以压力能的形式给油品提供输送动力。用于长输管道的

输油泵有离心泵和往复泵两种。离心泵自吸能力低,大排量的离心泵要求油流正压进泵。离心泵的工作特性和效率受油品粘度影响较大。因此,离心泵适用于大量输送低粘度油品。在离心泵入口压力过低的情况下会发生汽蚀现象,产生噪声和振动,严重时会对叶轮产生"剥蚀"。离心泵可用电动机或燃气轮机等高转速动力机直接驱动,效率可达80%~86%,是输油管道的主要泵型。往复泵的排量与每分钟的冲程数有关,与扬程无关;扬程的大小仅受设备强度和动力的限制,在容许范围内,可随管道摩擦阻力而定;往复泵自吸能力好,因此适用于输送高粘油品,或用于易凝油品管道停输后的再启动。

2. 输油加热炉的安全管理

加热装置是热泵站的主要设施之一。常用的加热方法有:油品在加热炉炉管内受火焰直接加热,当输油中断时,油品在炉管中有结焦的可能,易造成事故;用蒸汽或其他热媒作中间热载体,在换热器中给油品间接加热;利用驱动泵的柴油机或燃气轮机的排气余热或循环冷却水加热油品。

加热炉异常现象分析和处理见表4.2。

表4.2 加热炉异常现象分析和处理

现 象	原 因 分 析	处 理
烟囱冒黑烟 (即燃烧不完全)	1. 燃油量过大; 2. 空气(或蒸汽)量不足; 3. 火嘴或火嘴砖结焦; 4. 燃油温度过低; 5. 炉膛负压过低; 6. 炉结构不合理或烟道阻力大	1. 关小燃油阀门; 2. 开大一次或二次风阀; 3. 清焦并调节火嘴; 4. 升高燃油温度; 5. 开大烟道挡板; 6. 改进结构或清理积灰和杂物
烟囱冒白烟	1. 喷油管或喷嘴堵塞不畅通; 2. 蒸汽或风量过大; 3. 燃油温度过高或油量过小; 4. 掺水燃烧时掺水量过大或乳化不良	1. 清理检修喷嘴; 2. 关小气阀或风阀; 3. 降低燃油温度或开大供油阀; 4. 降低掺水比例
燃烧不稳定	1. 油压波动; 2. 风压或蒸汽压力不稳; 3. 掺水乳化不良或掺水量过多	1. 检查来油压力,调节来油阀; 2. 调节风量或蒸汽量,检查风机等; 3. 检查簧片哨,调节压差,降低掺水比例
出炉温度突然上升	1. 排量突然下降; 2. 炉内产生偏流或气阻	1. 适当压火或停炉,全面检查; 2. 压火,加大高温炉管流量
炉墙缝及着火孔处 冒烟、火嘴打枪	1. 炉膛内负压过大或正压过高; 2. 喷嘴点得太多,燃油量过大; 3. 烟道、热水炉、热风加热器积灰太多; 4. 炉体和顶板损坏,气密性太差	1. 开大烟道挡板,开操作阀; 2. 减少喷嘴数,降低喷油量; 3. 压火,停炉后清灰; 4. 停炉检修
燃料油压力下降快, 不稳定	1. 过滤网堵塞; 2. 簧片哨或调节阀堵塞	1. 清理过滤器; 2. 检查清理被堵部分

输油加热炉有下列特点:输油量有时变化大,但加热炉负荷变化不大;输油量大时,应尽可能减小阻力降,可以节省输油功率消耗;由于输油数量大,加热炉进油程数多,应注意防止偏流;加热炉操作温度低,一般只能把原油从40℃加热到70℃,油田来油中可能含有盐和泥砂,可能在加热炉管内沉积,会影响加热炉长期安全运行。

3. 储油罐的安全管理

储油罐的安全管理直接关系到能否长期、安全地输油和减少油品的损耗。

要正确使用储油罐，就必须熟悉和掌握储油罐及其附件的结构、原理和性能，主要掌握储油罐本身构造、最大储油量、油罐直径和最大储油高度，储油罐的承压能力和呼吸阀的规格、数量以及加热方法等。

1）油罐安全高度的控制

储油罐储油高度应控制在该罐上、下限安全油位范围内，严禁超过极限油位；储油罐储油高度高于泡沫发生器接口位置时，有可能使罐内油品通过泡沫发生器流出，造成储油罐跑油事故，必须确定储油罐装油时的上限安全高度；同样，储油罐发油时，在保证泵入口吸头需要的前提下，还要确定罐内油品的下限安全高度。

2）安全阀和呼吸阀的检查

收发油前要对所用储油罐的安全阀、呼吸阀进行检查，保证其灵活好用。对于液压安全阀，应按储油罐的承压能力装入应有高度的油封液体。在冬季，要检查机械呼吸阀阀盘是否冻结失灵，液压安全阀油封液体的下部是否存水冻结。收发油时，要准确测定储油罐内油位，防止溢罐和抽空。

3）罐底排水

为保证油品的质量，要及时进行罐底排水。对储油罐底部积水及铸铁阀门在入冬前应检查排水；对热力管道（指油品加热部分）在入冬前应检查排水，冬季使用后应及时排水。对凡是易积存水的设备或部位，在入冬前都应检查排水，必要时采取保暖措施，以防冻裂跑油。

4）防火

储油罐防火是保证储油罐安全的重要措施。因此，在储油罐周围（一般为50m内）严禁使用明火、进行焊接和吸烟等。必须进行明火作业时，需经上级批准，并有可靠的安全措施，要防止机动车辆驶入罐区，以免车辆排出的流散烟火引燃罐区油气。在进行维修抢修动火作业时，对动火管段要采取隔离措施，将残留的油品清理干净，保证油气浓度低于爆炸下限的25%。

5）加热油品的控制

在加热储油罐内原油时，不能将油品加热到过高的温度（原油罐一般为50℃以下），最高不超过70℃，还必须比该油品的闪点低20℃，以免含水原油汽化溢出罐外。若是用罐的底部蒸汽盘管加热原油，送蒸汽一定要缓慢，不能猛开猛送，防止盘管因水击而破裂，或因油品局部受热而爆溅。对于长期停用而装有凝油的储油罐，加热应采取立式加热器，先将凝油化开后再逐渐升温，防止储油罐因底部加热膨胀而鼓罐。

6）浮顶罐的检查

对于浮顶罐，在使用前应仔细检查浮梯是否在轨道上，导向架有无卡阻，密封装置是否好用，顶部人孔是否封闭，透气阀有无堵塞等。在使用过程中应将浮顶支柱调整到最低位置。对浮顶灌顶部的积雪、积水和污油要及时清理，保让浮顶正常浮动。应保持中央排水管完好，及时排除浮顶上的积水，防止浮顶沉没事故。储存含蜡原油时，要防止结蜡堆积在浮盘上。对每个浮舱应定期检查，防止腐蚀破裂而漏油。

7）油罐的防雷电

在正常使用储油罐过程中还应注意储油罐的防雷电问题。储油罐必须设防雷接地装置，避雷针（线）的保护范围应包括整个储油罐。对装有阻火器的甲、乙类油品地上固定顶罐，当顶板厚度等于或大于4mm时，不应装设避雷针（线），但必须设防雷接地装置。浮顶罐、内浮顶罐不应装设避雷针（线），但应将浮顶与罐体用2根导线作电气连接。要保证避雷针稳固牢固，对罐底接地线的接地电阻应及时测定，保证不大于10Ω，否则应及时采取措施，降低接地电阻。因为静电接地要求的电阻远大于防雷、电气保护接地、防杂散电流等接地系统的接地电阻值，所以当上面涉及的生产设施中接地装置与防雷等的接地系统相连接时，可不采用专用的防静电接地措施。

4. 清管器收发系统的安全管理

在输油站场设置清管器收发系统进行清管是保证输油管道能够长期安全运转的基本措施之一。输油管道的清管不仅是要清除遗留在管内的机械杂质等堆积物，还要清除沉积在管道内壁上的石蜡、油砂等凝聚物以及盐类沉积物。成品油管道清管的目的是清除管内的铁锈、水及泥砂，保证输送油品的质量。

清管器通过的管道两端应设有清管器的发送与接收装置，清管的长度根据清管器类型、操作方法及管道条件而定。原油管道的润滑条件较好，清管器通过的极限距离比输气管或其他管道要长，可达480km左右。若清管器通过中间站并不取出，则该站应设有清管器越站流程。

清管器接收筒上侧有排气阀，下侧有排污阀，还有清管器通过指示器，指示清管器是否已发出和收到。清管器收球筒前面1～2km的干管上安装有信号装置，以预报清管器的到来，做好接收准备。应有相应的机械化装置进行清管器的收发操作，以减轻操作人员的劳动强度。若采用机械清管器，则应先确认管道的变形程度和管件情况，保证清管器的顺利通过，并携带跟踪器，沿线跟踪及时发现"卡阻"情况。输油站在清管作业中要保持运行参数的稳定，及时分析清管器运行情况。

4.3.4 输油站场安全试运及安全管理

1. 输油站场的安全试运

1) 站内管道试压

在站内高、低压管道系统整体试压前，应使用水或压缩空气将管内杂物清扫干净。不具备清扫条件时，对直径为529mm以上的管道应在安全条件下进行清扫、检查。

对站内高、低压管道系统均要进行强度试压和严密性试压，并应将管段试压和站内整体试压分开，避免因阀门不严影响管道试压稳定要求。

2) 各类设备单体试运

(1) 输油泵机组试运：电动机和主泵按要求进行解体检查合格后，泵机组经72h连续试运，其流量、轴功率、各部分温升、振动、窜动等都不超过允许偏差值。

(2) 加热炉和锅炉的烘炉及试烧：根据加热炉设计中给出的升温、降温曲线和具体要求按顺序进行。保证炉体各部分缓慢升温，热应力连续均匀变化；加热炉燃烧系统、温度控制系统的调节、保护措施有效，安全可靠。

(3) 油罐试水：包括按规定进行油罐装水后的严密性和强度试压以及沉降试验，油罐各部件齐全、完整、合格；对计量罐进行标定并制备计量表。

(4) 消防系统齐全可靠；变配电系统水源及给排水系统试运行；管道自动控制系统调试运行。

3) 站内联合试运

在管道试压和各类单机试运完成后,还需进行站内联合试运。联合试运前,先进行各系统的试运,如原油工艺系统、冷却水系统、供电系统、通信系统、压缩空气系统、自动控制和自动保护系统等试运。各系统试运完成后,进行全站联合试运。按正常的输油要求进行站内循环,倒换各种流程,观察站内各种工艺流程和设备运行是否正常,是否符合生产要求,同时对泵站操作人员进行生产演练和预想事故演练,从而为全线联合试运创造条件。

2. 输油站场的安全管理

1) 工艺运行要求

(1) 应按输油计划编制管道运行方案,定期对管道运行进行分析,并对存在问题提出调整措施。对管道所输油物性的检测每年不应少于两次,检测内容应包括所输原油凝点、密度及输油温度范围的粘温曲线。

(2) 对沿线落差大的管道,应保证管道运行时大落差段动水压力和停输时的静水压力不超过此段管道的最大许用操作压力。管道运行参数需超过允许值时,应进行相应的论证并提前报企业主管部门批准。应根据管道情况制定事故预想和处理方案。

(3) 根据输量确定运行方案和运行参数,以确保成本最低和管道运行安全。若原油凝点低于管道沿线最低地层温度,应采用常温输送方式。对加降凝剂改性处理后的原油和物性差别较大混合后的原油,在其凝点低于管道沿线最低地层温度5℃时,宜采用常温输送。加降凝剂改性处理原油输送管道不应进行反输。

(4) 对输送高含蜡原油的管道应定期分析其结蜡状况,根据输量、运行压力、运行温度、油品性质等制定管道合理的清管周期。应定期对运行设备进行效率测试,对系统效率进行评价,及时调整或更换低效设备。

2) 工艺流程操作

应在仪表指示准确、安全保护和报警系统良好、通信线路畅通的情况下进行流程切换。流程操作应先开后关。操作具有高低压衔接的流程时,应先倒通低压,后倒通高压;反之,先切断高压,后切断低压。在调整全线输量或切换流程时,应及时监控各站油罐液位变化。在变换运行方式或进行流程切换前,根据管道运行情况应考虑对相关各站和设备负荷的影响,并提前采取相应措施。输油站停用时,应按规定时间提前停止加热设备运行。人工进行流程操作时,应执行操作票制度。

3) 设备与管道维护

(1) 对新建或检修后重新投用的设备必须按规定进行验收后方可投入运行。应及时对运行设备进行监控和检查,并记录主要运行数据。设备宜在高效区运行,不应超压、超温、超速、超负荷运行。应按制定的操作规程启、停输油泵。切换输油泵时,应采用先启后停操作方式,启动前先降低运行泵排量。输油泵机组的监视、报警等保护系统应完好。

(2) 应按制定的操作规范启、停加热设备。运行中应按时对炉体、附件和辅助系统(燃油和助燃风系统、自控和仪表系统、热媒系统)进行检查。设备运行的各项参数应在规定范围内。应定期对炉体、炉管进行检测,对间接加热设备还应定期检测热媒性能。应减少加热设备在运行和清灰过程中对环境造成的污染。加热设备监视、报警等保护系统应完好。

(3) 储油罐的液位应在规定的安全液位范围内;要超出安全液位范围的,应报请上级主管批准,但也不应超过油罐极限液位。油罐运行应按 SY/T 5920—2007 的规定执行。阀门的操作应执行有关操作规程。

(4) 对有特殊用途的调节阀、减压阀、安全阀、高（低）压泄压阀等主要阀门应按相应运行和维护规程进行操作和维护，并按规定定期校验。

(5) 输油站的电气设备运行管理执行 SY/T 6325—2001 规定要求。管道的自动化运行管理执行 SY/T 6069—2011 规定要求。

(6) 输油站消防设施的管理执行《石油天然气钻井、开发、储运防火防爆安全生产技术规程》(SY/T 5225—2005) 的规定。加热设备运行管理执行 SY/T 6382—2009 规定要求。对站内管网必须采取有效的保护措施。对热油和热力管线应进行有效的保温。站内地上管网的外表面应按要求涂刷颜色和标记。应定期维护管网上的阀件和管件，以防锈死或残缺。

4) 密闭输送工艺的安全管理

长距离输油管道是从开式输送发展到密闭输送方式的。"旁接油罐"运行的优点是有缓冲过程，允许调节的时间长，对自动化水平要求低；"从泵到泵"的密闭输油工艺改变了中间站进旁接油罐的开式运行方式，使全线成为一个水力系统，可以充分利用上站压力，节约能耗，节约中间站储油设备投资，而且也避免了旁接油罐的油气蒸发损耗。

密闭输送的关键是解决水击问题。在输油工况中，突然开阀或关阀、开泵或关泵，供电发生故障、设备及管线泄漏、误操作等都可能造成输油工况的不稳定，严重时将发生水击。因此，密闭输油管道的控制与保护技术就是在输油站场对输油压力的调节及对水击的控制，水击保护设施是进行密闭输油的保证。密闭输送要求全线统一调度，各泵站协调动作，因此，全线要求有较高的自动化控制水平。

压力保护包括针对超高压和超低压而采取的安全保护措施。超低压会破坏泵的入口条件，超高压则是针对水击，按照保护对象的不同对于干线的保护。常用"泄放保护"和"超前保护"两种方法。超前保护依赖 SCADA 系统的支持，对水击保护更加安全可靠。SCADA 系统具有全线工艺参数的控制功能，能够做到水击超前保护。SCADA 系能够自动调节压力，保持泵入口压力和泵站出口压力在正常范围内。泄放保护设施的更新发展已使得水击保护非常可靠。

压力保护可采取下列方式：采用出口调节阀，当泵出口压力超高时，调节阀节流，然后顺序停泵，最后泄放保护，这种条件下可不设超前保护系统；采用气体缓冲罐，输油站场中设置气体缓冲罐，例如汇管上安装容量为 50~100L 的缓冲罐，罐内充入惰性压缩气体，当水击发生时，受压液体进入缓冲罐，使罐内气体受压而消耗水击能量；采用双功能泄压阀，其控制原理和直接用缓冲罐相同，双功能泄压阀的功能之一是能有效控制水击增压速率，二是控制增压幅值，有效地防止水击危害和非水击的超压危害，既能保障管道系统的安全，又能提高管道运行效益。

4.4 输气站场安全管理

4.4.1 输气站场工艺安全管理

1. 输气站场工艺流程

一般输气站场包括首站、压气站、分输站、注入站、清管站和末站。输气首站的主要设备有气质监测及分析系统，过滤、分离设备，计量设备，清管器发送设备，首站应具有气体组分分析、调压、计量、除尘、发送清管器的功能。压气站的主要设备有压缩机组及其配套设备，过滤、分离设备，清管器接收、发送设备，压气站应具有气体增压冷却、除尘、收发清管器的功能。分输站的主要设备有过滤、分离设备，清管器接收、发送设备，调压设备和计量设备，分输站应具有除尘、调压、计量、收发清管器的功能。注入站的主要设备有气体监测与分析系统，过滤、分离设备，计量机组及其配套设备，清管器发送设备，注入站应具有气体组分分析、除尘、计量、发送清管器的功能。清管站的主要设备有分离设备，过滤设备，清管器接收、发送设备，清管站应具有除尘、收发清管器的功能。末站的主要设备有过滤、分离设备，调压设备，计量设备，末站应具有除尘、调压和计量的功能。

1) 输气首站工艺流程

图 4.6 为天然气输送首站工艺流程。首站的主要任务是接受气田净化厂来气，对天然气中所含的杂质和水进行分离，计量后输往下站。如气田气压较高，可暂时不设压缩机，待气田开采后期气压降低后再增加增压设备；需要清管时，对下站发送清管器。首站还要进行气体组分分析、气体水露点和烃露点检测。

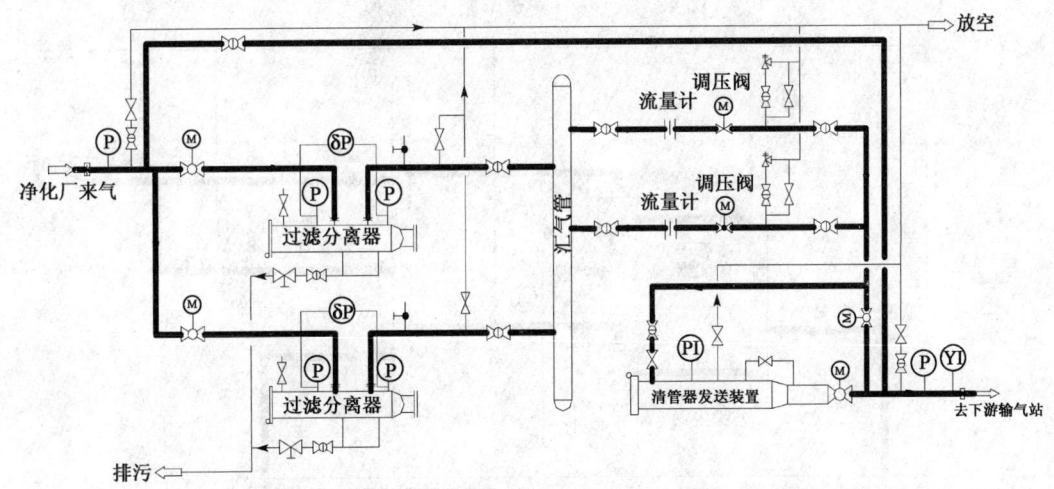

图 4.6　天然气输送首站工艺流程

2) 输气末站工艺流程

图 4.7 为天然气输送末站工艺流程。在长输管道中，末站的任务是进行天然气的分离除尘，接收清管器，按用户的流量、压力要求给用户供气。为解决用户用气不平衡的问题，末站往往还需设有地下储气库、高压储气库、LNG 储气库等调峰设施。

3) 天然气分输站工艺流程

图 4.8 为天然气分输站工艺流程。分输站的任务是对天然气进行分离除尘，接收上游清管器，向下游发送清管器。供给用户的天然气要经分离除尘、调压、计量后才能给各用户进行供气。

天然气进站后，经分离除尘器脱出杂质，一部分调压计量后输往用户，另一部分向下游供气。

4) 压气站工艺流程

图 4.9 为天然气压气站工艺流程。压气站的任务是对天然气进行分离除尘、增压、冷却，接收上游清管器，向下游发送清管器。

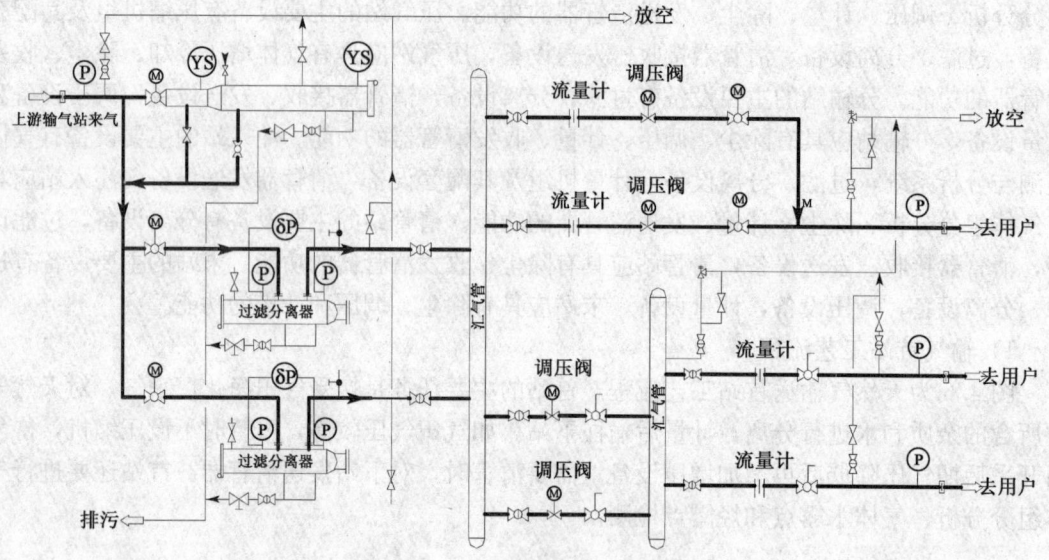

图 4.7 天然气输送末站工艺流程

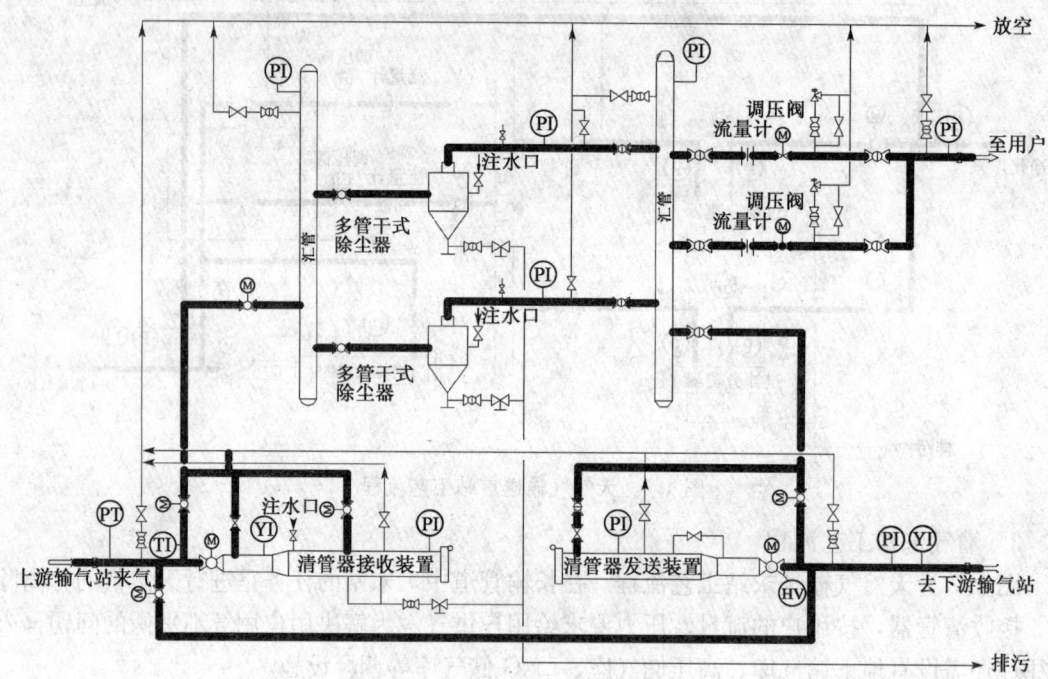

图 4.8 天然气分输站工艺流程

天然气进站后,经分离除尘器脱出杂质达到压缩机的进气要求,进入压缩机增压、冷却后输往下游。

5) 清管站工艺流程

图 4.10 为清管站工艺流程。清管站的功能就是收发清管器。

天然气管道的清管作业有投产前清管和正常运行时的定期清管。清管前清管的主要目的是清除施工和试压期积存在管道内的杂质(主要包括施工期间的泥土、焊渣、水等);正常运行期间的定期清管是指针对管道运行一段时间后,由于管道内积存了一些杂质和积液,管输效率下降,也易造成管道腐蚀,需要定期分段清管。

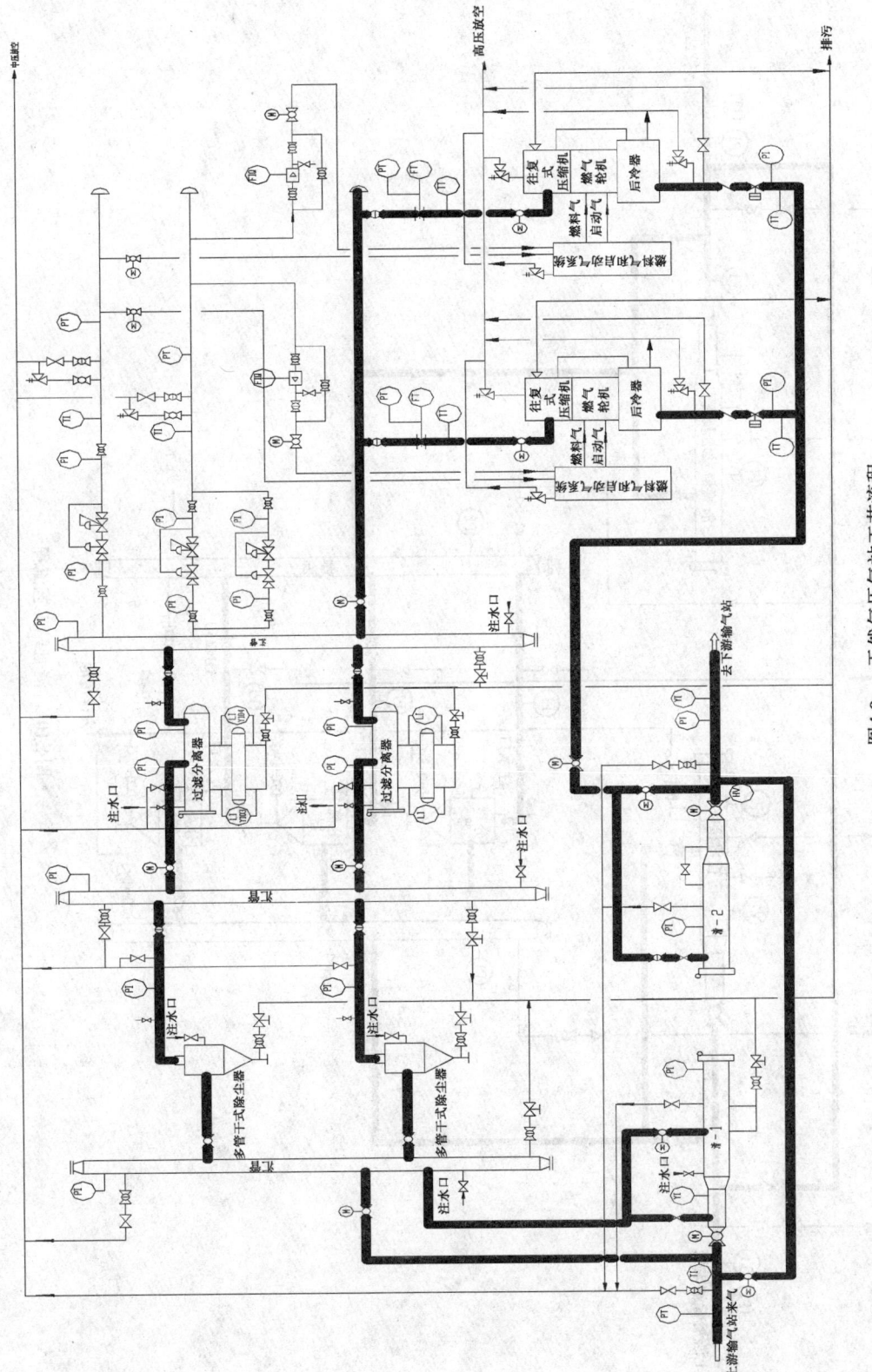

图4.9 天然气压气站工艺流程

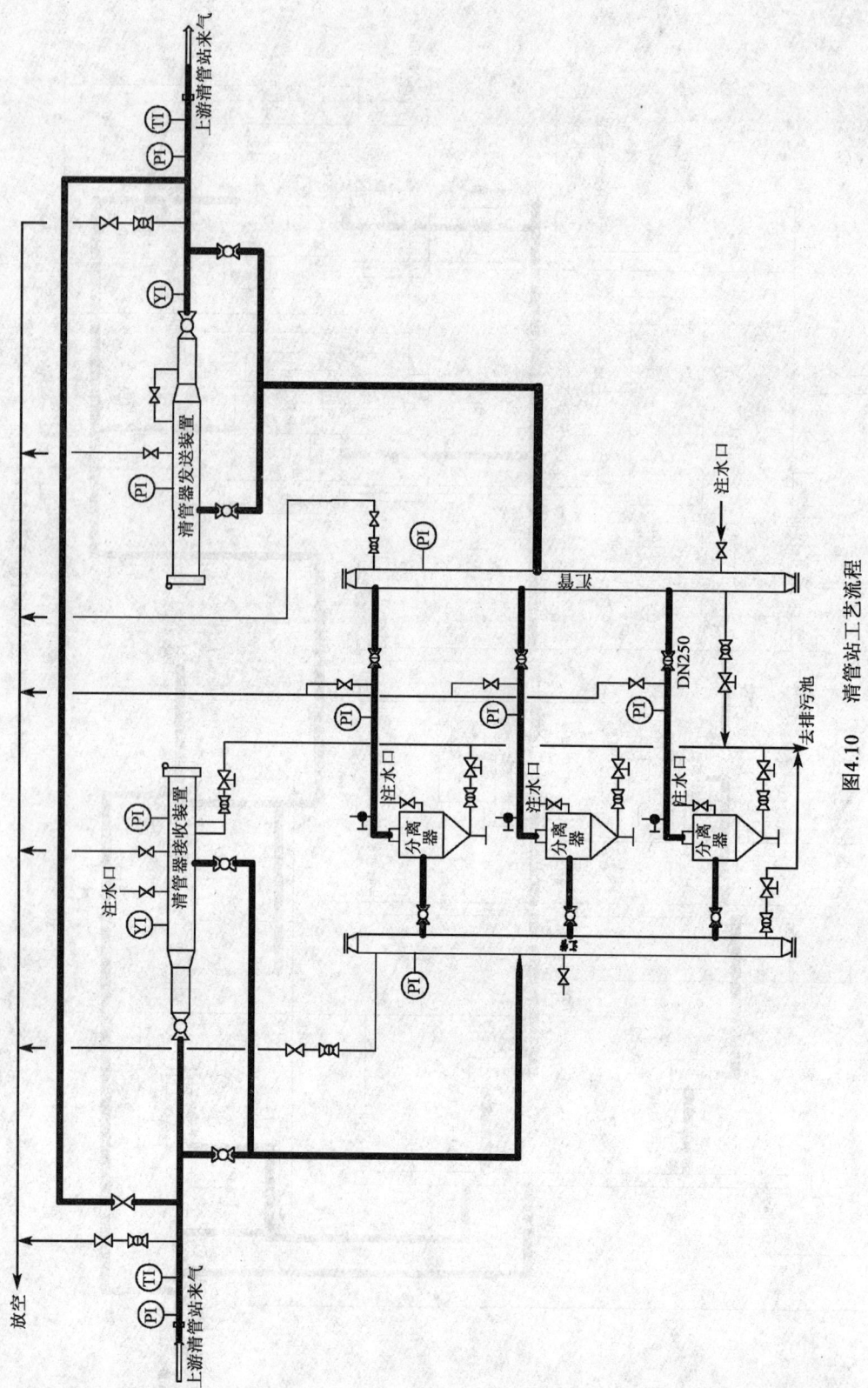

图4.10 清管站工艺流程

2. 输气站场主要危害因素

输气站场内设备种类繁多，工艺复杂。输气站场的主要危害因素来源有输气站场位置与所处环境，站内埋地管道，站场压力设备、运转设备，站内阀门，电气设施，工艺流程以及安全与消防系统。

1）输气站场位置与所处环境

根据《输气管道工程设计规范》（GB 50251—2003）规定：输气站的设置应符合线路走向和输气工艺设计的要求，各类输气站应联合建设。输气站场位置选择应符合：地势平缓、开阔；供电、给水排水、生活及交通方便；应避开山洪、滑坡等不良工程地质地段及其他不宜设站的地方；与附近工业、企业、仓库、火车站及其他公用设施的安全距离应符合《石油天然气工程设计防火规范》（GB 50183—2004）的有关规定。输气站场内平面布置、防火安全、场内道路交通及与外界公路的连接应符合《石油天然气工程设计防火规范》（GB 50183—2004）、《建筑设计防火规范》（GB 50016—2006）和《石油天然气工程总图设计规范》（SY/T 0048—2009）的有关规定。

若输气站场的工艺设计、站址的工程地质条件、与附近建筑设施的安全距离、站内设备的防火间距、站内道路设置与国家标准不符，则这些都会成为危害站场安全的因素。

2）站内埋地管道

来自站内埋地管道的主要危害因素为金属腐蚀，管道在土壤和潮湿的大气中的管外腐蚀都属于电化学腐蚀。影响管外电化学腐蚀的因素包括土壤腐蚀性、大气腐蚀性、外防腐涂层类型与损伤、阴极保护以及干扰电流等。由于输送介质中混有 CO_2、H_2S 等杂质，会在管道内壁导致电化学腐蚀或应力腐蚀开裂。内腐蚀是站内管道的主要危害因素，包括输送介质的腐蚀等。设计不合理也是站内管道危害因素来源之一，包括管材及壁厚的选用不恰当等。施工质量的好坏会直接影响到管道的安全，包括焊接方法不当、焊接质量、防腐层补口补伤质量、管沟开挖与回填质量、施工检验及水压试验质量达不到要求。来自站内管道的主要危害因素还包括管道使用年限超出规定及管道维护检修质量不合格等方面。

3）站场压力设备

站场压力设备主要包括分离器、过滤器、除尘器和清管设备。站场压力设备外部由于受大气中的氧、水及酸性物质的作用会引起大气腐蚀，大气腐蚀是站场压力设备的主要危害因素之一，其影响因素包括大气条件和外防腐措施。内腐蚀也是压力设备的主要危害因素，影响因素为本输送介质的腐蚀性和内防腐措施。设计制造不合理同样是站内设备的主要危害因素，设计参数或工艺条件确定不合理将造成设备选型不当，制造过程存在的缺陷将会造成设备的泄漏开裂引发燃烧爆炸等事故。压力设备工作条件如承压能力、使用频率、使用年限等也是影响设备安全的因素。压力设备的安全设施是否完备，如压力表、安全泄压装置、温度计和超温报警装置完备与否将同样影响着压力设备的安全运行。站内设备的危害因素还包括设备的检修及维护保养等方面。

4）运转设备

压缩机和驱动设备自身处于运转状态，大气腐蚀和内腐蚀是主要危害因素。压缩机的设计、制造、安装是影响其平稳安全运行的重要因素，它的启动系统、润滑油系统和冷却系统也会影响其正常运行。例如，当润滑油管路堵塞或流量不足时，会引起轴承烧坏、油密封系统泄漏。压缩机和驱动设备的危害因素还包括检修及维护保养情况。离心式压缩机的喘振现象会使机组强烈振动，可能损害轴承和密封，引发严重事故。压缩机和驱动设备的安全保护设施是否完备，包括温度保护、压力保护和机械保护等配套与否也将直接影响压缩机运行的安全性。

5）站内阀门

大气腐蚀和内腐蚀依然是站场阀门的主要危害因素。阀门承压能力、阀门材质选用或使用错误会成为阀门的危害因素。阀门的密封失效、连接法兰泄漏会造成阀门的内漏或外漏。自动控制阀门的控制系统失灵，手动阀门的阀杆锈死或操作困难，阀门使用过程中的误操作及阀门故障是站场阀门的危害因素。阀门使用年限、阀门维护保养情况也会影响阀门的安全使用。

6）电气设施

输气站场的电气设施主要包括防爆电动机、电控阀门、仪器仪表、照明装置以及供电线路和控制线路等。若电气设施的防爆性能达不到标准要求或电气设施发生短路、漏电、过负荷等故障，将产生电弧、电火花或高热，从而引发安全事故。

7）工艺流程

站场工艺流程除了要满足正常输气要求外，还应考虑近期、远期的各种极端工况、调峰工况、事故工况和保安工况等，以增强站场的适应性。对工艺流程应根据确定的功能进行优化、简化，合理进行设备的选型和配置，确保系统的安全及变工况运行。

8）安全与消防系统

站场安全与消防系统的危害因素主要指站场的消防措施（包括站内工艺设备与道路安全距离、站场围墙设置、消防车道、灭火设施、消防器材配备等）是否符合《石油天然气工程设计防火规范》（GB 50183—2004）的要求，安全措施（包括站场作业方案、操作规程、安全责任制、职工培训、安全标志的设置、防雷防爆防静电技术、动火安全管理等）是否符合规范要求。

4.4.2 输气站场安全分析

1. 压气站

压气站的功能包括气体的除尘、压缩和冷却三个主要内容。压缩机组是压气站的主要设备。压缩机可分为往复式、离心式和混合式；按压缩级数又可分为单级和多级；还可按驱动方式分为活塞式燃气发动机、燃气轮机和电动机等。

1）压缩机系统火灾危险性

天然气泄漏和原动机产生火花（明火）是压气站发生火灾、爆炸事故的重要原因。压缩机系统火灾危险性表现为以下几个方面：

（1）易形成爆炸性混合物。

（2）设备内温度超高。天然气经压缩后温度迅速升高，如果设备内冷却系统不能有效运行，会使润滑油粘度降低，失去润滑作用，设备的运行部件摩擦加剧，进一步造成设备内温度超高。同时，高温能使某些介质发生聚合、分解，以致引起火灾。

（3）误操作。操作人员会因受心理、生理或情绪等方面的影响出现操作失误。

（4）设备缺陷。

2）压缩机和原动机安全特性

活塞式燃气发动机和往复式压缩机组的根本缺陷是它在吸气、排气过程中有着固有的周期性冲击，这种冲击导致气流压力波动，并把这种波动传播到管汇中去；管道的机械振动也有可能与气流脉冲共振，共振使气流较弱的脉冲幅度增大，引起管道的剧烈振动。因此造成的常见危害有：管道振动引起基座螺栓损坏和管线破裂；压缩机气缸阀损坏；压缩机排量降低；压缩机需要的功率增大。

在往复式压缩机组管汇的设计和安装时应注意减振及防止振动破坏。

离心式压缩机表现为流量不稳，进出压力、流量忽大忽小，压力表和流量计指针周期性地大幅度摆动，机组及管道强烈振动并伴随有异常的吼叫声。离心式压缩机流量偏低时就有可能出现喘振现象。

喘振现象不仅影响整个系统的正常供气，而且对离心式压缩机十分有害。喘振时，由于气流强烈脉动和周期性震荡，会使叶片强烈振动，叶轮动力大大增加，使整个机组发生强烈振动，噪声加剧，并可能损坏轴承、密封，进而造成严重的事故。

机组停运后，如果燃料气阀门关闭不严，则会使天然气泄漏到燃料室内，重新启动时，若忽略对残留天然气的清除，点火时就可能发生爆炸。每次启动前或熄火后，都必须有足够的时间，在低转速下对燃料及排气系统进行冷吹，才能保证启动和运转安全。

2. 首站、末站和分输站

由于天然气性质和管道腐蚀等原因，管道中还有一些固体废物，主要有砂粒、粉尘和腐蚀物（成分是氧化铁）。在输气站场均设有过滤设备，这些固体废物可能会堵塞过滤分离器，当过滤分离器的滤芯被堵塞时，会造成过滤分离器憋压，使气体通过分离器的压力损耗过大，影响分离效果。应在过滤分离器进出口设置压差测量仪，压差超大时及时进行滤芯的清理和更换。站场计量和调压系统失灵或法兰安装密封不可靠，可能引发泄漏事故，容易引起着火爆炸等恶性事故。若安全阀定压过高或发生故障不能及时泄压，调压阀内漏或调压系统失效，就会造成憋压或爆管等恶性事故。

3. 清管站

在正常运行时，独立的清管站收发球系统是与管道干线隔开的，一般不影响管道运行系统的可靠性。但清管站与管道连接的阀门以及安装在管道上的接头等一旦发生故障，将会影响管道的正常运行。此外，清出的固体废物可能含有硫化亚铁，它具有自燃性，如果处理不当，也可能会引发火灾事故。

4.4.3 输气站场运行安全要求

1. 输气站场一般运行安全管理

（1）工艺流程的启运应符合相关技术规定，应保证切换操作无误；越站流程应用于工艺特殊需要：气体流经站场装置压力损失过大和发生管网故障；反输流程应用于管道事故处理和输气方向变化情况。

（2）执行计划及调度指令调节输供气流量时，应确保无差错，操作平稳。

（3）压力、温度计量，要准确、及时，流量计算程序应符合规定，各参数取值应符合要求；应保证计算气量正确，复核气量准确，报出气量无误。

（4）在线气质监测（微水及硫化氢含量监测）无缺漏，监测数据应准确、可靠。

（5）阴极保护送电率应不小于98%，录取通电点电位应准确、及时，输出功率波动范围应符合要求。

（6）清管器发送站操作应无误，发送应及时；发送站必须坚持值守，措施恰当；污物排放应符合环保及安全有关规定。

(7) 站内设备维护保养应及时，确保设备开关灵活，无向外泄漏现象。

(8) 各项记录资料、生产报表应齐全，并妥善保管。

2. 压缩机站日常管理安全要求

(1) 工作人员必须经过严格的安全技术培训，熟悉燃气轮机的安全使用要求和操作细则，经考试合格后，才能上岗操作。

(2) 工作人员上岗时，必须穿戴规定的防静电工作服、工作帽，穿不带铁钉的工作鞋、戴防噪声的耳罩或耳塞。

(3) 燃料气应符合燃气轮机说明书规定的气质要求，并应符合国家的安全技术标准。应定期对燃料气进行化验分析，不合格的燃料不得使用。

(4) 搞好站场设施的检查、维护，保证安全保护设施、消防设施完好。定期检查站场和机房内的消防系统和防雷防静电设施。

(5) 定期检查和调校天然气检漏报警系统，保证检漏报警参数在规定的范围内。定期巡回检测站场内天然气泄漏情况，并及时处理。

(6) 及时排除站内管道中的积液，做好站场内管道及仪表的防潮防冻工作。

1) 燃气轮机压缩机组启动的安全要求

(1) 启动前应对燃气轮机的各个系统进行巡回检查，各种辅助设施均应处于正常状态，任何隐患都应在开机前消除。

(2) 注意检查各个系统有无漏油、漏气、漏水及漏电等不安全因素。应检查紧急停机系统及天然气放空系统是否正常，确保一旦发现事故，能进行故障停机或紧急停机。

(3) 检查核实在燃气轮机及其辅助设施上确已无人作业，各项准备工作已完成，才能启动。

(4) 高速转动的燃气透平及压缩机的部件必须在良好的润滑下运行，绝不允许在无润滑的条件下启动、运行或停机，且应保证运行中润滑油循环不能中断。

(5) 启动过程中操作人员要严密注意仪表盘、指示灯及机组运行情况，有故障应及时排除，不能带病启动。

2) 燃气轮机压缩机组运行的安全要求

(1) 运行中应对机组各系统进行巡回检查，测试各运行参数，判断是否正常。

(2) 为保证机组安全运行，应确保机组的保护系统状况良好。应定期检查紧急停机系统的阀门及开关，润滑防喘放气阀，检查其密封情况；定期检查各种仪表及传感器的标定范围，检查控制器及减压阀的压力设定值，进行安全阀放空试验等。

(3) 操作人员应熟练掌握机组的紧急措施，如紧急关闭阀、紧急停机装置等。若运行中出现下列紧急现象之一，应就近按下紧急停机按钮：燃气轮机的空气压缩机或天然气压缩机发生喘振而保护系统没有动作；润滑油、密封油、液压油泄漏或天然气管线漏气；机组的控制、保护装置失灵；有停机信号，但机组不能停运；出现火灾、地震、洪水以及危机人身及设备安全的紧急情况的出现等。

在机组运行中，不得触摸高温部件，如燃烧室外壁、燃气轮机排气管等，以免烫伤，不得踩踏接线盒、控制线路、电缆、导压管等细小管件和管线。

3) 燃气轮机压缩机组停运的安全要求

(1) 停机时要保证辅助润滑油泵运行足够时间，对机组进行润滑保养。

(2) 停机后一定要检查密封油泵确已停止运转，以免高压密封油漏入压缩机内。

(3) 机组没有完全停止运转之前不得重新启动。

4.5 压缩天然气站场安全管理

4.5.1 加气站的分类和系统组成

天然气加气站是指以压缩天然气（CNG）形式向天然气汽车（NGV）和大型 CNG 子站车提供燃料的场所。

1. 分类

天然气加气站一般分为三个基本类型，即快速充装型、普通（慢速）充装型及两者的混合型。快速充装站形同一般加油站，一般轻型卡车或轿车需在 3~7min 之内完成加气。一个典型的快速充装站所需的设备包括天然气压缩机、高压钢瓶组、控制阀门及加气机等，辅助设备包括可再生分子筛干燥器及流量计等。普通充装站则是针对交通枢纽、大型停车场等有汽车过夜、停留较长时间的情形，汽车可充分利用这段时间加气。普通充装站的主要设备仅包括天然气压缩机、控制面板及加气软管，天然气压缩机从供气管路抽气并直接通过加气软管送入需加气汽车。这种加气系统的优点是站内无需高压气瓶组及复杂的阀门控制系统甚至加气机，因而投资费用极省。

一般根据站区现场或附近是否有管线天然气，还可将天然气加气站分为常规站、母站和子站。常规站是建在有天然气管线通过的地方，从天然气管线直接取气，天然气经过脱硫、脱水等工艺进入压缩机进行压缩，然后进入储气瓶组储存或通过售气机给车辆加气，通常常规加气量在 600~1000m^3/h 之间。母站是建在临近天然气管线的地方，从天然气管线直接取气，经过脱硫、脱水等工艺进入压缩机压缩，然后进入储气瓶组储存或通过售气机给子站供气，母站的加量在 2500~4000m^3/h 之间。CNG 加气母站除具有标准站的功能外，还可将压缩天然气充入高压气体运输半挂车（简称半挂车）运到加气子站为汽车加气；同时，作为管道输气的有效补充手段，在距天然气管线较远的中小城市，可采用半挂车将压缩天然气通过公路运输方式运送至使用城市，经过调压后进入燃气管网，向居民用户及其他天然气用户供气。CNG 加气子站建在燃气管网尚未到达的地方，半挂车从加气母站运来的压缩天然气经储存、压缩等工艺，通过售气机向汽车加气。子站建在加气站周围没有天然气管线的地方，通过子站运转车从母站运来的天然气给天然气汽车加气，一般还需配备小型压缩机和储气瓶组。为提高运转车的取气率，应用压缩机将运转车内的低压气体升压后，转存在储气瓶组内或直接给天然气汽车加气。

2. 系统组成

CNG 加气站由 6 大系统组成（图 4.11），即天然气调压计量系统、天然气净化系统、天然气压缩系统、天然气储气系统、CNG 售气系统和控制系统（自动保护、停机及顺序充气）。

4.5.2 CNG 加气站工艺流程

天然气进站后经过滤除尘、计量、调压，进入脱硫装置进行脱硫，脱硫后由缓冲罐进行缓冲，之后进增压机增压（低压天然气进入压缩机经四级增压后，排出压力达到 25.0MPa）；经分离器分离后，进入分子筛吸附脱水塔进行脱水，脱水后天然气露点降到 -54℃，达到 CNG 加气站加气压力及气质要求，可直接充入 CNG 储气井（为确保加气站

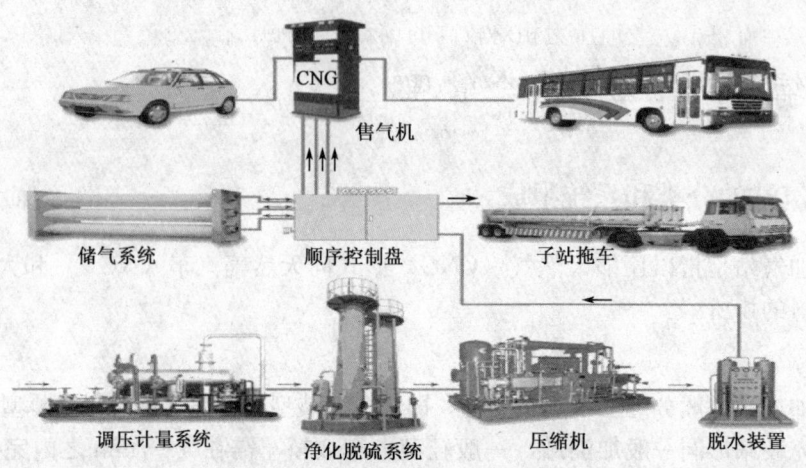

图 4.11 CNG 加气站系统组成

平稳加气并减少压缩机的启动次数，减少能源消耗，需增设高压储气井储存缓冲）；储气井储存的高压气经高压管道输送到程控盘由加气机向 CNG 运输车和 CNG 汽车加气。储气井按高压、中压、低压三组储气，高压、中压、低压组容积比分别为 1：2：3，CNG 加气机加气时按低压、中压、高压程序向 CNG 汽车加气。储气井最高储气压力为 25.0MPa，CNG 汽车和 CNG 运输储气装置最高充气压力为 20.0MPa。增压系统及排气后的高压管道系统设计压力为 25.0MPa。高压脱水装置再生原料气取自高压排气管线，再生排气接低压配气系统。储气井放空接低压配气系统进行回收或放空。压缩机采用并联方式，2 台并联，其中 1 台备用，供气高峰时 2 台可以同时运转。

压缩机排气压力由压缩机、系统和四级排气安全阀控制，高压排气压力不大于 25.0MPa，各储气井按压力级制分设安全阀，以控制储气压力不大于 25.0MPa，加气机内有充气控制系统，使充气压力不大于 20.0MPa。

为减少增压机及脱水装置排污时排放天然气的损失，站内设排污天然气回收装置，将排污时排放的天然气回收，再进入压缩机增压利用，回收装置的废液排入污水池。

压缩机各安全阀放散管及各级填料泄漏管汇集到指定点放散；储气井各组安全放散管汇集到指定地点放散。

脱水装置的再生采用脱水后的干气，经降压到 0.5MPa 加热后对脱水吸附塔进行再生，再生气最高温度不大于 230℃，加热方式为电加热；再生气经吸附塔后的富液天然气冷却分离后，进入进站原料气管线回收。

脱硫选用双塔轮换操作。天然气硫化氢含量低于国家标准要求的压缩天然气硫化氢含量（不得超过 $15mg/m^3$）时，仍可能对站内加气部分工艺设备、仪表及管线造成腐蚀，因而需要设置脱硫装置。城市配气管网来气经调压计量后进入脱硫塔，脱去硫化氢后再进入缓冲罐。脱硫塔顶部设有安全阀。

4.5.3 CNG 加气站危险因素分析

1. 压缩机组

天然气加气站使用的大都是具有曲柄连杆的往复活塞压缩机，简称往复压缩机或活塞压缩机。由于 CNG 加气站的天然气压缩机压缩比较大，基本上都采用活塞压缩机。活塞压缩机主要用于一些流量不太大但压力相对较高的场合，这种压缩机对运行参数改变的适应能力较强，可较好地适应加气站频繁变化的工作参数。

压缩机组包括压缩机和驱动机。压缩机组的冷却方式目前主要有风冷、水冷、混冷等。压缩机组的冷却方式受到土地资源、水资源、环境及机组结构型式的相互制约，如果压缩机冷却效果不好，容易造成压缩机排气温度偏高（可达 70~100℃），导致润滑油烧蚀、气质质量下降、润滑油耗增加、气缸积炭增加，严重地会导致气缸拉伤甚至发生粘连，使曲轴连杆受力急剧上升，造成压缩机整体爆炸式解体的严重安全事故。

在安全性方面，目前国际上采用 APIRP14C 标准，加气站设备按照这样的标准进行配置，它包括：

（1）控制系统泄漏的控制阀；
（2）系统吸入端和排出端的应急自动截止阀；
（3）各压力容器及冷却器上都应备有安全阀；
（4）压缩机不同级间应有温度传感器和压力传感器；
（5）压缩机组应装有震动开关；
（6）电动机应有过流过载保护——系统中所有电气设备必须满足我们国家标准或美国 NEC 标准中对 1 级 2 类 D 组的防爆要求。

压缩机组是加气站的心脏，是保障加气站安全可靠、连续运转的关键，在 CNG 加气站的安全管理中占有举足轻重的地位。

2. 天然气净化设备

天然气加气站的主要净化功能有脱硫、脱水和脱油。

低压脱水装置由于压力低，可操作性较好，故障率较低，较受用户欢迎（当加气站采用无油润滑压缩机时，因含湿量大会影响密封件等的寿命，故必须采用低压的前置脱水）。但低压脱水装置体积庞大，占地面积也大，对那些集装箱结构的加气站，应用起来较困难。

中压脱水装置放置在压缩机的中间级出口处，根据压缩机入口压力的高低，确定放置在压缩机一级排出口还是二级排出口。

高压脱水装置放置在压缩机末级出口。由于天然气含水的绝大部分已在压缩机的逐级压缩后被分离出去，所以在 25MPa 压力下气相中的饱和水含量已非常少，仅相当于常压下饱和水含量的 0.91%。由于高压脱水设备结构尺寸相对很小，脱水量也少，因此特别适合集装箱形式加气站使用。高压脱水仍需要加热再生，因此也需要加热器、冷却器和分离器，其工艺原理流程与中压脱水相同，只是设备尺寸和压力等级不同而已。

在有油润滑压缩机压缩天然气时，气体中总是含有油分子的，在低压脱水系统，最后环节必须设置除油设备，以脱除天然气在压缩过程中从气缸壁粘附的润滑油微粒，减少发动机气缸积炭。加气站净化系统是保障加气站生产出合格车用压缩天然气的重要工艺设备，是确保 CNG 汽车安全高效运行的重要环节。

天然气管道难免有腐蚀，尤其对新使用的管道，有杂质是难免的。因此，在压缩机入口前或者低压脱水装置管道前应设置除尘过滤器。对于低压、中压脱水系统，考虑到压缩机本身或级间也可能产生杂质，在压缩机出口也往往设置一个过滤器，借以清除气体中的固体杂质。

净化设备也是高压容器，其安全性缺陷项目主要有净化设备必须正确接地，必须有防雷击装置，焊缝无损探伤等。焊缝无损探伤检查比例及合格等级应符合《天然气净化装置设备与管道安装工程施工技术规范》(SY/T 0460—2010)的规定。

3. 压缩天然气的储存设备

压缩天然气的储存方式有四种：

(1) 每个气瓶容积在500L以上的大气瓶组，每组3~6个，在国外应用得最多。

(2) 气瓶容积为40~80L的小气瓶，每站有40~200个，国内外尤其是国内基本上都应用这种形式。

(3) 单个高压容器，容积在2m³以上。

(4) 气井存储，每口井可存气500m³，这是我国石油行业的创造，在四川等地应用很多。基本参数为：

①井管直径177.8~298.4mm（套管）。

②单井水容积1~10m³。

③井深80~200m。

④工作压力不大于25MPa。

CNG加气站储气瓶组如图4.12所示。

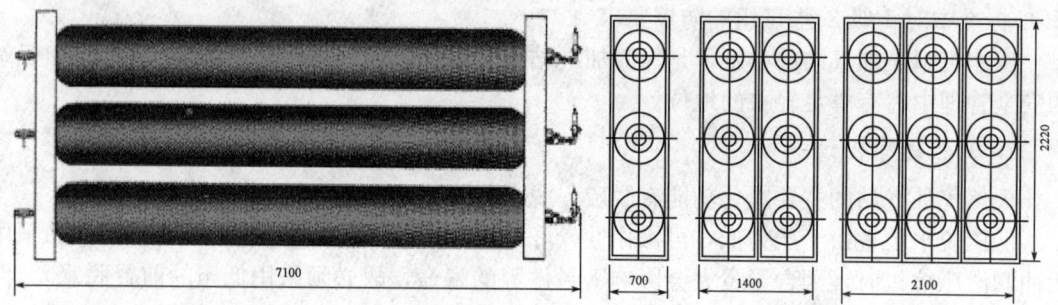

图4.12 CNG加气站储气瓶组

气瓶组储气库需要建设牢固的建筑或设施，以减小气库在突发事故时的危害半径。气瓶组常用水容积为50L、80L两种，并联成多组形成储气瓶库。合理的储气瓶组的容量不但能提高气瓶组的利用率和加气速度，而且可以减少压缩机的启动次数，延长其使用寿命。按工艺需要，分为高压、中压、低压小库组合成气站储气系统，以满足储气需要。这种类型储气装置安全可靠，使用起来弹性较大，建设时可统一规划，分步实施，有利于降低气站建设成本；不足之处是气瓶组接头较多而导致泄漏点多，系统阻力较大。气库利用率一般在50%~65%范围内。

储气井主要是对高压天然气进行储存缓冲，分组储气、分组充气，有利于合理安排机组运行与维修时间，缩短加气时间，节省能源。储气井具有占地面积小、运行费用低、安全可靠、事故影响范围小等优点；根据《高压气地下储气井》(SY/T 6535—2002)规定，以工作压力进行严密性试压，水压强度试验压力为37.5MPa，计算疲劳强度为19000次。储气井的缺陷有：

(1) 储气井套管连接处为薄弱环节，需通过有效固井而得到加强。

(2) 固井质量难以控制，储气井缺乏有效的内外腐蚀监测与防护手段。

(3) 由于储气井埋于地下，不能进行日常维护和检测，对其安全运行状态没有一套有效的管理办法。

(4) 维修较困难，要求施工质量优良，且工程费用较储气瓶高。

4. 加气设备

加气机是压缩天然气加气站用于给车辆充气并进行计量的设备，从外观和功能上看，与汽油和柴油加油机类似，诸如计费、打印凭条、税控、插卡结算、历史数据查询等功能和原理是一致的，但二者对所流过介质的计量原理不同。一般压缩天然气加气站所使用的加气机和加油机一样可以在几分钟内为车辆加满燃料，这称为快充式加气系统。

加气机有三根进气管，分别与地面上的高压、中压、低压储气瓶相连，故称为三线进气加气机。加气机系统的核心部件是流量计量装置，附属部分包括电磁阀组、加气枪、电脑控制仪等。

加气机的加气枪是通过一个软管与加气机内部的流量计连接在一起的，如果在加气还没有完成时车辆意外开动，就有可能将加气枪连接软管拉断，或由软管进一步将加气机拉倒，进而拉断气体管线，造成危险事故和设备损坏。为防止这种情况的发生，在连接软管上设有一个在较大外力能够自动脱开并关闭管道口的装置，称为拉断阀。

一定压力的天然气体积随温度的变化很大，一定容积的封闭空间内的气体压力会随温度的升高而上升。例如，某个车辆的气瓶在-40℃的寒冷天气中被充装到20.8MPa，符合车载瓶的压力要求；但如果充气完毕后，该车辆立即进入一间温度为21℃的室内车库，那么气瓶内的压力就会在温度升高后上升到30.5MPa，这已经超过了多数气瓶的设计压力，存在一定风险。所以要求加气机必须能够根据环境温度自动调整充气结束时的压力，防止充气过度，这套系统称为防过充系统。

加气机设备必须具备两项最重要的安全措施，即在连接加气机和加气嘴的软管上安装具有可恢复性拉断阀和压力—温度补偿系统。检查项目有：加气机是否正确良好接地；加气机附近是否设置防撞栏；加气机是否设置减压阀；进气管道上是否设置防撞事故自动截断阀；储气瓶组与加气枪之间是否设置储气瓶组截断阀、主截断阀、紧急截断阀和加气截断阀以及紧急按钮（危险紧急情况用以截断所有电源和液压管路系统）；当管道压力漏失、超压或溢流时能否自动关机；所有电气设备是否都具有防爆性且有过压保护。

5. 进气缓冲罐和废气回收罐

对于进气缓冲罐，严格上讲应包括压缩机每一级进气缓冲，其目的是减小压缩机工作时的气流压力脉动以及由此引起的机组振动。

废气回收罐主要是将每一级压缩后的天然气经分离后，回收随冷凝油排出的一部分废气；压缩机停机后，将留在系统中的天然气、各种气动阀门的回流气体等回收起来，并通过一个调压阀返回到压缩机入口。当回收罐中压力超过安全阀设定压力时，将自动排放。凝结分离出来的重烃油也可定期从回收罐底部排出。

6. 控制系统

控制系统的功能是控制加气站设备（压缩机、脱水装置、加气机、优先与顺序盘）的正常运转并对有关设备的运行参数设置报警或停机点。加气站设备的控制系统采用PLC（可编程逻辑控制器）进行控制。这种控制方式可靠性高，能实现设备的全自动化操作，也可远传到值班室，实现无人看守。

控制系统负责加气站各部分之间的协调运行，指挥着各部分的正常运行。从功能方面划分，可以将其概括为四个部分：电源控制、压缩机运行控制、储气控制（优先与顺序控制系统）和售气控制。

国内 CNG 加气站基本上都采用 PLC 控制系统，该系统常见故障及原因有：

(1) 控制系统开关电源使用寿命短。原因是进口电源不太适应我国电网质量较低的国情。

(2) 输入隔离栅烧坏。原因是接地不规范（国内标准的静电接地电阻应不大于 10Ω，而有些进口设备则要求不大于 1Ω；一个设备只需设置一个接地点，否则所产生的电位差容易烧坏隔离栅）。

(3) 计算机上数据显示为负。原因是 PLC 控制器输出板上的电容稳定工作寿命低，过早失效。

(4) 气动控制系统的减压阀自动放气。这大多是由于减压阀下部一个方形塑料密封垫磨损漏气所致。

(5) 系统启动时各气压阀不动作。通常可能的原因有：控制软件出问题，如丢失文件、程序混乱等或电磁阀供电系统电压不稳定，导线接头有松动等；高压气瓶常常超压，大多是由于充气控制程序设置不当。

控制设备还应包括在线水分析仪器、H_2S 在线检测仪以及可燃气体报警器。前两者分别检测经过脱水、脱硫处理后的高压 CNG 中水分含量和 H_2S 含量是否超标，如在规定的时间内超过设定标准值，则自动报警。可燃气体报警器用于检测 CNG 加气站内 CH_4 气体含量是否超标，一旦超过设定值，则报警并自动关机。在实际的调研中，发现一些 CNG 加气站的控制设备没有发挥实际作用，尽管加气站设置了在线水分析仪等，但并没有进行记录或记录不全，一些加气站对可燃气体报警器等不进行检修和检验，这将对加气站的安全运行带来潜在风险。

4.5.4 CNG 加气站安全管理

从 CNG 加气站设备的几大组成系统来看，各系统与加气站的安全运行都有着直接关系。但事故多发生在储气设备、售气设备和天然气增压设备上，从现实生产运行实际看，这三大系统的设备安全事故及安全事故隐患十分突出。

对售气设备而言，应当考虑的关键部件是电磁阀、质量流量计、加气枪、安全拉断阀、高压软管、卡套等。对储气设备而言，应当考察的关键部件主要是各类阀件（安全阀、瓶阀、球阀）及其附件、压力表、接头卡套和易熔塞等，同时必须考察气质对储气设备的内腐蚀及外部介质对其产生的外腐蚀。对压缩机组而言，应当考虑的关键部件除易损件、各级压力表、温度表、压缩机组远程适时控制系统以外，还应考虑曲柄连杆机构，此处曾经引发压缩机爆炸的重大安全事故。

同时，由于加气站预防安全事故发生及减少安全事故损失都需要控制系统的积极参与，即当 CNG 加气站设备出现温度、压力异常，振动烈度异常，润滑油位异常，可燃气体浓度超标或天然气大量漏失等瞬间，控制系统必须迅速作出反应，关闭气源、电源，关停压缩机等设备，故对控制系统应当具备的监控功能也要高度重视。

由于加气站的特殊性，必须对各类设备的防雷防火、静电接地有严格的要求。

1. 国外加气站主要安全规定

德国和意大利天然气管输气质指标一般能满足车用条件，加气系统中未设天然气脱硫装置。在天然气加气站典型设计中,在压缩机之前设置有天然气脱水装置,但设计标准允许根据用户要求将其设在天然气压缩机之后,或在压缩机前、后均设天然气脱水装置。

德国 DVGW 标准对加气站的布置、设备配备、安全维护等均进行了详细规定:

(1) 加气站选址。加气站组成部件可安置在一定空间或箱式柜中,也可室外安装,防止闲杂人员进入;加气站不应建设在国道、进出走廊、楼梯间内或不稳定设备楼梯边;加气站不应设在交通要道、直路或出入口有限制的地域附近;加气站通常与设备、房屋及公共设施至少保持 5m 距离,加气站选址应固定并平坦。

(2) 天然气脱水装置。天然气脱水装置应保证天然气压缩后,其气体露点温度在-20℃以下。

(3) 天然气压缩机。压缩机应按照有关规定对气体进行压缩,并应符合压缩机安全防护法规(UVV)对压缩机的要求。为防止压缩机超压,压缩机须安装安全阀、防喘振阀及超压跳车联锁等装置,并确保固定可靠,防止其振动传至别的设备部件上。

(4) 气体储罐。气体储罐应符合《石油天然气建设工程施工质量验收规范 储罐工程》(SY 4202—2007)的要求,对气体储罐及其部件投产前与定期复测应符合德国有关规定。储气瓶组应设防止超压的闭锁装置,防止应力腐蚀开裂试验应采用 ISO 有关标准。对储罐应防止因阳光照射而出现不允许的温升。

(5) 加气系统。每个加气系统均须安装恒温 MSR 操作系统,在达到加气允许压力时,储罐内温度达到 15℃,压力不得超过 25MPa。加气系统中的安全系统应能保证在设备压力达到检测压力的 90%时自动关闭。加气软管试验压力应为 1.5 倍工作压力,软管长度为 3~5m,必须导静电。软管前应安装快速关断阀,以确保气体流速突然增加时关闭输气系统。

加气装置布置在室内时,在室内应安装气体报警装置,当室内可燃气体浓度达到天然气爆炸浓度下限 20%时,自动报警并采取必要技术措施;当此浓度达到天然气爆炸浓度下限 40%时,整个系统关闭。

2. 加气站的技术安全要求

1) CNG 加气站工艺设施的安全保护

(1) 天然气进站管道上应设 1 道可远程操作的自动紧急截断阀和 1 道现场操作的手动紧急截断阀,手动紧急截断阀的位置应便于发生事故时能及时切断气源。

(2) 在 CNG 加气子站内,车载储气瓶组接入站内的管道上应设有快速切断阀,每条卸气柱排出 CNG 的管道上也应设紧急截断阀。

(3) 储气瓶组(储气井)进气总管上应设安全阀与紧急放散管、压力表及超压报警器。每个储气瓶出口也应设截断阀。车载储气瓶组应有与站内工艺安全设施相匹配的安全保护措施,但可不设超压报警器。

(4) 每个加气枪前应设置加气截断阀。进入每个加气机或加气柱的管道上应设紧急截断阀,每条卸气柱出来的管道上应设紧急截断阀。

(5) 储气瓶组(储气井)与加气机或卸气柱之间的总管上应设主截断阀。

(6) 加气站内缓冲罐、压缩机出口、储气瓶组均应设置安全阀。安全阀的设置应符合《固定式压力容器安全技术监察规程》(TSG R0004)的有关规定。安全阀的额定压力 p_0 除应符合《固定式压力容器安全技术监察规程》(TSG R0004)的有关规定外,还应符合下列规定:

①当 $p \leqslant 1.8$MPa 时，$p_0 = p + 0.18$MPa。
②当 1.8MPa $< p \leqslant 4.0$MPa 时，$p_0 = 1.1p$。
③当 4.0MPa $< p \leqslant 8.0$MPa 时，$p_0 = p + 0.4$MPa。
④当 8.0MPa $< p \leqslant 25.0$MPa 时，$p_0 = 1.05p$。

其中，p 为设备的最高操作压力。

（7）加气站内的所有设备和管道组成件的设计压力不应小于最大工作压力的 1.1 倍，且不应低于安全阀的开启压力。

（8）加气站内的天然气管道和储气瓶组应设置泄压保护装置，泄压保护装置应采取防堵塞和防冻措施。泄放气体应符合下列规定：

①一次泄放量大于 $500m^3$（基准状态）的高压气体应通过放散管迅速排放。

②一次泄放量大于 $2m^3$（基准状态），以泄放次数为平均每小时 2～3 次以上操作排放，应设置专用回收罐。

③一次泄放量小于 $2m^3$（基准状态）的气体可排入大气。

加气站的天然气放散管设置应符合下列规定：
①不同压力级别系统的放散管宜分别设置。
②放散管管口应高出设备平台 2m 及以上，且应高出所在地面 5m 及以上。
③放散管应垂直向上，放散管最低点应设置排污排水阀。

压缩机组运行的安全保护应符合下列规定：
①压缩机出口与第一个截断阀之间应设安全阀，安全阀的泄放能力不应小于压缩机的安全泄放量。
②压缩机进口、出口应设高压、低压报警和高压越限停机装置。
③压缩机组的冷却系统应设温度报警及停车装置。
④压缩机组的润滑油系统应设低压报警及停机装置。
⑤压缩机组进口分离缓冲罐及容积大于 $0.3m^3$ 的压缩机组出口缓冲罐应设压力指示仪表和液位计，并应有超压安全泄放措施。

（9）CNG 加气站内的设备及管道凡经增压、输送、储存、缓冲或有较大阻力损失需显示压力的地方，均应设压力测点，并应设供压力表拆卸时高压气体泄压的安全泄气孔。压力表量程宜为 1.5～2 倍工作压力，压力表的准确度不应低于 1.5 级。

（10）CNG 加气站内下列位置应设防撞柱（栏），其高度不应小于 0.5m：
①固定储气瓶组或储气井与站内汽车通道相邻一侧。
②加气机、加气柱和卸气柱附近。

（11）加气站应配备有慢充装置，以备晚上汽车停驶时加气，避免加气站加气高峰时拥挤，减少汽车等候加气的时间。有条件的城市应建设单机橇装式的流动加气装置，以便在不同地段向 CNG 汽车加气。

2）技术要求

（1）天然气必须净化，含硫量应小于 $15mg/m^3$；天然气水露点应低于 -40℃，否则应进行脱硫脱水。

（2）加气站应按照国家防爆、防火的有关规定和标准进行设计。

（3）加气站应装有低压调压装置，以适应 CNG 压缩机对进气压力的要求，确保压缩机的排量和压缩机工作过程中不超压。

(4) 压缩机的自动化程度要高,操作要简单,应确保发生故障和压力达到额定压力时能自动停机、低于额定压力时能自动启机以及有异常现象时能紧急停机等。

(5) 加气站应装备有足够储量的储气瓶组,以满足加气高峰时的需要。加气站的售气机应能自动计量、计价,加气到规定压力(20MPa)时能自动切断气源,停止加气。加气站应具备取气顺序控制装置,以便充分地取出储存在储气瓶内的CNG,达到安全节能的效果。

(6) 压缩机排污、卸载、安全阀放气和各管线排放的天然气应回收利用,不准外排,只能密闭储存再用,以确保站内的安全。

(7) 需加气的汽车进入加气站前应在发动机排气管上加装防火罩。加气站内应按照规范规定要求,齐全配备防火消防工具及有关材料。

3) 压力容器安全使用要求

(1) 高压气瓶、高压储罐、高压过滤器应按《压力容器安全技术监察规程》(质技监局锅发〔1999〕154号)和《气瓶安全监察规程》,(质技监局锅发〔2000〕250号),建立完善的监察体系和维护保养制度,并制定操作规程,对系统应定期检查并作好记录。

(2) 高压气瓶在使用中要注意:不得擅自更改压力容器的钢印和颜色标记;高压气瓶放置地点不得靠近热源和明火;不得用电池起重机进行搬运;夏季防止暴晒;严禁在高压容器上进行电弧引焊;禁用超过40℃的热源对高压气瓶进行加热;高压气瓶冻结时不得用火进行烘烤。

(3) 高压储罐在使用中要注意:压力容器本体、接口部位、焊接接头有无裂纹变形、泄漏情况;外表面腐蚀情况;相连管道、管件有无异常震动、响声、相互碰撞、摩擦等;安全附件(如压力表、安全阀、温度计、紧急切断阀、放空阀、导静电装置和可燃气体报警装置)检验,是否有外观腐蚀、损坏等情况;是否有支撑或支座;是否有基础下沉、倾斜、开裂、地下螺栓松动等现象;排污装置有无漏气;运行是否稳定,有无震动。

(4) 高压过滤器在使用中要注意:定期排放过滤容器内的积水和更换滤芯;发现过滤器法兰、接头、螺纹等密封处出现泄漏,应关闭过滤器两端阀门,释放过滤器内的压力后进行维护处理;更换滤芯或处理泄漏部位后要用氮气吹扫容器并试压,置换合格后方可使用;日常运行中要注意过滤器本体焊缝有无泄漏及噪声、震动等异常情况,发现问题后及时维护处理。

(5) 高压气瓶、高压储罐、高压过滤器的制造及日常运行管理都已纳入国家有关压力容器规范,在对压力容器本体上焊接、改造维修或移动压力容器位置都必须向压力容器监察单位申报。

4) CNG加气站主要阀门、装置及其安全使用要求

CNG加气站所使用的阀门是按照不同的工作压力等级和工作温度及主要用途来选择的。

(1) 截止阀。

截止阀是使用最广泛的阀门,在管道上主要起截止作用,也可以用于节流调节操作。其主要优点是密封面间的摩擦力比闸阀小,只有一个密封面,易于制造和维修;缺点是流动阻力大,开启和关闭时需要的力较大。截止阀不能适应气流方向的变化,因此安装时要注意气流方向,即气流从阀瓣下部进来,从阀瓣上部出去,这样介质流动阻力最小,开启时比较省力,关闭时填料函不与介质接触,填料与阀杆不易损坏。

(2) 球阀。

球阀常用于需迅速截断或全开关的管道装置上,起截断作用,可分配和改变介质流动方向。其主要优点是结构简单,体积小,操作方便,开关迅速,只需将球体旋转9°,因阀内

径与管内径相同，气流经阀门阻力小。

（3）蝶阀。

蝶阀的启闭件是圆盘，称为蝶板，蝶阀有体小轻巧、拆装容易、操作灵活轻便、结构简单、造价低廉等优点，被广泛使用，但因关闭的密封性差，仅限制应用于中低压管道上。

（4）止回阀。

止回阀又称逆止阀或单向阀，它依靠介质本身的流动自动开闭阀门，用来防止管道中气流倒流，（当产生倒流时，阀瓣自动关闭）。常用的止回阀有升降式和旋启式两大类。止回阀一般用在天然气设备出口管道上，在停机或突然停电时防止管内的高压气体倒流，这种倒流往往会引起压缩机高速反转，形成机械事故。

（5）紧急切断阀。

紧急切断阀一般安装于管道的进出口管线上，它的作用是控制管道的进口和出口压力、温度。紧急切断阀可采用电动和手动来控制，有远程和就地两种控制方式，这两种方式在实际中应交替使用。

（6）安全阀。

安全阀用于受内压的管道和容器上起保护作用，防止超压。当被保护的系统内介质压力升高到规定值（即安全阀的开启压力）时，安全阀自动开启，排放部分介质，防止压力继续升高；当介质压力降低到规定值（即安全阀的回座压力）时，安全阀自动关闭。安全阀的种类较多，目前在天然气工程中使用普遍的是弹簧式与先导式安全阀。

（7）管道调节阀。

CNG 加气站使用两种管道调压方式，分别从 20.00MPa 到 1.60MPa，再从 1.60MPa 到 0.20MPa 采用二级指挥控制式调压器。随着城市管网压力升高、降低，调压器起到指挥调节阀的开启大小，增减管道流速的作用以达到供气平衡。从 20.00MPa 减压到 1.60MPa 采用的是指挥控制调压式，而从 1.60MPa 减压到 0.20MPa 采用的是直接作用式调压器。

（8）电热式复热器。

电热式复热器是采用安装在容器中的电热丝盘管通电后加热在容器中的软水，而 CNG 气体则通过螺旋状的盘管（形状似弹簧）加热后输出。电热式复热器一般设有开关防爆装置、低温报警装置和过热温控开关。

3. CNG 加气站的安全管理规程

CNG 加气站的安全管理制度主要有安全生产责任制、安全计划制度、安全教育制度、安全检查制度和 CNG 加气站事故专项预案制度。各 CNG 加气站及公司的安全管理部门应根据国家的法律、法规结合企业的实际建立健全各类安全规章制度。

CNG 加气站的操作规程是公司安全生产规章制度的重要组成部分，也是日常安全管理工作的基础，它主要包含以下内容：

（1）CNG 高压长管储气车装卸操作规程；

（2）CNG 储气罐维护保养操作规程；

（3）CNG 自用瓶维护保养操作规程；

（4）CNG 高压过滤器维护保养操作规程；

（5）CNG 换热器维护保养操作规程；

（6）CNG 调压器系统维护保养操作规程；

（7）CNG 加臭机维护保养操作规程；

(8) CNG 计量装置维护保养操作规程；

(9) 中心调度控制程序切换操作规程；

(10) CNG 加气站阀门、法兰、垫片维护保养操作规程；

(11) 消防设施维护保养操作规程。

要建立起操作记录档案并保管好各类原始资料。操作记录应包括：

(1) CNG 加气站设施的维护记录；

(2) 巡查巡检记录；

(3) 进出人员管理资料（含进站人员登记制度）；

(4) 各类事故记录；

(5) 应急演练记录；

(6) 安全活动记录。

4.6 液化天然气站场安全管理

4.6.1 液化天然气安全特性

液化天然气（简称 LNG）常压下的沸点温度为 $-166 \sim -157$℃，密度为 $430 \sim 460 kg/m^3$。LNG 泄漏到空气中，空气中的水蒸气被 LNG 释放出的冷量所冷却，形成明显的白色蒸气云；LNG 气化后的气体温度上升到 -107℃后，气体密度比空气小，容易在空气中扩散，危险程度增加。

1. 燃烧爆炸特性

LNG 在 -162℃的温度条件下，燃烧范围为 $6\% \sim 13\%$（体积分数）。天然气的燃烧范围为 $5\% \sim 15\%$（体积分数），天然气主要组分的燃烧特性见表 4.3。

表 4.3 天然气主要组分的燃烧特性

组　　分	爆炸极限,%（上/下）	着火温度,℃	热值，MJ/m^3（高/低）
甲烷	15.0/5.0	540	39.735/35.808
乙烷	13.0/2.9	515	69.63/63.74
丙烷	9.5/2.1	450	99.01/91.15

2. 着火温度

天然气着火温度的高低与混合气体的浓度和压力有关。以甲烷为主要成分的天然气着火温度较高，压力为 1atm 的纯甲烷在空气中的平均着火温度为 650℃。LNG 在空气中的着火温度随着组分的变化而变化，当 LNG 中重组分的碳氢化合物比例增大时，着火温度会降低。

3. LNG 潜在危险性

1) 低温的危险性

LNG 泄漏后迅速蒸发，然后降至某一固定的蒸发速度。开始蒸发时 LNG 气体密度大于空气的密度，在地面形成一个流动层，当温度上升到约 -110℃以上时，蒸气与空气的混合物在温度上升过程中形成了密度小于空气的"云团"。由于 LNG 泄漏时的温度很低，其周围大气中的水蒸气被冷凝成"雾团",造成 LNG 蒸气进一步与空气混合达到完全气化。LNG 的低温危险性还会使相关设备材料脆性断裂和遇冷收缩,从而损坏设备。操作过程中主要是防止 LNG 对操作人员的低温灼伤。

2) BOG(蒸发气体)的危险性

LNG 存在于绝热的储罐中,外界传入的能量均能引起 LNG 的蒸发,形成 BOG。为保证 LNG 储罐的安全,要求 LNG 有一个极低的日蒸发率,储罐本身也应设有合理的安全放空系统;否则,BOG 将大大增加,可能会使罐内温度、压力急剧上升,直至储罐破裂。

3) 涡旋的危险性

LNG 在储运过程中常常发生一种被称为"涡旋"(Rollover)的非稳定性现象。涡旋是由于向已经装有 LNG 的低温储槽中注入新的 LNG 液体,或是由于 LNG 中的氮优先蒸发而引起储槽内液体发生分层(Stratification)。分层后各层液体在储槽壁漏热的加热下,形成各自独立的对流循环。该循环使得各层液体的密度不断发生变化,当相邻两层液体密度近似时,两个液层发生强烈混合,引起储槽内过热的天然气大量蒸发,从而引发事故。

4) 翻滚的危险性

储罐内的 LNG 长期静止将形成上、下稳定的液相层,下层密度大于上层密度。被上层液体吸收的热量一部分用于液面液体蒸发,另一部分使上层液体温度持续升高。随着蒸发的继续,上层液体的密度增大,当上、下两层液体密度接近时,两液层快速混合,并可在短时间内产生大量气体,此时的 LNG 蒸发率远高于正常情况,这就是翻滚现象。翻滚现象的出现,在短时间内会有大量的气体从 LNG 储罐内散发出来,如不采取措施,将导致设备超压。

4.6.2 LNG 的相关规范与标准

1. 美国的 LNG 相关规范

美国 LNG 安全管理中以联邦能源规制委员会(FERC)为主导,主要负责审批陆上部分 LNG 设施的建设及相关标准,美国交通部(DOT)负责 LNG 运输管线相关安全标准的制定,美国海岸警备队(USCG)负责 LNG 海上运输安全及相关标准的制定,形成了分工协作的管理体系。

美国联邦能源规制委员会规范中代码为 18CFR153 的部分适用于岸上(或近岸)天然气设施的建设、运营和调整,其中包括申请、管道连接、设施安全特征和潜在环境影响等方面。与 LNG 有关的资源报告包括报告 11 和报告 13,其中报告 11 是可靠性和安全性,涉及由于事故和自然灾害造成设备损坏对公众带来的潜在危险、这些事件将如何影响设备运行的可靠性及减少潜在危险性的流程和设计;报告 13 是工程和设计材料,包括主要终端组件涉及资料,特别是 LNG 储罐,必须包括详细的设计图、火灾保护计划、风险检测和溢出控制系统等,还必须有符合 LNG 设施联邦安全标准(49CFR193)和相关的工业标准的证明,在报告 13 中要求 LNG 终端厂商还必须提供热辐射和蒸气消散隔离带的计算。

岸上(或近岸)LNG 设施的联邦安全规范包含于 49CFR193 中。其中,19312013 要求执行美国消防协会(NFPA)关于 LNG 的标准 NFPA 59A,NFPA 59A 主要对 LNG 设施的选址和设计进行了规定。193 中 C 部分主要是设计要求;D 和 E 部分是建设和设备要求;F 部分为运行、危险处理和事故调查;G 部分为维护;H 部分为人员资质和培训;I 部分为火灾保护;J 部分为安全、保护围栏、照明、监测、替代动力和警告标志等。规范

33CFR127 中包括 LNG 滨海设施的规定；规范 46CFR154 规定了船外壳和运输罐的标准，以及要求外籍船只符合美国安全标准的监测；规范 33CFR165 适用于航海区和限制进入区，规定了美国滨海重要 LNG 设施周边的安全区。

除了联邦能源规制委员会之外，交通部研究和特别项目管理部门（RSPA）负责岸上现有 LNG 设备的安全管理，海岸警备局主要规范近海 LNG 设施的海上作业，包括船只的操作和安全流程等。联邦能源规制委员会、美国交通部和美国海岸警备局三部门宣布了一项新的跨部门协议，明确美国本土 LNG 终端设施安全方面的作用和职责，该协议的主要目的是避免重复劳动和实现信息交换的最大化。

2. 日本的 LNG 技术标准

日本 LNG 技术标准与国际通用的欧盟、美国标准在内容上并无原则上的差异，但体系相对独立。日本采用这一体系满足了本国 LNG 工业的需要。各行业协会制定的技术标准都结合本行业的特点和要求，内容各有侧重，自成体系，在生产设备、防震设计等部分内容上有交叉和重叠。

日本 LNG 技术标准体系特点是技术标准中套用省令、法规以及本协会编写的其他标准。日本 LNG 技术标准内容具体到计算公式、参数选取、检查表格，更接近我国的设计手册，而我国目前沿用国际通用的欧盟、美国标准，并已经形成了与国际标准接轨的 LNG 标准体系。因此，就以"采标"形式来制定我国 LNG 的国家标准或行业标准来说，难以单独采用某一项日本 LNG 的个性标准。在自行编制制定我国技术标准时，可以参考和借鉴经验丰富、实用有效的日本标准。

3. 我国的 LNG 相关规范和标准

我国有关 LNG 方面的技术标准和规范还比较缺乏，主要借鉴国际通用的欧盟、美国标准。LNG 工程建设、LNG 设备制造、LNG 运输和 LNG 装置的运行管理必须遵循国家有关的法令、法规，特别是关于易燃易爆危险品的强制性法令、法规，还要遵循国内有关石油化工、电气安全、工程建设等其他方面的技术标准。

表 4.4 国内与 LNG 工程建设、生产、运输和经营有关的技术规范和标准

序 号	标 准 编 号	标 准 名 称
1	GB/T 20368—2006	液化天然气（LNG）生产、储存和装运
2	GB/T 19204—2003	液化天然气的一般特性
3	GB 50183—2004	原油及天然气工程设计防火规范
4	JB/T 4780—2002	液化天然气罐式集装箱
5	JB 6898—1997	低温液体贮运设备使用安全规则
6	JB/T 4783—2007	低温液体汽车罐车
7	JB/T 5905—2000	真空多层绝热低温液体容器
8	JB/T 9077—1999	粉末普通绝热贮槽
9	GB 16912—2008	深度冷冻法生产氧气及相关气体安全技术规程
10	GB 15603—1995	常用化学危险品贮存通则
11	GB 17914—1999	易燃易爆性商品储藏养护技术条件
12	GB 18180—2010	液化气体船舶安全作业要求
13	SY/T 10029—2004	浮式生产系统规划、设计与建造的推荐作法
14	JTS 165-5—2009	液化天然气码头设计规范

续表

序号	标准编号	标准名称
15	GB 50016—2006	建筑设计防火规范
16	GB 50183—2004	石油天然气工程设计防火规范
17	GB 50028—2006	城镇燃气设计规范
18	GB 18218—2009	危险化学品重大危险源辨识

目前，我国不但尚未建立 LNG 消防规范体系，而且至今还未公布液化天然气的专项规范，LNG 消防法规主要包含于不同规范之中。国内涉及 LNG 消防安全问题的相关规范主要包括 GB 50160—2008《石油化工企业设计防火规范》、GB 50028—2006《城镇燃气设计规范》、GB 50016—2006《建筑设计防火规范》GB 50058—1992《爆炸和火灾危险环境电力装置设计规范》、GB 50140—2005《建筑灭火器配置设计规范》、GB 50116—1998《火灾自动报警系统设计规范》、GB 50493—2009《石油化工可燃气体和有毒气体检测报警设计规范》等，上述规范中以 2006 年修订的 GB 50028—2006《城镇燃气设计规范》（以下简称《燃气规范》）对 LNG 的规定相对最为明确和清晰，其他规范并未直接对 LNG 进行描述，例如 GB 50160—2008《石油化工企业设计防火规范》只是对液化烃的储运设计做了明确规定，而依据规范名词解释，液化烃是 15℃时蒸气压大于 0.1MPa 的烃类液体及其他类似的液体，应包括 LNG。由于规范缺失，无法从设计上对 LNG 设施潜在危险进行更好的控制，无法在日常监督中及时对 LNG 设施潜在危险进行排查，从而不能最大限度降低 LNG 的安全隐患。

4.6.3 LNG 液化装置安全管理

1. 压缩机的安全管理

对于用于天然气液化装置的压缩机，应充分考虑所压缩的气体是易燃易爆的危险介质，还应考虑到低温对压缩机构件材料的影响（很多材料在低温下会失去韧性发生冷脆）。

通过大量的压缩机燃烧爆炸事故的统计分析，设计、制造、安装和维护不合理、气体泄漏、高温高压下积炭、自燃、氧的助燃、液体冲击、误操作和违章作业等是导致压缩机装置发生燃烧爆炸的主要原因。

可燃性气体通过压缩机缸体连接处、吸排气阀门、设备、管道的法兰、焊口和密封等缺陷部位泄漏以及压缩机零部件疲劳断裂，高压气体冲击至厂房空间或空气进入到压缩机系统，形成爆炸性混合物，如果在操作、维护和检修过程中操作不当和检修不合理，达到爆炸极限浓度的可燃性气体和空气的混合物一遇火源，就会发生异常激烈燃烧，甚至引起爆炸事故。

压缩机是天然气液化装置中的关键设备，在原料气增压和输送、制冷剂循环、BOG 增压和输送等工艺过程中都需要压缩机。在压缩机的启动、重新开机等过程中都要注意安全操作。

2. 透平膨胀机的危险性分析及对策

透平膨胀机的应用主要有两个方面：一是利用它的制冷效应，通过流体膨胀，获得所需要的温度和冷量；二是利用膨胀对外做功的效应，利用或回收高能流体的能量。利用透平膨胀机获得液化天然气需要的冷量，是当前天然气液化工艺过程中的重要制冷方法之一。而对于 LNG 接受站，透平膨胀机则可以用于 LNG 冷能发电，回收 LNG 的冷能。透平膨胀机可能腐蚀的危险分析及处理方法如下：

(1) 超速运转，转速失控，膨胀机损坏。

膨胀机制动一般有发电机、风机和压缩机三种负荷形式，转速失控的原因虽不一样，但机理大致相同。采用发电机制动的膨胀机，在发电机或电网突发故障时制动负荷突然消失，造成转速失控。采用风机或压缩机制动的膨胀机，因操作过猛或阀门故障而流量突然变小时，制动负荷随即降低，造成转速升高，从而损坏膨胀机。

(2) 机组振动过大，造成管道或螺栓腐蚀、疲劳断裂，可燃性气体喷出。

(3) 轴承温度过高。

(4) 轴承烧损。

(5) 叶轮、导流器机械性磨损或打坏。

(6) 工艺操作引发系统工况故障。

透平膨胀机安全操作中需要注意以下一些事项：

(1) 透平膨胀机启动前，必须首先打开轴承气阀门，并保持 $4\sim6\text{kgf/cm}^2$ 的压力，同时打开密封气阀门，使密封气压力稍高于膨胀机背压。运行中及停车前绝对不准断轴承气，否则将会发生严重的卡机事故。

(2) 紧急停车后，在重新启动前，必须检查制动风机叶轮的锁紧螺母，若螺母松动，必须紧固后方可重新启动。

(3) 启动及停机均应缓慢进行，升速和降速不应太快，宜台级联式升降。启动或停机操作在一般情况下不应短于 $1\sim2\text{min}$，转速不应保持在 $(4\sim5)\times10^4\text{r/min}$ 这个区间运行（在这区间设备会发生剧烈的震动并发出啸叫）。

(4) 为了保证两台膨胀机能互为备用，采取两台膨胀机"轮流服役"，即每星期调换运行，以免长期停运导致转子等零部件生锈而发生卡机事故。另外，经常轮流服役，设备存在的问题也易及早发现。

(5) 必须保证工作气源、轴承和密封气源的洁净，否则将影响膨胀机的正常运转，造成卡机等严重事故。对过滤器及膨胀机系统内粗、精过滤器应定期进行检查清洗，以保证气源洁净和减少系统阻力。

(6) 透平膨胀机投产初期，在设备安装前，首先应对膨胀机控制柜上的进排气阀门解体进行脱蜡。管道焊接后，应对膨胀机系统的管道进行严格吹扫，以防焊接后积存机械杂质于系统内。在做好上述工作后，再安装膨胀机为宜。

(7) 透平膨胀机制动风机进排气管道较长时，管径应适当放大。启动膨胀机前，风机进排气管道上的阀门应打开，否则机子将会失去制动而"飞车"。

(8) 纯化器切换应缓慢进行，以避免透平膨胀机入口压力降低而使其转速降低，减小对膨胀机效率的影响。

3. LNG 泵的危险性分析及对策

1) 泵的过流部件被气蚀

LNG 密度小，温度低，容易气化。如果 LNG 流体在泵入口处的压力低于 LNG 温度所对应的饱和压力，LNG 就会气化，产生大量的气泡，气泡破裂产生高压形成液击，使过流部件受到腐蚀破坏，泵就会产生气蚀现象。

防止 LNG 泵产生气蚀的方法有：

（1）绝热措施。LNG 泵进口管道采用绝热管道或真空保温管道，泵体的绝热措施是将泵体安装在充满低温流体的真空绝热容器内。

（2）确保有足够的净正吸入压头。在输送 LNG 时，改善 LNG 泵入口流动条件的措施是安装一台进口导流器，它实际上是一台高速、轴流的泵，安装在 LNG 泵的入口，可以改善系统的吸入状态。

（3）气泡导出措施。对于带压力容器的 LNG 低温泵，在容器的上部设计有专门的蒸气排出管，LNG 气化产生的蒸气通过排出管排出。

2）LNG 泵的密封泄漏引起着火爆炸

LNG 泵是液化天然气系统常见的关键设备，液化天然气的温度低，易燃易爆，要求 LNG 泵不仅要具备一般低温液体泵的要求，而且对泵的密封性能和防爆性能要求很高。LNG 泵的密封泄漏是导致燃烧爆炸事故的最重要原因。

引起机械密封泄漏的因素很多，基本泄漏因素是密封在装配和使用过程中的 1 个动密封点和 3 个静密封点的泄漏。

（1）机械密封动密封点的泄漏。

由于 LNG 泵所输送的介质温度低而且组分较轻，当密封腔内介质压力偏低或温度偏高时，密封端面的流体液膜发生气化，造成密封端面半液体摩擦或瞬时的干摩擦，引起密封失效产生泄漏。

低温泵机械密封动环的镶嵌结构长时间放置或温差较大时，密封端面也易产生变形，引起机械密封动密封点的泄漏。

（2）机械密封静密封点的泄漏。

因密封冲洗效果不好或动静环端面加工精度低，产生大量摩擦热量，使摩擦副表面温度急剧升高，引起辅助密封圈失弹或老化，导致密封泄漏。安装机械密封之前要看密封端面光洁度是否达到要求，表面是否平直。当机械密封静密封点有泄漏时，首先要检查泵密封冲洗管是否阻塞。

（3）静环密封圈材质选用。

静环密封圈材质选用十分重要，低温泵的材质要选用具有良好的化学稳定性、冲击韧性、吸水性差、导热性差、线膨胀系数大的聚四氟乙烯，或选用耐低温的硅橡胶，这些材料比较适合低温泵。

（4）机泵振动引起的密封泄漏。

机泵对中误差、间断性抽空及其他原因引起的机泵振动超标时，直接影响机泵的密封效果，动静环端面间厚薄比较稳定的流体液膜将会被破坏，导致密封失效，引起密封泄漏。

（5）密封腔中存在杂质颗粒对密封性能的影响。介质或泵腔中的一些杂质颗粒很容易进入密封端面和 V 形密封圈中。当有颗粒进入密封端面时，石墨静环很容易被磨损，杂质颗粒进入 V 形辅助密封圈时就会破坏密封圈的密封效果，引起密封失效，从而造成密封泄漏。

3）电动机轴承过热或磨损太快

造成电动机轴承过热或磨损太快的原因是轴承太紧或预加载太大，不恰当的润滑，轴承内有污物或水。

采取的措施是采用规定的轴承，合适的预加载，改善润滑，检查润滑脂流动的通道。

根据气体性质选择润滑剂，选择闪点高、氧化后析炭量少的高级润滑脂，注油量适当，定期进行油质分析，及时更换新油。检查润滑油流动的通道，采用规定的轴承预加载值，防止泵的振动过大和泵转动过载。充分清除轴承内的污物和水，选用耐蚀材料，选择高效滤清器，及时清除污垢。在有爆炸性气体的泵附近设置防爆墙和惰性气体灭火装置。采用仪表计测和自动报警装置，发现异常故障，及时采取安全措施。

4. 冷箱的危险性分析及对策

在LNG工程中，需要用到各种形式的换热器，常用的有板翅式、管壳式、翅片管式等几大类型。LNG工程中使用换热器的场合有：原料气的预冷和冷却；BOG的冷量回收；制冷循环的热交换；BOG的再液化；LNG的气化；终端用户储罐的增压。

为了减少冷损，这些工作温度较低的换热器通常集中在一个保冷性很好的箱体内，称为"冷箱"。天然气液化流程中采用的换热器结构形式主要有两种，即板翅式换热器和管壳式换热器。

1）温差应力及热疲劳

LNG换热器进出口温差较大，当温差应力达到一定数值时，金属便会产生塑性变形和蠕变。如果换热器的操作温度周期性变化，或者操作工况为反复加压、升温和卸压、降温的过程，那么热应力反复变化会使设备产生热疲劳，从而引起换热器的泄漏。

换热器选材时除了考虑压力、温度、介质因素外，对于有温差的场合，设备制造用材还应注意选择线膨胀系数小、热导率大、塑性好的材料。在结构设计时采用温度补偿器，尽量消除和减少应力集中部位，使截面圆滑过渡，同时采取良好的保温措施，以减小内外壁温差，降低热应力，避免由于热应力过大而使容器产生塑性变形和蠕变。

2）制造过程中的缺陷

换热器管子与管板焊接时，在焊缝两侧形成热影响区，容易产生残余变形和残余应力，即容易形成应力腐蚀的基本条件。如果焊接工艺不当，就易造成焊缝根部夹渣、熔合不良、裂纹、气孔等焊接缺陷。在运行过程中这些缺陷受到交变应力的影响便会扩展，使泄漏通道扩大，导致泄漏，这已成为换热器失效的普遍原因。

改善焊接工艺，严格清理焊接部位，保证焊接质量。采用低锰和低硅焊丝小电流多道施焊，以减小焊接缺陷产生的概率，避免产生残余应力和应力集中。采用强度焊加贴胀，防止间隙腐蚀，增加连接处的抗拉脱强度。

3）操作因素

换热器在运行过程中，由于生产工艺本身的特点或者由于工艺操作不规范导致介质压力不稳、温度骤变而引起冲击热应力。热冲击是以极大的速度和冲击形式施加的，造成比热疲劳更大的温度梯度，使材料失去延性，发生脆断。频繁开停车及冷箱负荷波动是造成冷箱内漏的根本原因。操作压力和温度的瞬间波动将导致管板法兰密封面上垫片的压紧力发生变化，反复循环，致使法兰螺栓松动，密封失效。

换热器工艺操作要平稳，避免压力、温度突然升高和降低，避免强烈振动。

4）冷箱冰堵

冷箱的冰堵可能发生在天然气侧，也可能发生在冷剂侧。发生天然气侧冰堵的原因是天然气预处理不合格，或是天然气中的重烃没有脱除干净；冷剂侧的冰堵是由于冷剂中水、CO_2或者重烃量超标。

发生冰堵后，应立即降低液化单元负荷为0，将冷箱隔离出来。待天然气预处理合格后，缓慢解冻，消除冰堵。先解冻天然气侧上部流道及重烃分离器，后解冻天然气下部流道，冷箱的升温速率控制在 0.5℃/min 之内。

5) 冷箱积液

当进入冷箱的重冷剂较多，冷剂在冷箱底部以液态形式积累，提供的冷量减少，造成冷箱底部温度回升，上部温度急剧下降。要尽早将重冷剂吹出冷箱，注意制冷压缩机入口压力的波动，防止喘振出现。

4.6.4 LNG 气化站安全管理

LNG 由低温槽车运至气化站，在卸车台利用槽车自带的增压器对槽车储罐加压，利用压差将 LNG 送入储罐中储存。气化时通过储罐增压器将 LNG 增压后，储罐内的 LNG 自流进入空温式气化器；在气化器中，液态的天然气经过与空气传热发生相变，成为气体，并升高温度，经过调压器调压、计量及加臭后送入输配管网。

1. 卸车系统的安全

卸车系统的重大危险事故包括火灾、爆炸、物体打击、机械伤害，该系统的危险程度属于高度危险。

LNG 槽车一般有液相、气相两个接口。卸车过程中，液相口经管道连接到 LNG 储罐的进液口；而气相口则用来回收卸车后槽车内的气体。卸车中有两个问题需要解决，一是随着液体的进入，液位升高，储罐气相空间产生压缩效应，导致储罐压力升高，升高到接近槽车的压力时，液体流量大大下降，直至停止；二是液体在管道中流动和进入储罐后可能产生气化，生成的气体也会进入储罐内，导致储罐压力升高，阻碍卸车。解决这两个问题是 LNG 卸车工艺的关键。

(1) 在储罐自动减压阀上并联一个截止阀，卸车过程中打开，提高 BOG 流量，卸车结束后关闭。

(2) 需要合理使用储罐的上进液口和下进液口，上进液口连着储罐顶部的一个喷淋装置，进液时 LNG 以喷淋方式进入罐内；下进液口则为常规结构。在槽车液体温度低的情况下，可选择上部进液。此时，液体以喷淋方式穿过储罐气相空间，液滴会吸收储罐内的气体，使得储罐压力下降，有助于卸车速度加快。上进液口之所以采用喷淋方式，是为了加大气液相的传热面积，加快减压过程。在槽车液体温度高时，应选择下部进液，温度较高的 LNG 进入储罐后先接触液体，使其尽快降温，减弱气化倾向，避免对卸车的影响。当然，如果槽车内外没有温差，可任意选择进液方式，也可以上、下一起进液。

2. 储存系统的安全

储存系统的重大危险事故包括火灾、爆炸、低温麻醉、高处坠落、中毒窒息、冻伤，该系统事故隐患较多，其危险程度属于极其危险。

LNG 储罐是 LNG 气化站内最重要的设备之一。LNG 储罐的工作压力一般为 0.3~0.6 MPa，工作温度为 -140℃，设计压力为 0.8MPa，设计温度为 -196℃。LNG 储罐必须设置安全阀，单罐容积为 100m³ 及以上的储罐应设置 2 个或 2 个以上安全阀。

在每台 LNG 储罐的进液管和出液管上均装设气动紧急切断阀，在紧急情况下，可在卸车台、储罐区、控制室紧急切断进出液管路。在进液管紧急切断阀的进出口管路和出液管紧急切断阀的出口管路上应分别安装管道安全阀，用于紧急切断阀关闭后管道泄压。

储罐内压力低于设定值时,可利用自增压气化器和自增压阀对储罐进行增压,增压下限由自增压阀开启压力确定,增压上限由自增压阀的自动关闭压力确定,其值通常比设定的自增压阀开启压力约高15%。

储罐的最高工作压力由设置在储罐低温气相管道上的自动减压调节阀的定压值(前压)限定。当储罐最高工作压力达到减压调节阀设定开启值时,减压阀自动开启泄压,以保护储罐安全。为保证增压阀和减压阀工作时互不干扰,增压阀的关闭压力与减压阀的开启压力不能重叠,应保证0.05MPa以上的压差。考虑两阀的制造精度,合适的压差应在设备调试中确定。为保证储罐安全运行,设计上采用储罐减压调节阀、压力报警手动放散、安全阀起跳三级安全保护措施来进行储罐的超压保护,其保护顺序为:当储罐压力上升到减压调节阀设定开启值时,减压调节阀自动打开泄放气态天然气;当减压调节阀失灵,罐内压力继续上升,达到压力报警值时,压力报警,手动放散泄压;当减压调节阀失灵且手动放散未开启时,安全阀起跳泄压,保证LNG储罐的运行安全。

要防止LNG产生翻滚引发事故,必须防止储罐内的LNG出现分层,常采用如下措施:

(1) 将不同气源的LNG分开储存,避免因密度差引起LNG分层。

(2) 为防止先后注入储罐中的LNG产生密度差,采取以下充注方法:

——槽车中的LNG与储罐中的LNG密度相近时从储罐的下进液口充注;

——槽车中的轻质LNG充注到重质LNG储罐中时,从储罐的下进液口充注;

——槽车中的重质LNG充注到轻质LNG储罐中时,从储罐的上进液口充注。

(3) 储罐中的进液管使用混合喷嘴和多孔管,可使新充注的LNG与原有LNG充分混合,从而避免分层。

(4) 对长期储存的LNG,应采取定期倒罐的方式防止因静止而分层。

3. 再气化系统的安全

再气化系统的重大危险事故包括火灾、爆炸事故、低温麻醉,该系统的危险程度属于显著危险。

气化器后温度超限报警,联锁关断气化器进液管,对气化器出口气体温度进行检测、报警和联锁。正常操作时,当达到额定负荷时,气化器的气体出口温度比环境温度低10℃。当气化器结霜过多或发生故障时,通过温度检测超限报警、联锁关断气化器进液管,可实现对气化器的控制。

从储罐流出的LNG进入空温式气化器,空温式气化器将LNG液体与空气进行传热而达到气化的目的。环境温度及气候条件就成为影响设备运行状态的关键因素。空温式气化器投入运行,整个气化器的温度便会下降,在LNG入口处的温度会比环境温度低很多,为了系统的安全,空温式气化器出口气体温度不能过低。为了保证LNG气化站的安全,就必须保证空温式气化器时刻工作在正常状态,其出口气体温度必须在规定的范围内。为了满足这一要求,可以在空温式气化器的出口和入口设置一套温度检测报警联锁系统,即在空温式气化器出口管道上设置温度检测仪表,在空温式气化器进液口设置紧急切断阀,并将温度报警信号与紧急切断阀联锁。一方面可以随时监视空温式气化器的工作状态,当出现不正常情况时,发出报警信号;另一方面也可以在空温式气化器出口气体温度低于设定值时输出信号,联锁切断储罐出液气动阀,停止供气。

由于环境因素导致空温式气化器出口气体温度过低,不能满足下游设备安全运行的要求,就需要对其进一步加热。常用的设备是水浴式加热器,通过低温天然气与热水进行传热，以提高天然气温度。可以设置一套温度控制系统，该控制系统由水浴式加热器、温度变送器、温度控制器、变频器、热水锅炉和热水循环泵等组成，其目的是保持水浴式加热器出口气体温度恒定，减少资源浪费。当来自空温式气化器的天然气温度或流量改变时，会导致水浴式加热器的出口气体温度发生变化，温度变送器测得温度的变化，将此信号送至温度控制器；温度控制器将测量值与设定值进行比较，然后根据偏差信号进行运算后，将控制指令发送给变频器；变频器接到信号后会改变对循环泵的输出电源频率，从而改变热水循环系统的热水流量，以维持水浴式加热器的出口气体温度。

4. 蒸发气（BOG）处理系统的安全

蒸发气处理系统的重大危险事故包括火灾、爆炸、低温麻醉、中毒窒息和冻伤。

BOG气体的处理要与调压结合起来考虑，使得BOG气体自动回收利用。它的工艺原理是：储罐和其他部位产生的BOG气体经加热后首先被送入BOG罐，罐出口经过一个辅助调压器连接到出站总管道上，与主调压器的出口相连，辅助调压器的设定压力略高于主调压器，这样BOG罐的气体就优先于主气化器输出的气体进入出站管道。由于BOG的流量一般很小，气化站输出的流量只要正常，BOG罐的压力与主调压器出口的压力基本上是一样的。另外，卸车后回收的余气量比较大，所以BOG罐的容量应该按卸车的要求核算。LNG储罐、BOG罐、工艺管道及各生产工段超压泄放的BOG气体均应集中放散。为此，站内设有放空火炬，高30~40 m，BOG气体汇集到一起后引入火炬，以避免在站内形成爆炸性混合气体。考虑到排出BOG温度极低，且密度大于空气，在放空火炬之前需增设加热器使其升温。

5. 消防及安全系统

LNG气化站的消防设计根据《城镇燃气设计规范》（GB 50028—2006）LPG部分进行。在LNG储罐周围设置围堰区，以保证将储罐发生事故时对周围设施造成的危害降低到最小程度。在总容积超过$50m^3$或单罐容积超过$20m^3$的LNG储罐或储罐区应设置固定喷淋装置，喷淋用水量按着火储罐的全表面积计算，距着火储罐直径1.5倍范围内的相邻储罐按其表面积的50%计算。水枪用水量按《建筑设计防火规范》（GB 50016—2006）和《城镇燃气设计规范》（GB 50028—2006）选取。倍数过低的泡沫的含水量大，接触LNG后，会加快LNG的气化速度，倍数过高的泡沫抗燃烧能力差，泡沫破裂速度快，不能有效封闭。

由于天然气属易燃易爆气体，为了避免天然气泄漏事故的发生，在生产区内可能发生天然气泄漏的位置应设置燃气泄漏报警器，实时监测环境空气中的可燃气体浓度。当环境空气中可燃气体浓度超过设定值时，报警器将报警信号远传至控制室，发出声光报警，提示操作人员采取相应的紧急措施。为了下游用户的用气安全，还需要设置自动加臭系统，以方便用户及早发现天然气的泄漏，避免事故发生。

思 考 题

（1）原油集输站场安全控制点在哪些设备上？为什么？

（2）原油负压稳定装置的安全控制点在哪些设备上？为什么？

（3）原油蒸馏稳定装置的安全控制点在哪些设备上？为什么？

（4）输油站场安全管理的重要性是什么？输油站场的主要危险因素是什么？

（5）输气管道安全管理的重要性是什么？输气站场的主要危险因素是什么？

（6）如何对密闭输送的输油中间热泵站进行试运行？需要注意哪些安全问题？

(7) 在输油站场的泵房设计中应采取哪些措施以保证泵房操作人员的安全?
(8) 输气站场投产试运的安全措施有哪些?
(9) CNG 加气站主要设备有哪些?
(10) 储气井的主要危险因素是什么?
(11) CNG 加气站工艺设施的安全保护包括哪些内容?

参 考 文 献

[1] 李振泰. 油气集输工艺技术. 北京: 石油工业出版社, 2007.
[2] 蒋洪, 刘武. 原油集输工程. 北京: 石油工业出版社, 2006.
[3] 杨筱蘅. 输油管道设计与管理. 东营: 中国石油大学出版社, 2006.
[4] 杨筱蘅. 油气管道安全工程. 北京: 中国石化出版社, 2005.
[5] 黄春芳. 原油管道输送技术. 北京: 中国石化出版社, 2003.
[6] 中国石油天然气总公司. 石油安全工程（中级本）上册. 北京: 石油工业出版社, 1991.
[7] 中国石油天然气总公司. 石油安全工程（中级本）下册. 北京: 石油工业出版社, 1991.
[8] 李长俊. 天然气管道输送. 第2版. 北京: 石油工业出版社, 2008.
[9] 段海发. 输油设备. 北京: 石油工业出版社, 1992.
[10] 张城, 耿彬. 天然气管输与安全. 北京: 中国石化出版社, 2005.
[11] 彭新明, 成霞, 盖洪庆. 油气集输联合站风险事故的分析及预防. 内蒙古石油化工, 30, 2004: 118~119.
[12] 刘勇. 集输油联合站火灾成因及预防. 武警学院学报, 16 (6), 2000: 20~21.
[13] 牛蕴. 集输油联合站安全评价中的危险、有害因素辨识. 石油化工安全环保技术, 23 (5). 2007: 13~16.
[14] 聂维明, 钟仕荣. 输油站的安全管理与消防. 工业安全与环保, 31 (2), 2005: 53~55.
[15] 刘扬, 张艳, 张丹. 天然气输气站场的风险评价技术研究. 管道技术与设备, 2007 (3): 4~9.
[16] GB 50251—2003 输气管道工程设计规范.
[17] GB 50183—2004 石油天然气工程设计防火规范.
[18] SY/T 5922—2003 天然气管道运行规范.
[19] GB 50253—2003 输油管道工程设计规范.
[20] SY/T 5536—2004 原油管道运行规程.
[21] GB 50350—2005 油气集输设计规范.
[22] SY/T 6320—2008 陆上油气田油气集输安全规程.
[23] GB 50156—2002 汽车加油加气站设计与施工规范.
[24] GB 18047—2000 车用压缩天然气.
[25] 花景新. 燃气场站安全管理. 北京: 化学工业出版社, 2007.

第 5 章　油库安全分析与管理

油库是储存、输转、收发和加注油品的仓库。其主要特点是：
（1）油品具有许多危险特性，特别是轻质油品，一般都具有易挥发、易流动、易燃易爆和有毒等危险特性。
（2）油库的设施设备、储存对象及所处环境相对固定，危险基本可预测或预知，便于采取有效的安全技术和方法，相对安全性高。
（3）油库安全理论和技术发展迅速，且比较成熟。
（4）油库工作过程除涉及相对稳定的本库人员外，也涉及变动大的外部人员，人员能力、素质和行为规范是影响油库安全的主要因素。

5.1　油库安全影响因素分析

本节从人—机—环境—屏蔽的角度对油库安全影响因素进行一个简单分析。

5.1.1　人的因素

首先油库作为一个隶属于某一单位的油料仓库，它的性质可能是国家战略储备、军队战备或保障，或是隶属于中国石油、中国石化等企业，但无论是何种性质，都有其相对固定的管理机构和人员，通常工作人员都具有一定的专业素质。同时，由于人员相对固定，便于进行业务培训或采取其他方法提高人员业务能力、素质。

其次，油库由于具有收、发、加油功能，因此又具有"对外服务"性质，给汽车油罐车或油船发油，给汽车油箱加油，都难以避免有非本单位的人员参加或进入爆炸危险区域。外部人员油料安全知识参差不齐，除了采用规定约束外，难以提出更高的素质要求，这是影响油库安全的人员管控难点。

再者，油库的检修、施工又是一个危险环节。由于油库工作人员平时长期从事的是运行管理及操作，因此对系统及设备检修和施工普遍不熟悉，相对专业知识和能力缺乏，多数情况下，这些工作需要专业队伍来完成。由于现行条件下施工队伍素质良莠不齐，因此检修、施工工程安全一直是影响油库安全的最重要因素，加强自身管理人员素质和外来检修、施工人员安全素质是确保油库安全的重要保证。

5.1.2　油库自身工艺特点及主要危险

油库自身工艺的主要特点是对危险性液体的储存、有压管道输送、装卸和加注。由于油料自身的危险特性和工艺特点，油库存在以下主要危险：

1. 跑（冒、漏）油

由于各种原因造成油品非正常流失，称为跑（冒、漏）油事故。它是油库最常见和多发的事故之一，流失油品及其形成的可燃气体可能诱发更严重的着火爆炸事故及污染事故。造成油品流失的原因是多方面的，但归根到底违章作业是主要的，油品流失的原因大体可归纳为五类：阀门操作使用不当；设施设备检修不按规定执行；钢材腐蚀及材料性能不符合技术或使用要求；人员擅离职守与冒险蛮干；气候环境影响等。

2. 着火爆炸

这是油库日常管理和作业过程中常遇到的最大危险。油库发生着火爆炸事故的前提是要有一定浓度的油气混合气和点火源同时存在。油库中的储输油设备、安全防护设施因腐蚀、自然灾害、误操作等因素造成的破坏、失效将使油品处于扩散失控状态，可能引起跑油或油气泄漏，遇到火源而发生着火爆炸事故。油库内可能出现的火源主要包括明火、金属撞击火花、电气设备火花、杂散电流火花、雷电、静电放电火花、高温物体等。油库事故案例的统计数据显示，跑油和着火爆炸事故分别占50%和25%左右，因此预防着火爆炸事故是油库事故预防的首要内容。

3. 健康损害

油料及油蒸气具有毒性，长期接触或大量吸入，可能损伤人的皮肤和中枢神经，如某库工作人员就是由于清洗汽油罐时不慎吸入了大量汽油蒸气，导致了较严重的神经损伤。油库在收发油过程中，防爆电动机、通风机、油泵等设备运转时会发出一定的噪声并产生振动，有时噪声会超过90dB，在此环境中，若作业人员长期处于无任何防护状态，可能使工作人员出现情绪不稳、听力障碍。人员在山洞油库、覆土油罐区域长期工作，潮湿环境可能引起关节炎等职业性疾病。人员长期清洗油罐作业、抢险、维修作业、日常油料化验工作，如果防护不当，都易造成工作人员健康损害。

4. 环境污染

油库对环境的污染主要是含油污水污染和油蒸气对大气的污染。

含油污水主要来自：油罐及管道的跑、冒、漏油料；清洗油罐及管线产生的含油污水；冲洗地面及设施产生的污水；洗修油桶间、排出的洗修油桶时产生的含油污水。含油污水来源最主要是油品泄漏。跑、冒、漏事故主要是由于设施设备老化、锈蚀、受机械损伤以及作业过程中人员操作失误等原因引起的。储罐因腐蚀造成渗漏是其多年运行后最常发生的问题，它主要是由储罐内外腐蚀，特别是罐底板腐蚀造成的。例如，某石化公司油库，建于20世纪80年代，有储油罐167座，罐容积多在2000～10000m^3之间，自1996年以来该公司的储罐陆续出现多起罐底泄漏事故，仅2001年12月～2002年2月间就连续发生4座储罐的腐蚀穿孔和泄漏事故，造成了严重的环境污染。管道的泄漏污染近几年也相当多，其主要原因是管道处于野外环境中，直接穿越河流、农田、果园、村庄、道路、不良地质带等区域，野蛮施工损坏、腐蚀穿孔、人为盗油破坏、施工后处理不当等都易造成严重的污染事故。

用含油污水灌溉农田，油类物质会粘附于土壤内并粘在植物根部，危害植物生长，严重时导致植物死亡；油类物可在水中形成油膜，阻碍大气中的氧气溶于水中，妨碍鱼类及其他生物的生长、生存；含油污水中的其他化学物质，如酸、硫化物等不仅有毒而且有腐蚀性，如不作处理，任其排入江河湖海，对人、畜、家禽等会产生危害，并使土壤板结；加油站含油污水不仅会造成城市和公路两侧的环境污染，而且还会形成安全隐患。

油蒸气对大气的污染主要是由于油品收发、输转、加注过程的油气排放，油品储存过程中的小呼吸，设备清洗、跑油事故以及火灾事故等引起的。

设备防腐施工等也会造成一定的环境污染。

5. 设备损坏

油库设备损坏原因很多，常见的主要有工艺设计不科学、设备或材料质量缺陷、超过使用寿命或超期服役、强度降低或老化、外力破坏、腐蚀、自然灾害等。其中，除了常规的设备损坏外，油罐吸瘪、胀裂、撕裂事故则是油库的一种特殊设备损坏事故。这是由于油罐是薄壳结构，承压能力很低。立式金属油罐的工作压力，正压为 1.961～3.923kPa（多数为 1.961kPa，相当于 200mm 水柱），负压为 245～490Pa（通常为 490Pa，相当于 50mm 水柱）。立式金属油罐发生局部失稳、吸瘪多发生在油罐顶部或上部圈板，且修复困难。在储油过程中，罐内的正、负压由呼吸阀进行调节。油罐吸瘪是由于罐内真空度过大所致，事故通常发生在向外发油且速度过快时，偶尔也见有在夏季雷阵雨过后发生。例如，1989 年 7 月，在某炼油厂用来储存汽油的 5000m³ 钢质拱顶储罐（直径为 226600mm，高为 13949mm，材质为 Q235，承压范围：正压 200mm 水柱，负压 50mm 水柱）施工过程中，准备进行正压试验，试验正压 300mm 水柱，负压 180mm 水柱。当水加到 1280mm 高度时，停止上水并封闭拱顶所有开口。因突然下雨无法进行正压试验，施工人员关闭了进水管线的入口阀，罐中水未放，雨持续下了几个小时，雨停后位于 11000mm 高度处的部分罐壁被吸瘪，被吸瘪部分环向长度达 4.5m，纵向长度达 5.2m，凹陷最大深度达 0.54m。事故分析表明，下雨时由于气温下降，罐内气体收缩，在储罐内形成均布的负压，在考虑风载荷情况下，罐壁承受的外载荷为储罐临界压力的 16.5 倍，这是造成储罐抽瘪的主要原因。

6. 油品质量事故

由于工作失误或工艺、设备原因导致的油品储存变质或发放质量不达标称为油品质量事故。造成油品质量事故的原因有多种，如因工作失误造成混油，因工艺流程倒错或作业不规范造成油品中混入大量水分、杂质；由于储存时间过长、未按规定化验而造成油品变质、报废；由于工艺、过滤设备等问题造成发出油品质量不达标，甚至造成飞机、汽车等用油装备损坏或故障。这类事故发生原因虽然很多，但大多是没有严格执行操作规程造成的。

7. 战争或自然灾害诱发次生灾害

由于油料自身的危险特性，在受到战争攻击及人为破坏下，在发生地震、洪水等自然灾害时，易发生二次爆炸、油料扩散、环境污染等次生灾害。

8. 其他事故

油库在作业过程中，库区内行驶有消防车、油罐车以及其他车辆，作业人员在作业区内或附近活动时，若行为不慎或违规走动，易遭受车辆伤害。油库存在大量的电气设备，在作业过程中特别是临时用电时，若违反规章制度，有可能造成触电危险。对于与电气化铁路接轨的油库，接触网电压高达 27.5kV，也增加了触电危险。

5.1.3 环境因素

环境因素包括多个方面，有社会环境、地理与地质环境以及管理环境等。

社会环境的变化是造成火灾爆炸的原因之一，战争可能使油库受到攻击、轰炸；治安状况差，可能使油库受到蓄意破坏或偷盗。油库环境的差异造成的事故后果相差很大，同样是一次漏油事件，如果周围是水源、河流、果园、农田等，将可能造成严重污染事故；如果周围是工厂、社区或村庄等，则可能被点燃，引发重大火灾甚至爆炸事故。地理和地质环境同样也影响油库的安全，地震、洪水引起的设施设备破坏和油品扩散污染已多次发生。良好的管理环境更是影响有效管理的重要因素。

不良的环境将迫使油库安全建设水平和管理水平提高到更高水准，要求油库具有很强的事故处置能力，在一定程度上有利于油库安全。

5.1.4 油库安全工艺及设施设备

在人—机—环境—屏蔽构成的安全体系中，安全工艺及设施设备构成了硬件的安全屏蔽。在功能性设施设备出现问题或人员操作出现问题的情况下，或当发生战争、恐怖活动、蓄意破坏或自然灾害时，安全工艺及设施设备的好坏将决定"事件会不会酿成事故"。目前油库的主要安全工艺及设施设备有：

1. 严格控制油气源

（1）严格划分油库火灾、爆炸危险区域。
（2）油库选址与布置应符合油库和加油（气）站的相关设计规范规定的防火要求。
（3）油库中的建（构）筑物应达到规定的耐火等级要求。
（4）防止设备超压造成破坏，主要设备有安全阀、泄压阀、呼吸阀、胀油管、水击消除器等。
（5）防超液位造成溢油，主要设备有溢油阀、超液位自动报警系统等。
（6）防止泄漏油料及火灾扩散，主要设施设备有防火堤、拦油堤、隔油排水装置、水封井等。
（7）采用油气回收等技术，减少油气排放，严格控制油气混合气浓度。
（8）油气浓度监测及自动报警。

2. 严格控制引燃引爆源

（1）安装监控系统。
（2）安装防止静电、雷电和杂散电流引燃引爆系统，主要包括接地系统、接地电阻监测及联锁控制。
（3）使用防爆电气设备。

3. 安装阻火器，防止外来火源进入

对于混合气大量存在，且仅通过透气管路与大气相通的密闭空间，安装阻火器能有效地阻止外界火源进入而引燃引爆内部介质。

4. 消防系统

消防系统是防止小的着火事件引起油库火灾的最后一道屏障，包括火情探测与报警系统、消防给水系统、固定或机动灭火系统、小型灭火器具、消防道路等。

5.2 油库火灾和爆炸危险场所、危险等级划分

5.2.1 油库火灾和爆炸危险场所等级的划分方法

油库火灾和爆炸危险场所等级划分是油库消防安全管理的重要内容之一。油库内不是所

有场所的危险性都一样,有的区域始终存在着可燃气体,有的区域只是暂时存在;有的区域全部空间存在,也有的只是局部空间存在;有的正常工作时就存在,也有的只是发生故障时才存在,且不同情形下的危险程度也是不尽相同的。因此,对不同危险场所应先划分危险等级,再根据危险等级选择不同类型的防爆电气设备,以达到既安全又经济的目的。

1. 油库火灾危险区域

对于生产、加工、处理、转运或储存过程中出现或可能出现火灾危险物质的环境,均称为火灾危险环境。在火灾危险环境中能引起火灾危险的可燃物质主要有四种,即

(1) 可燃液体:如柴油、润滑油、变压器油、重油等。

(2) 可燃粉尘:如铝粉、焦炭粉、煤粉、面粉、合成树脂等。

(3) 固体状可燃物质:如煤、焦炭、木材等。

(4) 可燃纤维:如棉花纤维、麻纤维、丝纤维、毛纤维、木质纤维、合成纤维等。

划分火灾危险环境区域的意义在于:要求布置在这一区域的电气设备具有一定的防护功能,并采取相应的适当防火措施。根据火灾事故发生的可能性和后果、危险程度及物质状态的不同,《爆炸和火灾危险环境电力装置设计规范》(GB 50058—1992)将火灾危险环境划分为3个危险区域:

21区——具有闪点高于环境温度的可燃液体,在数量和配置上能引起火灾危险的环境;

22区——具有悬浮状、堆积状的可燃粉尘或可燃纤维,虽不可能形成爆炸性混合物,但在数量和配置上能引起火灾危险的环境;

23区——具有固体状可燃物质,在数量和配置上能引起火灾危险的环境。

油库中储存的柴油、润滑油、重油等闪点大于45℃的油品符合火灾危险环境21区的区域特征。

《石油库设计规范》(GB 50074—2002)中将下列区域划分为火灾危险区域,即可燃液体设备、可燃液体(即乙B和丙类液体)油罐组、桶装可燃液体库房、设置有可燃液体设备的房间。

2. 油库爆炸危险区域

爆炸性气体环境出现或预期出现的气体数量达到足以要求对电气设备的结构、安装和使用采用专门防护措施的场所,称为爆炸危险场所。划分爆炸危险区域的意义在于:确定易燃油品设备周围可能存在爆炸性气体混合物的范围,要求布置在这一区域内的电气设备具有防爆功能,使可能出现的明火或火花避开这一区域。为了针对防爆电气提出不同程度的防爆要求,将爆炸危险区域按照爆炸性气体环境出现的频度、持续时间而划分为不同危险等级。《爆炸和火灾危险环境电力装置设计规范》(GB 50058—1992)将爆炸性气体环境划分为3级危险区域:

0区——爆炸性气体环境连续出现或长时间存在的场所;

1区——在正常运行时可能出现爆炸性气体环境的场所;

2区——在正常运行时不可能出现爆炸性气体环境,如果出现,也是偶尔发生并且仅是短时间存在的场所。

油库内爆炸危险区域等级划分见表5.1。

表 5.1 油库内爆炸危险区域等级划分

序号	场所名称	危险区域等级	备注
1	轻油洞库主巷道、上引道、支巷道、罐室、操作间、风机室	1	—
2	洞内汽油罐室以量油口为中心,半径3m的球形空间以内	0	不得安装固定照明设备
3	洞内柴油、煤油罐间	1	不宜安装固定照明设备
4	轻油覆土罐罐室、巷道	1	不宜安装固定照明设备
5	轻油泵房(含地下、半地下、地面泵房)	1	不含敞开式地面泵棚
6	柴油、煤油泵房	2	—
7	汽油罐桶间	0	不应安装固定照明设备
8	柴油、煤油罐桶间(含室内、室外)	1	—
9	敞开式轻油罐油亭、间、棚	1	—
10	轻油铁路装卸油区(含隧道铁路装卸油整条隧道区)	1	—
11	汽油泵棚、露天汽油泵站	2	棚是指敞开式,四面无墙
12	地面油罐、半地下油罐、放空罐、高位罐的呼吸阀、量油口等呼吸管道口,半径为1.5m的球形空间	1	—
13	轻油洞库通风、透气管口,半径为3m的球形空间	1	—
14	轻油桶装库房及汽车油罐车库	1	—
15	码头装卸油区	2	不含专设丙类油品装卸码头
16	阀组间、检查井、管沟	2	有盖板的应为1区
17	修洗桶间、废油回收间及喷漆间	2	—
18	乙炔发生器间	1	不宜安装固定电气设备
19	油品试样间	2	—
20	乙炔气瓶储存间、氧气瓶储存间	2	—
21	废油更生厂(场)的废油储存场	2	—
22	露天桶装轻油品堆放场	2	—

注:(1)储存易燃油品的油罐通气口1.5m以内的空间为1区,罐外壁和顶部3m范围内及防火堤内高度等于堤高的空间应划为2区;储存易燃油品的罐内空间应划为0区。
(2)以装运易燃油品铁路油罐车、汽车油罐车和油船注入口为中心、半径3m的球形空间为1区,半径3~7.5m和自地面算起高7.5m、半径为15m的圆柱形空间划为2区。
(3)在爆炸危险场所内,通风不良的死角、沟坑等凹洼处应划为1区。

对于与爆炸危险场所相邻,用有门的墙隔开的区域,虽无爆炸危险物质,但由于爆炸性气体混合物可能侵入而有爆炸危险,其等级按表5.2划分。

表5.2 爆炸危险场所相邻区域等级划分

爆炸危险区域等级	用有门的墙隔开的相邻区域		
	一道有门的隔墙	两道有门的隔墙	一道无门的隔墙
0区	0区	1区	2区
1区	2区	非爆炸危险场所	非爆炸危险场所
2区	非爆炸危险场所		

注：(1) 门、墙应当用非燃材料制成。
(2) 隔墙应为实体的，两面抹灰，密封性好。
(3) 两道隔墙、门之间净距离不小于2m。
(4) 门应有密封措施，且能自动关闭。
(5) 隔墙上不应开窗。
(6) 隔墙下不允许有地沟、敞开的管道等连通。

5.2.2 油库各固定场所爆炸危险区域危险等级划分

1. 爆炸危险区域等级图例

爆炸危险区域等级图例见表5.3。

表5.3 爆炸危险区域等级图例表

危险区域名称	0级区域	1级区域	2级区域
图例	▨	▦	▨

注：易燃设施所在的爆炸危险区域内地坪以下的坑、沟划分为1级区域。

2. 爆炸危险区域等级范围划分

油库爆炸危险区域划分是根据《石油库设计规范》（GB 50074—2002）"附录B 爆炸危险区域等级范围划分"和《汽车加油加气站设计与施工规范》（GB 50156—2002）整理的，具体见表5.4。

表5.4 油库爆炸危险区域等级范围图表

区域名称	图例	危险区域范围
储存易燃油品的地上固定顶油罐爆炸危险区域划分	（图示：3m、R=1.5m 通气口、液体表面、3m、防火堤）	(1) 罐内未充惰性气体的油品表面以上空间划为0区。 (2) 以通气口为中心、半径为1.5m的球形空间划为1区。 (3) 距储罐外壁和顶部3m范围内及储罐外壁至防火，其高度为堤顶高的范围内划为2区
储存易燃油品的内浮顶油罐爆炸危险区域划分	（图示：通气口、R=1.5m、3m、R=1.5m、浮盘、3m、防火堤）	(1) 浮盘上部空间及以通气口为中心、半径为1.5范围内的球形空间划为1区。 (2) 距储罐外壁和顶部3m范围内及储罐外壁至防火，其高度为堤顶高的范围内划分2区

续表

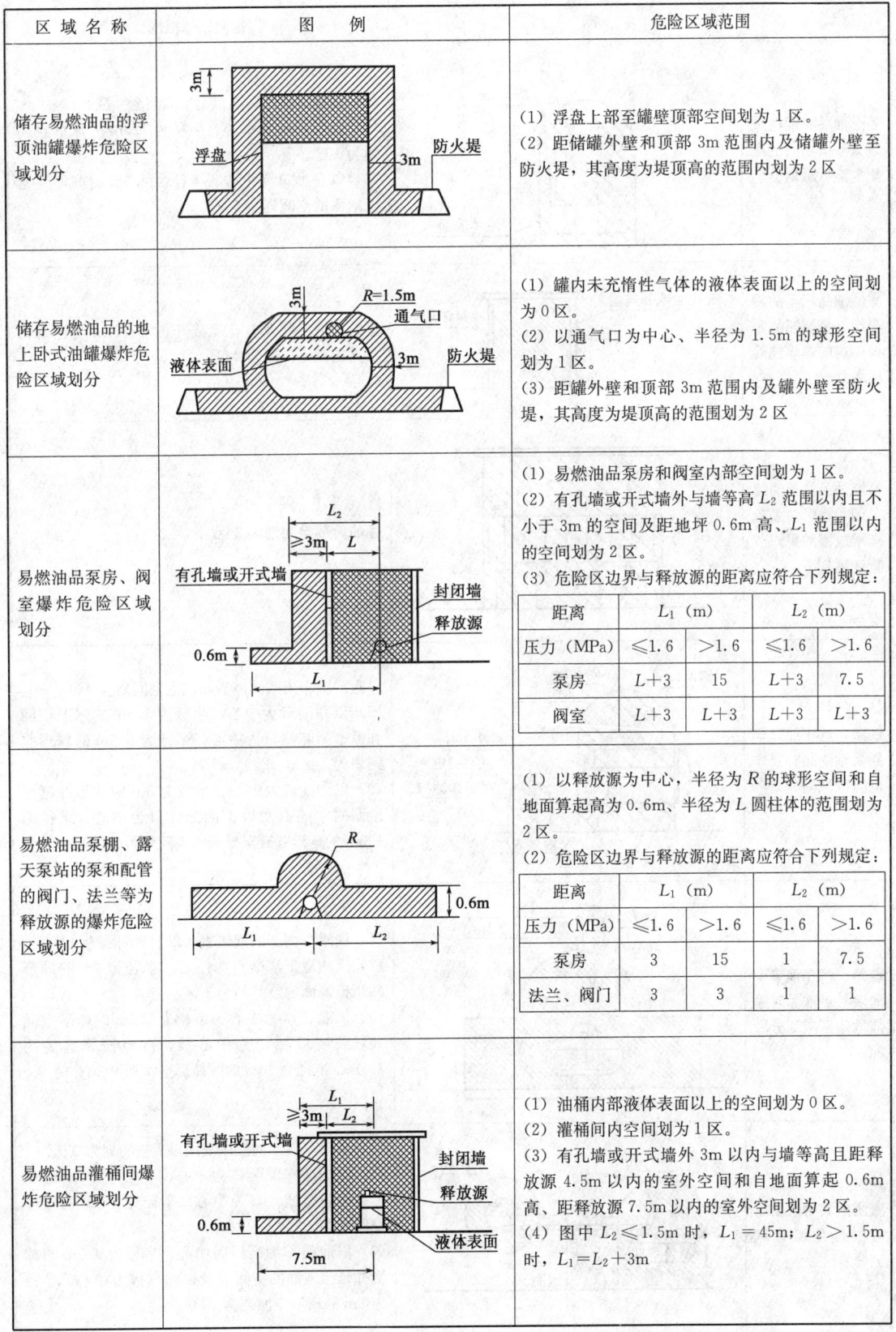

区域名称	图例	危险区域范围
储存易燃油品的浮顶油罐爆炸危险区域划分		(1) 浮盘上部至罐壁顶部空间划为1区。 (2) 距储罐外壁和顶部3m范围内及储罐外壁至防火堤，其高度为堤顶高的范围内划为2区
储存易燃油品的地上卧式油罐爆炸危险区域划分		(1) 罐内未充惰性气体的液体表面以上的空间划为0区。 (2) 以通气口为中心，半径为1.5m的球形空间划为1区。 (3) 距罐外壁和顶部3m范围内及罐外壁至防火堤，其高度为堤顶高的范围内划为2区
易燃油品泵房、阀室爆炸危险区域划分		(1) 易燃油品泵房和阀室内部空间划为1区。 (2) 有孔墙或开式墙外与墙等高 L_2 范围以内且不小于3m的空间及距地坪0.6m高、L_1 范围以内的空间划为2区。 (3) 危险区边界与释放源的距离应符合下列规定：

距离	L_1 (m)		L_2 (m)	
压力 (MPa)	≤1.6	>1.6	≤1.6	>1.6
泵房	$L+3$	15	$L+3$	7.5
阀室	$L+3$	$L+3$	$L+3$	$L+3$

易燃油品泵棚、露天泵站的泵和配管的阀门、法兰等为释放源的爆炸危险区域划分		(1) 以释放源为中心，半径为 R 的球形空间和自地面算起高为0.6m、半径为 L 圆柱体的范围划为2区。 (2) 危险区边界与释放源的距离应符合下列规定：

距离	L_1 (m)		L_2 (m)	
压力 (MPa)	≤1.6	>1.6	≤1.6	>1.6
泵房	3	15	1	7.5
法兰、阀门	3	3	1	1

易燃油品灌桶间爆炸危险区域划分		(1) 油桶内部液体表面以上的空间划为0区。 (2) 灌桶间内空间划为1区。 (3) 有孔墙或开式墙外3m以内与墙等高且距释放源4.5m以内的室外空间和自地面算起0.6m高、距释放源7.5m以内的室外空间划为2区。 (4) 图中 L_2≤1.5m 时，L_1=4.5m；L_2>1.5m 时，L_1=L_2+3m

续表

区域名称	图例	危险区域范围
易燃油品灌桶棚或露天灌桶场所的爆炸危险区域划分		(1) 油桶内液体表面以上空间划为 0 区。 (2) 以灌桶口为中心、半径为 1.5m 的球形空间划为 1 区。 (3) 以灌桶口为中心、半径为 4.5m 的球形并延至地面的空间划为 2 区
易燃油品汽车油罐车库、易燃油品重桶库房的爆炸危险区域划分		建筑物内空间及有孔或开式墙外 1m 与建筑物等高的范围内划为 2 区
易燃油品汽车油罐车棚、易燃油品重桶堆放棚的爆炸危险区域划分		棚的内部空间划为 2 区
铁路、汽车油罐车卸易燃油品时爆炸危险区域划分		(1) 油罐车内的液体表面以上空间划为 0 区。 (2) 以卸油口为中心、半径为 1.5m 的球形空间和以密闭卸油口为中心、半径为 0.5m 的球形空间划为 1 区。 (3) 以卸油口为中心、半径为 3m 的球形并延至地面的空间以及以密闭卸油口为中心、半径为 1.5m 的球形并延至地面的空间划为 2 区
铁路、汽车油罐车灌装易燃油品时爆炸危险区域划分		(1) 油罐车内部的液体表面以上空间划为 0 区。 (2) 以油罐车灌装口为中心、半径为 3m 的球形并延至地面的空间划为 1 区。 (3) 以灌装口为中心、半径为 7.5m 的球形空间和以灌装口轴线为中心线,自地面算起高为 7.5m、半径为 15m 的圆柱形空间划为 2 区
铁路、汽车油罐车密闭灌装易燃油品时爆炸危险区域划分		(1) 油罐车内部的液体表面以上空间划为 0 区 (2) 以油罐车灌装口为中心、半径为 1.5m 的球形空间和以通气口为中心、半径为 1.5m 的球形空间划为 1 区。 (3) 以油罐车灌装口为中心、半径为 4.5m 的球形并延至地面的空间以及以通气口为中心、半径为 3m 的球形空间划为 2 区

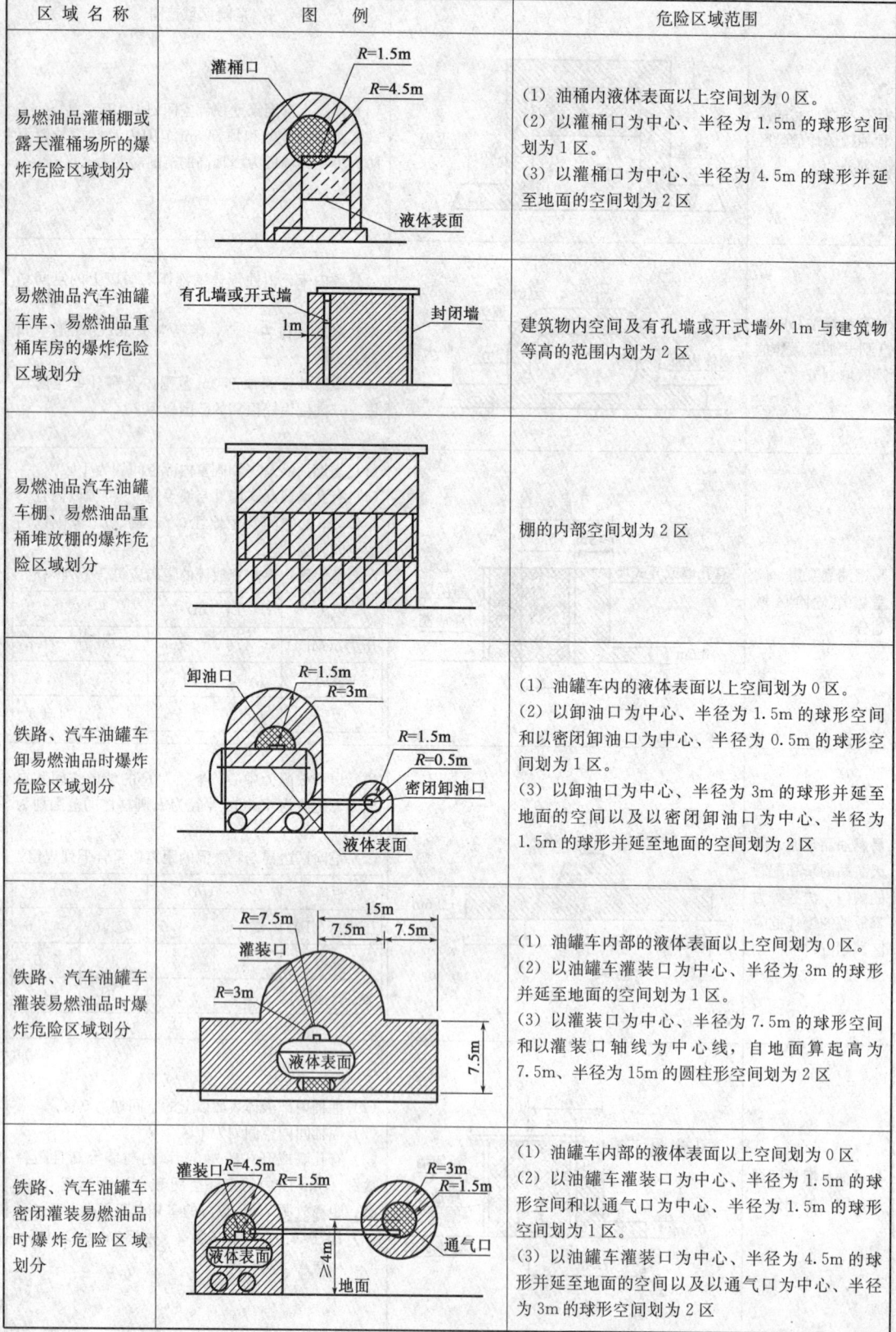

续表

区域名称	图例	危险区域范围
油船、油驳灌装易燃油品时爆炸危险区域划分		(1) 油船、油驳内的液体表面以上空间划为0区。 (2) 以油船、油驳的灌装口为中心、半径为3m的球形并延至水面的空间划为1区。 (3) 以油船、油驳的灌装口为中心、半径为7.5m并高于灌装口7.5m的圆柱形空间以及自水面算起7.5m高,以灌装口轴线为中心线、半径为15m的圆柱形空间划为2区
油船、油驳密闭灌装易燃油品时爆炸危险区域划分		(1) 油船、油驳内的液体表面以上空间划为0区。 (2) 以灌装口为中心、半径为1.5m的球形空间及以通气口为中心、半径为1.5m球形空间划为1区。 (3) 以灌装口为中心、半径为4.5m的球形并延至水面的空间以及以通气口为中心、半径为3m的球形空间划为2区
油船、油驳卸易燃油品时爆炸危险区域划分		(1) 油船、油驳内部的液体表面以上空间划为0区。 (2) 以卸油口为中心、半径为1.5m的球形空间划为1区。 (3) 以卸油口为中心、半径为3m的球形延至水面的空间划为2区
易燃油品人工洞油库爆炸危险区域划分		(1) 油罐内液体表面以上空间划为0区。 (2) 罐室和阀室内部以及以通气口为中心、半径为3m的球形空间划为1区。通风不良的人工洞油库的洞内空间均应划为1区。 (3) 通风良好的人工洞油库的洞内主巷道、支巷道、油泵房以及以通气口为中心、半径为7.5m的球形空间和人工洞外3m范围内空间划为2区
易燃油品的隔油池爆炸危险区域划分		(1) 有盖板的隔油池内液体表面以上的空间划为0区。 (2) 无盖板的隔油池内液体表面以上空间以及距隔油池内壁1.5m、高出池顶1.5m至地坪范围内的空间划为1区。 (3) 距隔油池内壁4.5m,高出池顶3m至地坪范围内的空间划为2区

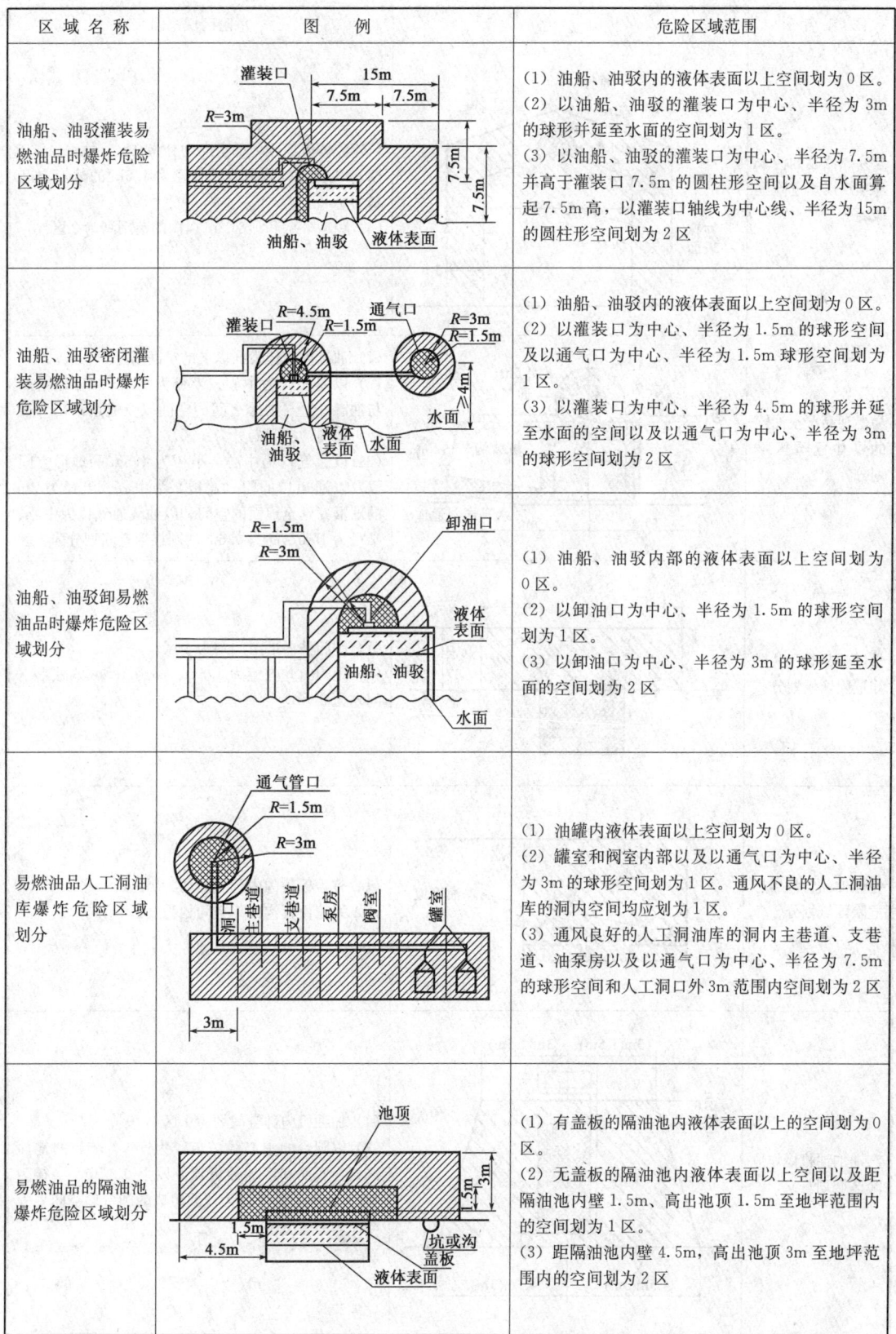

137

续表

区域名称	图例	危险区域范围
含易燃油品的污水浮顶罐爆炸危险区域划分	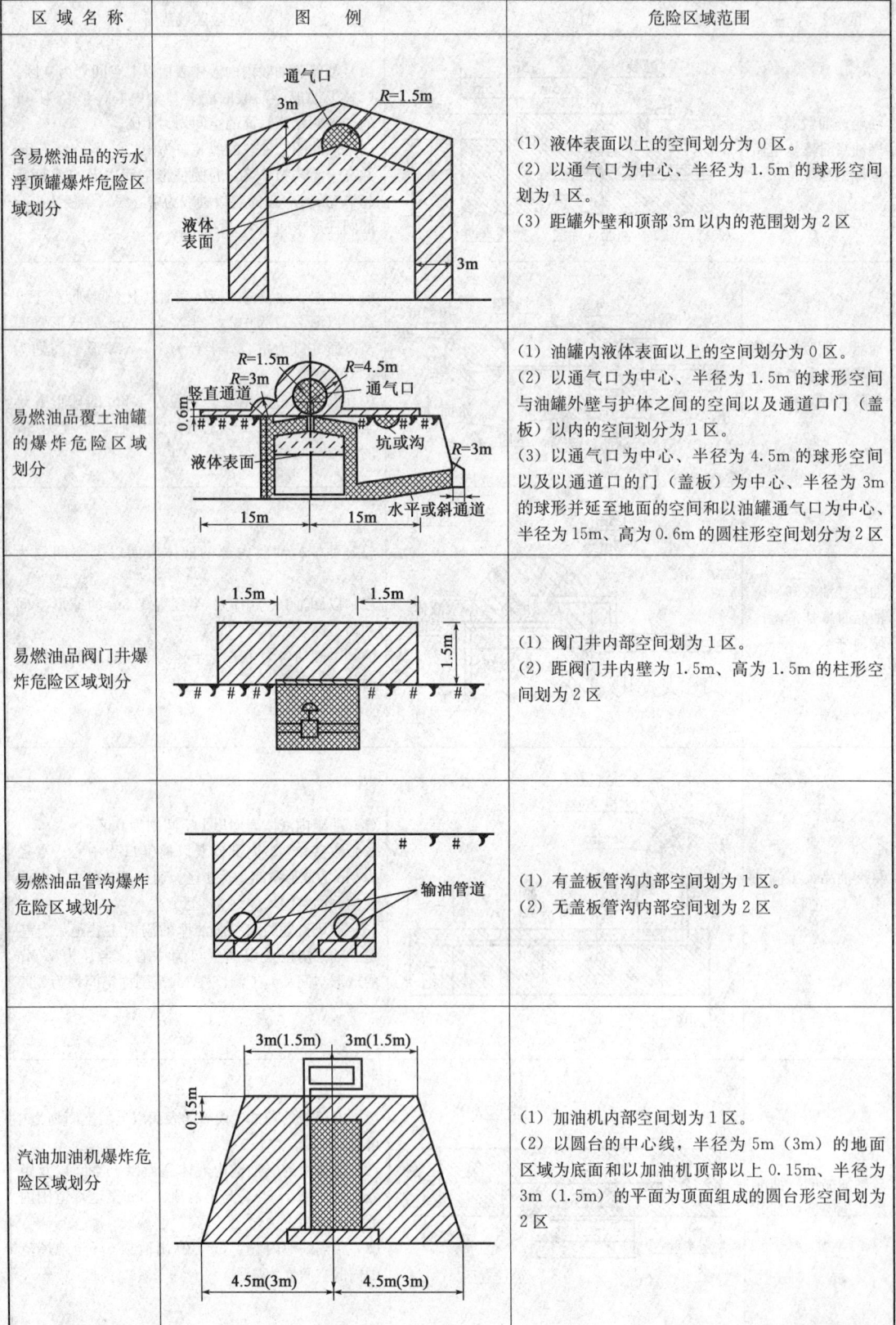	(1) 液体表面以上的空间划分为0区。 (2) 以通气口为中心、半径为1.5m的球形空间划为1区。 (3) 距罐外壁和顶部3m以内的范围划为2区
易燃油品覆土油罐的爆炸危险区域划分		(1) 油罐内液体表面以上的空间划分为0区。 (2) 以通气口为中心、半径为1.5m的球形空间与油罐外壁与护体之间的空间以及通道口门（盖板）以内的空间划分为1区。 (3) 以通气口为中心、半径为4.5m的球形空间以及以通道口的门（盖板）为中心、半径为3m的球形并延至地面的空间和以油罐通气口为中心、半径为15m、高为0.6m的圆柱形空间划分为2区
易燃油品阀门井爆炸危险区域划分		(1) 阀门井内部空间划为1区。 (2) 距阀门井外壁为1.5m、高为1.5m的柱形空间划为2区
易燃油品管沟爆炸危险区域划分		(1) 有盖板管沟内部空间划为1区。 (2) 无盖板管沟内部空间划为2区
汽油加油机爆炸危险区域划分		(1) 加油机内部空间划为1区。 (2) 以圆台的中心线，半径为5m（3m）的地面区域为底面和以加油机顶部以上0.15m、半径为3m（1.5m）的平面为顶面组成的圆台形空间划为2区

续表

区域名称	图 例	危险区域范围
油罐汽车卸汽油时爆炸危险区域划分	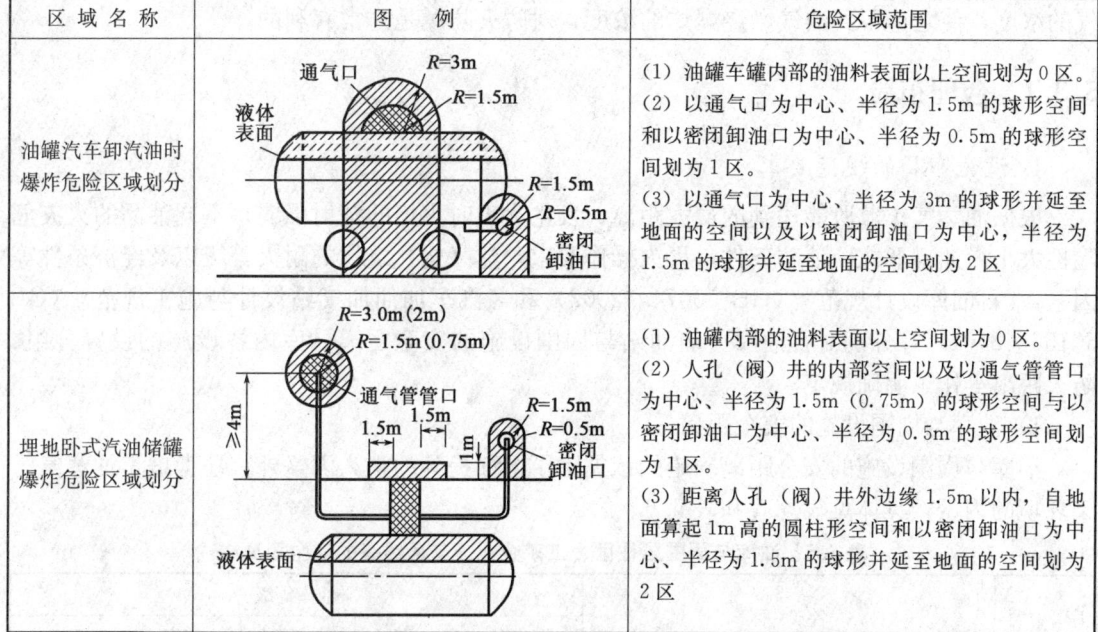	(1) 油罐车罐内部的油料表面以上空间划为0区。 (2) 以通气口为中心、半径为1.5m的球形空间和以密闭卸油口为中心、半径为0.5m的球形空间划为1区。 (3) 以通气口为中心、半径为3m的球形并延至地面的空间以及以密闭卸油口为中心、半径为1.5m的球形并延至地面的空间划为2区。
埋地卧式汽油储罐爆炸危险区域划分		(1) 油罐内部的油料表面以上空间划为0区。 (2) 人孔（阀）井的内部空间以及以通气管管口为中心、半径为1.5m（0.75m）的球形空间与以密闭卸油口为中心、半径为0.5m的球形空间划为1区。 (3) 距离人孔（阀）井外边缘1.5m以内，自地面算起1m高的圆柱形空间和以密闭卸油口为中心、半径为1.5m的球形并延至地面的空间划为2区。

注：(1) 图中采用卸油油气回收系统的汽油罐其通气管管口爆炸危险区域范围采用括号内数字。
(2) 表中作为球心的孔、门是指其内边缘，形成的球形空间是指球的相交部分，由于通气孔较小，可以孔中心为球心。

5.2.3 油罐清洗、除锈、涂装作业期间爆炸危险区域危险等级划分

在油罐清洗、除锈、涂装作业过程中以及在油气、油料大量泄漏或扩散情况下，按照爆炸危险等级的划分原则，前面提出的油库主要场所危险等级显然已不合适，如果仍按其选用防爆电气设备，则必然易造成爆炸危险，必须根据实际爆炸性气体存在的浓度、范围和持续时间，依据划分标准，确定爆炸危险区域等级。下面是总后军需物资油料部《军队油库油罐清洗、除锈、涂装作业安全规程》（YLB 06—2001）对油罐清洗、除锈、涂装作业期间爆炸危险场所进行的危险等级划分。

(1) 甲、乙类和丙A类油品罐清洗、通风前，当罐内可燃性气体浓度在爆炸下限的40%以上时，罐内为0级场所，其他作业期间均为1级场所。
(2) 丙B类油品罐涂装期罐内为1级场所，其他作业期为火灾危险场所。
(3) 甲、乙类和丙A类油品地面、半地下罐，沿罐壁水平距离15m以内为1级场所，15～30m范围内为2级场所，30m以外为安全场所。
(4) 甲、乙类和丙A类油品洞库罐室、巷道和通风口周围15m以内为1级场所，洞口15m和通风管口周围15～30m以内为2级场所，其他为安全场所。
(5) 1级和2级场所中坑或沟应提高一个等级。
(6) 对作业现场低凹部位、视实际情况适当加大爆炸危险场所的范围。

5.3 油库油气源控制技术

存在浓度合适的油气混合气是油库起火爆炸的基本条件之一。虽然油库中由于受设备和作业条件限制，完全消除油气混合气是不可能的，但是通过采取科学布局、减少油气排放以

及通风、惰化和加强油气浓度监测等措施,尽量减小油气混合气的存在范围,控制油气混合气的浓度,使之达不到油气燃烧爆炸的浓度,对防火防爆是非常有利的。

5.3.1 合理布局

1. 设施布局的规范要求

根据油蒸气扩散所能达到的最大距离,发生火灾时火焰的辐射强弱,不同油品的火灾危险性大小,油罐形式,消防条件,灭火操作要求,建(构)筑物的耐火等级以及经济条件等因素,《石油库设计规范》(GB 50074—2002)和《汽车加油加气站设计与施工规范》(GB 50156—2002)等分别对石油库、加油站与周围设施的安全距离、库内各设施的设置分组、防火距离等作了明确规定。

1) 油库与周围设施的安全距离

油库与周围设施的安全距离确定的依据除了上面提到的防火因素外,还考虑了油蒸气污染环境的因素,具体见表 5.5 和表 5.6。

表 5.5　油库与周围居住区、工矿企业、交通线等的安全距离　　　　m

序号	名称	油库等级				
		一级	二级	三级	四级	五级
1	居住区及公共建筑物	100	90	80	70	50
2	工矿企业	60	50	40	35	30
3	国家铁路线	60	55	50	50	50
4	工业企业铁路线	35	30	25	25	25
5	公路	25	20	15	15	15
6	国家一、二级架空通信线路	40	40	40	40	40
7	架空电力线路和不属于国家一、二级的架空通信线路	1.5倍杆高	1.5倍杆高	1.5倍杆高	1.5倍杆高	1.5倍杆高
8	爆炸作业场地(如采石场)	300	300	300	300	300

注:(1) 序号 1~7 对应的安全距离从油库的油罐区或油品装卸区算起;有防火堤的油罐区从防火堤中心线算起,无防火堤的覆土油罐从罐室内壁算起;油品装卸区从装卸车(船)时鹤管口的位置或泵房起算。序号 8 对应的安全距离从石油库围墙算起。

(2) 对于有装油作业的油品装卸区,序号 1~6 对应的安全距离可减少 25%,但不得小于 15m;对于仅有卸油作业的油品装卸区以及单罐容量小于或等于 100m³ 的埋地卧式油罐,序号 1~6 对应的安全距离可减少 50%,但不得小于 15m,序号 7 对应的安全距离可减少为 1 倍杆高。

(3) 四、五级油库仅储存丙 A 类油品或丙 A 和丙 B 类油品时,序号 1、2、5 对应的安全距离可减少 25%;四、五级油库仅储存丙 B 类油品时可不受本表限制。

(4) 少于 1000 人或 300 户的居住区与二、三、四、五级油库的距离可减少 25%;少于 100 人或 30 户的居住区与一级石油库的安全距离可减少 25%,与二、三、四、五级油库的距离可减少 50%,但不得小于 35m。居住区包括石油库的生活区。

(5) 注(2)~注(4)的折减不得叠加。

(6) 对于电压为 35kV 及以上的架空电力线路,序号 7 对应的安全距离除应满足本表要求外,还要求不应小于 30m。

(7) 铁路附属油库与国家铁路线及工业企业铁路线的安全距离可按《石油库设计规范》(GB 50074—2002)表 5.0.3 铁路机车走行线的规定执行。

(8) 当两个油库或石油库与工矿企业的油罐区相毗邻建设时,其相邻油罐之间的防火距离可取相邻油罐中较大罐直径的 1.5 倍,但不得小于 30m;其他建筑物、构筑物之间的防火距离应按《石油库设计规范》(GB 50074—2002)表 5.0.3 的规定增加 50%。

(9) 非油库用库外埋地电缆与油库围墙的距离不应小于 3m。

表 5.6 企业附属油库与本企业建筑物、构筑物、交通线等的安全距离　　　　　m

库内建筑物、构筑物	油品类别	安全距离 企业建筑物、构筑物等	甲类生产厂房	甲类油品库房	乙、丙、丁、戊类油品生产厂房及物品库房耐火等级			明火或散发火花的地点	厂内铁路	厂内道路	
					一、二	三	四			主要	次要
油罐（TV为罐区总容量）m³	TV≤50	甲、乙	25	25	12	15	20	25	25	15	10
	50<TV≤200		25	25	15	20	25	30	25	15	10
	200<TV≤1000		25	25	20	25	30	35	25	15	10
	1000<TV≤5000		30	30	25	30	40	40	25	15	10
	TV≤250	丙	15	15	12	15	20	20	20	15	5
	250<TV≤1000		20	20	15	20	25	25	20	15	5
	1000<TV≤5000		25	25	20	25	30	30	25	15	10
	5000<TV≤25000		30	30	25	30	40	40	25	15	10
油泵房、灌油间		甲、乙	12	15	12	14	16	30	20	10	5
		丙	12	12	10	12	14	15	12	8	5
桶装油品库房		甲、乙	15	20	15	20	25	30	30	10	5
		丙	12	15	10	12	14	20	15	8	5
汽车灌油鹤管		甲、乙	14	14	15	16	18	30	20	15	15
		丙	10	10	10	10	12	20	10	8	5
其他生产性建筑物		甲、乙、丙	12	12	10	12	14	15	10	3	3

注：(1) 当甲、乙类油品与丙 A 类油品混存时，丙 A 类油品可按其容量的 20%折算计入油罐区总容量。
(2) 对于埋地卧式油罐和储存丙 B 类油品的油罐，本表距离（与厂内次要道路的距离除外）可减少 50%，但不得小于 10m。
(3) 表中未注明的企业建筑物、构筑物与库内建筑物、构筑物的安全距离应按现行国家标准《建筑设计防火规范》(GB 50016—2006) 规定的防火距离执行。
(4) 企业附属石油库的甲、乙类油品储罐总容量大于 5000m³，丙类油品储罐总容量大于 25000m³ 时，企业附属石油库与本企业建筑物、构筑物、交通线等的安全距离应符合《石油库设计规范》(GB 50074—2002) 第 4.0.7 条的规定。

2) 油库中建（构）筑物之间的防火距离

油库中建（构）筑物之间的防火距离见表 5.7。

3) 油罐之间的防火距离

油罐与油罐之间应留有一定的防火距离，其确定依据除了考虑到储存油料的危险特性、油罐结构、容量、消防力量、消防设施及操作要求等因素外，还考虑了着火的概率极小。为了减少罐区的占地面积，统一考虑消防设施，节省输油管线和消防管线，便于管理等，一般将火灾危险性相同或相近的油罐分组布置。油罐间距及分组布置的具体要求参见《石油库设计规范》(GB 50074—2002)。

2. 洞库通风管道及呼吸管道的安全规定

(1) 通风管出口距洞口水平距离不应小于 20m，并高出洞口 3m 以上，且处于长年主导风向下方；呼吸管出口距洞口水平距离不应小于 20m，且处于长年主导风向下方。

(2) 罐室通道里侧下部和测量孔附近有通风口；各罐室之间有风道切换装置，各通风口有阀板；通风管有隔离蝶阀，除通风外应常闭。

表 5.7 油库内建筑物、构筑物之间的防火距离

m

序号	建筑物和构筑物名称		油罐（V为单罐容量，m³）				高架油罐	油泵间		灌油间		汽车灌油鹤管		铁路油品装卸设施		油品装卸码头		桶装油品库房		隔油池	
			V>5000	5000<V≤50000	1000<V≤5000	V≤1000		甲、乙类油品	丙类油品	甲、乙类油品	丙类油品	甲、乙类油品	丙类油品	甲、乙类油品	丙类油品	甲、乙类油品	丙类油品	甲、乙类油品	丙类油品	150m³及以下	150m³以上
			1	2	3	4	5	6	7	8	9	10	11	12	13	14	15	16	17	18	19
5	高架油罐		19	15	11.5	7.5															
6	油泵间	甲、乙类油品	19	15	11.5	9	12														
7		丙类油品	14.5	11.5	9	7.5	10														
8	灌油间	甲、乙类油品	24	19	15	11.5	10	12	10												
9		丙类油品	19	15	11.5	9	8	12	12												
10	汽车灌油鹤管	甲、乙类油品	24	19	15	11.5	10	12	10	12	10										
11		丙类油品	19	15	11.5	9	8	12	12	15	15	15									
12	铁路油品装卸设施	甲、乙类油品	24	19	15	11.5	15	8	8	15	12	15	12								
13		丙类油品	19	15	11.5	9	12	8	8	15	12	15	12								
14	油品装卸码头	甲、乙类油品	47	37.5	30	26.5	20	15	15	15	15	20	15	25	25						
15		丙类油品	33	26.5	22.5	22.5	15	15	12	15	12	15	12	30	25	20					
16	桶装油品库房	甲、乙类油品	24	19	15	11.5	15	12	15	12	10	15	15	8	8	15	15				
17		丙类油品	19	15	11.5	9	12	12	12	12	10	15	12	8	8	12	12	10			
18	隔油池	150m³及以下	24	19	15	11.5	15	15	10	20	15	20	15	25	20	25	20	15	15		
19		150m³以上	28	22.5	19	15	20	20	15	25	20	25	20	30	25	30	25	20	15		
20	消防泵房,消防车库		33	26.5	22.5	19	20	12	10	12	10	15	12	15	12	25	20	20	15	25	25

3. 桶装库房布局的安全规定

(1) 甲类桶装油品的库房宜单独设置。

(2) 当甲类桶装油品与乙、丙类桶装油品储存在同一栋库房内时，应采用防火墙隔开。

(3) 甲、乙类桶装油品的库房不得建成地下或半地下式。

(4) 机械堆垛，甲类油品堆垛≤2层，乙、丙类油品堆垛≤3层；人工堆垛，均不得超过2层。

(5) 主通道宽应不小于1.8m，垛与垛之间距离不应小于0.8m，垛与墙之间距不应小于0.5m。

4. 泵房与配电间、控制室等的安全距离

配电功率大于10kV的变配电间应单独设置，小于或等于10kV的变配电间可与泵房相比邻，但应做到：

(1) 变配电间的门窗应向外开，应在爆炸危险场所之外。如变配电间的门窗在爆炸危险区域之内，则应设密闭固定窗。

(2) 变配电间的地坪应高于泵房地坪0.6m以上。

(3) 隔墙应为非燃烧材料建造的实体墙。与变配电间无关的管线不得穿过隔墙，所有的孔洞应采用非燃烧材料填实。

5. 使用发动机泵抽注的安全距离

(1) 使用发动机泵抽注轻油，发动机泵距盛油容器的距离应大于10m，且处于侧风方向，消防器材必须到位。

(2) 严禁向运转中的发动机添加燃料。

5.3.2 建（构）筑物应达到规定的耐火等级要求

根据建筑材料在明火或高温作用下的变化特征，一般将建筑物构件分为非燃烧体、难燃烧体和燃烧体三类。非燃烧体是指用金属、砖、石、混凝土等非燃烧材料制成的构件，这种构件在空气中受到火烧或高温作用时不起火、不微燃、不炭化。难燃烧体是用难燃烧材料，（难燃烧材料是指在空气中受到火烧或高温作用时难起火、难微燃、难炭化，当火源移走后燃烧或微燃立即停止的材料）制成的构件，或用燃烧材料为基层而用非燃烧材料作为保护层的构件，沥青混凝土、经防火处理的木材与板条抹灰墙等都属于难燃燃烧体。燃烧体是用燃烧材料制成的构件，如木柱、木梁、胶合板等，这种构件在明火或高温作用下会立即起火或微燃，且火源移走后仍能继续燃烧或微燃。油库常用的建筑材料主要有砖、石、钢材和混凝土，它们都属非燃烧体，其耐火性能较强。

砖：普通粘土砖在800~900℃的温度下无明显损坏，在火场用水冷却时亦无显著破坏，但空心砖在受热不均时会产生不均匀膨胀，发生裂缝和表皮剥落现象。

石：不同岩石组成的花岗石等石材遇高温时发生开裂，单一岩石组成的石灰石等石材在800~900℃的高温下发生局部损坏。

钢：钢材的一个特点是温度上升到250℃左右时强度增大，超过300℃时钢材强度很快下降，500℃时钢材强度降低一半，600℃时基本失去承载能力，750℃时钢材强度减小90%以上。一般建筑起火后，5min内燃烧区温度可达500℃，10min内燃烧建筑物构件的温度可达750℃。火灾统计资料表明，无防火保护的钢结构一般在起火10min左右发生倒塌。钢材的另一个特点是当其处于高温状态时，突然用水冷却会发生形变。

混凝土：混凝土是由沙、石和水泥组成，其耐火性主要取决于骨料（碎石或卵石）情况。花岗岩骨料混凝土在500℃时因骨料碎裂而出现裂缝；石灰石骨料混凝土耐火可达700℃。由于混凝土的热容量较大，在火场温升较慢，因而在短时间内是不易被烧坏的。钢筋混凝土的温度在400℃以下时受力条件较好；超过400℃时，由于钢筋的强度降低，对钢筋混凝土构件的强度影响很大。

建筑物的耐火等级是由组成建筑物的主要构件的燃烧性能和耐火极限决定的。所谓耐火极限，是指对建筑物构件进行耐火试验时，从受到火的作用起到失掉支持能力或发生穿透裂缝、背火面温度升高到220℃时止的这段时间。建筑物的耐火等级分为四级。对不同耐火等级建筑物的构件分别提出了燃烧性能和耐火极限要求，其中，一、二级耐火等级的建筑物均应为非燃烧体。一级耐火等级应该是钢筋混凝土结构或砖墙与钢筋混凝土组成的混合结构；二级耐火等级可以是钢结构屋架与钢筋混凝土柱或砖墙组成的混合结构；三级耐火等级是木屋顶和砖墙组成的砖木结构；四级耐火等级是木屋顶、难燃烧墙组成的可燃结构。表5.8给出了对各等级建筑物构件的耐火极限和燃烧性能的最低要求。

表5.8 建筑物构件的燃烧性能和耐火极限　　　　　　　　　　　　　　　h

构件名称		耐火等级 一级	二级	三级	四级
墙	防火墙	非燃烧体4.00	非燃烧体4.00	非燃烧体4.00	非燃烧体4.00
	承重墙，楼梯间、电梯井的墙	非燃烧体3.00	非燃烧体2.50	非燃烧体2.50	难燃烧体0.50
	非承重外墙、疏散通道两侧的隔墙	非燃烧体1.00	非燃烧体1.00	非燃烧体0.50	难燃烧体0.25
	房间隔墙	非燃烧体0.75	非燃烧体0.50	难燃烧体0.75	难燃烧体0.25
柱	支承多层的柱	非燃烧体3.00	非燃烧体2.50	难燃烧体2.50	难燃烧体0.50
	支承单层的柱	非燃烧体2.50	非燃烧体2.00	难燃烧体2.00	燃烧体
梁		非燃烧体2.50	非燃烧体1.50	难燃烧体1.00	难燃烧体0.50
楼板		非燃烧体1.50	非燃烧体1.00	难燃烧体0.50	难燃烧体0.25
屋顶承重构件		非燃烧体1.50	非燃烧体0.50	燃烧体	燃烧体
疏散楼梯		非燃烧体1.50	非燃烧体1.00	难燃烧体1.00	燃烧体
吊顶（包括中顶搁栅）		非燃烧体0.25	难燃烧体0.25	难燃烧体0.15	燃烧体

注：（1）以木柱承重且以非燃烧材料作为墙体的建筑物，其耐火等级应按四级确定。
（2）高层工业建筑的预制钢筋混凝土装配式结构，其节点缝隙或金属承重构件节点的外露部位应做防火保护层，其耐火极限不应低于本表相应构件的规定。
（3）二级耐火等级的建筑物吊顶如采用非燃烧体，其耐火极限不限。
（4）在二级耐火等级的建筑物中，面积不超过100m²的房间隔墙如执行本表的规定有困难，则可采用耐火极限不低于0.3h的非燃烧体。
（5）一、二级耐火等级民用建筑疏散通道两侧的隔墙按本表规定执行有困难时，可采用耐火极限为0.75h的非燃烧体。

根据石油库建（构）筑物所处场所的火灾危险性以及火灾后产生的破坏和危害程度大小，其耐火等级要求不同。为保障石油库防火安全，石油库建筑物在火灾高温作用下，要求其基本构件能在一定时间内不被破坏，不传播火灾，延缓和阻止火势蔓延，为疏散人员、物资和扑灭火灾赢得时间。因此，在设计石油库建（构）筑物时，应根据生产和储存物品的火灾危险性、建（构）筑物的业务用途以及所处位置等因素正确选择相应的耐火等级，并结合建筑物构件来源，因地制宜地选用适应耐火极限要求的建筑物构件。油库内建（构）筑物最低耐火等级要求，详见表5.9。

表5.9 油库内建（构）筑物最低耐火等级要求

序号	建（构）筑物	油品类别	耐火等级
1	油泵房、阀门室、灌油间（亭）、铁路油品装卸暖库	甲、乙	二级
		丙	三级
2	桶装油品库房及敞棚	甲、乙	二级
		丙	三级
3	化验室、计量室、仪表室、锅炉房、变配电间、修洗桶间、汽车油罐车库、润滑油再生间、柴油发电机间、空气压缩机间、高架罐支座（架）	—	二级
4	机修间、器材库、水泵房、铁路油品装卸栈桥、汽车油品装卸站台、油品码头栈桥、油泵棚、阀门棚		三级

注：（1）建（构）筑物构件的燃烧性能和耐火极限应符合现行国家标准《建筑设计防火规范》的规定。
（2）三级耐火等级的建（构）筑物的构件不得采用可燃材料建造。
（3）桶装甲、乙类油品敞棚承重柱的耐火极限不应低于2.5h；敞棚顶承重构件及顶面的耐火极限可不限，但不得采用可燃材料建造。

5.3.3 减少正常油气排放，控制事故性油料和油气扩散

油库中的油气排放源可分为两大类，一类是非事故性排放源，即油库在正常作业和油料储存中的正常油气排放，如油库在进行油料收发、输转及加注作业过程中的大呼吸，油料在储存过程中的小呼吸，油罐、油桶及管道等清洗时的油料蒸发，泵房、洞库等的通风排气等。这类油气排放源往往场所比较固定或是可以预见的，因而危险性较小，减少这类油气排放源的方法参见石油库工艺设备的相关书籍。另一类是事故性排放源，最常见的为油料和油气的泄漏。对于事故性油气排放，由于其场所和油气浓度的不确定性，失火爆炸危险性较大，这里将针对此类放源讨论相关措施。

1. 尽量选用有利于降低油品蒸发的设备技术

有利于降低油品蒸发的设备技术主要包括采用浮顶罐、内浮顶罐储存轻质油料；采用集中的集气密闭储存系统；油料装卸采用密闭系统或采用油气回收技术；加油站采用密闭卸油系统及加油回收系统。加油站密闭加油系统工艺流程如图5.1所示。

密闭加油装置的作用是在加油时能自动回抽加油枪周围的油蒸气，使整个加油过程几乎没有油气排出，以保证加油安全，可与加油机配套使用。该装置主要由密闭加油枪、同心加油回气胶管、回气泵构成，回气泵在油压的冲击作用下回抽加油口周围的油气，回抽率可达95%，可大大提高加油的安全性。

密闭加油系统通常设有拉断阀，当胶管受到超过其强度极限的拉力时，拉断阀首先被拉断，并自动将断开的两端关闭，阻止油料跑出。

2. 保持设备良好、严密

应保持储存和输送油料设备的严密性和足够的承压能力，防止破损泄漏；对阀门、油泵

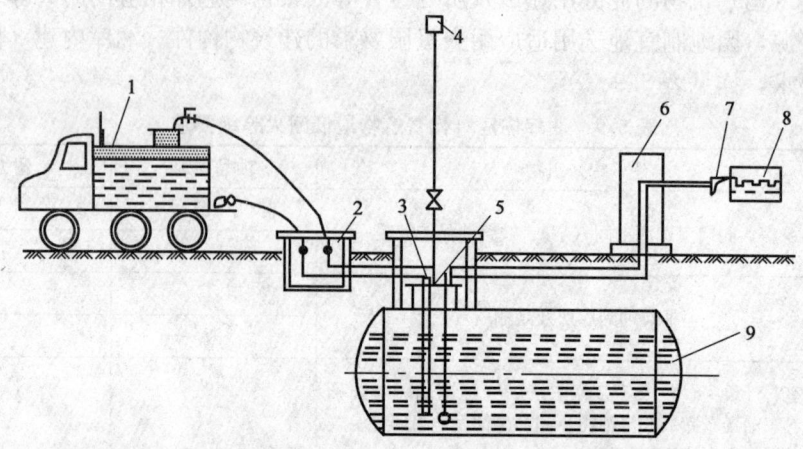

图 5.1 加油站密闭加油系统工艺流程图
1—汽车油罐车；2—快速接头地井；3—回气管；4—防爆阻火器；5—人孔；
6—加油机；7—加油枪；8—汽车油箱；9—油罐

等有动密封的附件，应保持其密封良好；对储输油设备应做好防腐工作，防止腐蚀穿孔及破损泄漏。

3. 严格作业规程

在收发油作业时，应防止油料超出油罐、油桶、油罐车等容器在当时油温下的安全装油高度，防止油料在储存、运输过程中因油温升高而溢出或作业过程中出现冒油事故。清洗油罐及检修设备时，应做好封堵工作，应封堵所有相连的管道，如输油管、呼吸管、通风管等，防止油料和油蒸气大量外泄。应将清洗作业用过的沾油的纱布、垃圾等放在带盖的不燃材料制成的桶内，及时清洗或处理。

4. 配置事故应急设备

1) 呆德曼控制器是控制器

呆德曼控制器是一种使加油操作人员能在加油车较远距离手握控制，并在加油操作人员发生意外的情况下松手即能停止作业的安全控制装置，目前飞机加油车、多功能管道加油车、管道加油车都安装有这种装置。

2) 安全阀

安全阀是一种用于通过自动泄放介质保证管道或容器内不超压的装置，通常设置在输油管道的胀油管、加油系统末端和容积泵出口等处。按泄放出口的不同，分为封闭式安全阀和开式安全阀；按阀芯开启方式的不同，分为微启式安全阀和全启式安全阀。安全阀的选用应充分考虑选用目的和安装位置，还必须注意泄放量和压力与实际需要匹配。

3) 拉断阀

拉断阀也称拉脱装置，是一种设计拉断强度低于连接管道强度与导致系统破坏的安全值的先行拉断自封装置。图 5.2 和图 5.3 所示分别是一种产品结构及工作原理。拉断阀的工作原理是当被安装的管道受到不正常拉力时，该装置在系统遭受破坏前首先被拉断，并实现管道自封，防止管内介质流出，从而防止系统损坏和介质外泄。通常拉断阀被用于直升机悬停加油装置、汽车加油站等。

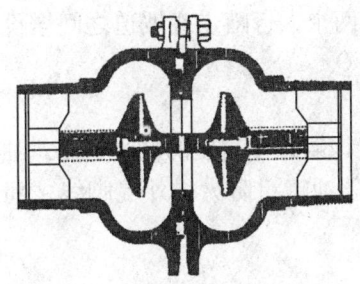
图 5.2 拉脱装置结构示意图

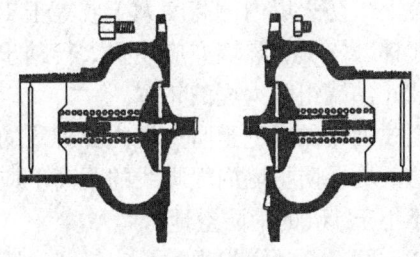
图 5.3 拉脱装置（拉断后）工作原理图

4）熔断阀

熔断阀是一种在高温条件下能自动关闭的阀门，主要用于汽车加油站。

5）驻车联锁超越装置

驻车联锁超越装置是一种用于机动加油装备上的装置，在加油接头等没有归位时车辆处于制动状态，即联锁制动状态，但在特别紧急的情况下，如加油过程中加油车起火，司机也可以紧急解除联锁开关（即超越），把车开离现场。

6）防溢油自动关闭阀

防溢油自动关闭阀是一种机械装置，在超液位时能自动关闭，在液位降低后能自动开启，用于防止溢油。

7）高液位报警联锁装置

这种高液位报警联锁装置可与石油库自动化系统连用，也可独立运行，在预设液位上限的条件下，达到规定上限时会自动报警，并通过电信号切断进入管道阀门。

8）油气浓度检测与报警技术

油气浓度检测与报警产品有便携式和固定式两大类，该类仪表近几年得到大量推广应用，但从技术上讲，目前的检测仪表灵敏度和精度都较差，现场用反应时间基本都在15s以上。

9）设备泄漏检测技术

该技术用于管道泄漏检测或监测，当发生管道破坏或油品泄漏时，能及时发现和报警。近年来该项技术发展迅速。

5. 配置防事故油料扩散设施

1）防火堤及事故集油池

防火堤及事故集油池是围堵大量泄漏油料的基本设施，长久以来其建设一直不是很规范，《储罐区防火堤设计规范》（GB 50351—2005）对其作出了明确的规定。

（1）防火堤、防护墙的布置。

①防火堤、防护墙必须采用不燃烧材料建造，且必须密实、闭合。进出罐组的各类管线、电缆宜从防火堤、防护墙顶部跨越或从地面以下穿过；当必须穿过防火堤、防护墙时，应设置套管并应采取有效的密封措施，也可采用固定短管且两端采用软管密封连接的形式。

②沿无培土的防火堤内侧修建排水沟时，沟壁的外侧与防火堤内堤脚线的距离不应小于0.5m；沿土堤或内培土的防火堤内侧修建排水沟时，沟壁的外侧与土堤内侧或培土堤脚线的距离不应小于0.8m，且沟内应有防渗漏的措施。沿防护墙修建排水沟时，沟壁的外侧与防护墙内堤脚线的距离不应小于0.5m。

③每一个油罐组的防火堤、防护墙应设置不少于2处越堤人行踏步或坡道，并设置在不

同方位上。防火堤内侧高度大于或等于 1.5m 时，应在两个人行踏步或坡道之间增设踏步或逃逸爬梯。隔堤、隔墙亦应设置人行踏步或坡道。

(2) 油罐组防火堤的布置。

立式油罐的罐壁至防火堤内堤脚线的距离不应小于该罐罐壁高度的一半；卧式油罐的罐壁至防火堤或防护墙内堤脚线的距离不应小于 3m。相邻油罐组防火堤外堤脚线之间应留有宽度不小于 7m 的消防空地。

(3) 同一个油罐组内的总容量及油罐数量。

对于固定顶油罐组及固定顶油罐与浮顶、内浮顶油罐的混合罐组，总容量不应大于 120000m^3 的浮顶、内浮顶油罐组（即总容量不应大于 600000m^3）。

当单罐容量大于或等于 1000 m^3 时，油罐组内的油罐数量不应多于 12 座；当单罐容量小于 1000m^3 或储存丙 B 类油品时，油罐数量不限。

油罐组内单罐容量小于 1000m^3 或储存丙 B 类油品的油罐不应超过 4 排；其他油罐不应超过 2 排。浅盘或浮舱用易熔材料制作的内浮顶油罐的布置同固定顶油罐。

(4) 油罐组防火堤内有效容积应符合下列规定：

对固定顶油罐，防火堤内有效容积不应小于油罐组内一个最大油罐的容量；对浮顶油罐或内浮顶油罐，不应小于油罐组内一个最大油罐容量的一半；当固定顶油罐与浮顶油罐或内浮顶油罐同组布置时，应取计算值中的较大值；对覆土油罐的防火堤内有效容积规定相同，但油罐容量应按其高出地面部分的容量计算。

油罐组防火堤有效容积应按式 (5.1) 计算：

$$V = A H_j + V_1 + V_2 + V_3 + V_4 \tag{5.1}$$

式中 V——防火堤有效容积，m^3；

A——由防火堤中心线围成的水平投影面积，m^2；

H_j——设计液面高度，m^3；

V_1——防火堤内设计液面高度内的一个最大油罐的基础体积，m^3；

V_2——防火堤内除一个最大油罐以外的其他油罐在防火堤设计液面高度内的液体体积和油罐基础体积之和，m^3；

V_3——防火堤中心线以内设计液面高度内的防火堤体积和内培土体积之和，m^3；

V_4——防火堤内设计液面高度内的隔堤、配管、设备及其他构筑物体积之和，m^3。

(5) 油罐组防火堤的高度确定。

防火堤顶面应比计算液面高出 0.2m。立式油罐组的防火堤内侧高度不应小于 1.0m，且外侧高度不应大于 2.2m；卧式油罐组的防火堤内、外侧高度均不应小于 0.5m。立式油罐组隔堤高度宜为 0.5~0.8m。

(6) 防火堤内地面的设计。

防火堤内地面坡度宜为 0.5%；防火堤内场地土为湿陷性黄土、膨胀土或盐渍土时，应根据其危害的严重程度采取措施，防止水害；在有条件的地区，防火堤内可种植高度不超过 150mm 的常绿草皮。

当储罐泄漏物有可能污染地下水或附近环境时，堤内地面应采取防渗漏措施。

(7) 防火堤内排水设施的设置。

防火堤内应设置集水设施。连接集水设施的雨水排放管道应从防火堤内设计地面以下通出堤外，并应设置安全可靠的截油排水装置；在年降雨量不大于 200mm 或降雨在 24h 内可渗完，且不存在环境污染的可能时，可不设雨水排除设施；油罐组防火堤内设计地面宜低于堤外消防道路路面或地面。

（8）油罐组内的单罐容量大于或等于 50000m³ 时，宜设置进出罐组的越堤车行通道。该道路可为单车道，应从防火堤顶部通过，弯道纵坡不宜大于 10%，直道纵坡不宜大于 12%。

（9）隔堤内油罐的布置。

单罐容量等于或大于 20000m³ 时，隔堤内油罐数量不应多于 2 座；对于单罐容量等于或大于 5000m³ 且小于 20000m³ 的罐，隔堤内油罐数量不应多于 4 座；对于单罐容量小于 5000m³ 的罐，隔堤内油罐数量不应多于 6 座；对于沸溢性油品油罐，隔堤内油罐数量不应多于 2 座；对于储存丙 B 类油品油罐，隔堤内油罐数量不受以上限制，可根据具体情况进行设置。

2）油库隔油排水系统

按油库设计规范的相关规定，含油与不含油污水必须采取分流制排放。含油污水应采用管道排放；未被油品污染的地面雨水可采用明渠排放，但在排出油库围墙之前必须设置水封装置（或隔油池）。含油污水管道应在油罐组或建（构）筑物的排水口处、支管与干管的连接处；干管每隔 300m 以及通过石油库围墙处均应设置水封井，水封井的水封高度不应小于 0.25m。水封井应设沉泥段，沉泥段由最低的管底算起，其深度不应小于 0.25m。

水封井只能起到防止含油污水中的油排出和阻止外来火焰从排水管道进入的作用，对于大量的泄漏油料起不到阻断作用。过去的隔油排水装置则对大量的泄漏油料可起到阻断作用，但对含油污水中的油则无能为力，新型的隔油排水装置可以两者兼顾，具体有三个功能：能满足雨水和污水自动排放；能自动阻止大量泄漏油料通过排水管向外流散；能起到水封作用，阻止含油污水中的油料从排水管道流散；能阻止外来火焰从排水管道进入罐区。

总后军需物资油料部针对自身山洞油库较多的特点，对山洞油库提出了新的油料扩散控制要求。规定山洞油库应设四道封围：罐室设密闭门；洞口密闭及隔油排水，在洞口防护门内侧设钢质防火密闭门，在坑道排水沟位于密闭门外侧防护门里侧端设隔油排水装置，且隔油排水装置前端应安装控制阀；洞口外做排水封围处理，从隔油排水装置至洞外排水处应采用管道敷设，排水口设置排水控制阀。如采用排水沟，则出洞口后应设水封井，水封井建造满足规定要求；洞外采取拦油措施，在洞外合理利用地形设置拦油堤（坝），拦油堤（坝）应充分考虑排水防洪功能。

5.3.4 通风降低油气浓度

油库中要做到完全没有油气是不可能的，通风是防止油气积聚的主要辅助措施之一，也是防毒、防潮和改善劳动环境条件的重要措施之一。通风的方式有机械通风和自然通风两种，采用哪一种方式应根据场所的特点而定，以自然通风优先，以能满足换气次数要求和作业方式所允许的特殊要求为原则。一般情况下，油库各场所的通风设置应符合《石油库设计规范》（GB 50074—2002）的有关规定：

（1）油库的生产性建筑物应采用自然通风进行全面换气，当自然通风不能满足要求时，也可采用机械通风。

（2）易燃油料的泵房和灌油间除采用自然通风外，尚应设置排风机组进行定期排风，其换气次数不应小于 10 次/h，计算换气量时房高按 4m 计算。定期排风耗热量可不予补偿。

对地上泵房,当外墙下部设有百叶窗、花格墙等常开孔口时,可不设置排风机组。

(3)洞库内应设置固定式机械通风,在一般情况下宜采用机械排风、自然进风。机械通风的换气量应按一个最大罐室的净空间、一个操作间以及油泵房、风机房同时进行通风确定。油泵房的机械排风系统宜与罐室的机械排风系统联合设置。洞内通风系统宜设置备用机组。

(4)在人工洞石油库的洞内应设置清洗油罐的机械排风系统。该系统宜与油罐室的机械排风系统联合设置。

(5)人工洞石油库内排风系统的出口和油罐的呼吸管出口必须引至洞外,距洞口的水平距离不应小于20m,且宜高于洞口。

(6)洞内的柴油发电机间应采用机械通风。柴油机排烟管的出口应引至洞外,并应采取防止倒灌措施。

(7)为爆炸危险场所服务的排风系统的机组和活动件应符合电气防爆要求以及防雷、防静电要求。机组应采用直接传动或联轴器传动。

(8)加油站内各类建筑物应采用自然通风进行全面换气,当自然通风不能满足要求时,可采用机械通风。

1. 洞库通风系统

1)通风系统流程

单、双巷道洞库通风系统布置如图5.4和图5.5所示。

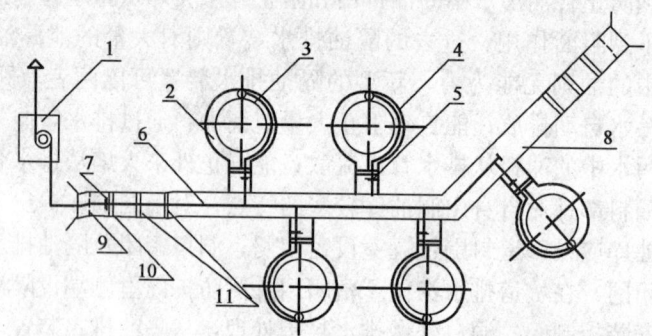

图5.4 单巷道通风管和设备的总体布置示意图

1—风机室;2—罐间;3—油罐;4—通风支管;5—闸板阀;6—通风干管;
7—隔离蝶阀;8—主巷道;9—铁栅门;10—防护门;11—密闭门

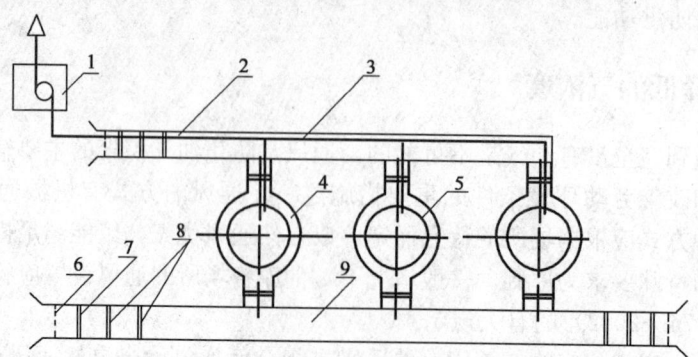

图5.5 双巷道通风系统平面布置示意图

1—风机室;2—上巷道;3—风管;4—罐间;5—油罐
6—铁栅门;7—防护门;8—密闭门;9—下巷道

2) 换气量的确定

(1) 机械通风的换气量应按以下两种计算方法的最大值确定：

①应按一个最大罐室的净空间、一个操作间以及油泵房、风机房同时进行通风确定。罐室、操作间、风机间换气次数不应少于3次/h，油泵间换气次数不应少于10次/h；对于丙类油品洞库，换气次数可均按3次/h计算。

②按洞内最大一个油罐的公称容积计算，换气次数不少于1次/h。

(2) 明装通风管道的风速不宜大于14m/s，暗装通风管道的风速不宜大于12m/s。

3) 设备材料

(1) 管材应选用不燃、不易积聚静电、防潮、防腐、防火材料，铁皮管利于静电消散，但易被腐蚀；用非金属材料制作，具有耐腐蚀、强度高、表面光滑等特点，但材料的体积电阻率不应大于$10^8 \Omega \cdot m$，表面电阻率不应大于$10^9 \Omega \cdot m$。

(2) 建筑物外宜采用混凝土或钢筋混凝土管。风机进出口软管宜采用防静电织物制成，并在两端用铜线跨接。洞内离心式风机采用皮带传动时，必须采用能导静电的三角皮带。

2. 轻油泵房和灌油间通风系统

1) 离心式风机的安装

定期排风耗热量可不予补偿。对于地上泵房，当外墙下部设有百叶窗、花格墙等常开孔口时，可不设置排风机组。离心式风机安装形式如图5.6所示。

2) 轴流式风机的安装

轴流式风机的安装工艺及要求如图5.7所示。

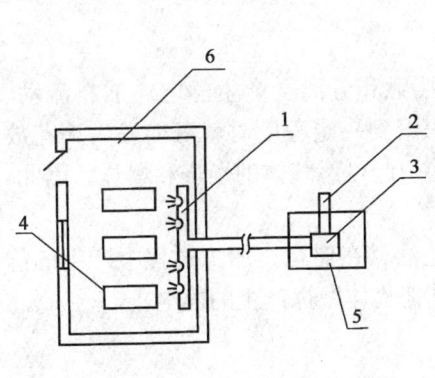

图5.6 离心式风机的安装形式

1—进风口；2—排风口；3—风机；4—油罐；
5—风机室；6—油罐室

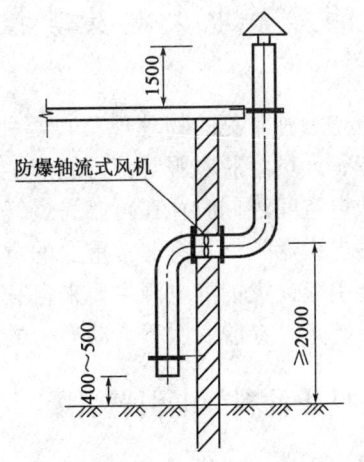

图5.7 轴流式风机的安装工艺及要求

5.3.5 采用惰化技术抑制爆炸发生

有的场所通风很困难，如果其密封性能好，人员不需要进去操作，则可采用充填惰性气体惰化的方法来限制爆炸性油气混合气的形成。油气混合气中充入惰性气体，可以降低甚至消除爆炸危险并制止火焰蔓延。使用惰性气体的目的是降低含氧量，当含氧量降低到某一值时，燃烧便不能进行，即使已燃着的火焰也会熄灭。这种不能使物质燃烧的氧最高含量称为最高允许含氧量，对于不同的可燃物和不同的惰性气体，其最高允许含氧量是不同的。对汽油蒸气用二氧化碳惰化时，最高允许含氧浓度为11%，而用氮气惰化时，其最高允许含氧浓度为9%。

工业上常用的惰性气体有氮气、二氧化碳、水蒸气和烟道气等。在使用前应进行组分分析，严格控制氧和可燃气体含量，一般规定含氧量不得超过2%。惰性气体需用量可用式(5.2)计算：

$$V_x = \frac{21\% - x_o}{V_o - y'_o} V \tag{5.2}$$

式中　V_x——惰性气体需用量，m^3；
　　　x_o——最高允许含氧量，%；
　　　y'_o——惰性气体含氧量，%；
　　　V——设备中原有空气容积，m^3。

在实际场合中难以精确进行气体浓度的连续测定，油气浓度、氧气浓度和惰性气体浓度都会随时间变化，所以一般可以采用控制最高允许含氧量或最低惰性气体含量的方法。例如，在油气、空气和惰性气体混合气中难以确定油气和惰性气体的浓度时，可以控制氧气浓度，使之不超过最高允许含量，以此防止发生爆炸。如油气浓度未知，空气也不会混入的场所，可使惰性气体达到某一浓度，来防止爆炸发生。例如，对于汽油蒸气，充填二氧化碳气体的最低浓度为29%，充填氮气的最低浓度为42%。

5.4　油库静电火源及其控制

静电是一种常见的物理现象，两种不同物质的接触和分离会产生静电。油料流动、搅拌、过滤、人员穿脱衣服等都可能产生静电。静电积聚到一定程度时就可能发生火花放电，如果在放电空间还同时存在可燃易爆气体，就有可能引起可燃气体的燃烧和爆炸。因此，石油库防静电引燃引爆具有非常重要的意义。

可能引起火灾的静电源主要来自三个方面：一是油料在储运、加工过程中产生的静电；二是人员行走、穿脱衣服等活动产生的静电；三是其他物体摩擦产生的静电。

5.4.1　防止油料静电引燃引爆

油料因流动、搅拌、喷溅等在固液相之间或液相之间发生相对运动时都会产生静电。随着静电荷不断产生或流入，静电场不断增强，在静电场的作用下，静电荷也会不断地向相反方向运动，这便是静电荷的流散。当静电荷的产生量及流入量大于流散量时，就会出现静电积聚，静电积聚的结果又导致静电场增强，流散增加或出现静电放电，直至达到平衡或消失。

静电放电并不一定会造成静电着火，静电着火必须具备下列条件：其一，必须存在静电产生和积聚的条件，并且在静电放电时具有足够的放电能量。静电放电的能量太小，便没有足够的能量去点燃可燃性混合气体。事实上，静电火花放电的能量一般都超过油蒸气的最小引燃能量。其二，必须存在适当浓度的可燃性混合气体。即使有足够的放电能量，如果可燃蒸气的浓度不在爆炸极限范围内，也不能发生爆炸和燃烧。

防止静电事故的措施应从控制这两个条件着手。控制前一个条件实质上是控制静电的产生、积聚和放电,是消除静电危害的直接措施;控制第二个条件是消除或减轻周围环境发生爆炸火灾的危险,是防止静电危害的间接措施。

1. 减少静电产生的措施

油料内的杂质是产生静电的重要因素,但使油料达到高精度是困难的,也是不经济的,从目前的技术现状看,还没有能完全杜绝静电产生的措施。因此,对于防止石油静电危害来说,不能完全消除静电电荷的产生,只有能减少静电产生的技术措施。

(1) 控制油料流速。油料的流速越高,产生的静电量越大。我国对油罐车装油试验表明,当油料的平均流速为 2.6m/s 时,测得油面电位为 2300V;当平均流速为 1.7m/s 时,油面电位为 580V。因此,控制油料流速是减少油料静电产生的有效措施。

在轻质油料进罐过程中,当进油口浸没小于 200mm,油船装油进油口没有浸没时,流速都应限制在 1m/s 以内。在油罐收油、油轮装油时,当进油口浸没大于 200mm 后可提高最大流速,但仍应小于 7m/s。若管道中油料夹有明显水分、空气和其他杂质,则流速应限制在 1m/s 以内。铁路油罐车灌装油料时,在进油口浸没后可提高流速,但铁路油罐车宜满足 $vD \leqslant 0.5m^2/s$ (v 为油品流速,m/s;D 为鹤管直径,m),汽车油罐车宜满足 $vD \leqslant 0.8m^2/s$,大鹤管装车流速不得大于 5m/s。飞机压力加油、汽车油罐车下部装油,当油品电导率大于 250pS/m 时,流速可达 7m/s。严禁使用无内部缓冲挡板的汽车油罐车运输轻质油料。

(2) 控制加油方式。油罐及油罐车从顶部喷溅装油时,油料必然要冲击油罐壁,搅动罐内油料,使其静电量急剧增加,且油料蒸发加剧。从底部喷溅装油或将鹤管伸至接近油罐车底部,可以减少油料喷溅、起泡沫,避免新电荷产生。减少油料的雾化、蒸发,可避免油气达到着火和爆炸浓度范围;避免油流流经电容最小的油罐中部,不致产生较大的油面电位;可避免在局部范围内因油柱集中下落形成较高的油面电荷密度;在装油后期,油面电位达到最大值时,油面上部没有接地的突出金属,可以避免局部电场增加,不致发生火灾。例如,某厂对 500m³ 油罐试验:将柴油以 2.6m/s 的流速从顶部喷灌,经 5min 罐内油面电位从 190V 上升至 7000V;若改为从罐底装油(流速相同),油面电位从 6000V 下降至 3300V。试验表明,从油罐顶部喷溅装油产生的静电量与底部进油产生的静电量之比为 2∶1,可见从油罐底部(或从顶部沿油罐壁伸至罐底)装油比顶部装油安全得多。

铁路油罐车、汽车油罐车装卸油时,鹤管进油口距底部都应不大于 200mm。

为了减轻从油罐车顶部的鹤管注油时的喷溅,减少注油时产生静电,改变鹤管注油管头的形状也能收到一定的效果。图 5.8 是几种鹤管注油管头示意图,应采用倒 T 形或导流板。

(3) 防止不同油料相混或油料含水和空气。不同油料混合或油中含有水和空气时,都会使静电量增加,油中含水 5% 会使静电增大 10~50 倍。

2. 加速静电的泄漏,防止或减少静电的积聚

静电的产生本身并不危险,实际的危险在于电荷的积聚,因为这样能储存足够的能量,从而产生火花放电将可燃性气体引燃引爆。通常认为,绝缘体的电阻率小于 $10^8 \Omega \cdot m$ 时就不会有危险的静电积聚。但是油料的电阻率几乎都大于 $10^8 \Omega \cdot m$,油料中的电荷不易泄漏,因而使不断产生的静电荷在油料中越积越多。为了加速油料电荷的泄漏,可以采取接地、设置静电消除器以及增加油料的电导率等措施。必须注意的是当被保护的设施设备有防雷、电气保护(见第七章)接地系统时,宜于共用,不再采用单独的静电接地措施。

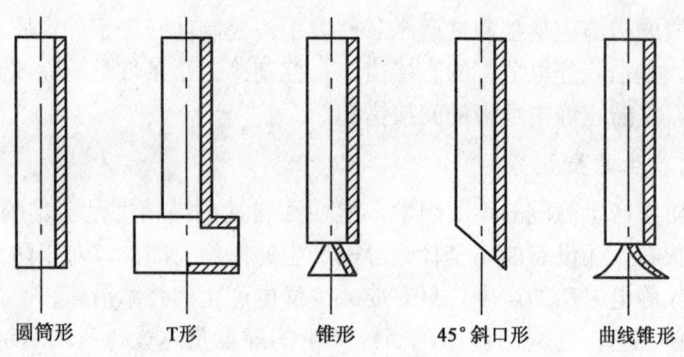

图 5.8 鹤管注油管头示意图

1)接地和跨接

静电接地是指将设施设备通过导线接地体等手段与大地连成电阻值较小的通路,以使电荷导入大地。对于带电导体,接地后其电荷会迅速导入大地。对于储油容器,由于油料是绝缘体,带电后不能靠容器的接地来迅速导走油料的电荷,但是容器接地能减小电荷向大地泄漏的电阻,从而加快油料电荷的泄漏;同时,容器接地使容器本身及相关金属设备与大地之间构成了良好通路,消除了容器外表面电荷产生火花放电的可能性。

在油库中,对所有固定的储输油设施设备(如阴极保护设备)除有特殊要求外,都应接地;对所有移动设备,如测量、取样设备,运输容器、油桶、车辆等在作业过程中都应接地。为了减少接地体的数量并降低操作难度,在条件许可的情况下可以采用先跨接(指设备之间用导体相连通,构成等位体,以防止导体之间因静电电流、雷电流及杂散电流发生火花放电)再集中接地的方法。单纯静电接地的接地电阻应小于 100Ω,在山区等土壤电阻率较高的地区,其接地电阻不应大于 1000Ω;静电接地与防雷接地合用时,接地电阻应小于 10Ω。

根据相关规范要求和石油库工程实际使用情况,防静电接地可采用如下方法:

(1)油罐防静电接地。接地点不得少于 2 处,且间距不大于 30m。地面、半地下油罐已作防雷接地的,可不再专设防静电接地,但各油罐之间的防雷接地不得互相串联、并联。油罐测量孔应设接地端子,以便采样器、测量工具接地。油罐等内壁应采用本征型导静电防腐蚀涂料或非碳系的浅色添加型导静电涂料,涂层的表面电阻率应为 $10^8 \sim 10^{11}$ Ω·m。对非金属油罐应在罐内设置防静电导体,引至罐外接地,并与油罐的金属管线连接。地面油罐防静电接地装置如图 5.9 和图 5.10 所示。

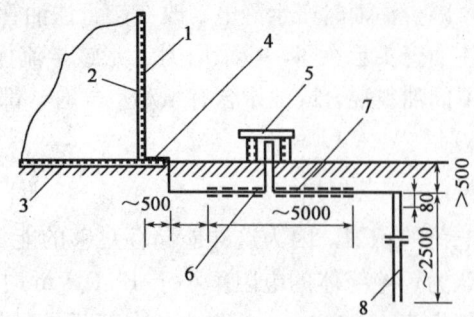

图 5.9 地面立式油罐接地装置示意图

1—罐壁;2—油罐;3—罐底;4—接地端焊接处(已装油的罐可用螺栓或夹板连接);5—接地测井;6—沥青绝缘(长约 5m);7—φ40mm×4mm 扁钢引线;8—接地体

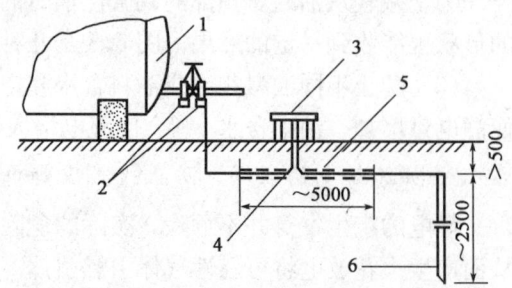

图 5.10 地面卧式油罐接地装置示意图

1—卧式油罐;2—法兰跨接;3—接地测井;4—沥青绝缘(长约 5m);5—φ40mm×4mm 扁钢引线;6—接地体

(2) 输油管路防静电接地做法。输油管道其两端分岔、交叉、变径、阀门等处以及较长管道每隔 200～300m 接地一次。泵、过滤器处应接地。

平行铺设的地上管道间距小于 100mm 时，每隔 20m 应跨接；当管路交叉间距小于 100mm 时应跨接。输油管线已装阴极保护的区段不应再做防静电接地。管道因输油或受场所限制不能动火焊接接地线时，可采用粘接方法进行。粘接方法如图 5.11 所示。

地上管路和管沟管路的防静电接地做法如图 5.12 和图 5.13 所示。

(3) 洞库防静电接地做法。储油洞库内的油罐、油管、油气呼吸管、金属通风管（非金属通风管的金属件）、管件等都应用导静电引线（φ8mm 或 φ10mm 圆钢）连接，在上引道内设导静电干线（一般用 φ40mm×4mm 扁钢），引线和干线连接而形成导静电系统。干线引至洞外的适当位置设静电接地体。如有两个以上洞口，最好向两个洞口引出接地干线，每个洞口设一组接地体。已装油的轻油洞库补装防静电接地系统时，一般不允许动火焊接，应采用不动火连接方式（如夹板连接或粘接连接等）。

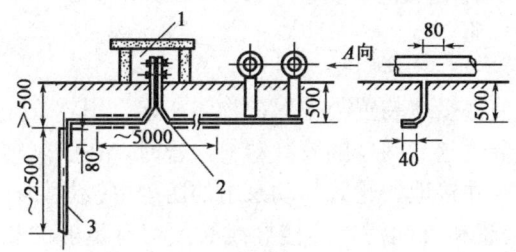
图 5.11 管线接地粘接示意图
1—接地测井；2—φ40mm×4mm 接地引线；3—接地体

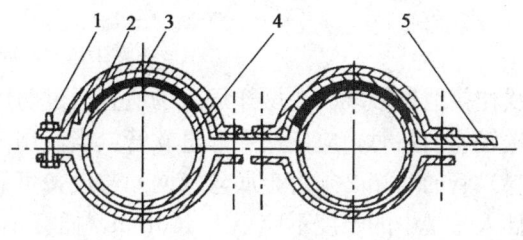
图 5.12 地上管路防静电接地示意图
1—紧固螺栓；2—卡子；3—导静电粘接剂；4—输油管；5—导静电接地线

(4) 铁路装卸油设施的防静电接地。铁路装卸油的设施、设备，如钢轨、钢制装卸油栈桥、集油管、油罐车等都应做防静电连接并设接地体，每座装卸油栈桥的两端至少各设一组连接线及接地体，具体做法如图 5.14 所示。

(5) 码头装卸油设备设施的防静电接地。码头区内的所有输油管线、设备和建（构）筑物的金属体均应做等电位连接并接地。码头的装卸船位应设置接地干线和接地体。接地体应至少有一组设置在陆地上，在码头的合适位置设置若干个

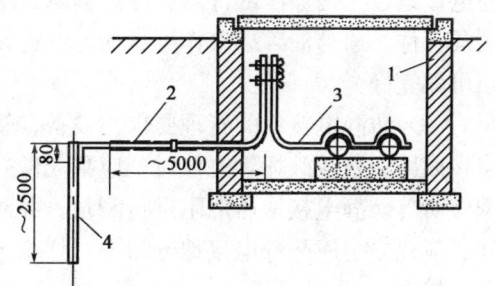
图 5.13 管沟管路防静电接地示意图
1—管沟；2—沥青绝缘层；3—φ40mm×4mm 接地引线；4—接地体

接地端子，以便与油船（油驳）作接地连接。码头引桥、趸船等之间应有两处电气连接并接地，连接线可选用截面积为 35mm² 的多股软铜绞线。

(6) 移动设备防静电接地。用以储运轻质油料且经常移动的各种设备均应做防静电接地。汽车油罐车车体下侧应设接地端板，挠性接地线不应采用金属链条，应选用导电橡胶拖地带。在有静电危害的场合，移动设备的接地线应在作业前连接好，作业完成后须经过规定的静置时间，方可拆除接地线。装拆接地线的连接点位置应尽量避开危险场所，且不应在装卸作业场所主导风向的下风方向。移动设备应采用制式规范的连接器与接地支线、干线相连，不得采用缠绕等不可靠的方法连接。移动设备应选用截面积不小于 10mm² 的铜芯软绞

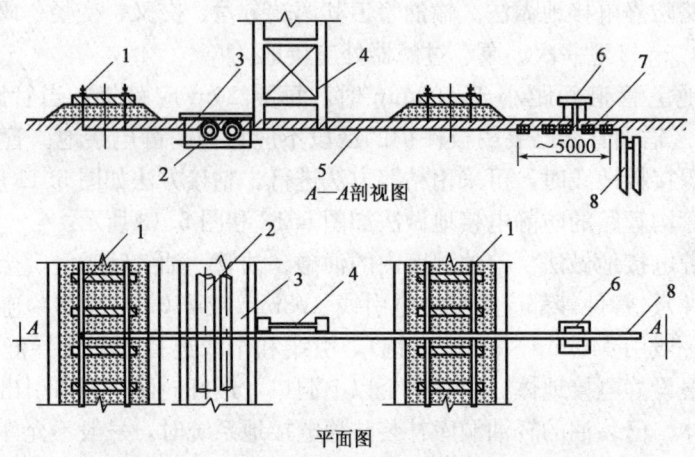

图 5.14 铁路装卸油设施的防静电接地示意图
1—钢轨；2—集油管；3—管沟；4—钢栈桥；5—接地引线；
6—接地测井；7—沥青绝缘涂层；8—接地体

线作接地连接线。在爆炸危险场所宜通过防爆开关将接地装置与被保护物体相连。用软管输送轻质油品时，应使用导静电软管。当使用内附金属丝（网）的胶（塑料）管时，在胶（塑料）管的两端必须将金属丝（网）与设备可靠连接并接地。轮式移动泵组的防静电接地插杆插入土壤中的长度不应小于 400mm，插杆不得涂漆和有油污，连接导线必须留有足够的长度余量。

（7）自动化计量设备的防静电接地。凡自动化仪表部件或系统组件，其装在油罐上及伸入油罐内部的管子均应采用密闭式金属导管，并保证安全可靠，罐内安装的部件必须做好防静电接地。一切漂浮部件除做好防静电接地外，还应设有导向装置限定漂浮位置。液位计仪表及部件必须与油罐罐体作可靠的电气连接。自动化电子计量灌装设备的防静电联锁装置必须可靠完好。

（8）防静电接地的管理要求。设备、管道等进行局部检修时，如会造成有关物体防静电连接回路断路或破坏等电位时，应事先做好临时性接地，检修完毕后及时恢复。每年春、秋季应对各防静电接地体电阻进行测量，并建立测量数据档案，如接地电阻不合格，应立即检修。应建立全库防静电接地分布图，详细记载接地点的位置，接地体的形状、材质、数量和埋设情况。

2）加入抗静电添加剂

油料容器的接地只能消除容器外壁的电荷，由于油料的电导率较小，油料表面及其内部的电荷很难靠接地泄漏。抗静电添加剂的作用不是"抗"静电，而是加入微量的这种物质时可以成十倍、成百倍地增加油料的电导率，使其电荷得不到积聚，加速静电泄漏，消除静电危险。

加入抗静电添加剂是消除静电的有效办法之一，但由于混合不匀或输送中的损耗，会导致油料中抗静电添加剂的浓度过低。这种抗静电添加剂浓度过低的油料通过有过滤器的装油系统时，反而会比不加抗静电添加剂的油料带电量大，这是由于抗静电添加剂的微粒通过过滤器时也会产生大量的静电。例如，含 $(0.05\sim0.15)\times10^{-6}$ 抗静电添加剂的油料通过过滤器产生的静电要增加 12 倍左右。尽管加入抗静电添加剂后油料的电导率增大了，能加速静电泄漏，但油料的带电量也增加了，仍然有可能增大油面电位。因此，加入抗静电添加剂的数量不能太低，以防出现相反效果。

国际空运协会标准规定,油料电导率为50～450pS/m,要求炼油厂油料电导率不低于180～200pS/m。我国国内抗静电添加剂的浓度一般为1×10^{-6}。多次使用证明,国产各牌号的航空煤油只要加入1×10^{-6}的抗静电添加剂,就可使电导率维持在140～210pS/m,这对炼油厂装车(各种铁路油罐车)是足够安全的。液体石油产品静电安全规程规定:在油品加入微量的油溶性抗静电添加剂,使其电导率达到250pS/m。

3)设置静电缓和器

静电缓和器是一个装在管线上的金属容器,可以看成一个扩大直径的管线段。它是一种结构简单并且消散电荷效果较好的装置。带电油料在进入容器之前先进入该装置中使流速减慢,使油料有一个相对的停留时间,大部分电荷流向大地,从而大大减少了进入容器的电荷,这就是缓和作用。

由于油料流动的连续性,在缓和时间内不断有新的电荷进入缓和器。要详细计算缓和器的容积比较复杂,但是在工程上没有必要确定精确的容积,因为静电荷只要求控制在一定范围,故进行近似计算就足够了。

4)设置静电消除器

静电消除器又称静电中和器,它是消除或减少带电体电荷的装置。静电消除器所产生的电子和离子与带电体上的电荷中和,从而可消除静电危险。按照工作原理和结构的不同,大体上可分为感应式、外加电压式、放射线式和离子流式四种。目前在灌装油罐车中只使用感应式静电消除器,因为它具有结构简单、使用方便以及消电效率高等优点。感应式静电消除器的结构如图5.15所示,主要由三部分组成,即接地钢管与法兰、内部绝缘管、放电针以及镶针螺栓。

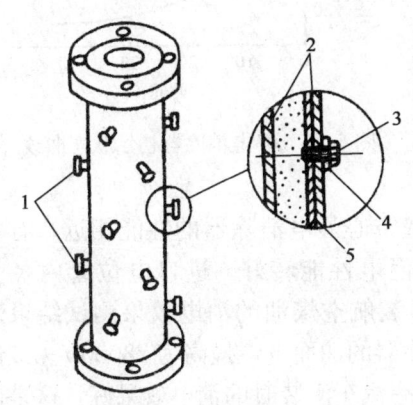

图5.15 感应式静电消除器结构示意图
1—放电针;2—绝缘套管;3—螺栓;
4—密封胶皮垫片;5—钢管

在长约1m的钢管内,衬有厚度为50mm的聚乙烯塑料套管。为了均匀地在油料内产生相反的电荷,放电针沿长度方向从钢管外壁穿过套管布置4～5排,每排3～4枚,并互相错开。为了方便检查维修,放电针的尾部用螺栓固定在钢管上随同钢管接地。放电针选用耐高温、耐磨的钨合金等材料制作,针体的直径为1～1.5mm,其一端经处理成尖形。因为油管中的油料一般都是紊流状态,即电荷在管路中大体上是均匀分布的,所以放电针不宜伸出管路内壁太长,一般突出管路内壁10mm左右为宜。图5.16所示为近年来改进后的薄壁空腔感应式静电消除器。它是选用玻璃或玻璃钢做成双层管或单层管,使用时在真空腔内充满航空煤油或其他高阻油料,亦可用输送油料作为电介质充满空腔,这样可减少重量,降低成本。

静电消除器的消电原理是建立在尖端放电的基础上,设管内流动的油料带正电,插入油料中的针尖感应出负电荷,如图5.17所示。因为曲率半径越小处的感应电荷密度越大,因而针尖处的电荷密度最大,针尖附件的电场最强。当针尖附近的电场强度增大到足以电离其附近的油料时,针尖产生了电晕放电。电晕放电的负离子去中和管中油料的正电荷,正离子通过针尖传至大地,因而使油料中的电荷减少。静电消除器的针尖能否产生电晕放电,取决于油料中原来的电荷密度,电荷密度很小,消除器的消电作用很微弱;电荷密度越大,消除器针尖产生的离子越多,消电效果越好。

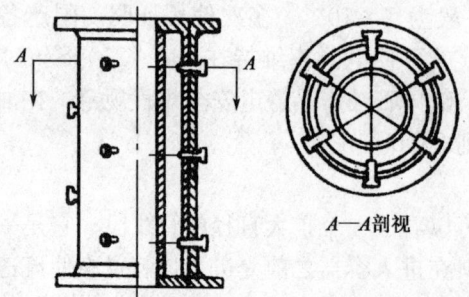

图 5.16 薄壁空腔感应式静电消除器结构示意图

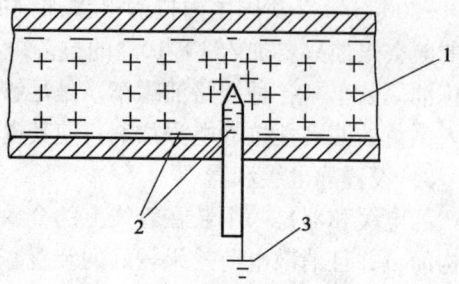

图 5.17 感应式静电消除器消电原理示意图
1—正电荷;2—电离的负离子;3—接地

图 5.18 是静电消除器出口电荷密度随时间变化的曲线。从图中可以看出,静电消除器达到稳定消电状态有一个短暂的过渡过程。从通油到达到稳定电荷密度的时间称为接通时间,接通时间为 20~30s。从使用角度来看,希望这个时间越短越好。但这并不是说在接通时间内工作就不安全,因为在给油罐等加油时,其初始允许电荷密度总是要高一些。

根据国内有关单位对油罐汽车加油试验的结果表明,感应式静电消除器能有效地降低油面电位,大体上使油罐汽车装车的油面电位自 20000V 降至 300~

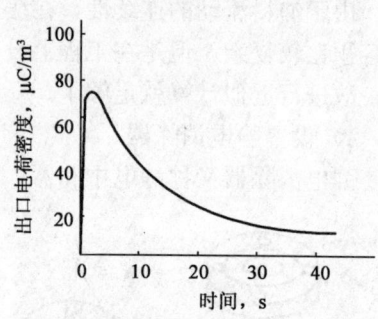

图 5.18 静电消除器初始状态曲线

400V。从试验结果看出,厚壁静电消除器的性能与薄壁空心静电消除器的性能相近。有关单位的试验还说明,静电消除器长度为 1m 左右,其消电性能转好。进口电位管内径为 203mm、长为 1m 的感应式静电消除器对铁路油罐车灌装航空煤油的消电效果测试结果表明,铁路油罐车油面电位最高为 16000V,不经静电消除器的油面电位最高为 28000V。该试验结果表明,静电消除器有一定的消电效果,但不如油罐汽车灌装时的消电效果好,这是由于铁路油罐车装车时油面流速较低(1.78m/s),油料在管线中产生的静电较少;另一个原因是铁路油罐车的容积约为油罐汽车的 15 倍,而其罐体对地电容大于油罐汽车的电容又不到 15 倍,因此,铁路油罐车内的油面电位要高些(在相同的电荷密度下)。尽管静电消除器对降低铁路油罐车的油面电位效果不理想,但今后若需要增加装油流速或由于其他原因增加了油料的静电,静电消除器就能发挥更大的作用。

油料经静电消除器后流入输油管又要产生静电,为了使产生的静电尽量少,应把静电消除器装在离鹤管较近处。

5)经过过滤器时油料要有足够的漏电时间

经过过滤器的油料,由于其与过滤器发生剧烈摩擦,大大增加了接触和分离的强度,可能使油料的电压增加 10~100 倍。图 5.19 给出了汽车罐车装油时油料静电电荷分布情况。显然,油料经过过滤器,大大增加了油料中的静电。

为了弄清泵、管线和过滤器各部位产生静电情况,有人作了综合运转试验,其试验装置如图 5.20 所示。

对按图组成的系统用绝缘法兰将各部分互相绝缘,通过接地微安表测出各部分产生的静电电流,其结果列于表 5.10。

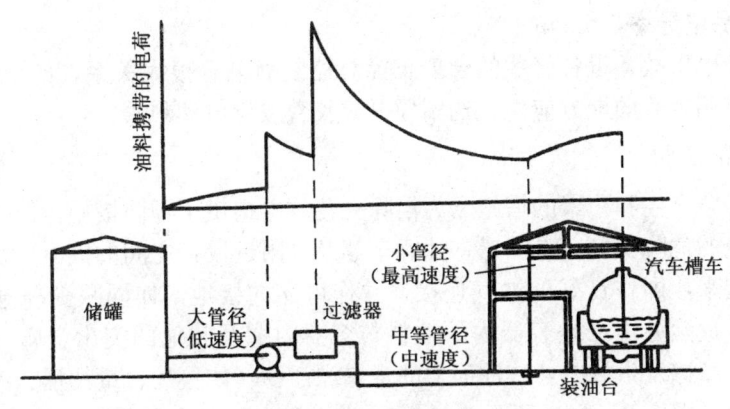

图 5.19　汽车罐车装油时静电电荷分布图

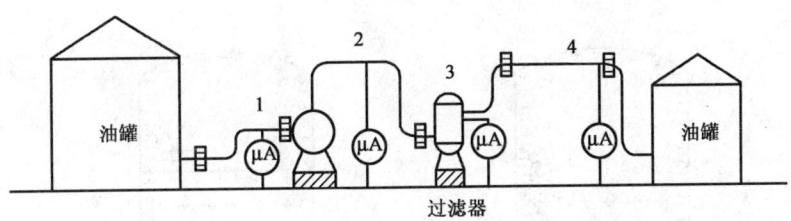

图 5.20　泵、管线和过滤器各部位产生静电试验装置图
1—油罐至泵的管线；2—泵出口管线；3—过滤器；4—过滤器至油罐的管线

表 5.10　不同部位产生静电情况比较

流量，m³/min	各部位电流值，μA			
	1	2	3	4
0.4546	0.023	0.028	1.35	0.17
0.9092	0.030	0.068	2.45	0.37
1.3638	0.085	0.100	4.00	0.80
1.6820	0.090	0.220	5.40	1.75

上述试验数值表明，过滤器是一个静电发生源，其产生静电的大小与过滤器的结构形式、滤芯材料有关。

为了避免把大量电荷注入容器，对装有过滤器的油料管线，在其出口要留有一定长度或保证流经一定时间，将大量电荷泄漏掉，再注入容器。这个长度称为缓和长度；若以时间计，称为缓和时间。现行静电规程规定经过过滤器的油料应有 30s 以上的缓和时间，因此通过过滤器的油料通常在接地管线中继续流经 30s 以上的管长后才允许进入容器。

当管线长度受到限制不能满足缓和时间要求时，可考虑设计一个容器使油料在容器内有一个暂时的相对停留，其停留时间一般应达到缓和时间的 3 倍，这个容器称为缓和器。

缓和时间可按式（5.3）计算：

$$t = \frac{\varepsilon_r \varepsilon_0}{\sigma} \tag{5.3}$$

式中　t——缓和时间，s；

　　　ε_r——油品相对介电常数；

ε_0——真空介电常数，pF/m；

σ——油品电导率，pS/m。

为了避免静电事故，设备管线的合理布置对控制静电有很大关系，如管线尽量少拐弯、变径等；必须使用软管的地方应优先选用导电橡胶管或导电塑料管。

3. 消除火花放电

采取减少静电产生和积聚的措施已为消除火花放电提供了预防措施，但仍有放电的危险存在。火花放电的危险源之一是油罐、油罐车等及其附近设备之间的放电。防止办法之一是将它们都跨接起来，即作良好的电气连接，并作可靠的接地，如同减少静电积聚的方法一样。火花放电的危险源之二是容器内的油料与容器内壁及其他的突出金属（如毛刺、加油栓、鹤管口等）摩擦发生放电，或油面上的金属漂浮物（如垫片、量油桶、浮子等）与容器壁摩擦发生放电。图5.21（a）所示为油罐内壁的火花促发物与油面的放电，图5.21（b）所示为油罐内壁与油面上火花促发物的放电。

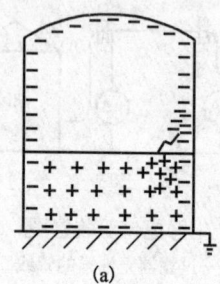 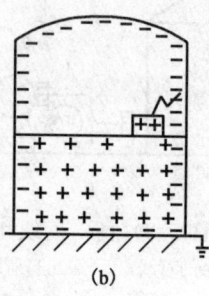

图5.21 油罐内部火花放电示意图

防止这种火花放电的方法是严格执行有关规定，主要有：

（1）装油过程中严禁上油罐或罐车进行人工检测、测温、采样等作业。装油完毕后，必须静置一段时间才能进行人工检测、测温和采样，其中，铁路油罐车静置应大于2min，汽车油罐车静置应大于2min；容量小于5000 m³油罐的静置时间应小于10min，等于或大于5000 m³油罐的静置时间应小于30min。

（2）给油罐车加油时，鹤管管口应插至罐车底部。

（3）油料加注、用车辆运输等过程中以及未达到静置时间时，严禁有任何金属体落入容器内或不接地的金属物体浮于油料表面。

5.4.2 防止人体静电引燃引爆

人体可能带上静电，而且还可能引起火灾等事故，因此研究人体静电的产生、影响因素、危害及防止方法是很必要的。

1. 人体静电的产生方式

油库中，爆炸危险场所作业人员频繁地接触设备，可能由于自身带电造成事故。人体静电带电有以下三种来源：

（1）自身活动产生静电带电。如人体在工作中与物体相接触摩擦，人体穿脱衣服、帽子、手套时，人穿绝缘鞋在地面行走时，都可能使人体带电。

（2）人体与带电体接触。人体与其他带电物体相接触，电荷迁移至人体，引起人体带电。如人体接触静电带电体，电荷移向人体或悬浮的带电物体或离子等附着于人体，使人体带电。

(3) 人体接近带电体。当人体接近带电体时，由于静电感应将引起人体带电，带电体带正电，则人体感应带负电，反之则带正电。

2. 影响人体静电的因素

(1) 人体运动速度。人体操作速度、行走速度对产生静电效率有很大影响。操作速度、行走速度越高，衣物之间、鞋与地面之间接触和分离的速度越大，单位时间内产生的电量也就越高。例如，同样是穿塑料鞋的人在工业橡胶板地面上行走，走快时产生静电可达－2500V，走得慢时产生静电仅为－800V；又如，同样用干布擦油漆桌面，动作快的人产生静电达3100V，动作慢的仅为1000V左右。

(2) 衣服材料。人体穿着的内、外衣由于材料不同，在穿、脱情况下所产生的静电也有差异。穿着各种材料的内、外衣在穿脱情况下所产生的静电见表5.11。由此表可以看出，人穿的内、外衣为化纤织品或毛织品时产生的静电高，在穿脱时形成蓝色火花，可以引燃引爆油蒸气。因此，经常在油库泵房、罐间工作的人员和从事装卸作业的人员应避免穿化纤衣服，应穿棉织品的内、外衣和防静电鞋；切勿用化纤和丝绸类纱布去擦拭油泵、油罐口、量油口、油船舱口；在有爆炸和火灾危险场所设置座椅，也勿选用人造革或化纤类靠垫的座椅。

表5.11 穿脱各种材料的内、外衣时产生的静电值

材料		静电电压，V		
内衣	外衣	穿上时	穿后5min	脱下时
棉织	棉织品	0	0	－500
	羊毛织品	0	10	－4500～4800
	合成纤维品	－100～200	－100～300	0～400
合成纤维	棉织品	10～30	20～30	600～1500
	涤棉织品	－10	－30～－5	—
	羊毛织品	50～300	80～150	—

(3) 人体对地电阻。人体对地电阻对人体的带静电量和静电电位也有影响。在起电速度一定的条件下，人体对地电阻越大，对地放电时间常数越大，静电消散越慢，人体饱和带电量越大，人体静电电位越高。例如，地面干燥时，人体对地电阻比地面潮湿时大，因此，人在干燥地面上行走产生的静电电位比在潮湿地面上行走所产生的静电电位要高。

3. 人体静电的危害

在油库中，人体静电的危害主要表现在两个方面。首先，人体静电带电的放电可能引起油料的燃烧和爆炸事故。例如，人体电容取200pF，当人体静电电位达到2000V时，人在触及导体而发生火花放电时放出的能量达0.4mJ，比石油蒸气混合气的最小引燃能量0.2mJ高出许多，如果遇到合适浓度的油蒸气，足以引燃引爆。其次，人体静电放电产生的电击可能引起人体的不快感和恐惧感而导致工作效率降低甚至发生事故。

4. 油库防止人体静电危害的措施

(1) 设人体排静电体。在爆炸危险场所的入口处（如储油洞口、泵房门上、露天油罐上

梯口等），应设置人体排静电体，也可直接利用接地的金属门、拉杆、支架等作为人体手握接地体。人体进入爆炸危险场所前，应将手或带防静电手套触摸排静电体，以导走所带静电。当环境相对湿度大于80%时，人员进入危险场所前可不触摸排静电体。

（2）穿防静电服和防静电鞋。防静电服是指为了防止人体静电积聚，采用防静电织物缝制的工作服。穿防静电服不仅可以降低人体电位，还可以避免服装带高电位引起的灾害。防静电服分为A级和B级。每件防静电服的带电电荷量必须小于$0.6\mu C$，耐洗涤时间：A级不小于33h，B级不小于16.5h。

防静电鞋是指鞋底用电阻较小的导电性材料制作的鞋，不仅具有防止人体静电积聚的性能，而且还能防止因触及工频电而导致人体电击。防静电鞋的电阻值为$10^5 \sim 10^8 \Omega$，目的是将人体接地，既防止人体和鞋本身带电，又可防止人体万一触及带电的低压线而发生触电事故。穿防静电鞋必须考虑所穿袜子为薄尼龙袜或导电性袜子，禁止在鞋底上贴绝缘胶片，并定期检查。普通尼龙袜的接地电阻在$10^9\Omega$以下，但脚汗少的人的袜子绝缘性也不可忽视；穿长筒袜，其泄漏电阻一般允许有所提高，见表5.12。

表5.12 对防静电鞋的要求

长筒袜种类	脚汗分泌	泄漏电阻，Ω		
		未穿过的或新洗的	穿2h	穿20h
普通尼龙袜 普通轻薄的棉袜	大量	—	$10^3 \sim 10^6$	$0 \sim 10^3$
	一般		$10^3 \sim 10^5$	$10^3 \sim 10^6$
	少量		$10^3 \sim 2 \times 10^6$	$10^3 \sim 10^7$
牢度一般的羊毛袜和普通毛袜	大量	$10^5 \sim 5 \times 10^7$	$10^3 \sim 10^4$	$0 \sim 10^6$
	一般		$10^3 \sim 10^6$	$10^3 \sim 10^5$
	少量		$10^3 \sim 10^7$	$10^4 \sim 10^7$
普通厚型的羊毛袜、羊毛短袜	大量	10^8	$10^3 \sim 10^5$	$0 \sim 10^6$
	一般		$10^3 \sim 10^7$	$10^4 \sim 10^6$
	少量		$10^3 \sim 10^8$	$10^5 \sim 10^7$

在爆炸危险场所工作人员应穿防静电服和防静电鞋。

（3）危险场所严禁穿脱衣服。在危险场所作业时，不准穿脱衣服。因为脱衣服时，人体和衣服上产生的静电可能达到数千伏的高电位，相应形成火花放电而点燃可燃性混合气体发生爆炸的概率大；在危险场所不应戴非导电手套操作，用防护手套要符合防静电要求。

5.4.3 防止其他物体摩擦产生的静电引燃引爆

在油库中，除了油料在储存和输转过程中产生的静电和人体静电易引起静电火灾以外，其他物体摩擦产生的静电也不容忽视。对于易燃易爆场所中可能存在相对移动的物体，应避免选用电阻率高的绝缘材料，且相对移动速度应控制在较小范围内，以防止静电引燃引爆。在以下两种作业中尤其应注意这一点，也有相应的严格规定。

1. 检尺、测温、采样作业

测温盒和采样器严禁选用绝缘绳套。测绳和油尺应选用单位长度电阻值为$1 \times 10^5 \Omega \cdot m$，或表面电阻率和体积电阻率分别低于$1 \times 10^9 \Omega \cdot m$及$1 \times 10^8 \Omega \cdot m$的静电亚导体材料。使用时，绳套末端应与罐体作可靠接地；储罐测量口必须装有铜（铝）测量护板，钢卷尺、测温盒绳、采样器绳进入油罐时必须紧贴板下落和上提。检尺、测温、采样时不得猛拉猛提，上提速度不应大于 0.5m/s，下落速度不应大于 1m/s。严禁在测量口附近用化纤布擦拭检尺、测温盒和采样器。

2. 设备、器具清洗作业

严禁在爆炸场所内使用化纤、丝绸材质制成的拖布拖擦物体和设备；严禁使用汽油、煤油洗涤化纤衣服。

5.4.4 油库防静电危害的安全管理

（1）油库必须对全体工作人员进行防静电危害安全教育，在每年的业务训练中安排相应的训练内容。油库安全规章制度、设备检查、安全评比都要有防静电方面的具体要求。

（2）每年春、秋季应对各静电接地体的接地电阻进行测量，并建立测量数据档案。若接地体的接地电阻不合格，应立即进行检修。

（3）应建立全库静电接地分布图，详细记载接地点的位置，接地体形状、材质、数量和埋设情况等。

（4）及时检查、清查油罐（舱）内未接地的浮动物。

（5）在爆炸危险场所作业人员必须使用符合安全规定的防静电劳动保护用品和工具；严禁穿脱、拍打任何服装，不得梳头和互相打闹。

（6）油库必须配备静电测试仪表，根据不同环境条件及对象，进行静电产生状况普查和检测，并针对实际存在的问题制定整改和预防措施。

（7）所有防静电设施、设备必须有专人负责定期检查、维修，并建立设备档案。静电防护用品应符合国家有关规范规定，不得使用伪劣、无合格证号或过期失效产品。

（8）油库技术部门应了解本库所储油品的静电特性参数，并掌握测量方法，了解静电危害的安全界限及减少静电产生的措施。

（9）怀疑为静电引燃的事故，除按常规进行事故调查分析外，还应按《防止静电事故通用导则》（GB 12158—2006）中的相关规定进行分析与确认。

（10）作出静电引燃事故结论，必须有劳动保护研究权威机构出具鉴定或验证证明书。

5.5 油库防止雷电危害

雷电是自然界中常见的一种特殊的静电放电现象，由于其在极短时间内放出巨大的能量，如果油库中的易燃易爆场所遭受雷击，就极易造成火灾等事故。虽然雷电几乎是无法控制的，但控制和减少它的危害是可以做到的。

5.5.1 雷电的形成

雷电是常见的、无法控制的一种自然现象。它是雷云（带有不同极性电荷聚积的云团）在一定条件下对大地或大地上物体（人、畜、各种设备）发生放电，或者雷云与雷云之间相互放电。雷电的形成与大气湿度、温度和地形有关，是自然界中特殊的静电放电现象。关于雷云中电荷的形成有各种理论，国内外学者对它进行了长期的观察和研究，目前还没有一种理论可以满意地解释全部雷电现象。其中，有一种冰晶与冰块带电说，它认为由饱和热空气凝成的水滴上升到高空中遇冷结成冰粒、冰块后逐渐下降，在降落途中会粘住相遇的水滴，于是冰粒或冰块周围形成一层水膜，在冰粒（块）与水膜的界面上产生电位差，冰粒（块）带负电，水膜带正电。此后，随着冰粒（块）粘住的水滴不断增多，水膜不断加厚，它们的下降速度也加快，最后水膜层被上升的气流吹散，成为许多带正电的小水滴，这些小水滴被上升的气流带到云层的顶部，在那里遇冷凝结，并形成带正电的冰晶区，而冰粒（块）则下降到云层底部并融化形成带负电的液水区。大多数（约85%）的雷云是顶部带正电、底部带负电的。

随着雷云上下部分电荷的聚积，雷云的电位逐渐升高，产生的电场强度也逐渐增强。当电场强度达到 10^6 V/m 以上时，雷云之间的气体被击穿而发生火花放电，即片状雷。

当雷云较低时，会使大地或地面物体感应出与雷云底端符号相反的电荷。当这个电场强度足以击穿空气时，雷云与大地之间发生放电，即落地雷。放电时放出强烈闪光，由于放电时温度高达20000℃，空气受热急剧膨胀，发出爆炸的轰鸣声，这就是闪电和雷鸣。因此说雷云的放电可以在雷云之间，也可能在雷云与大地（或地面物体）之间。

5.5.2 雷电的种类

按雷电的不同形状可将雷电分为以下三种形式。

1. 线状雷

线状雷是最常见的，它是发生在雷云和大地或地面物体之间的放电，又称落地雷。它是呈曲折的枝叉纵横的巨型电弧，其通道长一般为2~3km，有时大于10km。

2. 片状雷

片状雷的电弧通道呈片状，发生在雷云之间，破坏性不大。

3. 球状雷

球状雷是一种特殊的雷电现象，简称"球雷"。"球雷"是一种紫色或红色的发光球体，直径从几毫米到几十米，存在的时间一般为3~5s。"球雷"通常是沿着地面大约以2m/s的速度滚动或在空中飘行，并且还会通过缝隙进入室内。"球雷"碰到障碍物便发生爆炸，并往往引起燃烧。

5.5.3 雷电的危害

雷电不仅能击毙人、畜，劈裂树木、电杆，破坏建筑物及各种工农业设施，还能引起火灾和爆炸事故。雷电的火灾危险性主要表现在雷电放电时所出现的各种物理效应。雷云内部的放电一般不会造成危害，雷云对大地放电则可能造成危害。雷电造成的危害分为直接雷电危害、间接雷电危害和雷电波侵入危害等。

1. 直接雷电危害

直接雷击会造成电效应、热效应和机械效应，它们的破坏作用都是很大的。

（1）电效应。当雷云对大地放电时，雷电流直接通过具有电阻或电感的物体时，因雷电流的变化率很大（几十微秒时间内变化几万安甚至几十万安），能产生高达数万伏甚至数十万伏的冲击电压,足以烧毁电力系统的发电机、电力变压器、断路器等电气设备的绝缘,烧断电线或劈裂电杆,造成大规模停电;绝缘损坏还能引起短路,导致可燃、易燃、易爆物品的火灾或爆炸;反击的放电火花也可能引起火灾或爆炸;绝缘破坏还会造成高压窜入低压和设备漏电的隐患,可能引起严重的触电事故;巨大的雷电流流入地下,会在雷击点及其连接的金属部分产生极高的对地电压,可能直接导致接触电压和跨步电压的触电事故。

(2) 热效应。因为极强雷电流通过导体时能使放电通道的温度高达数万摄氏度,在极短的时间内将转换成大量的热能,雷击点的发热能量为 500~20000J,这一能量可熔化 50~200mm² 的圆钢。当金属油罐遭到雷击时,雷击部位会产生强烈的电弧,使油罐金属熔化、飞溅,可能点燃油蒸气,引起火灾或爆炸事故。

(3) 机械效应。雷电流作用于非导体(如砖、混凝土罐、房屋、树木和山石等)上,由于雷电的热效应,使被击物缝隙(树木内部的纤维缝隙、砖石结构中间的缝隙)中的气体剧烈膨胀,同时使水及其他物质分解为大量气体,因而在被雷击物体内部出现强大的机械压力(机械效应),致使被击物体遭受严重破坏或造成爆炸。机械效应对非金属罐造成极大的威胁。此外,发生雷击时,其气浪也有一定的破坏作用。

2. 间接雷电危害

雷电的间接危害分为雷电流引起的静电感应危害和电磁感应危害。

(1) 静电感应危害。雷云的静电感应危害是指带电的雷云接近地面时,对导体可感应出与雷云符号相反的电荷。发生雷击时,雷云的电荷迅速消失,处于雷云与大地之间放电通路中的接地导体的感应电荷能迅速消失,使雷云与大地间电场消失,但对地绝缘导体或非导体等建筑物或设备顶部的大量感应电荷不能迅速导入地壳,感应静电荷的存在使之产生很高的对地电压。这种对地电压称为静电感应电压。静电感应电压往往高达几万伏,可以击穿数十厘米的空气间隙,发生火花放电。这种放电电流虽然很小,但足以引起可燃气体燃烧或爆炸。例如,浮顶油罐的浮盘与罐壁之间若等电位连接不良,浮盘上的静电感应电荷就可能对罐壁放电,并可能引起油气着火。

因此,金属油罐接地良好,不易形成静电感应电压;若接地不良,则静电感应电压可以引起不连接处击穿空气而形成火花放电;室外架空管道若不接地,在平行的两管之间或绝缘法兰垫片两侧间可能击穿空气而形成火花放电;因非金属油罐上感应电荷不易导走,同性电荷之间即产生了冲击性的相斥作用,可以将非金属罐炸裂。可见雷云静电感应的危害和直接雷电危害一样,可引起火灾和爆炸事故。

(2) 电磁感应危害。雷电具有很高的电压和很大的电流,同时又是在极短暂的时间内发生的,当雷电流通过导体而导入大地时,在其周围的空间里将产生强大的交变电磁场。这不仅会使处在这一电磁场中的导体感应出较大的电动势,而且还会在构成闭合回路的金属物体上产生感应电流。此时如回路上有的地方接触电阻很大或有缺口,就会局部发热或击穿缺口间的空气而形成火花放电,引燃可燃气体。

金属油罐接地、室外架空管道跨接并接地、泵房内机泵管道接地都可以导走电磁感应电流。

3. 雷电波侵入危害

雷击在架空线路、金属管道上会产生冲击电压,使雷电波沿线路或管道迅速传播(传播速度分别为 0.15m/s 和 0.3m/s),若侵入建筑物内,可造成配电装置和电气线路绝缘层被击穿造成短路,引起建筑物内的易燃、易爆物品燃烧或爆炸。

4. 防雷装置上的高电压对建筑物的反击作用

当防雷装置受雷击时,在接闪器、引下线和接地体上都具有很高的电压,它足以击穿3m以内的空气而形成火花放电,这种现象称为"反击"。例如,防雷装置与建筑物内外的电气设备、电气线路或其他金属管道的距离小于3m时,它们之间就会发生放电,可引起电气设备绝缘破坏和金属管道击穿,甚至造成易燃、易爆物品着火和爆炸。

5.5.4 防雷装置

常见的防雷装置有避雷针、避雷线、避雷网、避雷带和避雷器。一套完整的防雷装置包括接闪器、引下线和接地装置。上述避雷针、避雷线、避雷网、避雷带实际上都只是接闪器,而避雷器是一种专门的防雷设备。避雷针主要用来保护露天变配电设备和建(构)筑物。避雷线主要用来保护电力线路。避雷网和避雷带主要用来保护建筑物。避雷器主要用来保护电力设备等。总之,防雷装置能防止直接雷击或将雷电流引入大地,以保证人身及建(构)筑物的安全。

油罐中储存大量易燃、可燃油料,一旦遭到雷击,可能发生严重的火灾爆炸事故,因此油罐防雷问题已引起人们的重视。下面将讨论目前常用的防止油罐遭受直接雷击的防雷装置——避雷针。

避雷针分为独立避雷针和附设避雷针。独立避雷针是离开建筑物单独装设的;附设避雷针是装设在建(构)筑物上的。

1. 避雷针的结构

1)接闪器

接闪器又称受雷器,是直接接受雷电的金属构件。其所用材料、尺寸应能满足机械强度和耐腐蚀的要求,还要求有足够的热稳定性,能防止雷电流的热破坏作用。

避雷针一般采用镀锌圆钢或者打扁并焊接封口的镀锌钢管制成。针长小于1m,圆钢直径不得小于12mm,钢管直径不得小于20mm;针长为1~2m时,圆钢直径不得小于16mm,钢管直径不得小于25mm。

2)引下线

引下线为避雷装置的中间连接部分,上接接闪器,下接接地装置。其作用是将雷电流自接闪器引入接地装置。对引下线所用材料的要求和接闪器相同。引下线应短而直,避免转弯和穿越铁管闭合结构,以防止雷电流通过时因电磁感应而形成火花放电。

引下线一般采用圆钢或扁钢。圆钢直径不得小于8mm,扁钢厚度不得小于4mm,截面积不得小于48mm^2。如用钢绞线作引下线,其截面积不应小于25 mm^2。

利用钢筋混凝土杆或钢结构支架支撑受雷器时,可以利用钢筋或钢结构支架本身作为引下线;金属油罐本身亦可作为引下线,不必另设引下线。

3)接地装置

接地装置是防雷装置的重要组成部分。它是指埋设在地下的接地体和接地线的总称,用来向大地泄放雷电流,限制防雷装置对地电压不至于过高。

接地装置的设置方法可参照有关油库电气设备教材和本章的静电接地内容。所不同的是防直接雷击的接地装置的接地电阻应不大于10Ω,同时为防止雷击反击,接地体埋设位置距被保护的建（构）筑物不应小于 3m，并应远离受高温影响而使土壤电阻率升高的地方。为了防止跨步电压伤人，在埋设接地体的地面上应铺 50～80mm 厚的沥青绝缘层。

2. 避雷针的保护作用

雷电总是先导向电场强度最大的方向，因为电场强度越大的方向上空气越易被击穿。较高建筑物与雷云之间距离较近，在高建筑物上电场强度较大。在某一高度上，由于避雷针造成一定高度范围内的空间电场发生畸变，畸变的电场对下行先导的发展路线将产生影响，使先导开始定向前进，直到与避雷针相接，把畸变电场能够造成下行先导定向发展的高度称为定向高度。定向高度大小会受到避雷针高度、周围其他物体的高度及雷云带电多少的影响。一般来说，避雷针高度越高，其他物体越低，雷云带电量越大，定向高度越高。

当雷云的下行先导在较高的高度时，其发展方向仅由雷电下行先导本身及其周围气体电离情况决定，不受地面物体影响；但是当雷云下行先导前进到距地面一定高度时，即雷电定向高处，雷云下行先导放电的方向开始受到地面物体的影响。例如，某一地区相邻两块土壤，其电导率相差较大，由于雷云的下行先导接近地面时使地面（或物体）受到感应，而引起地面（或物体）产生与雷云相反电荷的聚积，这种聚积向土壤电导率高的方向发展，这就是雷电"择地而击"的现象。避雷针正好起到了这样的作用，即由于避雷针高度较高，并且具有良好的接地，随着下行先导的带电，避雷针上因静电感应而聚积了与雷云相反的电荷，使其针上和附近的电场强度显著增强；当雷云的下行先导前进到定向高度时，电场开始发生畸变，雷云下行先导放电途径由原来可能向被保护设备发展的方向转到避雷针方向，然后将雷电流按预定通路导入大地，这就是避雷针的保护作用原理。

如图 5.22 所示，雷云位于 a（在避雷针的正上方）时，接地的避雷针感应出与雷云下端相反的电荷。因为避雷针比其周围建筑物高而且尖，其感应电荷的电场强度比周围建筑感应电荷的电场强度大得多，使避雷针附近的空气较容易被击穿，使雷云对大地发生放电。这是因为避雷针针尖附近的空气已被击穿，通过避雷针放电是最有利的路径，即避雷针吸引了雷云，使雷电流经避雷针入地，避免雷电经其附近的建筑物入地。

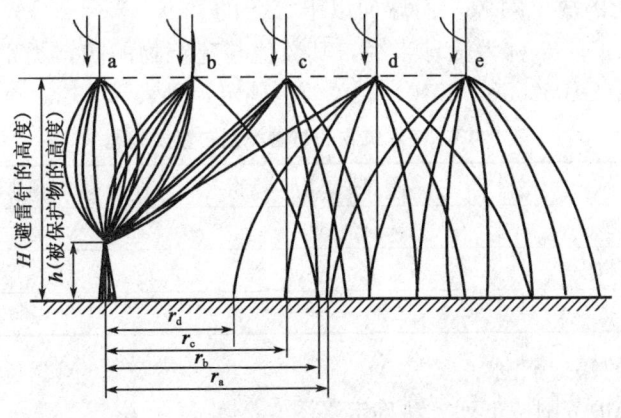

图 5.22 单支避雷针的保护作用及保护范围

当雷云位于 b 点时，大部分雷击仍然落在避雷针上，但也有偶然几次雷击落在离避雷针一定距离 r_b 的大地上。雷云在此位置时若发生放电，避雷针对半径为 r_b 以内的建筑物都起了保护作用。当雷云位于 c 点时，因避雷针离雷云较远，针尖上感应电荷密度比雷云在 a、b 位置时小，针尖附近电场较弱，没有为雷云对避雷针放电提供很有利的条件，因而雷云对大地放电概率增大,对避雷针放电概率减小,避雷针的保护半径也减小了($r_c<r_b$)。当雷云继续移至 d 点时,只有偶然的个别雷会击落在避雷针上,此时的保护半径 r_d 更小了($r_d<r_c$)。当雷云移至 e 时,所有雷击都落在离避雷针较远的地方。因此,单支避雷针对地面建(构)筑物有一定的保护范围,如图 5.22 中的 r_d 即为避雷针对地面的保护半径。

3. 避雷针的保护范围

受到避雷针某种程度保护的空间称为避雷针的保护范围。避雷针的保护范围可根据模拟实验及运行经验确定。应该指出,位于避雷针附近的任何空间都能受到避雷针的保护,只是受到保护的程度不同而已。一般来说,距离避雷针越近的空间受到保护的程度越高,遭到雷击的可能性越小。因此,避雷针的保护范围总是相对于一定的雷电穿越概率来说的。要求的雷电穿越概率越低,避雷针的保护范围越小;要求的雷电穿越概率越高,保护范围越大。由于雷电放电途径受很多因素影响,要想保证被保护物绝对不遭到雷击是很不容易的。我国现行公式和图表所能确定的避雷针保护范围是指 1000 次雷击中落于保护范围内的次数少于一次的空间,即落于保护范围边界上的概率为 0.1%。避雷针的保护范围与避雷针的高度、数目、相对位置、雷云高度以及雷云对避雷针的位置等因素有关。

各种情况下避雷针的保护范围均可用折线法或滚球法求得。滚球法计算精确度较高,是国际电工委员会推荐的方法。

滚球法是一种形象的叫法,这种方法是以放电路径几何距离的长短作为避雷针保护范围的判据。假设雷电先导是一个自由发展的放电,它首先从雷云出发,不受地面任何特征的影响。当雷电先导到达定向高度时,电场才开始向地面的突出目标偏转。如果以这个定向高度作为球的半径 h_r,以偏转点 P 为球心作球,那么球面所触及的就是可能放电对象,而球面未接触到的则可得到保护。如图 5.23 所示,球面接触到的避雷针和大地就是可能的放电对象,而球面以下部分的

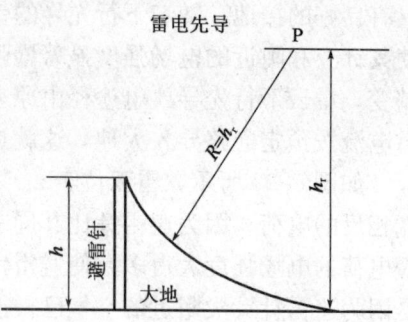

图 5.23 避雷针的保护范围

空间物体都将得到保护。h_r 称为滚球半径,其数值与建筑物的防雷类别有关,可根据《建筑物防雷设计规范》(GB 50057—2010)相关要求确定,见表 5.13。

表 5.13 按建筑物的防雷类别布置接闪器

建筑物防雷类别	滚球半径(h_r),m	避雷网网格尺寸,m
第一类防雷建筑物	30	≤5×5 或 ≤6×4
第二类防雷建筑物	45	≤15×15 或 ≤12×8
第三类防雷建筑物	60	≤20×20 或 ≤24×16

1) 单支避雷针的保护范围

单支避雷针的保护范围按下列方法确定(图 5.24)。

(1) 当避雷针高度 $h \leqslant h_r$ 时:

① 距地面 h_r 处作一条平行于地面的平行线。

② 以针尖为圆心、h_r 为半径作弧线交于平行线的 A、B 两点。

③ 以 A、B 为圆心、h_r 为半径作弧线,该弧线与针尖相交并与地面相切。从此弧线起到地面止就是保护范围。保护范围是一个对称的锥体。

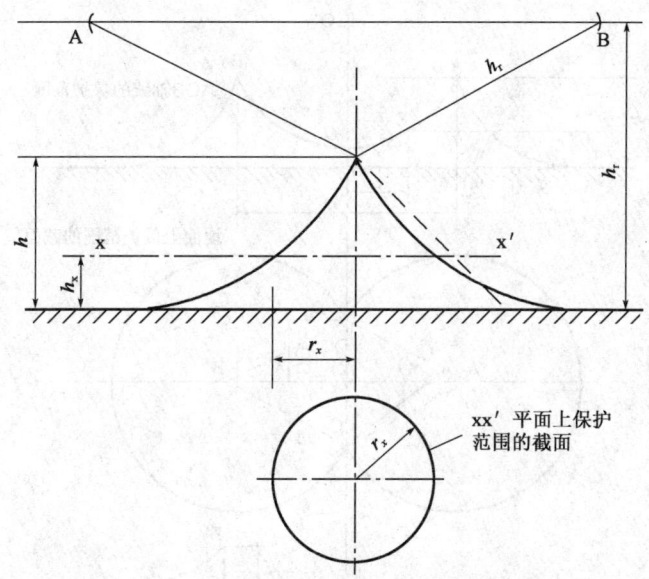

图 5.24 单支避雷针的保护范围

④避雷针在 h_x 高度的 xx′平面上的保护半径按式（5.4）计算：

$$r_x = \sqrt{h(2h_r - h)} - \sqrt{h_x(2h_r - h_x)} \tag{5.4}$$

式中：r_x——避雷针在 h_x 高度的 xx′平面上的保护半径，m。

（2）当 $h > h_r$ 时，在避雷针上取高度 h_r 的一点代替单支避雷针针尖作为圆心，其余的作法同上。

2) 双支等高避雷针的保护范围

双支等高避雷针的保护范围如图 5.25 所示。

在 $h \leqslant h_r$ 的情况下，当 $D \geqslant 2\sqrt{h(2h_r - h)}$ 时，可按单支避雷针的方法确定保护范围；当 $D < 2\sqrt{h(2h_r - h)}$ 时，按下列方法确定：

(1) ADBC 外侧的保护范围按照单支避雷针的方法确定。

(2) C、D 点位于两针间的垂直平分线上，在地面每侧的最小保护宽度按式（5.5）计算：

$$b_0 = \overline{CO} = \overline{DO} = \sqrt{h(2h_r - h) - (0.5D)^2} \tag{5.5}$$

在 AOB 轴线上，距中心线任一距离 x 处，其保护范围上边缘的保护高度 h_x 按式（5.6）确定：

$$h_x = h_r - \sqrt{(h_r - h)^2 + (0.5D)^2 - x^2} \tag{5.7}$$

实际上，该保护范围上边线是以中心线距离地面 h_r 的一点 O′为圆心，以 $\sqrt{(h_r - h)^2 + (0.5D)^2}$ 为半径所作的圆弧。

(3) 两针间 ADBC 内保护范围的确定。ACO、BCO、ADO、BDO 各部分是类同的，以 ACO 部分的保护范围为例，按以下方法确定：在任一保护高度 h_x 和 C 点所处的垂直平面上以 h_x 作为假想避雷针所在高度，按单支避雷针的方法逐点确定（图 5.25 中的剖面图）。

3) 双支不等高避雷针的保护范围

在 $h_1 \leqslant h_r$ 和 $h_2 \leqslant h_r$ 的情况下，当 $D \geqslant \sqrt{h_1(2h_r - h_1)} + \sqrt{h_2(2h_r - h_2)}$ 时，各按单支避

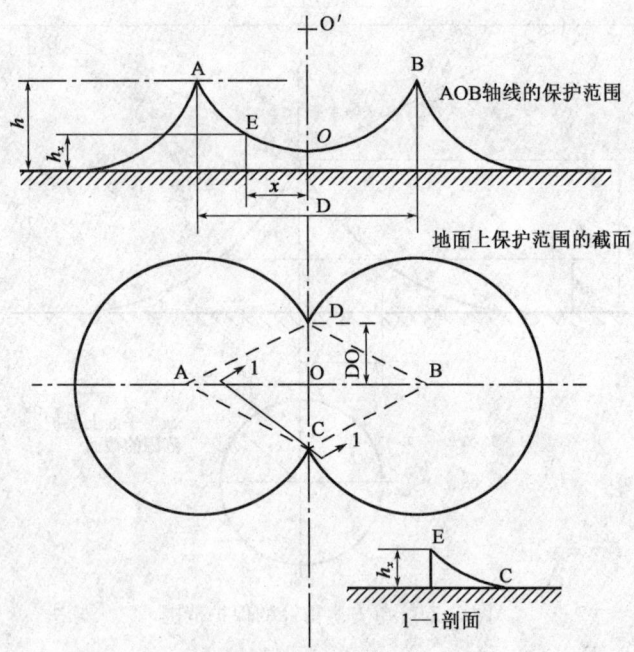

图 5.25 双支等高避雷针的保护范围

雷针所规定的方法确定；当 $D<\sqrt{h_1(2h_r-h_1)}+\sqrt{h_2(2h_r-h_2)}$ 时，按下列方法确定：

(1) ADBC 外侧的保护范围按照单支避雷针的方法确定。

(2) CD 线或 FO′ 线的位置按式（5.7）计算：

$$D_1 = \frac{2h_r(h_1-h_2)-h_1^2+h_2^2+D^2}{2D} \tag{5.7}$$

(3) 在地面上每侧的最小保护宽度按式（5.8）计算：

$$b_0 = \overline{CO} = \overline{DO} = \sqrt{h_1(2h_r-h_1)-D_1^2} \tag{5.8}$$

在 AOB 轴线上，A、B 之间保护范围上边线按式（5.9）确定：

$$h_x = h_r - \sqrt{h_r^2 - h_1(2h_r-h_1) + D_1^2 - x^2} \tag{5.9}$$

式中，x 为距 CD 线或 FO′ 线的距离。实际上，该保护范围上边线是以 FO′ 线上距地面 h_r 的一点 O′ 为圆心，以 $\sqrt{h_r^2-h_1(2h_r-h_1)+D_1^2}$ 为半径所作的圆弧。

(4) 两针间 ADBC 内保护范围的确定。ACO 与 ADO 是对称的，BCO 与 BDO 是对称的，以 ACO 部分的保护范围为例，按以下方法确定：在 h_x 和 C 点所处的垂直平面上以 h_x 作为假想避雷针所在高度，按单支避雷针的方法确定（图 5.26 中的剖面图）。

4）矩形布置的 4 支等高避雷针的保护范围

在 $h\leqslant h_r$ 的情况下，当 $D_3\geqslant 2\sqrt{h(2h_r-h)}$ 时，各按双支等高避雷针的方法确定；当 $D_3<2\sqrt{h(2h_r-h)}$ 时，按下列方法确定（图 5.27）：

(1) 4 支避雷针的外侧各按双支避雷针的方法确定。

(2) B、D 避雷针连线上的保护范围如图 5.27 中 1—1 剖面图所示，外侧部分按单支避雷针的方法确定；两针间的保护范围按以下方法确定：以 B、D 两针尖为圆心、h_r 为半径作弧相交于 O 点，以 O 点为圆心、h_r 为半径作圆弧，与针尖相接的这段圆弧即为针间保护范围。保护范围最低点的高度 h_0 按式（5.10）计算：

$$h_0 = \sqrt{h_r^2 - (0.5D_3)^2} + h - h_r \tag{5.10}$$

(3) 图 5.27 中 2—2 剖面保护范围的确定。以 A、B 针间的垂直平分线上的 O'点（距地面的高度为 h_r+h_0），O 为圆心、h_r 为半径作圆弧与 B、C 和 A、D 双支避雷针所作出在该剖面的外侧保护范围延长圆弧相交于 E、F 点，E 点（F 点与此类同）的位置及高度可按式（5.11）计算：

$$\left.\begin{array}{l}(h_r - h_x)^2 = h_r^2 - (b_0 + x)^2 \\ (h_r + h_0 - h_x)^2 = h_r^2 - (0.5D_1 - x)^2\end{array}\right\} \tag{5.11}$$

(4) 图 5.27 中 3—3 剖面保护范围的确定与 2—2 剖面保护范围确定方法相同。

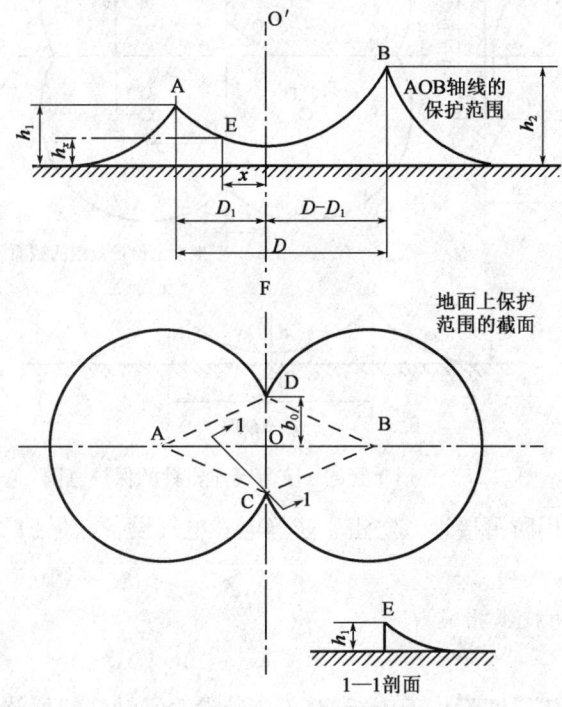

图 5.26 双支不等高避雷针的保护范围

5.5.5 油库防雷措施

目前，油库防止雷电引燃引爆的措施主要有四种：一是设置避雷装置（如避雷针），将雷电流导入大地；二是采用电气连接，防止放电；三是在雷雨时及雷雨前严格控制油气排放；四是油气呼吸管路装设阻火器。依据《石油库设计规范》（GB 50074—2002）和《石油与石油设施雷电安全规范》（GB 15599—2009），在生产、输送、储存过程中为避免或减少油库石油设施雷电危害，应采取雷电安全防护措施。

1. 预防雷电危害的基本原则

(1) 石油和石油产品应储存在密闭性能良好的容器内，并避免油气混合物在容器周围积聚。

(2) 在油气可能泄漏或积聚的区域，应避免金属导体间产生火花放电。

(3) 固定顶金属容器附件（如呼吸阀、安全阀）应装设阻火器。

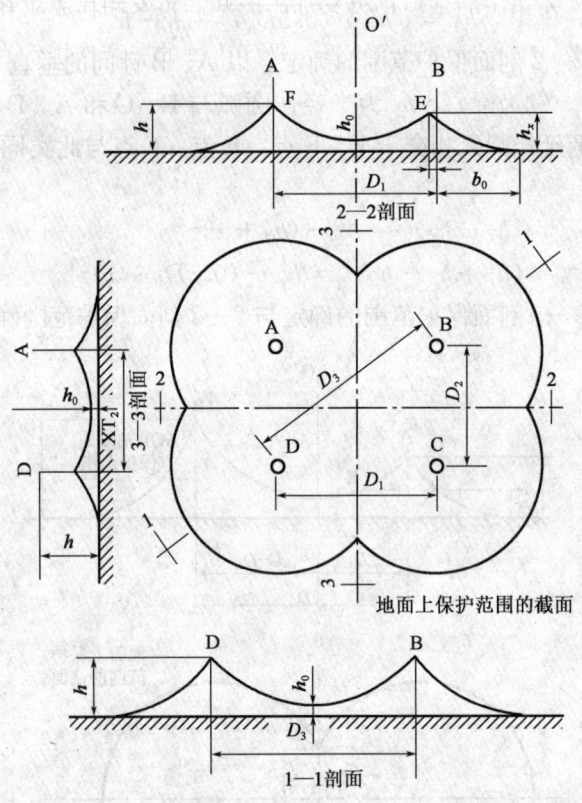

图 5.27 矩形布置的 4 支等高避雷针的保护范围

(4) 石油设施应采用防雷接地。防雷、防静电、电气设备、保护及信息系统等宜共用接地装置。

2. 预防雷电危害的技术措施

1) 金属储罐防雷

(1) 钢储罐顶板钢体厚度不小于 4mm 时不应装设避雷针。铝顶储罐顶板厚度小于 7mm 和钢储罐顶板厚度小于 4mm 时应装设防直击雷设备,其保护范围的确定应符合《建筑物防雷设计规范》(GB 50057—2010) 的相关要求。

(2) 金属储罐应作环形防雷接地,其接地点不应少于 2 处,并应沿罐壁四周均匀或对称布置,连接点沿罐壁周长的间距不应大于 30m,接地体距罐壁的距离应大于 3m。引下线宜在地面 0.3~1.0m 之间装设断接卡,用 2 个型号为 M12 的不锈钢螺栓加防松垫片连接。宜将储罐基础自然接地体与人工接地装置相连接,其接地点不应少于 2 处,冲击接地电阻不宜大于 10Ω。

(3) 浮顶金属油罐应采用 2 根截面积不小于 $50mm^2$ 的扁平镀锡软铜复绞线或绝缘阻燃护套软铜复绞线将浮顶与罐体进行良好的电气连接,其连接点不应少于 2 处。宜采用有效、可靠的连接方式将浮顶与罐体沿罐壁四周做均布的电气连接,连接点沿罐壁周长的间距不应大于 30m。

(4) 金属储罐的阻火器、呼吸阀、量油孔、人孔、切水管、透光孔等金属附件应等电位连接。

(5) 与金属储罐相连的电气、仪表配线应采用金属管屏蔽保护。配线金属管上、下两端与罐壁应做电气连接。在相应的被保护设备处应安装与设备耐压水平相适应的浪涌保护器。

(6) 对于覆土油罐,因为油罐埋在土里,受到土壤的屏蔽作用,当雷击油罐顶部时,土层可将雷电流疏散导走,起到保护作用。所以凡覆土厚度在 0.5m 以上的覆土油罐,可不装防雷装置,但覆土油罐的罐体及罐室的金属构件以及呼吸阀、量油孔等金属附件一般都没有覆土层,故应做良好的电气连接并接地,接地电阻不应大于 10Ω。

2) 非金属储罐防雷

地上非金属油罐包括钢筋混凝土油罐及其他非金属油罐。由于在土建施工中钢筋混凝土油罐中的钢筋接头难以全部焊接通透,难达到可靠的闭合回路,当其遭受雷击时,油罐会被毁坏,对雷电起不到自身保护作用,再加上这类油罐还有很多缺点,现在已不准再新建。1996 年 6~8 月间,锦西、秦皇岛、黄岛等油库的非金属油罐连续发生雷击爆炸火灾事故后,地方油库原有的非金属油罐有的已不再装甲、乙类油料,有的已报废。

(1) 非金属油罐应装设独立避雷针(线)等防直击雷设备。

(2) 独立避雷针与被保护物的水平距离不应小于 3m,应设独立接地装置,其冲击电阻不应大于 10Ω。

(3) 避雷网应采用直径不小于 12mm 的热镀锌圆钢或截面积不小于 25mm×4mm 的热镀锌扁钢制成,网格不宜大于 5m×5m 或 6m×4m,引下线不得少于 2 根,并沿罐壁四周均匀或对称布置,其间距不得大于 18m,接地点不得少于 2 处。

(4) 非金属储罐应装设阻火器和呼吸阀。储罐的防护栏、上罐梯、阻火器、呼吸阀、量油孔、人孔、透光孔、法兰等金属附件应接地,并应在防直击雷装置的保护范围内。

3) 人工洞石油库防雷

(1) 人工洞石油库储罐的金属呼吸管和金属通风管露出洞外部分应装设独立的避雷针,其保护范围应高出管口 2m,独立避雷针距管口的水平距离不应小于 3m。

(2) 进出洞内的金属管道从洞口算起,当其洞外埋地长度超过 $2\sqrt{\rho}$ m(ρ 为埋地金属管道外的土壤电阻率,单位为 $\Omega \cdot m$,这里只取其数值,下同)且不小于 15m 时,应在进入洞口处做一处接地;在其洞外部分不埋地或埋地长度不足 $2\sqrt{\rho}$ m 时,除在进入洞口处做一处接地外,应在洞外作两处接地,接地点的间距不应大于 50m,冲击接地电阻不宜大于 20Ω。

(3) 电力和信息线路应采用铠装电缆埋地引入洞内。洞口电缆的外皮应与洞内的油罐、输油管道的接地装置相连。若由架空线路转换为电缆埋地引入洞内,则从洞口算起,当其洞外埋地长度超过 $2\sqrt{\rho}$ m 时,电缆金属外皮应在洞口进入处做接地;当埋地长度不足 $2\sqrt{\rho}$ m 时,除电缆金属外皮在进入洞口处做接地外,还应在洞外做两处接地,接地点间距不应大于 50m,冲击接地电阻不宜大于 20Ω。电缆与架空线路的连接处应装设过电压保护器。过电压保护器、电缆外皮和瓷瓶铁脚应作电气连接并接地,接地电阻不宜大于 10Ω。

4) 汽车槽车和铁路槽车防雷

(1) 露天装卸作业可不装设避雷针(带);在棚内进行装卸作业时,棚应装设避雷针(带),避雷针(带)的保护范围应为爆炸危险区域 1 区。

(2) 装卸油品设备(包括钢轨、鹤管、栈桥等)应作电气连接并接地,冲击接地电阻应不大于 10Ω。

5) 管路防雷

(1) 输油管路可用其自身作接闪器,其弯头、阀门、金属法兰盘等连接处的过渡电阻大于 0.03Ω 时，连接处应用金属线跨接，并应压接接线端子。对有不少于 5 根螺栓连接的金属法兰盘，在非腐蚀环境下可不跨接，但应构成电气通路。

(2) 管路系统的所有金属件，包括护套的金属包覆层均应接地。管路两端和每隔 200～300m 处以及分支处、拐弯处均应有接地装置。接地点宜在管墩处，其冲击接地电阻不得大于 10Ω。

(3) 可燃气体放空管路应安装阻火器或避雷针。当安装避雷针时，其保护范围应高于管口 2m，避雷针距管口的水平距离不应小于 3m。

(4) 埋地管道上应设置接地装置，并经隔离器或去耦合器与管道连接，接地装置的接地电阻应小于 30Ω。

(5) 埋地管道附近有构筑物（高压杆塔、变电站、电气化铁路、通信基站等）时，宜沿管线增设屏蔽线，并经去耦合器与管道连接。

6) 石油库生产装置防雷

(1) 对于石油库生产装置内露天布置的塔、容器等，当顶板厚度不小于 4mm 时，可不设避雷针保护，但应设防雷接地。

(2) 甲、乙类厂房、泵房（棚）的防雷应符合下列规定：

①厂房、泵房（棚）应采用避雷带（网），其引下线不应少于 2 根，并应沿建筑物四周均匀对称布置，间距不应大于 18m，网格不应大于 10m×10m 或 12m×8m。

②进出厂房、泵房（棚）的金属管道、电缆的金属外皮、所穿钢管或架空电缆金属槽应在厂房、泵房（棚）外侧做一处接地，该接地装置应与保护接地装置及避雷带（网）接地装置合用。

(3) 丙类厂房、泵房（棚）的防雷应符合下列规定：

①在年平均雷暴日大于 40d 的地区，厂房、泵房（棚）宜装设避雷带（网），其引下线不应少于 2 根，间距不应大于 18m。

②进出厂房、泵房（棚）的金属管道、电缆的金属外皮、所穿钢管或架空电缆金属槽在厂房、泵房（棚）外侧应做一处接地，接地装置应与保护接地装置及避雷带（网）接地装置合用。

(4) 生产装置信息系统的防雷应符合下列规定：

①配线电缆宜采用铠装屏蔽电缆，且宜直接埋地敷设。

②电缆金属外皮两端及在进入建筑物处应接地。

③建筑物内防雷接地应与交流工作接地、直流工作接地、安全保护接地共用一组接地装置，接地装置的接地电阻值应按接入设备中要求的最小值确定。

④线路首末端应装设与电子器件耐压水平相适应的浪涌保护器。

(5) 生产装置 380V、220V 供配电系统宜采用 TN-S 系统；供电系统的电缆金属外皮或金属保护管两端应接地；在各被保护的设备处应安装与设备耐压水平相适应的浪涌保护器。

3. 预防雷电危害的检测和安全管理措施

(1) 每年在雷雨季节到来之前，应检查防雷装置的完整性及接地电阻是否符合要求，对不合格的应及时维护处理。

(2) 检查的主要项目包括：

①检查防雷设备的外观外貌、连接程度，如发现断裂、损坏、松动应及时修复。对运行 15 年及以上腐蚀较严重的接地装置宜进行开挖检查，发现问题及时处理。

②检测防雷设备设施接地电阻值、等电位连接接触电阻,如发现有不符合要求情况,应及时修复。

③清洗堵塞的阻火芯,更换变形或腐蚀的阻火芯,并应保证密封处不漏气。

(3) 雷雨时不能进行有油气排放的作业,禁止进行甲、乙类油料的装卸和油罐清洗、通风等作业,要盖严罐口,并将有关设备的电源开关断开。

思 考 题

(1) 油料有哪些危险特性?

(2) 油库的主要危险形式有哪些?

(3) 油库中哪些区域是 0 级爆炸危险区域?

(4) 防火堤的作用是什么?防火堤的设置有何要求?

(5) 油库污水排放系统设置有何要求?

(6) 山洞油库应采取哪些防止油料流散的措施?

(7) 截油排水装置与水封井有何区别?

(8) 试比较危险区域通风采用正压通风和负压通风两种方式的优缺点。

(9) 防止汽车油罐车装油发生静电火灾有哪些主要措施?

(10) 石油洞库油罐的金属通气管和金属通风管的露出洞外部分应装设独立避雷针,避雷针的尖端应设在哪个爆炸危险区域之外?

(11) 在爆炸危险区域内,为防止雷电危害,平行敷设于地上或管沟的金属管道距离小于多少 mm 时应采用金属线跨接?

(12) 加油站的防雷接地、防静电接地、电气设备的工作接地、保护接地及信息系统的接地共用接地装置时接地电阻不应大于多少?

(13) 铁路油品装卸栈桥的什么位置应与钢轨、输油管道、鹤管等相互做电气连接并接地?

(14) 某油库地处某城市附近,地势较周围高,拟新建一座 $3000m^3$ 露天立式拱顶金属油罐,已知该地区地质情况良好,请论述相应的安全设施要求。

(15) 环境因素对油库安全有哪些影响?

(16) 进入易燃油品装卸区的输油(油气)管道在进入点应接地,接地电阻不应大于多少?

(17) 立式油罐防火堤高度应以什么为基准?为什么?

(18) 在收油过程中,是否收油时间越长,静电量越大,放电的危险性越大?

(19) 避雷针应尽量靠近被保护物但不能与被保护物相连的说法对吗?

(20) 按规定安装了避雷针,是否就可以在雷雨天在被保护区域内进行有油气逸出的装卸油作业?

参 考 文 献

[1] 石永春,等. 油库技术管理. 北京:中国石化出版社,2007.
[2] 姚运涛,等. 油库安全技术与管理. 重庆:重庆大学出版社,1997.
[3] 油库技术管理编写组. 油库技术与管理手册. 上海:上海科学技术出版社,1997.
[4] 毋元江,等. 油库安全系统工程. 北京:中国石化出版社,2007.

第6章 管道安全分析与管理

6.1 管道安全管理的重要性

长距离油气输送管道（简称长输管道）是国民经济的大动脉。随着我国国民经济发展及市场对能源需求的增长，迎来了油气管道快速发展的时期。由于石油天然气的易燃、易爆、有毒等特点，一旦发生事故，不但可能造成严重的人员伤亡及重大经济损失，还会污染环境，造成恶劣的社会影响。保证油气管道安全运行，防止各种事故发生并减少事故损失，是一项主要任务。

管道安全管理可以使管道运行处于最佳状态。它应用安全工程的理论、方法，分析和研究管道中不安全因素的内在联系，检查各种可能发生事故的概率及其危害程度，对风险作出定性及定量评价，在一定投资、生产成本等约束条件下，把发生事故的可能性及造成的损失降低到目前可以接受的水平。

6.1.1 输油管道的特点及其安全管理重要性

输油管道沿线建有首站（起点站）、中间站和末站。首站、末站的位置依管道特点而不同，如对于原油管道，其首站一般位于油田，末站一般为港口、炼厂等。首站的任务是收集原油，经计量后输往下站；末站的任务是接收来油和向用油单位供油。

根据管道的操作特点不同，可把长输管道分为常温输油管道、加热输油管道和顺序输送管道。

(1) 常温输油管道沿线不设加热装置，油品温度近似等于管道的环境温度；
(2) 加热输油管道主要输送高粘度、高凝点的油品和原油；
(3) 顺序输送管道适用于多种不同性质的油品沿同一条管道分批输送。

长输管道的输油工艺流程主要有2种：旁接油罐流程和泵到泵密闭输送流程。泵到泵密闭输送流程与旁接油罐流程的主要区别是取消了中间站的旁接油罐，全线密闭相连，成为一个统一的水力系统，克服了旁按油罐流程的缺点。但采用这种流程，当管道输送能力突然变化（如中间泵站突然停电、停泵等）时，产生的水击压力波会以100m/s左右的速度沿管道传播，造成管内液体的压力脉动。

长输管道是国家重要的能源运输动脉。在长输管道的建设、管理过程中，工作稍有不慎或由于其他意外原因，都有可能给管道留下事故隐患，或导致泄漏、火灾、爆炸等事故，给国家和企业造成重大的经济损失。因此，分析长输管道的事故原因，了解长输管道的安全特点，总结经验教训，从而找出问题，加强管理，防止和消除事故隐患，是各输油企业的一项重要任务。

6.1.2 输气管道的特点及其安全管理重要性

近几年来，陕京、陕京二线、西气东输等天然气管道相继投产，我国天然气管道数量呈飞速增长趋势，其安全运行对国民生活和经济的发展都有着举足轻重的作用。目前输气管道的发展趋势是大管径、长距离、高压力、大输量，且连续运行。另外，长输管道还有着共同特点是：管道穿越地域广，外部环境复杂，事故隐患较多，事故后果一般都较为严重。

事故隐患多主要表现为管道输送的外部条件差，腐蚀和第三方破坏较为严重，事故发生可能性大。

（1）天然气管道沿线地形复杂，可能途经黄土高原、山区、水网及丘陵，地质条件差，落差大，沿途山洪、山体滑坡、泥石流、地震等自然灾害频发，极大地威胁着管道的安全运行。

（2）天然气管道所经地社会环境极其复杂，人为事故隐患多。违规建筑等占压输气管道，盗油分子打孔盗油行为给管道安全构成极大的威胁。

（3）其他一些因腐蚀、焊缝缺陷等原因也会造成管道事故。

事故后果严重性主要表现在：

（1）由于管输天然气具有易燃、易爆、有毒的特性，一旦天然气管道发生失效泄漏，天然气与空气混合将形成气—空气混气云，如达到爆炸下限，就会发生爆炸（伴随着火灾）；如遇火源，就有可能发生火灾或爆炸，导致人员伤亡和严重的财产损失。

（2）由于天然气管道长，管道沿线很多地方都是无人或人烟稀少地带，联防力量不够，人员少，使管道的巡护、联防存在"盲区"，某些事故隐患不能被及时发现。

（3）天然气一般为城镇居民生活和工业用电服务，因此沿线地区多为后果严重区，一旦事故发生，造成的人员伤亡和经济损失及环境污染将不堪设想。

（4）由于地质地貌环境复杂，人口稠密，社会依托条件差，事故处理响应时间长，抢险交通条件较差，事故直接损失和事故处理费用都较大，复杂的地理环境和社会环境使得出现事故时难以实施抢修。

可见，对输气管道进行安全管理是一项非常重要的工作。为了保证输气安全，应保证管材质量及焊接质量，重视输气管道运行安全及控制管道、设备的腐蚀。为了确保输气管道安全可靠地运行，必须从设计、施工、投产试运、日常运行管理、维修等各个环节切实抓好安全工作，严格遵守有关的安全规范及安全管理规定。

6.2 管道安全评价模式

目前，国内外对安全评价有不同的评价模式和相应的准则，如适用性评价、风险性评价、完整性评价和可靠性评价等模式。这些评价方法原理不尽相同，既相互联系、交叉和重叠，又自成体系，有各自的评价内容、指标、方法和准则，由此导致安全评价工作缺乏统一、规范的评价标准，影响到评价结果的一致性、有效性和准确性。在这种情况下，对各种评价模式和准则进行讨论、分析和比较是非常必要的，通过这项工作的标准化、程序化，最终形成关于安全评价模式的国家标准。

6.2.1 适用性评价模式

20世纪80年代起在国际上逐步发展形成的以"适用性"或"合于使用"(Fitness for Service, Fitness for Purpose)为原则的新的评价标准或规范无疑是评价模式的一次深刻变革。该模式是针对为了避免对那些已通过质量控制标准(如API SPEC 5CT、5D、5L等)的石油管道,对其投入使用运行中逐渐暴露出的缺陷,依照严格且保守的质量控制标准判断,直接宣布报废而形成的安全性评价程序。它允许经评价后使用含有缺陷的结构,兼顾了安全可靠性和经济性,也就是在保证结构与设备高度安全可靠的同时,又能避免一切不必要的损失而获得最大的经济效益。

国际上属于适用性评价标准、规范的有英国的BSI PD6493(1991)《焊接结构缺陷验收评价方法指南》和CEGB R/H/R6(1988)《有缺陷结构完整性的评价标准》、美国的ASME B31G(1991)《确定腐蚀管线剩余强度手册》、国际焊接协会(IIW)(1990)《焊接结构适用性评价指南》和API RP 579《炼油与石化装备的适用性评价推荐作法》等。我国曾依照国外有关标准于1984年制定了CVDA—1984《压力容器缺陷评定规范》,在推广适用性评价规范方面起到了一定的作用,并进一步修订为SAPV—1995《在役含缺陷压力容器安全评定规程》,2004年颁布了《在用含缺陷压力容器安全评定》(GB/T 19624—2004)国家标准。

安全性体现了产品不发生事故的能力。失效评定图(Failure Assessment Diagram, FAD)是国际公认的安全状态预测的基本方法,也是适用性评价的核心技术与理论基础。失效评定图中有两条边界线,一条为失效评定曲线(FAC),是弹塑性断裂评定准则;另一条为$Lr=Lr_{max}$的截止线,是塑性破坏评定准则。FAD所评定的范围包括从线弹性、弹塑性到全塑性结构断裂的全部范围,并且对安全性的程度还可以通过安全系数进一步评定。适用性评价技术是以现代断裂力学、弹塑性力学和可靠性理论为基础的严密而科学的评价方法,可以对含有缺陷的结构或装备是否适合继续使用、如何继续使用等状况进行定量评价,它包括定量检测结构中的缺陷,按照严格的理论分析作出评定,确定缺陷是否危害结构的安全可靠性,并对缺陷的形成、扩展和结构的失效过程以及失效后果等作出定量判断,最后可按以下4种情况区别对待:

(1) 对那些不会给安全生产造成危害的缺陷将允许存在。

(2) 对虽然不造成威胁但可能会进一步扩展的结构缺陷,需要进行寿命预测,并允许在监控下使用。

(3) 如果含缺陷的结构在降低使用等级后能达到安全可靠性要求,则可考虑降级使用。

(4) 对那些所含缺陷已对安全可靠性构成威胁的结构或构件,必须立即采取相应措施,或返修或停止使用。

适用性评价技术的应用不仅提高了石油管道失效预测的水平(即提高了安全可靠性),而且会带来可观的经济效益。例如,1990年英国天然气公司(BG)采用智能检测仪对北海油气田管道进行了腐蚀缺陷定量检测,依据适用性评价技术评定更换了少量腐蚀严重的管段,实现了提高输送能力8%并安全运行的目标,取得了很好的经济效益。我国新疆的克乌线采用同样的方法,出色地完成了将旧输油管道改造为输气管道的适用性评价工作。适用性评价技术也会对新材料的开发、结构设计和制造工艺的改进以及操作运行、维修管理的完善有指导意义。

6.2.2 风险评价模式

20世纪70年代，发达国家在第二次世界大战以后兴建的大量油气管道逐步进入老龄阶段，不仅引发了大量事故，而且由于这些老龄管道承担着主要的油气输送任务，因此还直接影响到国家的经济发展。此时，尽可能延长油气输送干线的使用寿命成为各管道公司关注的焦点。为解决这一问题，美国部分管道公司开始尝试用经济学中的风险分析技术来评价油气管道的风险性，并在后来的研究与应用中逐步建立起油气管道风险评价体系和各种行之有效的评价方法。1995年，我国的一些管道工程技术专家也开始注意到国外关于管线风险评价技术的发展，并逐步介绍到国内。

风险评价是一种系统的方法，是基于数据资料、运行经验、直观认识的科学方法，通过识别系统风险、分析失效因素和失效后果以及量化风险后果，从而充分了解系统风险情况，为系统管理的科学决策提供可靠的依据，能够合理运用有限的人力和物力等资源条件，采取最为适当的措施达到最为有效地减小风险的目的。

管道风险评价技术在历经30多年后的今天，已经有许多管道公司形成了自己的风险分析方法，并有不少的相关文献出版。但总的说来，这些方法可以分为三类：定性风险分析、半定量风险分析和定量风险分析。

定性风险分析（Qualitative Risk Analysis）的主要作用是找出管道系统存在的事故危害以及诱发管道事故的各种因素，这些因素对系统产生的影响程度以及在何种条件下会导致管道失效，最终确定控制管道事故的措施。其特点是不必建立精确的数学模型和计算方法，评价的精确性取决于专家经验的全面性，划分影响因素的细致性、层次性等，具有直观、简便、快速、实用性强的特点。传统的定性风险分析方法主要有安全检查表（CL）、预先危害性分析（PHA）、危险和操作性分析（HAZOP）等。定性风险分析可以根据专家的观点提供高、中、低风险的相对等级，但是对危险性事故的发生频率和事故损失后果均不能量化，在风险管理过程中需要识别潜在危险事故时，这是重要的第一步。例如，在确定管道维修的优先次序时，就可按定性风险分析提供的资料确定系统中哪条管道最需要维修，哪种维修措施最合适，这种方法为合理分配管线维修资金提供了依据。管线维修的实施使操作人员积累了有关管线的定量知识，从而为管线风险定量分析的形成奠定了基础。

半定量风险分析（Semi-Quantitative Risk Analysis）是以风险的数量指标为基础，对管道事故损失后果和事故发生概率按权重值各自分配一个指标，然后用加和除的方法将两个对应事故概率和后果严重程度的指标进行组合，从而形成一个相对风险指标。最常用的是专家打分法，其中最具代表的文献是海湾出版公司出版的《管道风险管理手册》（Pipe Risk Management Manual）。目前，该书所介绍的评价模型已为世界各国普遍采用，国内外大多数管道风险评价软件程序都是基于它所提出的基本原理进行编制的。

定量风险分析（Quantitative Risk Analysis）是管道风险评价的高级阶段，是基于失效概率和失效结果直接评价的基础上的，其预先给固定的、重大的和灾难性的事故的发生概率和事故损失后果都约定一个具有明确物理意义的单位，所以其评价结果是最严密和最准确的。通过综合考虑管道失效的单个事件，计算出最终事故的发生概率和事故损失后果。定量风险分析给面临风险的管道经营者提供了最大的洞察能力。定量风险分析的结果还可以用于风险、成本、效益的分析，这是前两类方法都做不到的。然而目前大多数研究工作都集中于生命安全风险或经济风险，而对液体管线失效的环境破坏风险还不能定量评估，生命安全风险、环境破坏风险和经济风险的综合评价也尚未有合适的方法；同时，定量风险分析需要建立在历史失效的概率统计的基础之上，而公用数据库一般没有特定管线的详细失效数据，公布的数据也不足以描述给定管线的失效概率。

6.2.3 完整性评价模式

"现役管道完整性"是指在运行条件下管道系统及各组成部分能够满足运行要求，安全经济地完成输送任务的各项性能指标的完整程度。以管道覆层为例，就要考察其是否存在缺陷，损坏程度如何，覆盖层的各项性能指标是否能够满足管道正常运行的要求。

管道公司根据不断变化的管道相关因素，对管道运营中面临的风险进行识别和评价，制定相应的风险控制对策，不断改善识别出的不利影响因素，从而将管道运营的风险水平控制在合理、可接受的范围内。管道公司通过建立检测、检验等技术手段，获取与专业管理相结合的管道完整性信息，对可能造成管道失效的主要威胁因素进行分析，据此对管道的适用性进行评价，最终达到持续改进，减少和预防管道事故发生，经济合理地保证管道安全运行的目的。

国外管道完整性评价技术是近年来发展的一项新技术，评价管道完整性基本上都是从不同角度、采用不同方法对造成管道完整性下降的某些因素（如机械损伤、腐蚀、应力开裂等）进行评价，尚没有形成一套全面、系统、科学的管道完整性评价技术和方法。国内油气管道完整性评价技术刚刚起步，许多研究领域尚属空白。对于现役老管道的评价主要采用无损伤检测技术（NDT），在定量检测的基础上结合定性分析，确定各种缺陷的形状、尺寸及位置，并在此基础上进行管道的剩余寿命预测（即管道安全性评价）。这种基于检测的管道安全评价技术缺乏对整个管道系统、各组成单元及设备的可靠性分析，没有给出如何提高管道系统或单元可靠性、降低各单体设备维修成本的具体措施。气体输送管线风险评价用软件包（PIPESAFE）的研制建议将管道完整性评价技术内容概括为管道的可靠性分析、检测评价以及风险分析几项技术有机结合，形成一套管道完整性评价技术与方法。

6.2.4 可靠性评价模式

管道系统可靠性的研究思路是将管道系统视为一个串联或并联系统，运用可靠性的理论、方法和各种概率条件的假设，进行以故障率统计为内容的可靠度计算分析。主要是计算单元或系统的可靠性指标，分析某段管道和泵站设备发生的故障及其原因，研究单元或系统故障率的变化规律及对管路输送的影响，提出改善和提高管道可靠性具体而有效的措施，保证管道系统在满足系统要求的可靠度指标条件下运行。

评价管道工程可靠性指标很多，主要有欧美各国使用的故障率 λ、可靠度 R 和可用度 A 以及前苏联曾使用的可靠度 H 和准备系数 K_r。其中，系统或组件的故障率是根据元件（管件或单件设备）的故障率按一定逻辑关系计算而得到的。元件故障率是利用元件在使用中发生故障的历史资料统计得来。这里所说的故障率是指该元件产生故障的频率，它表示元件的基本质量。按照美国核管理委员会的规定，故障的分布服从指数函数特征，即元件可靠度和故障率有以下关系：

$$R(t) = e^{-\lambda}t \tag{6.1}$$

可靠度 R 是分析工程对象可靠性的概率量度。组件和整体工程的可靠度 R 要根据元件、组件的组合关系计算，它是表征组件或整体工程可靠性的指标。可用度是指工程的某一部分或整体在某时刻具有规定功能的概率。

油气管道结构可靠性评价主要针对管道线路部分、泵（压气）站和自动控制系统，对线路部分的评价目前是根据相应的故障率进行预测。世界各主要经营油气管道的地区和国家都积累有管道线路部分故障率的资料。线路故障率的含义是一定长度管道在一定时间内出现故障的次数，计算单位是 $1/(1000km \cdot a)$ 或 $1/(km \cdot a)$。在欧洲，输气管道的故障率 λ 可按管道通过的地区类别、管道壁厚选取。应用管道可靠性评价技术就必须建立管道事故统计数据库，这是进行可靠性评价的基础。

6.2.5 各种管道安全评价模式之间的相互关系

综合分析上述各种安全评价模式，不难看出，由于各种评价模式的理论着重点不同，形成了多种评价理论体系，相应的工作实践结果也都是程序各异，内容有别，结论多样。归纳起来，各种安全评价模式都存在以下一些基本的共同点：

（1）需要建立事故统计和管道运行的数据库，这是理论研究工作的重点基础。
（2）需要实施必要的在线检测，这是进行相关研究和管理工作的必要手段。
（3）需要总结和定义管道失效的基本模式，这是开展研究工作的基本假设和前提。
（4）国内外还没有完全统一规范的内容、程序，这正是管理部门和学者未来管理与研究的主要任务。
（5）面临许多共同的研究课题，例如管道剩余强度和剩余寿命评定与预测，管道内外腐蚀速率、管道防腐层有效保护寿命预测，氢致开裂、材料缺陷和损伤以及结构寿命等。
（6）缺少对管道系统经济性专题评价和显著的优化方法。
（7）应开发相应的软件，以支持评价工作。

当然，其中的不同点也显而易见，例如，彼此的研究内容和工作程序差异明显，有的进行管道材料结构与缺陷分析，有的进行断裂力学分析，有的是基于事故的统计概率分析，技术路线迥异，各种评价的结论表达方式也不同。

对于现有的管道安全评价模式的关系现在还没有统一认识，综合众多的看法，总结出如图 6.1 所示各种评价模式的相互关系。

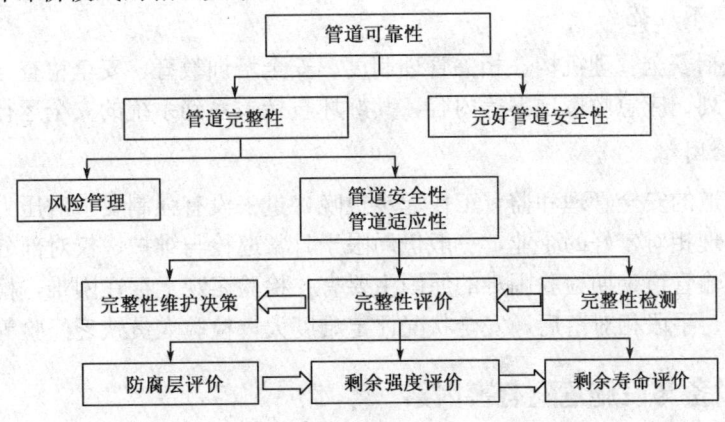

图 6.1　现有管道安全评价模式的相互关系

管道可靠性：管道在规定的时间内和规定的条件下完成规定功能的能力。

管道完整性：在运行条件下管道系统及其各组成部分能够满足运行要求，安全经济地完成输送任务的各项性能指标的完整程度。

管道安全性：在运行状态下管道具有的对人类生命、财产和环境可能造成的危害低于人类目前最大承受限度的能力。

管道适应性：带缺陷或损伤的服役管道具有结构完整性的能力。

管道风险管理：针对管道风险的识别结果，选择相应手段，寻求降低风险的措施，从而以最小支出获得最大安全效果的过程，是在安全的基础上寻求最大的经济效益，管道风险管理是管道安全管理的高级阶段。

6.3 管道运营安全影响因素

从人—机—环境的角度讲，影响在役输油气管道安全运行的风险因素，除了输送介质本身的危险性外，主要有人为因素（设计缺陷、操作失误、管理漏洞、第三方破坏）、环境因素（自然灾害、地质灾害、腐蚀环境等）和系统自身因素（设备本体、工况变化、安全控制系统等）等方面。从国内外大量的管线事故统计资料来看，影响管道的各种安全因素在形成的管道事故中所占比重是不同的，腐蚀、自然灾害和第三方破坏是最主要的因素。而我国许多油气管道已运行20年左右，逐步进入后期事故多发阶段，受建设时的技术与经济条件所限，在管道设计、施工及材料选择等方面存在一些缺陷和不足，再加上多年运行导致的腐蚀及其他损伤等原因，给管道安全带来不少隐患。再加上油气介质的特殊性质，事故的后果多半都是非常严重的。

6.3.1 人力与安全管理危险有害因素

1. 违章作业

违章作业包括违章指挥、违章操作、操作错误等，已成为长输管道主要危险有害因素之一。长输管道上的违章作业有违章动火、违章电操作、违章开关阀门，输送泵、压缩机组操作违章，检修、抢修操作违章，违章充装等。

2. 安全管理不规范

安全管理包括安全管理机构、相关管理制度、安全培训教育、安全检查与隐患治理、安全技术措施与计划、应急救援预案等内容，其好坏直接关系到系统的安全运行。

3. 定期检验困难

国内压力管道的安全管理和监督工作起步很晚，过去没有强制要求对压力管道进行定期检验。即使是管理相对较好的企业，一般仍局限于日常巡检与维护，仅对部分管线开始了全面检验。在役长输管道定期检验困难的原因主要有：检验客观上存在困难，检验法规标准不完善，检验设备、手段相对落后，安全状况评定难度大，检验人员缺乏经验等。

6.3.2 储运设备与设施危险有害因素

长输管道系统是由管子、管件、阀门、法兰、垫片、紧固件等管道元件、储存设备、泵、压缩机、防爆电动机或燃气轮机等原动机、控制仪器仪表及安全附件等组成的。系统中材料质量，机械设备、电气设施、仪器仪表性能的好坏，都直接关系到系统运行的可靠性和安全性。据不完全统计，设备设施故障已成为长输管道运行的主要危险有害因素之一。

1. 管子、管件危险有害因素

目前，国内除公称直径较小（一般为 $DN150mm$ 以下）的输送管道采用无缝钢管外，其他都采用螺旋缝埋弧焊钢管。这种钢管焊缝较长，焊缝中产生缺陷的概率高；焊缝受力情况复杂，内壁存在较大的拉应力；几何尺寸不稳定，装配、焊接后易形成棱角等。因此，在运行过程中受压力、热应力等载荷作用，加上管道内部介质和外部土壤的腐蚀，将造成腐蚀或应力腐蚀、疲劳或腐蚀疲劳等失效。

小型管件基本都采用整体成型工艺制造。大型管件一般采用先焊接成圆柱形，再用冷或热煨、推等方法成型。在冷、热成型过程中，如果成型工艺存在问题，不仅影响管件材料力学性能，而且可能在焊缝位置或材料薄弱处产生开裂或裂纹等缺陷，并使管件椭圆度、直径及壁厚公差、角度等尺寸不能满足标准要求。弯头等管件受介质冲刷、热胀冷缩产生变形而可能产生安全隐患。另外，在运行过程中，管线内、外部严重腐蚀；油温或气温突然变化，管线急剧膨胀或收缩；管线受外力或液压、沉重物体的压轧、打击等，都会造成安全事故。

2. 阀门、法兰、垫片及紧固件危险有害因素

长输管道站（场）、储存库由于工艺过程的需要设置有大量的阀门，这些阀门基本都是采用法兰、垫片、紧固件连接。国内阀门、法兰、垫片、紧固件制造厂家较多，制造质量参差不齐，由此产生的主要危险有害因素有：

（1）材料、压力等级选用或使用错误；

（2）制造尺寸、精度等不能满足实际要求；

（3）阀门密封失效，即不能有效地截断管路介质；

（4）电液、电气自动控制阀门的控制系统失灵，手动操作阀门的阀杆锈死或操作困难；

（5）管道布置不合理，造成附加应力或出现振动；

（6）设计时未充分考虑到管道振动的影响及对其应力分析存在错误；

（7）使用过程中阀门误动作、阀门限位开关失灵、阀板卡死、顶断阀门架、顶裂阀体等，也未按要求进行检验、更换。

3. 输油泵、压缩机组危险有害因素

输油泵、压缩机组作为系统关键设备，为长输管道系统提供压力能，将介质输送至目的地，直接关系到管道系统运行的安全性和经济性。

1）输油泵

往复式输油泵具有效率高、使用前不需要加油、液体粘度对泵的工作性能影响不大等优点。但因其工作是靠活塞来回运动压缩、输送介质的，常常会造成液流脉动，这种液流脉动作用在管道内形成一种不稳定流状态。当进行系统开（关）阀门或停泵等操作时，这种不稳定液流在管道内会产生压力波动，严重时形成水击，造成系统超压，管道及设备、设施损坏。

往复式输油泵常见故障有泵不吸油及流量不足。造成泵不吸油的原因有：吸入管堵塞；吸入管和填料箱漏气；泵安装高度太高；吸入或排出活门卡住或密封不严；旁路阀未关或关闭不严。造成泵流量不足的原因有：吸入管和填料箱漏气；活门不严；活塞与泵缸间隙过

大，活塞环严重磨损；旁路阀未关严；吸入管部分堵塞。

离心式输油泵具有操作简单、液流无波动、工作状态易于调节、易于实现自动化等优点。但在泵入口处液体压力过低的情况下，会发生汽蚀现象，表现为泵体产生噪声和振动，严重时会使泵叶片遭受"剥蚀"，导致扬程下降，效率降低，设备基础螺栓松动及管道与设备连接处损坏；输油泵抽空，烧坏机械密封，电动机或泵的润滑油压力过低或供油不足、烧坏轴瓦等。

造成离心式输油泵振动和噪声的原因有转子不平衡；联轴器定心不良；联轴器螺栓间距精度不够；阁舌和导叶前端的影响，每当转子叶片通过蜗形外壳开始卷曲的地方或导叶的前端附近时，则产生水压力的变动，便会产生振动和噪声；存在电磁不平衡力；油膜自激振动；摩擦自激振动；转速不均匀，立式泵的共振及吸液池的涡流等都会产生振动。

输油泵常见故障及其原因见表6.1。

表6.1 输油泵常见故障及其原因

常见故障现象	故障原因
泵不出油	泵轴旋转方向不正确； 叶轮流道堵塞或泵吸入管漏气； 吸入高度太低或灌注头太低； 出口压头大于泵的扬程
泵流量不足	转速太低或叶轮损坏； 叶轮流道部分堵塞； 吸入管阻力大或排出管水头大于泵扬程额定值
出口压头不足	转速低或叶轮损坏； 泵吸头过大； 油中含气或吸入管漏气
泵消耗功率过大	转速过高或填料盖压得太紧； 装配不当、间隙过小或轴弯曲，电动机轴与泵不同心； 泵在过大的流量下运行
泵振动	泵与电动机轴不同心，或轴弯曲、轴承磨损； 基础刚性不够； 叶轮部分堵塞造成不平衡； 泵产生汽蚀

2) 压缩机组

往复式压缩机具有效率高、压力调节范围宽、流量调节方便等优势，但在工作时存在动力不平衡和气流脉动作用。在这种吸排气过程中产生的周期性脉动冲击，将导致气流压力波动，当波动传播到汇流管中时，会引起管道振动。管道振动将导致压缩机基座及设备与管道连接螺栓松动、管道破裂、吸排气阀损坏、压缩机排气量降低等危害。如果这种气流脉动引起压缩机产生机械振动的频率与管道气流的自振频率、管道机械振动的固有频率接近，则会发生共振，引起管道剧烈振动，造成管道严重破坏。

离心式压缩机工作时较平稳，无流量脉冲现象，易于实现自动控制，但其效率较低，而且偏离额定工作点越远，效率越低，当流量降至某一数值时，会发生喘振现象。喘振是离心式压缩机的一种特有现象,任何结构、尺寸的离心式压缩机在某一转速下都有一个最高的工作压力,在此工作压力下有一个相应的最低流量。当压缩机出口压力超过此值时就会发生喘振。喘振发生时,机组开始激烈振动,并伴随着异常的吼叫声,管道和仪表也随之振动。严重的喘振会破坏压缩机的密封系统,损坏止推轴承,叶轮有可能被打坏,造成严重的安全事故。

压缩机系统除压缩机主机外,还有启动系统、润滑油系统及油冷却系统等辅助系统。当启动用压缩空气或天然气的压力、流量不足时,系统无法启动;当润滑油管路堵塞或流量不足时,轴承及油密封系统难以被有效地冷却,引起轴承烧坏、油密封系统泄漏;当油冷却系统发生故障时,也将造成油温过高,同样引起轴承烧坏、油密封系统泄漏。

除上述危险因素外,输油泵、压缩机组还存在如下危险因素:

(1) 当输送介质由于净化处理不彻底而混有大颗粒杂质,输油泵、压缩机组进口侧又未加装过滤器时,这些大颗粒杂质将会损坏高速运转机器的活塞、气缸和叶片;

(2) 输油泵、压缩机选用密封性能不良的轴封装置或密封材料,将会引起介质泄漏;

(3) 密封填料过紧,致使填料过热冒烟,设备空转造成机壳高热;

(4) 离心泵导管中有空气穴,导管剧烈跳动;

(5) 机器的自动控制或保护系统,如压力、温度、振动等超限保护系统出现故障,将导致系统控制失灵,引发安全事故;

(6) 违章操作,如开车前离心泵未灌泵、原油泵未盘泵等,也将造成安全事故。

4. 储存设施危险有害因素

目前,主要油气储存设施有储油罐和天然气储罐(包括液化天然气储罐和气态天然气储罐)。这些储罐储量一般都较大,一旦发生火灾、爆炸事故,危害特别大。储罐设施存在许多不安全因素,特别是天然气储罐,罐内压力较高、温度极低(可低至$-162℃$),因此安全隐患更多。

(1) 支承问题。地上平底储罐或球罐都是支承在混凝土基础上的,如果混凝土基础设计或建造强度不能满足装载物料及罐体本身重量的要求,或者是建在不良地质上,在使用过程中将出现混凝土基础不均匀沉降。这种不均匀沉降将使储罐或球罐倾斜,导致平底储罐底板开裂,球罐支座处壳体开裂,连接管道断裂,引起介质泄漏。

(2) 地层影响。地下 LNG 储存设施基础设计、建造强度不足或处于不良地质层时,也会造成容器破坏,引起介质泄漏。

(3) 安全附件。储罐中用于监测温度、压力、液位等安全附件或相应控制系统发生故障;会造成控制失灵,引发安全事故。特别是油罐的液位报警系统失灵时,可能引发油品泄漏;LNG 储罐温度控制系统失灵时,可能引发系统超温超压。

(4) 正压保护失效。平底结构的 LNG 储罐氮气正压保护失效,或真空结构夹层内真空降低,绝热保温材料吸水失去绝热作用,引起罐内温度、压力急剧升高,造成安全事故。

(5) 保护层失效。LNG 储罐使用的绝热保温材料性能差,在使用一段时间出现老化、变质,难以起到绝热保温效果。

(6) 呼吸阀、阻火器失效。油罐的呼吸阀被冻结、阻火器被堵塞,或进出油量过大而超过呼吸阀的能力时,会引起油罐内、外压力不平衡,造成胀罐或瘪罐事故。

(7) 浮顶油罐事故。浮顶油罐在透气阀堵塞、密封设施不良、导向架卡阻、排水阀堵塞使浮顶积水时,会引起浮顶沉船,造成安全事故。

(8) 安装隐患。储罐安装、施工存在许多未被发现的装配、焊接缺陷，因此而留下安全隐患，而使用过程中又疏于检查和管理，造成安全事故。

(9) 腐蚀作用。储罐的罐体在使用过程中遭受到周围环境的大气腐蚀、土壤腐蚀及介质腐蚀等，导致罐体厚度减薄及安全性能降低。特别是罐体底板，由于受到介质沉淀物及土壤的腐蚀，加上检验检测困难及底板处介质泄漏后不能及时被发现，使之成为安全的薄弱环节，容易导致安全事故。

(10) 操作失误。对于活动容积储罐，操作失误会造成抽气过多或进气过量，将导致储罐抽瘪或将钟罩顶出水封槽，使气体喷出遇明火而发生火灾、爆炸。

(11) 检修事故。检修时，天然气等储罐内介质气体未被完全置换或清理不干净，以及重新充气时未彻底置换干净，都会引起爆炸。

5. 加热炉危险有害因素

在原油加热输送工艺中，以及在天然气井口、集气站、地下储气库、LPG、LNG、天然气处理厂等场合，均需使用加热炉，加热炉在制造、运行过程中可能存在危险有害因素，危及系统安全，主要表现在：

(1) 加热炉结构设计不合理或制造存在缺陷，特别是对于各热胀冷缩部件的设计，如果考虑不充分，或制造过程中被限制变形，在运行时可能会造成这些部件开裂或损坏。

(2) 加热管在焊接制造时被损坏，或其与管板之间的焊缝存在缺陷，在压力载荷、热载荷或腐蚀条件下，通过一段时间的使用，焊缝薄弱处或管道损伤处缺陷会扩展，直至开裂造成事故。

(3) 加热炉停运时间较长，炉内气温降低，当低于露点温度时，水蒸气与积灰中的二氧化硫、三氧化硫或二氧化碳结合腐蚀管壁，加速管壁的氧化剥皮，缩短加热炉的使用寿命，甚至造成管壁穿孔而引发事故。

(4) 直接式原油加热炉基本上都是采用硅酸铝耐火纤维折叠块作炉衬，在操作过程中，加热炉升降温幅度过大，会造成炉衬变形、龟裂以致脱落，致使炉体散热损失增加，热效率降低。

(5) 加热炉都配有低压高能自动点火装置和自动熄火保护装置，即自动点火装置在点火失败时自动切断气源，并发出报警提示；自动熄火保护装置在熄火时自动切断气源，并发出报警提示。如果这些联锁控制系统出现故障，极易引起安全事故。

(6) 运行参数控制系统出现故障时，加热功率、介质温度无法得到控制，以至于影响正常输送工艺的执行。

(7) 加热炉因结构不合理（设计或改造原因），或炉管偏流造成炉管局部过热，将会烧穿炉管，引起大火。

(8) 燃料油阀门关闭不严，炉膛内有油气，重新点炉时，未按规定程序进行通风吹扫，造成加热炉内油气爆炸起火（无点火失败自动切断油路装置，也无自动熄火保护装置）。

(9) 炉管漏油或燃料油阀门不严，造成炉膛温度持续上升，烧穿炉管，引起火灾。

(10) 加热炉操作不当，或发生事故后判断失误、指挥不力，容易造成爆炸事故。

6. 电气设施危险有害因素

电气火灾事故的引发原因包括电气设备缺陷或导线过载、电气设备安装或使用不当等，从而造成温度升高至危险温度，引起设备本身或周围物体燃烧、爆炸。在输油气站（场）、储存库、处理厂等易燃、爆炸危险环境中设置有防爆电动机、电控阀门、仪器仪表、照明装置及连接电气设施的供电、控制线路等，这些设施一旦发生火灾或故障，将会引起安全事故。

1）危险区域分级不准确

危险区域分级不准确可能造成危险区域防爆电气设施等级确定错误，以至于所选用的电气设施安全防爆性能不能满足实际工况要求，造成安全事故。

2）电气防爆性能未达标

电气设施在制造过程中，所用材料或安装工艺出现偏差，造成其防爆性能或等级达不到产品标准要求；所用电气设施虽然都具有所要求的防爆性能，但系统连接完成以后，可能整体防爆性能不能满足工况要求；在实际运行过程中对已具防爆性能的电气设备、线路、电动机、照明设备进行改装、维护或修理，随后又未经防爆性能检测就投入使用，可能造成不防爆，引发事故。

3）电气设备事故

在运行、操作过程中，主要电气设备发生短路、漏电或过负荷等故障时，将产生电弧、电火花、高热，造成安全事故。

4）电动机事故

电动机是输送作业中使用最广泛的动力设备，如果因使用不当、维护不良，也会引起着火事故。主要原因有：电动机超负荷运行，引起绕组过热，烧毁电动机甚至引发周围可燃物着火；在检修时，金属物体和其他杂物混入电动机或绝缘受损、绕组受潮，以及遇高压电将绝缘击穿等，造成电动机匝间或相间短路或接地；电动机各接头处接触不良，从而增大电阻使接触不良处发热，并促使其氧化，甚至将电源接点烧毁，损坏绝缘，造成短路起火；三相电动机单相运行时，由于大电流长时间在定子绕组内流过，使定子绕组过热，甚至烧毁；轴承磨损后使转子、定子相互摩擦发生扫膛，形成 1000℃ 以上的高温而破坏定子和转子的绝缘，造成短路，引发火灾；电动机接地不良，电动机外壳可能带电，造成人员触电伤亡事故。

5）电气线路事故

电气线路短路、过载及接触电阻过大都会导致电火花及电弧的产生，从而引发火灾事故。主要原因有：电气线路敷设时，导线接头不牢固，接触不良，致使局部接触电阻过大，引起发热，并随着发热时间的延长，温度升高，甚至使导线接头发生熔化，引起导线中绝缘材料中的可燃物质燃烧，同时引燃周围的可燃物质；当导线中流过的电流超过额定电流时，导线温度就会升高，甚至超过允许温度值，加速了导线绝缘材料的老化，直至损坏，从而造成短路，产生火花或电弧；电气线路因意外情况导致两相相碰而发生短路，由于短路电流非常大，产生瞬间放电，不仅会烧毁绝缘材料，而且还会引燃周围可燃物质。

7. 防雷、防静电设施危险有害因素

长输管道系统的防雷、防静电设施有可能存在质量问题或管理不善，从而造成安全事故，其主要危险有害因素有：

（1）系统所设置的防雷、防静电装置的位置、连接方法不正确，造成防雷、防静电效果达不到设计要求。

（2）避雷装置发生故障或消除静电装置失灵。

（3）防雷、防静电装置采用非良导体材料制造，或年久失修接触不良，造成接地电阻过大，难以起到消除雷电或静电作用。

(4) 孤立导体（如浮顶）与油罐接触不良，造成静电聚集，产生放电。

8. 罐车等装运设施危险有害因素

站（场）、储存库使用汽车、火车罐车装运油品、天然气，装车站（场）也安装有输油泵、压缩机等机械设备，其危害因素有：

(1) 用于装运介质的罐车未经过定期检验或日常检查、维护，造成罐车存在安全隐患，如安全附件失效、连接阀门松动、运行部件疲劳、密封连接失效，装卸油鹤管头部不是有色金属制作等。

(2) 输油泵、压缩机等转动机械设备轴的振动、空转等引起转动轴、轴瓦损坏或轴封失效，装油鹤管或装气快速接头疲劳、老化引起破损甚至断裂，计量装置失效引起汽车罐车冒顶事故；站（库）区管线密封连接失效等。

(3) 站（库）区如果管理不严，在危险区动火或带入火种，如汽车罐车排气管未带消火装置，不按操作程序进行装车，开启车盖时使用铁质工具，违章开、停泵或压缩机等。

(4) 装运 LNG 介质罐车保温、绝热材料性能老化或夹层真空度不符合要求，造成罐车跑冷，引起安全阀频繁排放甚至发生火灾、爆炸事故。

(5) 装配隔离不符合要求。

(6) 调车作业违章溜放、行驶违章等。

(7) 对发油台的自控、遥控、计量仪器仪表、阀门等设备未定期检验、维护，使用中产生故障。

(8) 静电连接不正确、接地电阻不符合标准要求或静电导除装置失灵，如装卸车前未先连接好接地线，接地电阻不符合防静电标准要求，装车鹤管未伸至规定位置或流速太大，装车结束后未稳油而直接断开接地、启动车辆，未满罐运行等。

另外，转换装油（装入一种油品后再装入另一种油品）、人身带电也将带来重大危险。

9. 安全附件危险有害因素

站（场）、库区管道、设备上设置有安全阀等安全附件和相应的控制仪器仪表，以确保系统安全。如果安全附件出现故障，不仅不能对系统起到保护作用，而且有可能直接造成安全事故。

1) 安全阀

(1) 安全阀弹簧质量差，在使用一段时间后老化、性能降低甚至断裂。

(2) 安全阀密封面堆焊硬质合金未达到设计要求，在起跳几次以后，密封面损坏，从而无法达到密封要求。

(3) 安全阀开启压力调整过高，使安全阀起不到保护作用；或者开启压力调整过低，使安全阀经常开启，导致介质经常泄漏或造成事故。

(4) 安全阀回座压力调整过低，或回座失效，使开启后的安全阀不能正常回座，导致大量的介质外泄。

(5) 安全阀的排放能力不够，使超压的管道、设备不能得到及时泄压。

(6) 安全阀的阀芯与阀座接触面不严密，阀芯与阀座接触面有污物，阀杆偏斜，造成安全阀漏气。

(7) 安全阀开启不灵活，影响正常排气。其主要原因是阀芯与阀座粘住不分离或锈蚀严重。

2）控制仪器仪表

长输管道系统中除上述使用的安全附件外，还有用于控制液位、温度、压力、流量等的仪器仪表及控制系统硬件和软件等。这些仪器仪表及控制系统对整个系统的控制、运行和管理起着十分重要的作用，如果设备选型不当、制造质量存在问题或控制系统软件不适合工艺要求，则对系统参数如液位、温度、压力、流量等无法实现有效控制，有可能造成超压、超温、冒罐、混油、泄漏等安全事故，甚至引发火灾、爆炸事故。

3）清管设施

如果系统选用清管球的密封垫片型号不当，或者清管球与管道配合过盈量调整不合适，则难以将管道内部的污物清除干净。而实施清管作业时，造成清管器丢失、卡阻的原因主要有：管道三通和旁路管道未安装挡条或旁路阀门未关严，有油气流通过；管道严重变形或管内有较大异物未清除干净；管道内发生蜡堵等堵塞管道。

6.3.3 环境危险有害因素

1. 自然环境危险有害因素

地质灾害、气候灾害和环境灾害是三大自然灾害。中国是世界上自然灾害最严重的少数国家之一。

1）地质灾害

自然变异和人为作用都可能会导致地质环境或地质体发生变化，当这种变化达到一定程度时，便会给人类和社会造成危害，即地质灾害，如地震、崩塌、滑坡、泥石流、地面沉降、地面塌陷、土地沙漠化等。

（1）地震。

地震是人们通过感觉和仪器察觉到的地面振动，是一种比较普遍的自然现象。它发源于地下某一点，该点称为震源，震动从震源传出，在地层中传播。地面上离震源最近的一点称为震中，它是接受震动最早的部位。强烈的地面震动即强烈地震会直接和间接地造成破坏，成为灾害。凡由地震引起的灾害，均称为地震灾害。

直接地震灾害是指由于强烈地面震动及形成的地面断裂和变形，引起建筑物倒塌、生产设施损坏，造成人身伤亡及大量物质的损失；间接地震灾害则是指由于强烈地震而使山体崩塌形成滑坡、泥石流；水坝、河堤决口或发生海啸而造成水灾；引起油气管道泄漏、电线短路或火源起火而造成火灾；使生产、储存设备或输送管道破坏，造成有毒气体泄漏、蔓延。

国内 7 级以上地震的地理分布非常局限，仅分布在吉林省的延吉、安图、晖春和黑龙江省的穆棱、东宁、牡丹江一带，大致呈北偏西方向展布，震源深度一般为 400~600km，震级为 5~7.5 级。

地震灾害是由传播的地震波和永久性土地变形而引起的。地震波所能影响的区域要比永久性土地变形影响区域大，破坏管道系统薄弱部位的可能性大，永久性土地变形比地震波的危害也更大，常引起灾难性破坏。

地震对长输管道、输送站（场）造成的危害有：

①造成电力、通信系统中断、毁坏。

②永久性土地变形，如地表断裂、土壤液化、塌方等，引起管线断裂或严重变形，构

(建)筑物倒塌。

③地震波对长输管道产生拉伸作用，由此动力激发的惯性效应极小，不至于造成按规范标准建设的长输管道的破坏，但有可能使那些遭受腐蚀或焊接质量较差的薄弱管段受到破坏。

④地震产生的电磁场变化会干扰控制仪器仪表正常工作。

为提高长输管道抗震能力，应选择适当的管道线路，避开在动力作用下产生地震不稳定性区域及烈度在7度以上的区域。对个别土质较差的地区则应采取夯实、换土、加固等措施，山区管道要敷设在切土后做成的平台上，并设置挡土墙。

(2)滑坡、崩塌危害。

滑坡是指斜坡上的岩土体由于种种原因在重力作用下沿一定的软弱面（或软弱带）整体向下滑动的现象；崩塌是指斜坡上的岩土体由于种种原因在重力作用下部分地崩落塌陷的现象。滑坡、崩塌除直接成为灾害外，还常常造成一些次生灾害，如在滑坡、崩塌过程中在雨水或流水的参与下直接形成泥石流；堵断河流，引起上游回水使江河溢流，造成水灾。

云南、四川、西藏、贵州等地区为国内滑坡、崩塌分布的主要地区，滑坡、崩塌的类型多、规模大，且频繁发生，危害严重；西北黄土高原地区以黄土滑坡、崩塌广泛分布为其显著特点；东南、中南等山地和丘陵地区的滑坡、崩塌规模较小，以堆积层滑坡、风化带破碎岩石滑坡及岩质滑坡为主，其形成与人类工程、经济活动密切相关；西藏、青海、黑龙江北部的冻土地区分布有与冻融有关、规模较小的冻融堆积层滑坡、崩塌；秦岭至大别山地区也是国内主要滑坡、崩塌分布地区之一，堆积层滑坡大量出现。

滑坡、崩塌对长输管道、站（场）造成的危害有：

①损坏电力、通信系统，引起电力、通信中断，以至于管道系统无法正常工作。

②形成的岩石或泥石流挤压管道，造成管道出现拉伸、弯曲、扭曲等变形甚至断裂。

③引发的洪水冲刷管道，会导致管道悬空，使管道在热应力和重力的作用下产生拱起或下垂等变形。

④造成管道地基沉降，进而引起管道变形或断裂。

⑤毁坏输送站、储存库内的储罐、计量设备、泵或压缩机组、阀门及管道和建（构）筑物等。

(3)地面沉降危害。

地面沉降是指在一定的地表面积内所发生的地面水平面降低的现象。作为自然灾害，地面沉降发生有着一定的地质原因，如松散地层在重力作用下变成致密地层，地质构造作用、地震都会导致地面沉降；也有人为因素，如人类过度开采石油、天然气、固体矿产、地下水等直接导致了地面沉降。随着人类社会经济的发展、人口的膨胀，地面沉降现象越来越频繁，沉降面积也越来越大，人为因素已大大超过了自然因素。

地面沉降对长输管道、站（场）造成的危害有：

①导致管道下部悬空或产生相应变形，严重时发生断裂。

②地面输送站（场）、储存库设备、管道及建（构）筑物损坏，设备与管道连接处变形或断裂。

③造成地下油气储存设施的破坏。

(4)土地沙化、水土流失。

在青藏高原，近20年来进行了两次公路改建施工，施工过程中公路加宽填高的大量土方取自管道附近,加上农牧民的开垦、放牧,破坏了草原植被而造成大范围沙化地带。高原是多风地区,有资料表明,泵站历年平均风速为 3.8～4.9m/s,如此高的风速能使成片沙漠搬家,导致管道长距离裸露或悬空。高原的夏季也常有大雨滂沱和洪水泛滥的情况发生,加上高山上的积雪融化造成的季河奔流,也会冲开管道,使之裸露或长距离悬空。

另外,中国又是世界上黄土分布最广的国家,地质地貌为山地丘陵、黄土地区地形起伏,黄土或松散的风化壳在缺乏植被保护的情况下极易发生侵蚀。而国内大部分地区属于季风气候,降水量集中,雨季降水量常达年降水量的 60%～80%,且多为暴雨,易于发生水土流失。这些因素都会导致管道长距离裸露或悬空。

土地沙化、水土流失对长输管道造成的危害有:
①裸露管道防腐覆盖保护层易于老化,缩短了管道的使用寿命。
②管道 1.2～1.4m 埋深的恒压作用使管道在热应力的作用下产生拱起或下垂等弯曲变形,甚至产生破坏。
③长距离悬空容易使管道失稳而折断,造成严重的跑油和停输事故。

2) 气候灾害

由于大气作用对人类生命财产、国民经济建设和国防建设等所造成的损害,称为气候灾害,它包括干旱、寒潮、雷电、低温、雪暴、大雾、暴雨、台风、热浪和沙尘暴等。对长输管道系统危害最为严重的是台风、雷电、低温和洪水。

(1) 台风。

台风又称热带气旋,是发生在热带或副热带海洋上的大气漩涡,在北半球作逆时针方向旋转,在南半球作顺时针方向旋转。它主要是依靠水汽凝结时放出的潜热而生成的。热带气旋的强度是以其中心附近的最大平均风力来确定,共分热带低气压(6～7 级)、热带风暴(8～9 级)、强热带风暴(10～11 级)和台风(12 级及以上)四级。台风的破坏力最强,而造成破坏的主要原因有:

①热带气旋中心附近的风速常达 40～60m/s,有的可达 100m/s 以上,易引起巨浪。
②热带气旋移近陆地或登陆时,由于其中心气压很低及强风可使沿岸海水暴涨,形成风暴潮,致使海浪冲破海堤、海水倒灌,造成人民生命财产的巨大损失。
③迄今为止,最强的暴雨是由热带气旋产生的,并且能引起山洪暴发或使大型水库崩塌等,造成巨大洪涝灾害。

台风对长输管道造成的危害有:
a. 破坏供电、通信系统,引起电力、通信中断,以至于引发故障。
b. 损坏陆地管道及储存库内的设备、设施,使系统无法正常工作。
c. 造成管道附近高层建(构)筑物倒塌,从而损坏设备设施或管道。

(2) 雷电。

雷电是一种大气中的放电现象,产生于积雨云中。积雨云在形成过程中,某些云团带正电荷,某些云团带负电荷。它们对大地的静电感应使地面或建(构)筑物表面产生异性电荷,当电荷积聚到一定程度时,不同电荷云团之间或云团与大地之间的电场强度(一般为 25～30kV/cm)可以击穿空气,开始游离放电,称为"先导放电"。云对地的先导放电是云向地面跳跃式逐渐发展的,当到达地面时,地面上的建筑物、架空输电线等便会产生由地面向云团的逆导主放电。在主放电阶段,由于异性电荷的剧烈中和,会出现很大的雷电流(一般为几十千安至几百千安),并随之发生强烈的闪电和巨响,这就形成了雷电。

雷电的危害方式分为直击雷、感应雷和球形雷三种，最常见的是直击雷和感应雷。直击雷就是雷电直接打击到物体上；感应雷是通过雷击目标旁边的金属物等导电体产生感应，间接打到物体上；球形雷民间俗称"滚地雷"，是一种带有颜色的发光球体，一般碰到导体即消失。在这些雷击中，直击雷危害最大。

雷电危害是多方面的，但从其破坏因素分析，可归纳为如下三类。

①电性质的破坏。雷电放电可产生高达数万伏甚至数十万伏的冲击电压，可以毁坏电动机、变压器、断路器等电气设施的绝缘，引起短路，导致火灾、爆炸事故；烧毁电气线路或电杆，造成大规模停电而引发安全事故；反击放电火花也可能引起安全事故；使高压电流窜入低压电流，造成严重的触电事故；巨大的雷电流流入地下，在雷击点及其连接的金属部分产生极高的对地电压，可直接导致接触电压或跨步电压的触电事故。

②热性质的破坏。当几十安培至上千安培的强大电流通过导体时，在极短的时间内将转换成大量的热能。雷击点的发热能量为500~2000J，这一能量可熔化体积为50~200m^3的钢，在雷击通道中产生的高温往往会造成火灾。

③设备设施的破坏。由于雷电的热效应作用，能使雷电通道中木材纤维缝隙和其他结构缝隙中的空气剧烈膨胀，同时也使木材所含有的水分及其他物质分解为气体。因此，在被雷击的物体内部出现强大的机械压力，导致被雷击物体遭受严重的破坏或爆炸。

在长输管道系统中，存在高大建（构）筑物或设施，如办公楼、储存设施、通信塔等。如果这些设备设施的防雷设施未得到有效设置或设置不合理，也或防雷设施损坏未及时进行修复，将造成直接雷击破坏。对于储油罐，其呼吸阀、导气管的排出口周围存在油气，特别是对于呼吸阀排出口周围的油气，当有雷击火花时，会引起该处油气燃烧，如果呼吸阀未带阻火器或阻火器出现故障而不能阻火，将可能造成储油罐燃烧甚至爆炸。另外，对于电气设施，如果接地不良、布线错误，各供电线路、电源线、信号线、通信线、馈线未安装相应的避雷器或未采取屏蔽措施，都将有可能遭受感应雷击，造成电力、电气系统损害。

（3）低温。

低温对长输管道的危害主要体现在两个方面：一方面是使管道材料脆化，即随着温度降低，碳素钢和低合金钢的强度提高而韧性降低。当温度低于韧脆转变温度时，材料从韧性状态转变为脆性状态，使长输管道发生脆性破坏的概率大大提高。另一方面，低温使长输管道输送介质中的液体、气体发生相变，如水蒸气变为水，水变为冰等，引发管路堵塞（凝管）事故。此外，由于热胀冷缩的作用，随着环境温度的降低，也有可能导致管道较大的热应力。

（4）洪水。

洪水是由于暴雨、急剧的冰雪融化、或堤坝垮坝等引起江河水量迅猛增加及水位急剧上涨的现象。暴雨洪水是由较大强度的降雨而形成的洪水，在中国，它是最主要的洪水，其主要特点是峰高量大、持续时间长、洪灾波及范围广。

暴雨洪水在山区形成山洪，即山区溪沟中发生暴涨暴落的洪水。由于地面河床坡降都比较陡，降雨后汇流较快，形成急剧涨、落的洪峰，所以山洪具有突发性，水量集中，流速大，冲刷破坏力强，水流中挟带泥沙甚至石块等特点，严重时会形成泥石流。

泥石流暴发突然，运动快速，历时短暂，破坏力极大，是特殊的含水固体径流，固体物质含量很高，可达30%~80%；流体作直线惯性运动，遇障碍物不绕流而产生阻塞、堆积等正面冲击作用。

中国洪涝最多的地区是广东、广西大部、闽南地区，湘赣北部，苏浙沿海和闽北，淮河流域，海河流域；其次是湘赣南部和闽西北，汉水流域和长江中游及川东地区，黄河下游地区，辽河地区。

洪水对长输管道、站（场）造成的危害有：

①损坏电力、通信系统，引起电力、通信中断，以至于管道系统无法正常工作。

②冲刷管道周围的泥土，会导致管道裸露或悬空，使管道在热应力和重力的作用下产生拱起等弯曲变形。

③大面积的洪水会使管道地基发生沉降，造成管道的变形甚至断裂。

④洪水引发的泥石流挤压管道，造成管道变形甚至断裂。

3）环境灾害

由环境污染引起的灾害称为环境灾害，如工业"三废"（废气、废水、废渣）污染、酸雨、全球性气候异常等。环境灾害对长输管道的危害主要是腐蚀。

2. 社会环境危险有害因素

根据管道事故不完全统计，社会环境危险危害因素（人为外力破坏）已成为长输管道泄漏、火灾、爆炸事故的主要原因之一。

1）无意破坏

就国内目前的情况，由于购买管廊所有权属手续复杂，所需资金较多，为了降低企业运营成本，一般管道运营企业只购买长输管道管廊使用权，而未购买管廊土地所有权。而长输管道线长、面广、点多，所经行政区域范围大，因此造成对其管理的难度增大。在管道经过经济发达地区或城镇范围内，由于建（构）筑物的施工、道路和桥梁等基础设施的建设、各种地下管线的敷设都是各自为政、没有统一规划，涉及的管理部门众多，难于协调，所以在施工的同时，经常出现有损长输管道的现象。对于穿越河流、铁路、公路的管道，当航道、铁路、公路分别进行清淤、维护施工作业时，如果未充分考虑管线的安全，很有可能对其造成破坏。由于只有管廊使用权，因此管道附近甚至管道上都存在生产现象或取土情况，这势必危及管线的安全，特别是管道附近大型建（构）筑物施工、爆破作业将带来管道地基沉降，引起管道悬空，这样既会破坏管道埋深恒压状态，又会引起管道弯曲、变形甚至断裂。

由于国内对压力管道的管理滞后，没有达到有序管理的水平，有一些单位和个人受经济利益的驱使，常常忽视安全生产和管理，在管道附近空地甚至管道上修建公路、房屋、建（构）筑物等设施，或进行开挖沟渠、挖砂、生产、打井等作业，造成严重占压埋地管道现象。这种占压现象既构成了对管道基础的破坏，引起基础下沉，又增加了管道的负荷，破坏了管道的恒压状态，造成管道弯曲、变形甚至损坏。

另外，管线所经之地，除了人类活动的地区外，还经过许多的山林、田野等地区。在这些地区，一般都有自然生长的树木、灌木等植物。当这些根深植物在管道附近甚至管道上生长时，由于地点偏僻不便巡线，造成漏巡，并且管道一般敷设深度在1.2m左右，有时甚至更浅，树根很容易达到管道处，深根植物的根系将缠绕、挤压、损坏管道的防腐覆盖层，造成管道防腐失效。

2）有意破坏

长输管道输送的介质如油品、天然气等具有较高的经济价值，一旦盗取，可以获得一定的经济利益。一部分不法分子为了获取经济利益，而不惜冒着生命危险破坏国家财产，进行各种盗油、盗气活动。加上国内相关的法律、法规不很完善，造成管道运营企业管理乏力；管道所经行政区域多，牵涉的管理部门多及地方保护主义等因素，使管理难度加大；管道运营企业管理职能不到位，管理措施不合适；特别是管道经营企业没有权力限制人身自由，要有效地打击开孔盗油、盗气，就必须与警方积极沟通、合作，取得当地政府、当地公安部门的支持。如果企业沟通不及时，公安部门打击不严厉，将使这种有意破坏经常发生，给国家、企业带来了巨大的经济损失。

长输管道有意破坏表现为盗、扒管道防腐层、仪器仪表、阀门或附属设施，在管道上开孔盗油、盗气，或者人为蓄意破坏管线设施等。

过去对长输管道的有意破坏只是小规模、无组织、单个进行，对管道运行造成的破坏小，损失也小。近年来，打孔盗油、盗气已发展成团伙作案，不法分子大都手持木棒、尖刀等凶器，个别甚至还非法持有枪支、高科技监控设备等。他们采用高科技设备，使盗取活动更加隐蔽；进行了武装，如果遇到公安机关的抓捕行动，则开枪拒捕。还有一些不法分子为报复社会，或胁迫公安机关释放被关押的盗油、盗气犯罪团伙头目，对管道实施报复性破坏，在管道上打孔后扬长而去，任其外泄。疯狂盗油、盗气活动给企业和国家财产造成的损失特别严重。

不法分子频繁地在输油、输气管道上打孔盗窃，造成的严重后果如下：

（1）管道安全受到威胁。例如，原油需要高压加热才能通过管道正常输送，如果不法分子在冬季打孔盗油，停输抢修时间过长，原油极易在管内凝结，造成"凝管"事故。一旦出现"凝管"事故，不仅投资数十亿元的管道被毁，还将使生产企业陷于瘫痪。即使不出现"凝管"事故，经过多次补焊的管道，其金属本体及防护系统将遭到严重破坏，管道强度明显下降。频繁停输抢修，频繁启动运行，也会使管道寿命大大缩短。

（2）恶性事故不断发生。不法分子打孔盗窃往往不顾后果，致使原油、天然气大量外泄，火灾爆炸事故随时可能发生。

（3）国有资产损失严重。管道运营企业既要为不法分子盗走的大量油气承担经济损失，又要承担因不法分子盗油污染农田的赔偿及其他相关费用。

（4）对社会稳定造成极大的负面影响。长输管道输送的油气介质都是国家的经济命脉，一旦出现长时间的供应问题，将引起经济波动、社会不稳，甚至产生政治影响。

6.3.4 储运工艺危险有害因素

1. 设计不合理

设计质量对工程质量有着直接的影响，是确保工程安全的第一步。影响设计质量的因素包括主观和客观两方面：

（1）工艺流程、设备布置不合理。

（2）系统工艺计算不准确。

（3）管道强度计算不准确。

（4）管道、站（库）区的位置选择不合理。

（5）材料选择、设备选型不合理。

（6）防腐设计不合理。

（7）管线布置、柔性考虑不周。

(8) 结构设计不合理。
(9) 防雷、防静电设计存在缺陷。

2. 施工质量问题

管道施工质量的好坏与管道使用寿命、系统运行经济效益及安全息息相关。

(1) 管道施工队伍技术水平低，管理失控。

施工单位人员技术水平、施工设备、管理水平都会影响施工质量。

(2) 强力组装。

强力组装是在管道装配对接时，采用特别的工具、强制的方法将两根管道装配到一起，使之能够满足焊接或装配的要求。强力组装可能会带来较高的安装残余压力，破坏管材表面状态，造成应力集中等隐患。

(3) 焊接缺陷。

长输管道施工时，焊接的技术方法、焊接工艺材料、焊接设备、地形地貌、焊接自然环境及人文、社会环境等都会影响焊接的质量。

(4) 补口补伤质量问题。

补口补伤质量不良会影响管道抗腐蚀能力，从而引起管道腐蚀失效。喷砂处理的表面粗糙度，补口补伤程序，补口搭接质量，补伤面积、强度、厚度等都会影响补口补伤质量。

(5) 管沟管架质量问题。

管道埋地敷设时，如管沟开挖深度不够，基础不实，地下水位较高而未及时排水敷设，管架强度不够等质量问题有可能使管道悬空、拱起，造成变形或弯曲。如果沟底土及管道两侧和上部回填土中砂石粒度不符合规范要求，则会破坏防腐覆盖层。

(6) 穿跨越质量问题。

由于穿跨越管道敷设完成后难以实施再检修等工作，对其施工要求较高。而穿跨越管线施工的环境和工艺都较复杂，施工难度大，因此施工隐患也比较大。

(7) 检验控制问题。

质量检验是对过程质量情况的验证，验证的方法和手段、验证单位、验证控制点的设置等都会影响质量检验结果，从而影响施工质量。

6.3.5 其他因素

1. 腐蚀失效

腐蚀失效是在役长输管道主要失效形式之一。腐蚀既有可能大面积减薄管道的壁厚，导致过度变形或爆破，也有可能导致管道穿孔，引发漏油、漏气事故。埋地管道受所处环境的土壤类型、土壤电阻率、土壤含水量（湿度）、pH 值、硫化物含量、氧化还原电位、微生物、杂散电流及干扰电流等因素的影响，会造成管道电化学腐蚀、化学腐蚀、微生物腐蚀、应力腐蚀和干扰腐蚀等。

2. 疲劳失效

管道、设备等设施在交变应力作用下发生的破坏现象称为疲劳破坏。管道开停车或变负荷，系统流动不稳定，穿越公路、铁路处产生管道振动，管道系统发生水击时，输送介质将在管道内部产生不规则的压力波动，从而引起交变应力，交变应力会导致疲劳失效。

当加热输送,特别是输送系统加热不稳定或输送流量经常变化时,输送介质温度经常发生变化,造成管道温度交替变化,产生热应力,这种交变热应力也会导致疲劳失效。

管道设备等在制造过程中不可避免地存在开孔或支管连接,焊缝存在错边、棱角、咬边或夹渣、气孔、裂纹、未焊透等内部缺陷,这些几何不连续性将造成应力集中。随着交变应力作用,在这些几何不连续部位或缺陷部位将产生疲劳裂纹。疲劳裂纹会逐渐扩展并最终贯穿整个壁厚,从而导致介质泄漏或火灾、爆炸事故。

3. 管道水击

管道水击是指当带压管道中的阀门突然开启、关闭或水泵因故突然停止工作或泵输出不稳定时,使流体流速急剧变化,造成管道内的压力发生大幅度交替升降,压力变化以一定的速度向上游或下游传播,在边界上发生反射而产生的现象,常伴有液体锤击的声音。管道水击会破坏管道的强度,导致监测系统故障。

管道水击压力的大小与水击冲击波的传播速度有直接的关系,可通过延长阀门关闭时间、紧急顺序自动启停泵等措施加以控制。

6.4 输油管道运行安全管理

6.4.1 输油管道投产的安全措施

长输管道施工完成后,要经过设备、流程试运转以及全线投产启动过程,才能投入正常生产运行。

1. 准备工作

准备工作包括技术准备、物质准备、抢修准备等。

2. 泵站和加热站的试运投产

1) 站内管道试压

站内高、低压管道系统均要进行强度和严密性试压,并应将管道试压和站内整体试压分开,避免因阀门不严影响管道试压稳定要求。站内高、低压管道系统整体试压前,应使用水或压缩空气将管内杂物清扫干净。不具备清扫条件时,对于直径在 529mm 以上的管道,应在安全条件下进行清扫、检查。

2) 各类设备的单体试运

各类设备的单体试运包括输油泵机组试运、加热炉和锅炉的烘炉与试烧、油罐试水、消防系统试运、变配电系统试运以及管道自动控制系统的调试运行等。

3) 站内联合试运

在管道试压和各类单机试运完成后,还需进行站内联合试运。联合试运前,先进行各系统的试运,如原油工艺系统、冷却水系统、供电系统、通信系统、压缩空气系统以及自动控制和自动保护系统等的试运。各系统试运完成后,进行全站联合试运,按正常的输油要求进行站内循环,倒换各种流程,观察站内各种工艺流程和设备运行是否正常,是否符合生产要求,同时对泵站操作人员进行生产演练和预想事故演练,从而为全线联合试运创造条件。

3. 全线联合试运

1) 输油干管清扫

输油管道在站间试压和预热前,必须将管内杂物清扫干净,以免损坏站内设备和影响油品的输送。输油干管多采用输水通球扫线和排出管内空气。

输水通球过程中要注意观察发球泵站的压力变化,记录管道的输水量,用以判断球在管内的运行情况和运行位置。

清扫管道时,清管球在管内卡球是投产过程中较易发生的问题。卡球往往发生在施工过程中管道受外力破坏变形较大的位置,或被管内遗留的长木杆、钢筋等在半径较小的弯头处把球顶住。在气候寒冷的东北地区也曾发生管内存水冰封将球堵住的事故。

2) 站间管道试压

站间管道试压用常温水作介质,不能用热水,避免因热水降温收缩引起管道压力下降。管道试压采用在一个或两个站间管段静止憋压的方法。试压分强度性试压和严密性试压两个阶段。严密性试压取管道允许的最大工作压力;强度性试压取管道工作压力的 1.25 倍。试压压力控制均以泵站出站压力为准,但要求管道最低点的压力不得超过管道出厂的试验压力。对于地形起伏大的管道,站间试压前必须进行分段试压合格,确保处于高点位置管段的承压能力符合设计要求。对于热油管道,还应结合热水预热,按各站最大工作压力进行 24h 的热水憋压输送。

3) 管道预热

对于加热输送高粘度、高凝点原油的管道,投油前需采用热水预热方式来提高管道周围的环境温度,使其满足管道输油的温度条件。

热水预热方式有两种:短距离管道可采用单向预热,长距离管道可采用正、反输交替热水预热。目前使用沥青防腐的管道,其热水出站温度最高不超过 70℃,热水排量根据供水和加热炉的允许热负荷确定,在可能的情况下应尽量增大管道的供热负荷,缩短预热时间。

管道预热过程中应注意以下几个问题:

(1) 防止加热炉炉管偏流和汽化。当管道输量较小,加热炉炉管进、出口阀门开度不一样,炉进、出口管道或炉管内流动不畅时,很容易出现加热炉炉管偏流,进而导致液体汽化的事故。管内空气进入炉管也易造成汽阻偏流和汽化。为此要严密注意加热炉的运行情况,如果发现加热炉出口温度迅速上升,应立即适当加大通过该炉的流量,降低炉膛温度。对于中间站,在水头进入加热炉之前,应先倒通热力越站流程,待水头越过本站后再进行加热,严防管内空气进入加热炉。

(2) 防止热油管道产生过大的热变形。热水预热时,管道受热膨胀产生热变形,有时会拱出地面,有时甚至会造成管道、设备的强度破坏。为了防止管道的热变形过大,除了保证管顶覆土厚度和覆土密实度,增大管顶土壤正压力和摩擦力外,还应严格控制加热站出站温度,特别是要防止加热炉偏流和汽化造成的加热炉出炉温度过高。另外,对于小曲率半径的弯头,应采用固定墩和局部增加壁厚,防止管道弯头处变形过大造成强度破坏。

(3) 采用正、反输交替热水预热时,每次正输或反输,其总输水量应不少于最长站间管道存水的 1.5 倍左右,避免管内存有冷水段。

4) 热油管道投油

随着热水输送量的增加,热水携带的热量会使土壤建立起一定的温度场。根据投产实践经验,在预热过程中,当前面两三个站间管段的总传热系数降至 3.6W/(m²·K),正输水头到达下游加热站的最低温度高于原油凝点时,管道已具备了投油条件。

投油时,一般要求投油排量大于预热时输水排量 1 倍左右。排量越大,在出站温度相同的情况下,管内油温越高,越有利于安全投油,而且排量越大,管道产生的混油量也越少。油品到达各站后,要严密观察"油头"温度的变化,一旦发现油温接近或低于原油凝点,应通知上游泵站迅速采取升温、升压措施。除因极特殊情况外,投油过程中,在土壤温度达到稳定之前,管道不允许停输。

6.4.2 输油管道生产运行的安全管理

1. 线路保护

对管道线路的保护工作主要有:

(1) 线路标志。

为便于发现和寻找埋地管道的准确位置,满足维护管理、阴极保护性能测试的需要及防止其他施工对管道的破坏,应在管道沿线设置永久性的地面标志,标志的内容至少应写明管道位置、用途、注意事项及危险警示等。

(2) 一般地段的保护。

为了确保管道安全和满足事故抢修的需要,管道两侧应留有一定宽度的防护带。在管道中心线两侧各 5m 范围内严禁取土、挖塘、修渠、修建养殖水场,排放腐蚀性物质,堆放大宗物资,以及采石、盖房、建温室、垒家畜棚圈、修筑其他建(构)筑物或者种植深根植物。

对于管道干线的防护带,在管道中心线两侧的宽度规定不少于 10m,河流穿越上、下游防护带宽度各为 100m;在管道中心线两侧或者管道设施场区外各 50m 范围内严禁爆破、开山和修筑大型建(构)筑物。

(3) 穿、跨越河流管段的保护。

对于热油管道的穿、跨越河流管段,其管外壁一般都设有防腐层、保温层,为了防止保温层和防腐层受到破坏,应禁止行人沿管道行走。河流穿越部分的管道需采用加强级绝缘,增加管道的防腐能力。对于河流穿越部分,特别要注意管道的埋设和河床冲刷情况。

管道穿、跨越河流时,在水底敷设或顺桥平铺,也或单独架设栈桥,并在岸两端设置阀室,以便控制。如果河水流速高,河床冲刷严重,应在管道外侧使用套管内灌混凝土的方法或用石笼加重,增加管道的稳定性,防止管道在水流作用下悬空。

(4) 特殊地区线路保护。

在水文、地质情况恶劣地区铺设的管道更需加强维护。管道经过冲刷容易被洪水冲出甚至裸露、破裂,这给管道带来三种危害:一是裸露管道的防腐层易老化,缩短了防腐层的使用寿命;二是破坏了管道埋深处的压力约束,易使管道在热力作用下拱起或弯曲;三是长距离悬空容易使管道失稳而断裂,造成严重安全事故。除了设计、施工中采取有效的防护方案外,运行中要加强检查和维护,特别在汛期更要加大巡线力度。

(5) 线路巡查。

①加强巡查工作,做到及时检查,及时加固薄弱环节。对防腐层质量和管道热应力变形情况也可用挖坑的方法进行检查。

②巡线检查时发现薄弱环节及隐患，应及时进行维护。
③在巡线作业时，应对线路标志、标识进行检查。
④积极配合当地政府向管道沿线群众进行有关管道安全保护的宣传教育。配合公安机关做好管道及其附属设施的安全保卫工作。

2. 管道系统设备的安全

1) 输油泵机组

(1) 严格按照操作规程启、停输油泵。
(2) 切换输油泵时，应采用先启动、后停运的操作方式、启泵前先降低运行泵的排量。
(3) 应保持输油泵机组的监测、报警等保护系统完好，及时检测并记录输油泵机组的主要运行数据。
(4) 设备检修后重新投入使用时必须按规定进行验收，合格后才能投运。

2) 加热炉

(1) 严格按操作规程启动、停运加热炉。
(2) 在用于直接加热的加热炉运行中，要防止炉管中油流的流速过低或偏流现象。
(3) 运行中应按时对炉体、附件和辅助系统进行检查。
(4) 定期对加热炉的炉管进行检测、维修。
(5) 定期清灰，并力求减少清灰过程中对环境的污染。
(6) 加强对备用加热炉的管理。

3) 油罐

在严格按照有关的安全设计、运行规范建设油罐和运行操作的基础上，需要注意的主要问题有：

(1) 防止油罐"冒顶"事故。
(2) 防止油罐发生瘪罐、胀裂。
(3) 防止浮顶油罐的浮顶沉没。
(4) 防止静电、雷击引发油罐火灾、爆炸事故。
(5) 防止油罐腐蚀。
(6) 做到信号报警、联锁。

3. 输油管道系统安全运行管理

在长输管道的安全生产管理过程中，必须从生产调度管理、运行安全管理制度及员工的模拟操作培训加以强调。从 20 世纪 80 年代起国外开始出现管道操作的仿真培训系统，现在仿真培训已经成为许多管道公司员工培训的主要手段。仿真培训系统是建立在计算机网络系统上的离线仿真模拟系统，具有直观、生动，易于更新和维护的优点。

4. 运行输油管道的清管

1) 输油管道清管的安全管理

(1) 首次清管时，清管器应携带跟踪系统。
(2) 清管前截断阀门应保持在全开状态。
(3) 清管中要保持运行参数稳定，及时分析清管器运行情况。
(4) 若清管器卡在中途，应及时判定卡阻的位置。
(5) 首次采用机械清管器时，应确认管道的变形程度、管件情况等，才能保证清管器顺利通过。

（6）若管道有支线，应在预计清管器通过分支接点前、后的一段时间内安排支线暂时停输。当确认清管器已经通过支线接点后，再恢复支线的输油。

2）含蜡原油管道清管注意事项

（1）对结蜡严重的管线要分次逐步清管，或从末站开始清管，防止管线内蜡堵而使清管器卡死在管道中。

（2）对不定期清管的含蜡原油管道，最好在清管前 3～5 天提高运行油温并增大输量，利用较高流速的热油冲刷掉管壁沉积的部分凝油层，可降低清管作业时堵塞的可能性。

3）成品油管道清管注意事项

（1）清管时间选择应避开油品批次交替时间，因为清管器在混油段附近低速运行会增加混油。当输送质量要求严格的油料，如输送航空煤油时不能清管，以避免油料被污染。清管最好是选择在输送价值较低的油品，没有混油段的站间进行。

（2）采用皮碗形和直板形清管器能比较彻底地清除管道内的铁锈等沉积物。

（3）应有专门处理铁锈、污油的设施。

6.4.3 输油管道维修和抢修的安全措施

输油管道事故主要有管道穿孔、破裂、蜡堵、凝管和伴随上述事故可能出现的跑油及火灾等。由于长输管道具有高压、易燃、易爆、站多线长、连续运行等特点，因此，一旦出现事故，必须立即组织进行抢修处理。

1. 管道穿孔

管道穿孔事故一般有腐蚀穿孔、砂眼孔、缝隙孔和裂缝孔等。常用的处理措施有：

（1）管道降压后，先用木楔把孔堵死，然后带油外焊加强板，或在漏点处贴压内衬耐油胶垫的钢板，用卡具在管道上卡紧而进行补焊。

（2）当漏油量较大，漏油处有一定压力显示时，一般需采用专用的抢修器材，如胶囊式封堵器。

2. 管道破裂

（1）对小裂缝，可用带引流口的引流封堵器。

（2）对管道不规则的裂缝，可用由内衬耐油橡胶垫和薄钢板构成的"多项丝"封堵器进行封堵。

（3）对需要更换管段、更换阀门、裂缝比较大的管道事故，可使用 DN 型管道封堵器进行封堵，截断油流，进行作业。

3. 凝管

高凝点原油在管道输送过程中，有时因输油流速大幅度低于正常运行参数，油品性质突然变化（如改变热处理或化学处理输送工艺的交替过程），正、反输交替过程，停输时间过长等原因，都可能造成凝管事故。凝管事故是管道最严重的恶性事故。

（1）管道出现凝管苗头，处于初凝阶段时，可采取升温加压的方法顶挤。

（2）当管道开孔泄流后，管内输量仍继续下降，管道将进入凝结阶段。对这种情况，可采用在沿线干管上开孔、分段顶挤的方法，排出管内凝油。

6.5 输气管道与站场运行安全管理

6.5.1 输气管道试运投产的安全措施

依据《天然气管道运行规范》(SY/T 5922—2003),应做好投产前的准备工作,包括核实是否具备试运投产的条件,制定详细的试运投产程序和试运投产安全措施,明确试运投产方案的内容等。尤其是在投产期间,对天然气置换有严格的要求,具体如下:
(1) 置换包括输气管道和站场的置换。
(2) 置换过程应使用隔离介质,隔离介质宜使用氮气。
(3) 向管道内注氮气的温度不应低于5℃。
(4) 置换过程应保持连续平稳,天然气流速不应超过5m/s。
(5) 置换过程中应在下游或管道末端放空。
(6) 置换过程中的混合气体应排至放空系统。
(7) 置换过程中的混合气体排放到火炬时,应保证火炬处于熄火、环境温度状态。
(8) 置换过程中检测管道内混合气体中的含氧量比大气中含氧量低时,应关闭中间放空。
(9) 在管道末端取样分析,达到气质要求为置换合格,也可以火炬点燃标志置换过程结束。

6.5.2 输气管道的安全管理

输气管道运行时,很多安全管理措施与输油管道相同,但要注意气体质量监控。管输天然气中有害成分及含量的多少,对管道的工作状况、经济效果和使用寿命有重大影响。气体质量问题是关系管道安全的根本问题,输气企业应根据管道的实际情况,对所输气体提出明确的质量标准。

天然气中有害杂质,包括机械杂质、有害气体组分(如H_2S、CO_2、H_2O等)、液态烃等。

我国管道输送气体质量采用以下标准:管道输送天然气必须清除机械杂质;天然气的水露点在最高输气压力下应低于周围环境最低温度5℃,烃露点在最高输气压力下应低于周围环境最低温度;硫化氢含量应小于20mg/m³,有机硫含量应小于250 mg/m³。

对天然气气体质量应在输气管道的输入、输出点进行监测和控制,主要包括天然气的水露点监测、烃露点和排污量监测、气体温度监测、含硫量检测及天然气热值监测等。

6.5.3 输气站场的安全管理

(1) 工艺流程的启运应符合技术规定,应确保切换操作无误。越站流程应用于工艺特殊需要;气体流经站场装置压力损失过大和发生管网故障;反输流程应用于管道事故处理和输气方向发生变化情况。
(2) 执行计划及调度指令调节输供气流量时,应做到无差错,操作平稳。

(3)录取压力、温度要准确、及时,流量计算程序应符合规定,各参数取值应符合要求,正确计算气量并复核,报出气量应无误。

(4)在线气体质量监测(微水及硫化氢)无缺漏,监测数据应准确、可靠。

(5)阴极保护送电率应不小于98%,录取通电点电位应准确、及时,输出功率波动范围应符合要求。

(6)发清管器站应操作无误,并确保及时。收清管器站必须坚持职守,引器措施恰当,污物排放应符合环保及有关安全规定。

(7)站内设备维护保养应及时,确保开关灵活,无向外泄漏现象。

(8)各项记录资料、生产报表应齐全,并妥善保管。

1. 压缩机组的安全管理

(1)机组操作人员必须熟悉压缩机组工艺流程,了解机组结构、性能,切实遵守各项操作规程和有关安全规定。

(2)机组运行、启动前的检查应细致全面,准备工作充分。

(3)机组启动方式选择正确,操作无误。

(4)机组运行中,对控制室、机房、站场的工艺流程及设备等的检查必须做到勤、细、准、全,输入、输出各显示参数值应符合要求。

(5)机组停机步骤恰当,停机工作完善。

(6)维护保养及时,在用设备完好率达到100%。

(7)根据机组情况,制定专用的操作规程。

2. 重要设备的安全管理

(1)对管线、站场设置的关键设备如在用线路截断阀、快开盲板,应坚持定期活动操作,宜每月全开全关活动一次,并作好记录,填写资料档案。

(2)对衔接高低压系统的重要阀门,必须密切监视阀前、阀后压力值,严防该阀内漏窜通,损坏低压系统的仪器仪表及其他意外事故的发生。

(3)站场受压容器的检测必须按劳动部颁发的《压力容器安全技术监察规程》和《在用压力容器检验规程》的规定进行。

6.5.4 管道维修及动火的安全管理

有计划地检修及事故抢修时,常需要更换管段或对漏气、破裂的管线补焊,还有时在不停输的情况下进行,即使停输后维修,也不可能完全排空长距离管线内的天然气。因此,操作中必须绝对注意防火、防爆和人身安全。

(1)严格动火管理,做到三不动火:即没有批准动火票不动火;防火措施不落实不动火;防火监护人不到现场不动火。动火过程中应随时注意环境变化,发现异常情况时要立即停止动火。

(2)动火现场安全要求:动火现场不许有可燃气体泄漏。

(3)更换大直径输气管段的安全要求:更换直径大于250mm的管段时,应首先关闭该管段上、下游的截断阀,断绝气源;放空管段内余气,为了避免吸入空气,管内应留有80~120mm水柱的余压。在更换管段两端3~5m处开孔放置隔离球,隔离余气或用DN型开孔封堵器开孔,保证操作安全。

输气站内管线维修的安全要求：输气站内设备集中、管线复杂、人员较多，除了遵守上述维修安全要求外，维护人员应熟悉站内流程及地下管线分布情况，熟悉所维修设备的结构与维修方法。对动火管段必须截断气源，放空管内余气，用氮气置换或用蒸汽吹扫管线。该段与气源相连通的阀门应设置"禁止开阀"的标志并派专人看守。对边生产边检修的站场，应严格检查相连部位是否有窜漏气现象，或加隔板隔断有气部分，经验测确认无漏气时才能动火。

对天然气管线的维修动火，要依据《石油工业动火作业安全规程》（SY/T 5858—2004）。

6.6 管道安全控制技术

6.6.1 长输管道 SCADA 系统

为了对油气输送全过程进行有效的监测、控制和调度，国内许多输油、输气管道都建有监控与数据采集 SCADA（Supervisor Control And Data Acquisition）系统。

SCADA 系统利用设在管线上的各种参数探测仪、传感器和变送器，采集数据和监测管道运行状态，并将这些数据传输到监视设备上。控制人员可以通过这些数据手动控制和调度管线中油气的运行状况，也可以由自动控制负反馈系统来执行这些操作，并且操作的结果可以迅速地反馈回监视设备，以便于控制人员做进一步调整、控制或判断。

SCADA 系统所采集的数据包括压力、温度、液位、流量、密度、频率、风速等；监视的状态包括泵或压缩机安全联锁，加热炉点火或熄火保护联锁，储罐的液面高度、压力报警工作状态等；执行的控制命令有开启或关闭泵、压缩机及阀门，调整压力、温度、液位等；监视记录装置有脉冲输入次数记录仪、总流量记录仪等。

典型的 SCADA 系统是由一个主控站（MTU）、任意数目的远控站（RTU）和通信系统组成。SCADA 系统总体结构如图 6.2 所示。

6.6.2 长输管道地理信息系统

地理信息系统（Geography Information System，以下简称 GIS）是集信息科学、计算机科学以及现代地理学等诸多学科为一体的新兴学科，是对地面、空间以及地下等一切可以用坐标或其他方式来定位的客观存在进行显示、查询和分析的一门学科。它与传统意义上的信息系统的根本区别在于：它不仅能够存储、分析和表达现实事物中各类对象的属性信息，而且还能处理、表达事物之间地理空间分布状况的空间关系，从空间特征和属性特征两个方面对现实事物进行综合、分析和管理，从而方便地获取信息，满足应用和研究的需要，并将结果以图形或数字等各种手段直观地表达出来。手工的 GIS 已应用了许多年，包括印刷在纸张上的地图、记录文件、数据以及照片等。1960 年，基于计算机的 GIS 开始出现，并应用于城市公共设施管理和土地信息系统。现在，市场上有几百种 GIS 系统的软件。

选取合适的 GIS 软件、硬件应用于长输管道系统，可以解决地理空间分布给长输管道运营企业带来的管理困难，使企业规模和范围不断扩大，规模经济和范围经济不断提高，而同时不断降低运营成本。

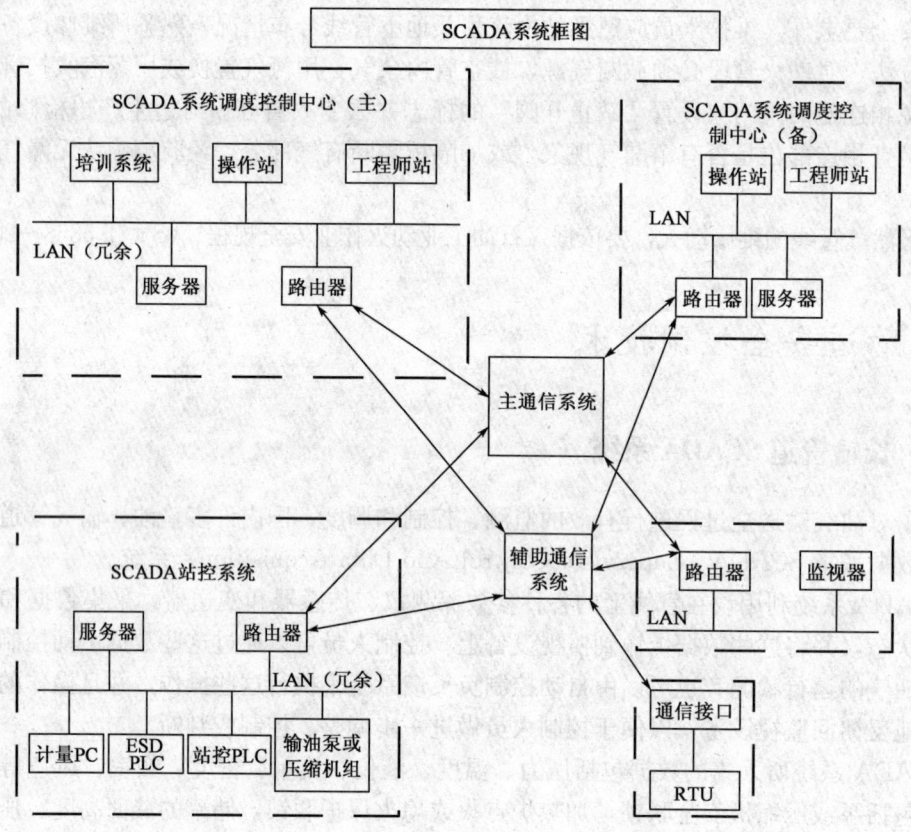

图 6.2 SCADA 系统总体结构简图

长输管道具有点多、线长、面广等特点，所经之处地形复杂程度不同，除特殊地段穿跨越外，都是采用埋地敷设，其地理信息、图形信息和数字信息并存，网络特征比较明显。采用人工管理，特别是信息更新、分析极其困难，如果运用 GIS 系统对整个管网进行全方位的监控、高效率的管理并及时的维护，可大大提高运行、管理效率。GIS 通过整合管线和设备周围的地理信息、管线和设备本身的空间信息及其图形信息、维护信息、监控信息等于一体，并集成管线集输的相关专业，将管线和设备的运行状态借助地理空间实时地提供给使用者，为运行、管线巡查、设备维护、安全管理提供支撑。

目前国外长输管道系统，特别是美国、加拿大、英国等先进国家基本都采用 GIS 系统，以进行设备设施管理、分析，应对突发事故，改善运行效率等。

6.6.3 长输管道泄漏监测系统

随着国内长输管道的建设及运行管理水平的提高，管道泄漏监测技术也不断发展。应用管道泄漏监测系统，不仅能够及时发现泄漏位置，而且有利于防止泄漏事故的进一步发展，遏制重大事故发生，减少事故损失。

根据泄漏监测原理，现有的泄漏监测方法分为直接检测油气泄漏的直接监测法以及检测因泄漏而引发的流量、压力等物理参数发生变化的间接监测法。

1. 直接监测法

根据检测方式不同，直接监测法分为如下三大类：

（1）人工巡视管道与周围环境。采用有经验的管道人员或者经过训练的动物巡查管道，通过看、闻、听或其他方式来判断管道是否有泄漏发生。

（2）用探测器沿管线方向在外部进行检测。美国OILTQN公司已开发出一种机载红外检测技术，由直升飞机带着一个高精度红外摄像机沿管道飞行，通过分析输送介质与周围土壤细微温差来确定管道是否有泄漏。

（3）管线外壁敷设一种特殊的线缆检测。特殊线缆包括泄漏检测专用线缆、半渗透检测管、检测光纤等。线缆多用于液态烃类物质的泄漏检测，与管道平行敷设。当泄漏的烃类物质渗入电缆后，会引起电缆特性的变化，分析电缆特性的变化规律，即可判断管道的泄漏情况。

2. 间接监测法

间接监测法广泛应用于对管道运行时泄漏监测。目前，间接监测法主要有压力或流量突变法、体积或质量平衡法、实时模型法、憋压法、声学法、压力梯度法以及负压力波法等。这些方法各具特点且应用场合也有所不同。经济发达的国家在这方面有比较成熟的技术，但都是针对低粘度原油等介质，不适合中国"三高"原油的特点，并且价格昂贵，因此难以在国内推广应用。在国内，虽有一些机构做过许多研究工作，也有成功应用的实例，但与国外先进技术相比还有一定差距。

1) 压力或流量突变法

管道正常工作时，出、入口的流量、压力在一定范围内变化。当管道发生泄漏时，出、入口的瞬时流量、压力将发生变化，如果测得流量、压力变化比预先设定的高，则可认为是由管道泄漏引起的。

这种方法简单，适用于稳态流的非压缩性流体，但不适用于动态过程的泄漏检测，也无法估计泄漏点的位置，仅能检测较大缺陷，且检测精度较差。

2) 体积或质量平衡法

该方法是基于管道中流体流动的质量守恒原理。在管道无泄漏的稳定流动情况下，考虑到因温度、压力等因素造成管道填充体积或质量的改变，一定时间内出、入口体积或质量差应在一定范围内变化。当泄漏达到一定量时，入口与出口就形成明显的流量差。检测管道多点的输入和输出流量，并将信号汇总构成质量流量平衡图，根据平衡图中因泄漏而引起流量突变的特征，就可以确定泄漏的程度和泄漏点的大致位置。

这种方法简单、直观、可靠性较高。但介质沿管道运行时其温度、压力和密度可能发生变化，管道支线较多等，使管道流体状态参数较为复杂，影响管道瞬时流量的计量，容易造成误检。由于仪器仪表工作点的漂移、噪声信号等直接影响，该方法的检测精度较差。一般而言，该方法需要和其他方法配合使用。

3) 实时模型法

实时模型法是利用质量、动量、能量守恒方程和流体的状态方程等，考虑管道内流体的速度、压力、密度及粘度等参数的变化，建立管内流体流动的动态模型。在一定的边界条件下求解管内流场，然后将计算值与管端的实测值相比较。当实测值与计算值的偏差超出一定范围时，即认为管道发生了泄漏。在泄漏定位中使用稳态模型，根据管道内的压力梯度变化可确定泄漏点的位置。采用该方法定位难度大,误报率高。

实时模型法又分为以估计器为基础的实时模型法、以系统辨识为基础的实时模型法和基于扩展 Kalman 滤波器的实时模型法。

4) 憋压法

在管线上每隔一定距离安装一个截止阀,关闭相邻两个截止阀,观察压力变化情况,就可以判断管道是否泄漏。这种方法能检测出微小渗漏,但只能在管线停运时才能进行,且需安装较多的截止阀,实时性差。

5) 声学法

声学法指利用声音传感器检测沿管道传播的泄漏点噪声进行泄漏检测和定位。当管道内介质有泄漏时,由于管道内外存在压差,使得泄漏的流体在通过漏点达到管道外部时形成涡流,这个涡流就产生了振荡变化的压力或声波。这个声波可以传播扩散返回泄漏点并在管道内建立声场,其产生的声波具有很宽的频谱,分布在 6~80kHz 之间。该方法是将泄漏产生的噪声作为信号源,由传感器接收这一信号,以确定泄漏位置和泄漏程度。

传统的声波检测是利用离散型传感器,即沿管道按一定间距布置大量传感器,因此这种方法成本很高。近年来,随着光纤传感技术的发展,已开始采用连续型光纤传感器进行泄漏噪声检测。使用光纤替代大量的传感器,不仅降低了检测成本,而且还提高了检测能力。

6) 压力梯度法

当管道正常输送时,管道的压力坡降呈直线;发生泄漏时,泄漏点前的流量变大、坡降变陡,泄漏点后的流量变小、坡降变平,沿管线的压力坡降呈折线状,折点即为泄漏点,进而可确定泄漏位置。

该方法仅需在管道两端安装压力传感器,就可以检测出泄漏程度和泄漏点位置,简单、直观。但管道在实际运行中,沿线压力梯度呈非线性分布,因此该方法定位精度较差,并且仪表测量对定位结果影响较大,可作为一个辅助手段与其他方法一起使用。

针对压力梯度法定位精度差的问题,可通过建立反映管道沿程热力变化的热力和水力综合模型,求取更能反映实际情况的非线性压力梯度分布规律,以进行泄漏定位。

7) 负压力波法

负压力波法是基于信号处理的一种检测方法,不需要建立管线的过程数学模型,利用信号模型,采用相关函数、频谱分析等方法,直接可分析可测信号,提取诸如方差、幅值、频率等模型特征,从而检测泄漏故障。

国内外传统的负压力波法有 Wavealert 系统和 Kullback 方法等,这些方法一般需要安装 4 个间隔一定距离的压力传感器。而对于先进的负压力波监测系统,可以对调泵、调阀所引起的负压力波和泄漏所引起的负压力波进行识别,因此,仅在管道两端各安装 1 个压力传感器即可实现监测。

6.6.4 长输管道腐蚀监测系统

金属腐蚀对地下管网正常运行构成极大危害。管道安全事故不仅会带来巨大的直接经济损失,而且常常会造成间接损失或环境污染。因此,对埋地管道的腐蚀状况进行在线监测,预估其安全危险区段,继而评价其剩余寿命至关重要。

1. 外防腐层监测

埋地管线防腐层由于诸多因素引起劣化,出现老化、发脆、剥离、脱落,最终会导致管道腐蚀穿孔，引起泄漏。防腐层劣化也同样影响阴极保护效能，因为防腐层劣化后，管道与大地绝缘性能降低，保护电流散失，保护距离缩短，使得不到保护的管线腐蚀速度加剧。因此，对地下管道防腐层状况定期评估，并有计划地进行检漏和补漏是预防和避免因防腐层劣化而引发管线腐蚀的重要手段。

1) 防腐层开挖检测

防腐层开挖检测是最直接的检测手段，可以对防腐层性能和管道腐蚀状况同时进行检查。一般的定期抽样开挖检查通常选择在易发生腐蚀部位或者怀疑发生腐蚀的部位。首先检查防腐层有无气泡、吸水、破损、剥离等现象，测量防腐层厚度，用电火花检漏仪检测漏点分布情况；继而检查管道金属腐蚀状况，观察是否有蚀坑、应力裂纹等腐蚀现象，用测厚仪测量管壁剩余厚度并作出定性描述和量化记录；必要时现场取样送实验室按规定要求进行分析。开挖检测的缺点是评价准确性受采样率的限制，不仅评价难于全面，而且往往成本较高，尤其是在城镇、工矿、厂区等建（构）筑物密集地段难以实施。也常常造成"挖了易腐，越挖越腐"的不良后果。因此，物理探测方法正逐步受到应用。

2) 防腐层物理检测

近年来，国内许多油气田和城市燃气公司采用管道外防腐层检测仪，对埋地管线的外防腐层完好情况进行在线检测，即采用物理探测方法对防腐层进行检测。

采用物理探测方法检测防腐层，虽然检测方法有各种各样，其评价方式也有所不同，但这些方法几乎都是通过在管道上加载直流或交流信号来实现的。目前，实际应用较为广泛的涂层检测技术包括标准管地电位法（简称 P/S）、Pearson 法（简称 PS）、管内电流衰减法、多频管中电流法（简称 PCM）、密间隔电位法（简称 CIPS）与直流电位梯度法（简称 DCVG）等。

(1) 标准管地电位法。

P/S 法是采用万用表电压挡测试 $Cu/CuSO_4$ 参比电极与金属管道表面上某一点之间的电位，用以比较保护电位和自然电位及当前电位和以往电位，从而间接判断涂层状况及阴极保护效果的有效性。由于该方法快速、简单，广泛应用于管道涂层及阴极保护日常管理与监测，其特点是在阴极保护系统运行状态下，沿管道测量测试桩处的管地电位。

这种方法无须开挖管道，可直接在每个测试桩上方便地得到电位，但测试数据受许多因素的制约，检测结果会存在一定偏差；阴极保护屏蔽时检测不出准确结果，而被屏蔽的管道常常易于产生局部腐蚀或坑蚀；由于测试桩每千米左右设置一个，不能对防腐层状况作连续的检测，防腐层破损点有可能被漏检；计算的防腐层电阻只是平均值，因此不能确定防腐层缺陷大小及缺陷所在的精确位置。

(2) Pearson 法。

该方法是通过发射机向管道施加一个交变电流信号（1000Hz），该信号沿管道传播。当管道防腐层存在缺陷时，就会在破损点的周围形成一个交变电场；滤波接收机接受到泄漏点的信号，通过接受信号的强弱来判断防腐层的破损点。采用该方法不需要阴极保护电流，不受阴极保护系统的影响，泄漏点的信号与防腐层上的破坏点具有对应关系，检测速度快。但该方法对操作者的技能和经验要求高，易产生漏检和误报；结果准确率较低，缺陷位置精度为 $\pm 0.5m$；易受外界电流及地电场的干扰，不同土壤和防腐层电阻都能引起信号改变；不能指示产生屏蔽的剥离防腐层，不能指示阴极保护效率，不能评定破损点的等级，也不能预测破损点的腐蚀程度。

(3) 管内电流衰减法。

该方法是在阴极保护状态实际运行下进行检测的，消除了管道电容、电感的影响，可长距离快速探测整条管道的防腐层状况，也可缩短间距对破损点进行定位，属于非接触地面测量，受地面环境影响较小，缺陷定位精度为±1.0m；缺点是测量结果不直观，不能指示阴极保护效率，不能指示防腐层剥离情况，易受外界电流干扰。

(4) 多频管中电流法。

PCM法是以管内电流衰减法为基础的改进型防腐层检测方法，通过专用的检测仪来完成，其操作简单，定位判断准确，适用性强，在工程上已得到普遍应用，并取得了较好的检测效果。PCM系统分接收机和发射机两部分，并有计算处理系统。在检测时，将发射机的一端与管道连接，另一端与大地连接。通过大功率发射机向管道发射一个特定频率的激励信号，激励信号自发射点开始沿管道两端传输，管内电流信号强度将随着管道距离的增加而衰减，用便携式接收机在管道上方能准确地探测到经管道传送的这种特殊信号，并按一定间隔采集管道上信号的电流强度。当管道防腐层性能均匀时，管内电流强度与距离成线性关系，其电流衰减率取决于防腐层的绝缘电阻。根据电流衰减的大小变化可评价防腐层的绝缘质量，对于同一条管线，电流衰减率越小，防腐层绝缘性越好。若存在电流的异常衰减段，则可认为存在电流泄漏点或管道分支点，经过分析可判断防腐层绝缘性能是否下降或是否有破损部位。再使用A字架检测地表电位梯度，以精确定位防腐层破损点。

PCM法是一种埋地管线防腐层检测新技术，属非接触式探测和评估技术，其适用范围广、准确率高，适用于不同管径、不同钢制材料、不同防腐绝缘材料及不同环境的石油、天然气、煤气等埋地管线防腐层的检测。应用该技术，可以全面评价防腐层的使用状况，指导地下管道的维护和检修，避免抢修的盲目性。但当存在外加电流干扰、大地磁场干扰或有其他管道交叉敷设时，电流衰减法检测会出现盲区，造成检测结果不准确而难以判断。

(5) 密间隔电位法。

CIPS法实际上是对标准管地电位法的一种改进，由一个灵敏的毫伏表和一个$Cu/CuSO_4$半电池探杖以及一个尾线轮组成。测量时，在阴极保护电源输出线上串接断流器，断流器以一定的周期断开或接通阴极保护电流。测量从一个阴极保护测试桩开始，将尾线接在桩上，与管道连通，操作员手持探杖，沿管顶每隔1～5m测量一个点，记录每个点在通电和断电情况下的电位。经数据处理后，可得到相应的通、断电位曲线，分析该曲线即可确定阴极保护效果的有效性，并找出防腐层缺陷位置，估计缺陷大小。

该方法测得的通、断电位曲线基本消除了电位降的影响，从而更真实地反映了管道阴极保护的有效性，并且可以反映防腐层失效的范围。

(6) 直流电位梯度法。

该方法是通过测量流至埋地管道防腐层破损部位的阴极保护电流在土壤介质中产生的直流电位梯度，即土壤的电位降，根据这个电位降来计算防腐层的缺陷大小。

当埋地钢管的防腐层存在缺陷时，阴极保护电流通过土壤流向缺陷处，电流在土壤中流动产生电位梯度场。根据土壤电阻率的不同，形成的电压存在于缺陷周围的范围内。缺陷越大，电流就越大，产生的电位梯度就越大；距离缺陷越近，电流密度越集中，电位梯度也越大，如图6.3所示。电位梯度主要产生在离电压场中心较近的区域内，用一个灵敏的电压表即可测量出电位梯度的存在，根据其大小和方向可以精确定位缺陷。

2. 内腐蚀监测

管道发生全面腐蚀后，表现为整个壁厚减薄，这种减薄可能是均匀的，也可能是非均匀的。当发生局部腐蚀时，管壁局部位置出现凹坑，壁厚减薄。局部腐蚀常常造成管道穿孔泄漏。管道内腐蚀监测技术就是针对管壁厚度变化来进行测量分析的。

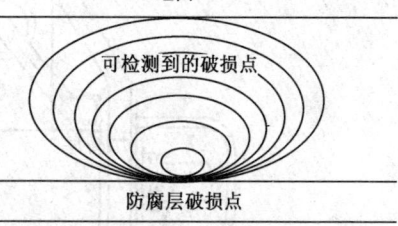

图 6.3　破损点电位梯度分布示意图

内腐蚀监测是目前应用最为广泛也是最有效的管道检测方法。它利用超声波、漏磁、射线等探伤原理，并结合计算机、自动控制及卫星定位等高新技术制成的智能检测器，在不影响正常生产的情况下，通过智能检测器在管道内的行走，对埋地管道的管壁或涂层的缺陷如变形、损伤、腐蚀、穿孔、管壁失重及厚度变化等进行在线检测，获得准确可靠的检测数据，为管道的安全评估与完整性管理提供基础材料。目前内腐蚀监测方法很多，常用的主要有变形检测法、漏磁检测法、超声波检测法、智能检测法、涡流检测法、射线检测法、激光检测法及弹性波检测法等。其中，激光检测法需要和其他方法配合才能得出有效、准确的腐蚀数据。涡流检测法只适用于检测表面腐蚀，如果在金属表面的腐蚀产物中有磁性垢层或氧化物，就可能出现误差；为了提高测量精度，还要求被测体保持恒温。变形检测法通过检测管道的变形状况，考察管道是否由于发生严重变形而不适合继续使用的情况。而漏磁检测法与超声波检测法是检测管道腐蚀缺陷与裂纹缺陷的两种最主要方式，在长输管道上被广泛采用。

1) 变形检测法

长输管道在安装施工过程及长期使用过程中，由于外力、地质灾害等导致管体变形如塌陷、鼓胀等情况，严重时可能会影响管道的正常安全运行，因此必须对管道进行变形检测。目前常用的变形检测器有两种类型：一种是英国 Pipetronix 公司开发的伞架式探头传感器（Caliper），另一种是美国 Tuboscope 公司的多探头多通道变形检测器（Deformation Survey Tool），两者都能对变形点的轴向位置精确定位，但前者对变形的周向位置不能确定，而后者能较为准确地确定变形的周向位置。

Tuboscope 公司生产的 ϕ720mm 伞架式变形检测器（图 6.4）主要由发射接受系统、里程轮系统、伞架机构、记录仪系统、高能锂电池组和皮碗构成。伞架式变形检测器的检测原理是：当检测器在管道内运行时，密封皮碗将产生压差，驱动设备在管道内平稳运行。变形检测器的伞架机构紧紧地与管内壁接触，伞架机构采集到的数据经整理后存储在记录仪内。完成检测后，检测器将这些数据回收到控制系统，通过这些数据即可以准确判定管道的变形量和所处里程位置。

2) 漏磁检测法

美国的 Tuboscope 公司于 20 世纪 60 年代在世界上首次利用漏磁智能检测器对管段进行在线检测，经过 30 多年的不断发展，这项技术已日臻完善。当今先进的漏磁检测器已经配备了惯性制导装置的激光陀螺仪、加速度仪和高清晰度探头，逐步成为普遍使用的管道腐蚀检测设备。它利用数量更多而又更精确的探头，可以采集更多的数据，具有更好的数据精度和可信度，无论内外缺陷都能做到精确定位，同时也可以报告出管道的壁厚变化，并可探明周向裂纹。该检测器还可配带一套惯性测绘单元，既能对管道走向进行测绘，又能对管道缺陷进行 GPS 精确定位。

Tuboscope 公司的 ϕ720mm 管道漏磁检测器结构如图 6.5 所示，主要由两节构成，第一

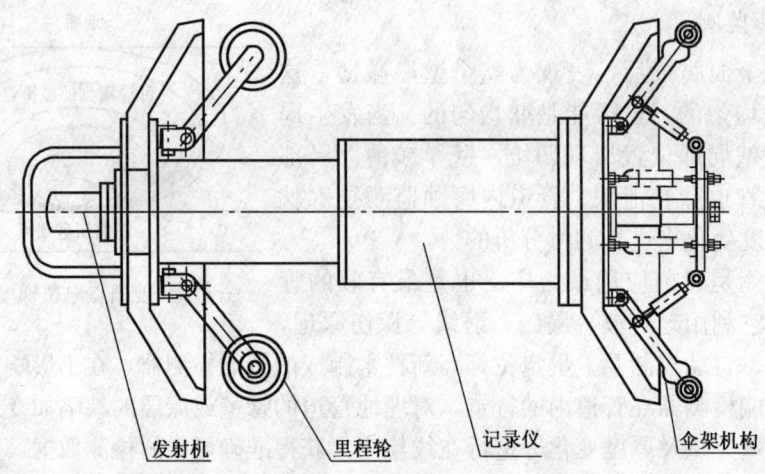

图 6.4 φ720mm 变形检测器结构示意图

节为电池仓,第二节为记录仪仓,两节之间用万向节连接。该检测器配有两个里程轮、16个探头通道、6个 ID/OD 通道。这种管道漏磁检测器主要用来确定或描述管道因内、外腐蚀引起的金属损伤,其次也能检测出管道的凹痕、硬点及管道附件等。它的工作原理是:利用自身携带的磁铁在管壁全圆周上产生一个纵向磁回路场。当检测器在管内行走时,如果管壁没有缺陷,则磁力线存在于管壁之内;如果管内壁或外壁存在缺陷,则磁力线将穿出管壁之外而产生漏磁。

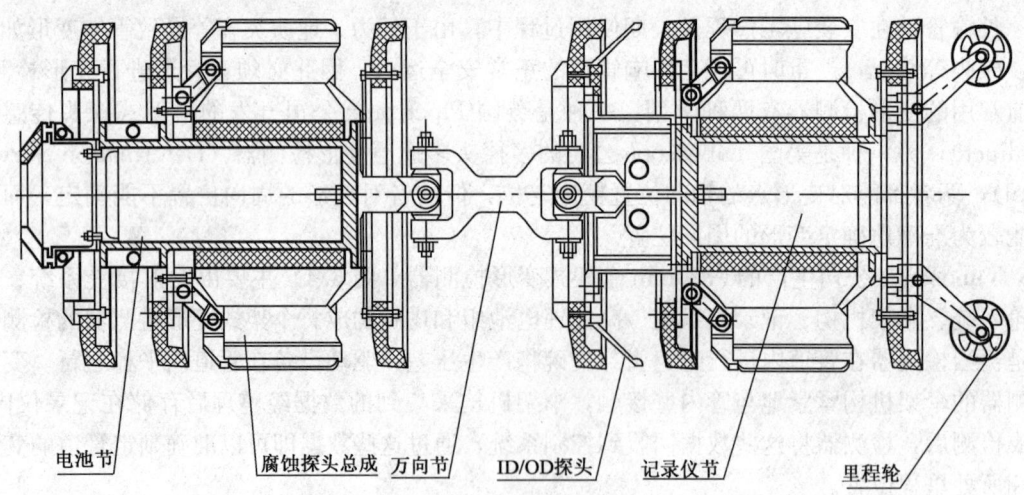

图 6.5 φ720mm 管道漏磁检测器结构示意图

该漏磁检测器工作原理如图 6.6 所示。漏磁场被位于两磁极之间、紧贴管壁的探头探测到,并产生相应的感应信号。这些信号经滤波、放大处理后记录到检测器上携带的存储器中,经过检测后的数据回放处理,对缺陷进行判断、识别。

3) 超声波检测法

超声波检测法的基本原理是通过电子装置发送出超声波的高频脉冲,射到管道壁上,反射回的超声波通过传感器(探头)接收回来,经过信号放大,再显示出波形。由于不同部位处超声波反射到探头上的距离不同,因而超声波返回的时间也不同。这样即可按照时间差显

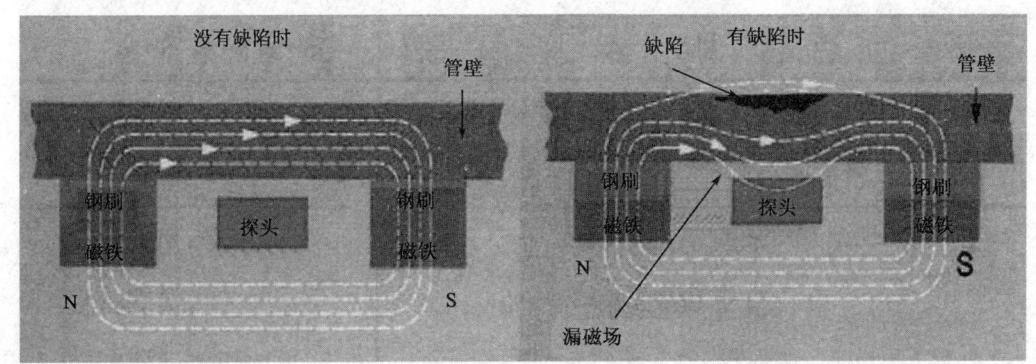

图 6.6 漏磁检测原理图

示出的波形,根据标定测量管壁厚度变化、腐蚀尺寸及其他缺陷情况。

图 6.7 为采用超声波法检测管道内壁缺陷的工作原理示意图。该检测系统的组成如下:

(1) 脉冲发生器,发送出超声波脉冲。

(2) 探头(换能器)。电脉冲(电能)通过它转换成超声波(机械能),这是图 6.7 中左边所示的探头。而图 6.7 右边探头则为接收超声波的换能器,它将反射回来的超声波(机械波)转换成电信号(电能)。图 6.7 中的 A 点代表管道壁厚的底端,B 点代表沿壁厚的缺陷处。显然,自 A 点、B 点反射波返回到右边的接收探头处的距离不同,因而所需时间也不同。

(3) 信号放大器。它是将接收探头转换成的返回电信号加以放大,再送给示波装置。

(4) 示波器。如图 6.7 所示,经 B 点(缺陷处)反射回来的波(底波)的距离较短,需时间也较短,因而遭遇自 A 点返回的波(缺陷波),即图中的时间 $d_1 < t_1$。为了比较时间的长短,图 6.7 中给出了自左边探头发送声波的时间(最左面的发射波),以此作为基准。

(5) 时基。如图 6.7 所示,它是从显示出的波形进行时间差的比较装置总称。

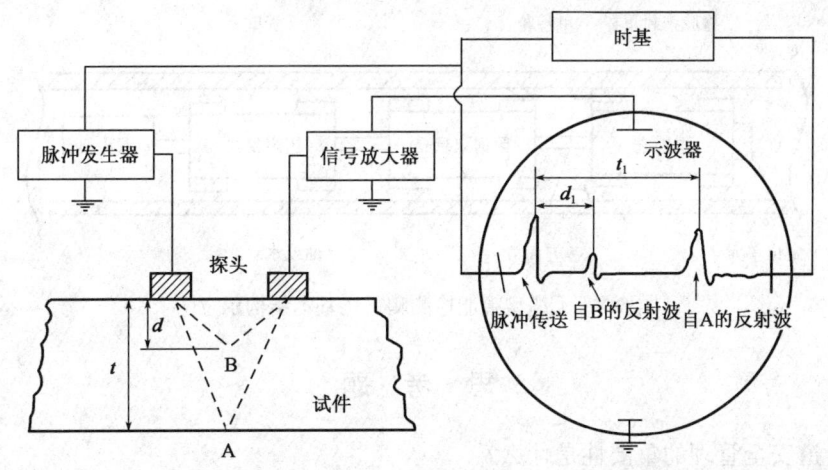

图 6.7 超声波法检测管道内壁缺陷的工作原理示意图

4) 智能检测

国外结合漏磁检测法和超声波检测法,已研制出了用于各种管道的智能检测装置,并已广泛应用于管道的腐蚀检测。国内某些科研单位在对国外管道腐蚀检测设备消化吸收的基础上,研制开发出了几种功能样机,但只能对无介质管道进行检测,很难满足实际要求,与国外先进技术有较大差距。

管道智能检测系统性能好坏应从如下指标进行评价：

(1) 定位精度；
(2) 腐蚀深度精度；
(3) 腐蚀长度精度；
(4) 腐蚀宽度精度；
(5) 周向偏差；
(6) 检测的最小腐蚀深度；
(7) 检测的最小缺陷面积；
(8) 可识别法兰、阀门、三通、弯头、管箍、套管、补丁、焊缝、熔焊点等。

这类管道智能检测装置从结构上可分为有缆型和无缆型两种。

(1) 有缆型智能检测装置。

有缆型智能检测装置一般由配有各种检测仪的管内移动部分、设置在管外的遥控装置、电源、数据记录处理器、电缆供给控制装置以及连接管内移动部分和管外装置的电缆等组成。电缆主要是用来供电、遥控、传输成像和检测数据等；管内移动部分是管内行走的智能检测爬行机部分。由于有缆型智能检测装置的电源和数据记录处理器设在管外，因此，其爬行机部分结构紧凑，可以应用于中小管道的检测，另外，这种检测装置还能够同时监测管内移动检测部分的影像数据，因此可对穿越河流、铁路、道路的特殊管道的重要部位进行有选择检测，但其使用范围受电缆长度和管道断面等的限制，而且多用于停运管道的检测。

(2) 无缆型智能检测装置。

随着爬行机行走技术的逐步成熟，为了检测长距离管道的腐蚀状况，国外又开发了无缆型智能检测装置，并得到了广泛应用。这类无缆型智能检测装置在管道内是由液体推动前进的，主要由主机、数据处理系统和辅助设备组成，如图6.8所示。

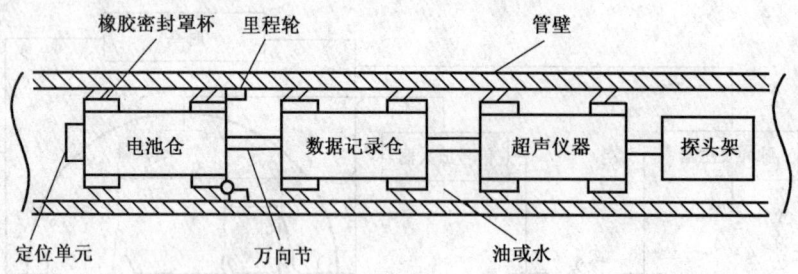

图 6.8 无缆型智能检测爬行机基本结构示意图

思 考 题

(1) 管道安全管理的重要性是什么？
(2) 影响管道安全运营的因素有哪些？
(3) 对含蜡原油管道和成品油管道进行清管有什么不同？
(4) 输气管道投产前为何要进行干燥？如何进行干燥？
(5) 一条长300km，$DN400mm$ 的热油管道有5座热油泵站，试述管线投产试运的安全措施。

(6) 2004年10月6日下午6时20分左右，在位于榆神二级公路北侧30m、距神木县城19km的神木镇四卜树村，神木县高新生态畜牧繁育示范基地在进行水池开挖施工时，由于不慎挖裂埋在地下的输气管道，导致陕京输气管道主管道泄漏。管道公司如何应对此次事故？如何进行输气管道的抢修？

(7) 2009年3月11日，四川省煤团地质局137地质队在位于涪城区龙门镇清霞村2组进行成绵乐铁路客运专线涪江3号特大桥地质勘测钻探时，将埋于地下1.8m深、直径为45cm的兰成渝输油管道钻破，造成柴油泄漏。在现场如何应对此次事故，以避免火灾的发生，并防止人员伤亡？如何进行管道的抢修处理？

(8) 对输油管道的凝管事故如何处理？

(9) 现有管道安全控制技术有哪些？

(10) 长输管道泄漏检测方法有哪些？各有什么优、缺点？

(11) 管道内腐蚀检测和外防腐层检测的方法各有哪些？

(12) 管道现有的安全评价模式和方法有哪些？试分析这些方法的适用性。

参考文献

[1] 严大凡，翁永基，董绍华. 油气长输管道风险评价与完整性管理 [M]. 北京：石油工业出版社，2005.

[2] 刘炜立，李武荣. 管道安全运行与管理 [M]. 北京：中国石化出版社，2007.

[3] W. Kent Muhlbauer. Pipeline Risk Management Manual. 3rd Edition. Gulf Publishing Company, Houston, Texas, 2004.

[4] 郑津洋，马夏康，尹谢平. 长输管道安全——风险辨识、评价、控制 [M]. 北京：化学工业出版社，2004.

[5] 王功礼. 油气管道技术现状与发展趋势 [J]. 石油规划设计，2004，1 (4)：1~7.

[6] 马志祥. 油气长输管道的风险管理 [J]. 油气储运，2005，24 (2)：1~7.

[7] 李文波，苏国胜. 国外长输管道安全管理与技术综述 [J]. 安全健康和环境，2005，5 (1)：5~7.

[8] 余建星，雷威. 埋地输油管道腐蚀风险分析方法研究 [J]. 油气储运，2001，20 (2)：5~12.

[9] 翁永基. 腐蚀管道安全评价体系 [J]. 油气储运，2003，22 (6)：1~12.

[10] 谢安俊. 油气管线SCADA系统调度控制中心的安全策略 [J]. 天然气工业，2005，25 (6)：113~115.

[11] 陈利琼. 在役油气长输管线定量风险技术研究 [D]. 成都：西南石油学院，2002.

[12] 郑茂盛，周根树，赵新伟，等. 现役油气管道安全性评价研究现状 [J]. 石油工程建设，2004，30 (1)：1~6.

[13] 宋生奎，宫敬，才建，等. 油气管道内检测技术研究进展 [J]. 石油工程建设，2005，31 (2)：10~14.

[14] 朱国文. 长输管道腐蚀检测及维护措施 [J]. 油气储运，2002，21 (2)：25~27.

[15] 中国机械工程学会无损检测学会. 无损检测概论. 北京：机械工业出版社，1993.

[16] 阎钟山，米莹，高建华. 天然气长输管道泄漏的抢修与维护 [J]. 天然气与石油，2002，20 (2).

[17] 陈利琼. 油气长输管线的模糊风险技术方法研究 [D]. 成都：西南石油学院, 2004.
[18] 董玉华, 高惠临, 周敬恩等. 长输管道定量风险评价方法研究 [J]. 油气储运, 2001.20 (8)：5~8.
[19] 张淑英. 长输管道事故及其概率 [J]. 国外油气储运, 1993, 12 (5).
[20] Maher A. Nessim, Mark J. Stephens. Risk-based Optimization of Pipeline Integrity Maintenance [J]. 1995 OMAE-Volume II, Safety and Reliability ASME 1995：303~314.
[21] 张鹏, 段永红. 长输管线风险技术的研究 [J]. 天然气工业, 1998, 18 (5).
[22] 曾多礼, 邓秋圣, 刘玲莉. 成品油管道输送技术 [M]. 北京：石油工业出版社, 2002.
[23] SY/T 5922—2003 天然气管道运行规范.
[24] SY/T 5737—2004 原油管道输送安全规程.
[25] SY/T 6652—2006 成品油管道输送安全规程.
[26] SY/T 5536—2004 原油管道运行规程.

第 7 章 油气储运电气防爆安全技术与管理

7.1 防爆电气设备的防爆原理

由于油气的易燃易爆和流动性，在油气储运过程及作业场所中，难以避免始终不会出现爆炸性危险环境，而同时用于驱动和照明的电气系统、捉摸不定的杂散电流等也难以避免，电气设备问题是引发油气储运过程燃烧爆炸的重要因素之一。

在爆炸危险环境中，最好是不设置电气设备。但必须设置电气线路或设备时，电气系统必须在任何情况下都不会点燃或引爆环境中的危险气体。电气设备的防爆原理如图 7.1 所示。

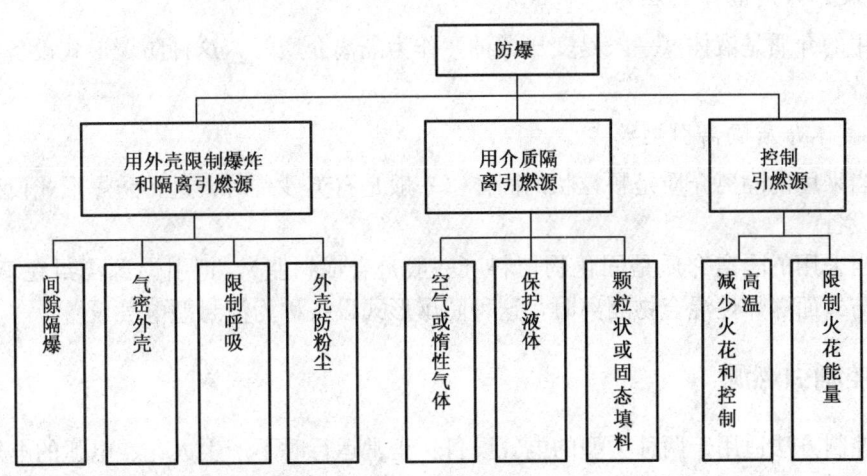

图 7.1 防爆电气设备的防爆原理

7.1.1 用外壳限制爆炸和隔离引燃源

1. 用外壳限制爆炸

用外壳限制爆炸是传统的防爆方法。它是把设备的导电部分放在外壳内，外部可燃性气体通过外壳上各个部件的配合面间隙进入壳内，一旦被内部电气装置上的导电部分发生的故障电火花点燃，这些配合面将使由外壳内向外排出的火焰和爆炸生成物冷却到安全温度，而不能点燃外壳外部周围的爆炸性混合物，亦即外壳阻止了爆炸向外传播，一般称为间隙隔爆。这种防爆形式国外一般称为隔爆外壳，我国将这种隔爆形式设备称为隔爆型电气设备。

2. 用外壳隔离引燃源

(1) 采用熔化、挤压或胶粘的方法将外壳密封起来，阻止外部可燃性气体进入壳内而与引燃源隔离，达到防爆的目的。这种防爆形式设备称为气密型电气设备。

(2) 若电气设备只用于爆炸性混合物在某个时候出现的场所，则可利用设备内部出现爆炸性混合物所需的时间作为保护因素。为此，采用密封性能良好的外壳来限制可燃性气体或蒸气进入，即相当于限制设备"呼吸"，使外壳内部聚积的可燃性气体或蒸气浓度升到爆炸下限值的时间比外部环境中可燃性气体或蒸气可能存在的时间要长。这样实际上就是使进入壳内的可燃性气体和蒸气浓度达不到爆炸下限值，因而不会被点燃，达到防爆的目的。这种防爆形式称为限制呼吸外壳。

7.1.2 用介质隔离引燃源

用介质隔离引燃源的原理是把电气设备的导电部件放置在安全介质内，使引燃源与外面的爆炸性混合物隔离以达到防爆的目的。

1. 用气体介质隔离引燃源

当采用的介质是气体（一般是新鲜空气或惰性气体）时，应使设备内部的气体相对于外面大气有一定的正压，从而阻止外部大气进入。这种防爆形式设备称为正压型电气设备（以前称为通风充气型电气设备）。

2. 用液体介质隔离引燃源

当采用的介质是液体（一般是变压器油）作为隔离介质时，这种防爆形式设备称为充油型电气设备。

3. 用固体介质隔离引燃源

(1) 当采用的隔离介质是颗粒状的固体（一般是石英砂）时，这种防爆形式设备称为充砂型电气设备。

(2) 当采用的隔离介质是固化物填料（一般是合成树脂），把引燃源浇封在填料里面，从而使其与外面爆炸性混合物隔离时，这种防爆形式设备称为浇封型电气设备。

7.1.3 控制引燃源

这种控制方法适用于两种类型的电气设备：正常运行时不产生火花、电弧的电气设备和弱电设备。

1. 减少火花、电弧和控制高温

对于正常运行时不产生火花、电弧和危险高温的电气设备，可以采取一些附加措施来提高设备的安全可靠性，如采用高质量绝缘材料，降低温升，增大电气间隙、爬电距离，提高导线连接质量等，从而可大大减少火花、电弧和危险高温现象出现的可能性，使之可以用于危险场所。这种防爆形式设备称为增安型电气设备（以前称为安全型电气设备）。

还有一种与增安型防爆措施类似的防爆形式，按其定义，它是一种正常运行时既不产生火花和危险高温，也不能产生引爆故障的电气设备；与增安型防爆电气设备相比，只是没有规定再增加一些附加措施来提高设备的安全可靠性，所以它的安全性比增安型防爆电气设备要低，只能用于2区危险场所。这种防爆形式设备称为无火花型电气设备。

2. 限制火花能量

对于弱电设备，如仪器仪表、通信装置、报警装置等设备，把它们处于爆炸危险环境中的那部分电路所释放的能量限制到一定的数值内，当电路发生故障，如短路时产生的火花不能引燃爆炸性混合物，从而达到防爆的目的。这种电路和设备称为本质安全型电路和电气设备（以前称为安全火花型电路和电气设备）。

7.2 防爆电气设备的选用与安装要求

电动机、电线电缆、变配电设备以及电气仪表、照明等电气设备过负荷、绝缘破坏、接触不良、漏电等都可能成为爆炸性混合物的引燃引爆源，如处理不当，将会造成严重后果。因此，在设计和使用过程中，应根据防爆场所级别，按爆炸介质性质，正确选择和使用、维护防爆电气设备，对于确保油库安全具有重要意义。

7.2.1 防爆电气设备的类型

防爆电气设备的选型应根据爆炸危险区域等级及爆炸危险物质的类别、级别和组别来确定。防爆电气设备的类型、级别和组别除在铭牌上标志外，还应在设备的明显处有清晰的"Ex"标志，仪器仪表也应有非凸纹的永久性标志。

防爆电气设备的新、旧类型名称和标志见表7.1。

表 7.1 防爆电气设备的新、旧类型名称和标志

类型名称		标志		
		工厂用		煤矿用
旧	新	旧	新	
隔爆型	隔爆型	B	d	KB
防爆安全型	增安型	A	e	KA
防爆充油型	充油型	C	o	KC
	充砂型	—	q	
防爆、通风、充气型	正压型	F	p	KF
	本质安全型	H	i	KH
安全无火花型	无火花型		n	
	气密型	—	h	
	浇封型	—	m	
防爆特殊型	特殊型	T	s	KT

注：本书中不对粉尘防爆电气设备作表述。

1. 隔爆型

隔爆型是用途较广、开发较早的一种防爆形式，它不受电气设备正常运行中电弧、火花和危险高温的限制，对容量大小适应范围也较广。所谓隔爆型电气设备，就是将可能产生火

花、电弧和危险高温的电气零部件置于隔爆外壳内,当隔爆外壳内部产生电火花或爆炸时,不会点燃存在于隔爆外壳外部的爆炸性混合物的电气设备。这种隔爆型结构具有能够承受电气设备外壳内部爆炸性气体混合物的爆炸压力,并阻止内部的爆炸向外壳周围爆炸性混合物传播。隔爆外壳是电气设备的一种防爆形式,这种外壳能够承受通过外壳任何接合面或结构间隙渗透到外壳内部的可燃性混合物在内部爆炸而不损坏,并且不会引起外部由一种、多种气体或蒸气形成的爆炸性混合物的点燃。

隔爆外壳的这种不传爆性并不是由密闭外壳来取得,而是通过一定的间隙来实现隔爆的。当外壳内部的爆炸性混合物发生爆炸时,通过隔爆间隙的作用,使传到壳外的气体和金属微粒的温度降到周围爆炸性混合物的引燃温度以下。同时,外壳具有较高的机械强度,足以经受住爆炸压力而不发生变形,从而不致引燃壳外的爆炸性混合物。隔爆型电气设备为了保证达到隔爆要求,必须做到:

(1) 隔爆外壳有足够的机械强度,能承受爆炸压力与外力冲击而不变形;
(2) 组成整个隔爆外壳的全部缝隙均制成能够隔爆的结构;
(3) 控制外壳表面温度使其不能达到危险温度。

以上三项是保证隔爆型电气设备隔爆要求的必要条件,必须同时满足,缺一不可。

隔爆外壳不同部件相对应的表面配合在一起(或外壳连接处)且火焰或燃烧生成物可能会由此从外壳内部传到外壳外部的部位,称为隔爆接合面。隔爆接合面的平均表面粗糙度 Ra 不超过 $6.3\mu m$。隔爆接合成相对应表面之间的距离即为隔爆间隙。从隔爆外壳内部通过接合面到隔爆外壳外部的最短通路长度称为接合面宽度(或火焰通路长度)。

2. 增安型

增安型电气设备是指在正常运行条件下不会产生电弧、火花,或者在可能点燃爆炸性混合物的高温设备结构上采取措施以提高其安全程度,避免在正常和认可的过载条件下出现电弧、火花和危险高温的电气设备。

将设备在正常运行时能产生电弧、火花的部件放在隔爆外壳内,或采取浇封型、充砂型、充油型或正压型等其他防爆型式可达到防爆目的。对于在正常运行时不会产生电弧、火花和危险高温的设备,如果在其结构上再采取一些保护措施,使其在正常运行或认可的过载条件下不发生电弧、火花和过热现象,也可达到防爆安全的目的。因此,这种设备在正常运行时就没有引燃源而可以用于爆炸危险环境。这就是增安型电气设备的防爆原理,同时也是它名称的由来。

增安型电气设备和隔爆型电气设备相比,其主要优点是成本低,重量轻,便于维护,因此比较经济。但它的防爆安全性能比隔爆型电气设备差,它的安全程度不仅取决于本身的结构形式,而且和使用的环境、维护情况关系较大。

3. 本质安全型

全部电路均为本质安全电路的电气设备称为本质安全型电气设备。所谓本质安全电路,是指在规定的试验条件下,在正常工作或规定的故障状态下产生的电火花和热效应均不能点燃爆炸性混合物的电路。其中,"规定的试验条件"是指考虑了各种最不利的因素(如安全系数、试验介质浓度等)而规定的试验条件;"电火花"是指电路中触点(按钮、开关、接触器等)动作火花以及电路短路、断路或接地时产生的火花,也包括静电火花和摩擦火花;"热效应"是指电气元件、导线过热造成的表面温度和热能量以及电热体的表面温度和热能量;"正常工作"是指电气设备在设计规定条件下工作。检验单位用火花试验装置对电路进行接通和断开试验视为对正常工作状态的检验。"规定的故障状态"是指为了试验目的而设想的非正常工作状态,也即在分析电路时,除"可靠性元件和组件"外,任何其他元件、组件都认为可能损坏而形成电路参数状态以及电气连接的故障。如电气元件短接、晶体管或电容击穿、线圈匝间短路和保护装置失灵等都属于规定的故障状态。

关联电气设备是指设备的电气系统中并非全是本质安全型电路,但含有能影响本质安全型电路安全性能的电气设备。关联电气设备一般有两种型式:一种是和本质安全型电路在同一个电气设备中,它是可能对本质安全型电路的本质安全性能有影响的非本质安全型电路部分,例如置于危险场所的隔爆与本质安全复合型电气设备中隔爆的部分。另一种是指在本质安全型电气系统中,与本质安全型电气设备有电气关联并可能影响其本质安全性能的非本质安全型电路的电气设备,如安全栅以及其他具有限压限流功能的保护装置等。

关联电气设备可以是其他防爆类型的,也可以是一般形式的。这主要取决于关联电气设备置于的场所,若置于爆炸危险环境,则必须是采取另一种防爆类型。目前最普遍的是采用隔爆外壳,也有极少部分采用增安型。

安全栅是本质安全型电气设备的关联电气设备,安装在本质安全型电路与非本质安全型电路之间,其作用是限流限压,以防止危险能量窜入到本质安全型电路中去,是确保本质安全型电路安全性能的装置。安全栅分为齐纳式、电阻式、变压器隔离式等多种形式。

本质安全型电气设备及其关联设备按本质安全型电路使用环境及安全程度分为 ia 和 ib 两个等级。

(1) ia 等级——在正常工作、存在 1 个故障和 2 个故障时均不能点燃爆炸性气体混合物的电气设备,标志为 Exia。

正常工作时有火花的触点要加隔爆外壳、气密外壳或加倍提高安全系数。

(2) ib 等级——在正常工作和存在 1 个故障时不能点燃爆炸性气体混合物的电气设备,标志为 Exib。

电路中 1 个元件损坏视为 1 个故障,由于该元件损坏引起电路参数改变、导致其他元件损坏,由此类推产生的一系列元件损坏都视为 1 个故障,2 个元件均单独损坏及其产生的一系列损坏可视为 2 个故障。

ia 等级的电气设备安全程度要高于 ib 等级电气设备的安全程度。电气设备等级一般是按电气设备使用场所的爆炸危险程度、安装位置和维护周期等情况而定。如果电气设备用于爆炸危险程度较高的场所(如爆炸性气体混合物长期或周期性泄放的 0 区)或安装位置在不易维护的地方等都应选择 ia 级的电气设备,此外,也可选用 ib 级的电气设备。本质安全型电气设备的级别见表 7.2。

表 7.2 本质安全型电气设备的级别

级别	最小点燃电流比 (MICR)
ⅡA	>0.8
ⅡB	0.45~0.8
ⅡC	<0.45

4. 正压型

向外壳内充入洁净空气、惰性气体等保护性气体,保持外壳内部保护气体的压力高于周围爆炸性环境的压力，阻止外部爆炸性混合物进入外壳而使电气设备的危险源与环境中爆炸性混合物隔离的电气设备。

正压型电气设备在启动和运行时，设备外壳内部充以保护气体，使其内部的气压高于设备外壳外部的气压，从而限制了周围爆炸性气体混合物进入设备外壳的内部。把电气设备可能产生火花、电弧和危险高温的部分全部置于这种正压型设备外壳保护之内，使其不可能与周围含有爆炸性气体混合物接触，即使设备外壳内部产生火花、电弧和危险高温，也不可能引起爆炸事故，同时采取措施，在保护气体供应出现故障的情况下也能进行保护，从而达到安全运行的目的。

5. 充油型

充油型电气设备是用油将设备中可能出现火花、电弧的部件或整个设备浸在油内，使设备不能点燃油面以上或外壳以外的爆炸性混合物，从而达到防爆的目的。

这种防爆形式的可靠性与外壳的机械强度及油的状态、数量、监控方法有关。现在充油型电气设备应用有限，品种很少，它只能制成固定式设备。

充油型电气设备的外壳防护等级必须不低于 IP43；外壳设有排气孔时，排气孔的防护等级必须不低于 IP41。外壳的密封零件（如衬垫、密封圈等）必须采用耐油材料制成。

6. 充砂型

充砂型电气设备是在外壳内充填砂粒材料，使设备在规定的使用条件下，壳内产生的电弧传播火焰、外壳壁或砂粒材料表面的过热均不能点燃周围的爆炸性混合物的电气设备。

这种设备是以砂粒材料（一般用石英砂）作为保护材料。这种材料本身及装填材料的容器对爆炸性混合物没有点燃能力，并且使设备在运行中产生的火花、电弧及可能出现的火焰在其中熄灭，又因砂粒充填到一定厚度，砂粒层表面温度即使在弧光短路情况下也低于爆炸性混合物的引燃温度，因此不能引燃周围的爆炸性混合物，从而达到防爆的目的。

这种防爆类型只适用于额定电压不超过 6kV，使用时活动零件不直接与填料接触的电气设备，如电容器、熔断器、变压器等。

7. 无火花型

无火花型电气设备是指在电气、机械上符合设计技术要求，并在制造厂规定的限度内使用不会点燃周围爆炸性混合物，且一般不会发生故障的电气设备。它是在防止产生危险高温、外壳防护、防冲击、防机械摩擦火花、防电缆头故障等方面采取措施，防止火花、电弧或危险高温的产生，以此提高运行安全程度。

无火花型电气设备外壳的防护等级必须不低于下列要求：绝缘带电部件的外壳应为IP44；裸露带电部件的外壳应为 IP54。

8. 气密型

气密型电气设备是指外壳根本不会漏气的一种电气设备，就是说环境中的爆炸性混合物不能进入电气设备外壳内部，从而保证外壳内部带电部分不会接触到爆炸性混合物，以达到防止发生点燃爆炸的目的。

该外壳用熔化、挤压或胶粘的方法进行密封，防止壳外的气体进入壳内，使之与引燃源隔开。该气密结构对一些小型的电气设备，特别是对其他防爆结构不易制造的小产品更能发挥作用。例如，小型开关、继电器、电容器、变压器和传感器等如制成隔爆型结构，既浪费材料，体积大又笨重，使用很不方便，若采用气密结构，就能克服这些缺点。但由于其本身不可拆卸，只能一次性使用而不能进行修理。

9. 浇封型

浇封型电气设备是指将整台电气设备或其中部分，即可能产生点燃爆炸性混合物的电弧、火花或高温部分浇封在浇封剂中，在正常运行和认可的过载、故障情况下不能点燃周围的爆炸性混合物的电气设备。

浇封型电气设备是将其中可能产生点燃爆炸性混合物的点燃源（如电弧、火花、危险高温）封在如合成树脂一类的浇封剂中，使其不能点燃周围可能存在的爆炸性混合物，实质上是将固化后的浇封剂作为外壳或外壳的一部分。

10. 特殊型

凡在结构上不属于上述基本防爆类型或上述基本防爆型的组合，而采取其他特殊措施经充分试验又确实证明具有防止引燃爆炸性气体混合物能力的电气设备称为特殊型电气设备。该类型设备必须经国家主管部门指定的检验单位检验合格，还应报国家标准局备案。它的防爆原理仍然是使引燃源与爆炸性混合物相遇或同时存在的概率低于规定的危险概率。以前对上面所述的一些防爆类型如浇封型、气密型还未作为独立的防爆类型时，人们将其归属于特殊型。

在油库中，由于维护、管理等多方面原因，使用的防爆电气设备一般为本质安全型、隔爆型和增安型。

7.2.2 低压电器外壳防护等级

低压电器的外壳是指能提供一个规定的防护等级，来防止一定的外部影响并防止接近、触及带电部分或运动部件的部件。对于为了防护外界固体异物进入壳内触及带电部分或运动部件而设置的栅栏、孔洞以及其他设施，不管是否附于外壳或是封闭设备组成部分，均被认为是外壳的一部分（那些不用钥匙或工具就能拆除的部件除外）。对仅为人身安全而设置在外壳周围的栅栏等防护措施应不算作外壳的一部分。

防护等级是指按标准规定的检验要求，对外壳能防止外界固体异物进入壳内触及带电部分或运动部件以及防止水进入壳内的防护程度，用IP××表示。防护等级的表示见表7.3、表7.4和表7.5。

代号举例：

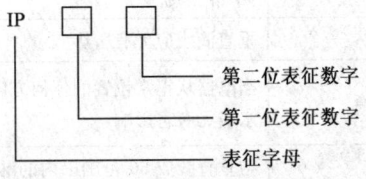

如IP65——指能防止尘埃进入电器外壳内部，并能防喷水；能防止直径大于12.5mm固体异物进入壳内并防止长度不大于100mm、直径为1mm的试验探针触及壳内带电部分和运动部件，并能防溅水。

IPW33——指在特定的气候条件下使用，其外壳能防止直径大于2.5mm的固体异物进入电器外壳内部，并能防淋水。

当防护的内容有所增加时，可用补充字母来表示。

W：在特定气候条件下使用的补充字母。

N：在特定尘埃环境条件下使用的补充字母。
L：在规定固体异物条件下使用的补充字母。

表 7.3 第一位表征数字及数字后补充字母表示的防护等级

第一位表征数字及数字后补充字母	表征符号	防护等级 简述	防护等级 含义
0	IP0X	无防护	无专门防护
1	IP1X	防止直径大于50mm的固体异物	能防止人体的某一大面积（如手）偶然或意外地触及壳内带电部分或运动部件，但不能防止有意识地接近这些部分；能防止直径大于50mm的固体异物进入壳内
2L	IP2LX	防止直径大于12.5mm的固体异物	能防止直径大于12.5mm的固体异物进入壳内并防止手指或类似物体触及壳内带电部分或运动部件
3	IP3X	防止直径大于2.5mm的固体异物	能防止直径（或厚度）大于2.5mm的工具、金属线等进入壳内
3L	IP3LX	防止直径大于12.5mm的固体异物进入并防止直径大于2.5mm的探针触及	能防止直径大于12.5mm的固体异物进入壳内并防止长度不大于100mm、直径为2.5mm的试验探针触及壳内带电部分或运动部件
4	IP4X	防止直径大于1mm的固体异物	能防止直径（或厚度）大于1mm的固体异物进入壳内
4L	IP4LX	防止直径大于12.5mm的固体异物进入并防止直径大于1mm的探针触及	能防止直径（或厚度）大于12.5mm的固体异物进入壳内并防止长度不大于100mm、直径为1mm的试验探针触及壳内带电部分或运动部件
5	IP5X	防尘	不能完全防止尘埃进入壳内，但进尘量不足以影响电器的正常运行
6	IP6X	尘密	无尘埃进入

表 7.4 第二位表征数字及数字后补充字母表示的防护等级

第二位表征数字及数字后补充字母	表征符号	防护等级 简述	防护等级 含义
0	IPX0	无防护	无专门防护
1	IPX1	防滴	垂直滴水应无有害影响
2	IPX2	15°防滴	当电器从正常位置的任何方向倾斜至15°以内任一角度时，垂直滴水应无有害影响
3	IPX3	防淋水	与垂直线成60°范围以内的淋水应无有害影响
4	IPX4	防溅水	承受任何方向的溅水应无有害影响
5	IPX5	防喷水	承受任何方向由喷嘴喷出的水应无有害影响
6	IPX6	防海浪	承受猛烈的海浪冲击或强烈喷水时，电器的进水量应不至于达到有害影响
7	IPX7	防浸水影响	当电器浸入规定压力的水中经规定时间后，电器的进水量应不至于达到有害影响
8	IPX8	防潜水影响	电器在规定的压力下长时间潜水时水应不进入壳内

表 7.5 常用的防护等级

第一位表征数字及其数字后补充字母	第二位表征数字								
	0	1	2	3	4	5	6	7	8
0	IP00	—	—	—	—	—	—	—	—
1	IP10	IP11	IP12	—	—	—	—	—	—
2	IP2L0	IP2L1	IP2L2	IP2L3	—	—	—	—	—
3	IP30	IP31	IP32	IP33	IP34	—	—	—	—
3	IP3L0	IP3L1	IP3L2	IP3L3	—	—	—	—	—
4	IP40	IP41	IP42	IP43	IP44	—	—	—	—
4	IP4L0	IP4L1	IP4L2	IP4L3	—	—	—	—	—
5	IP50	—	—	—	IP54	IP55	—	—	—
6	IP60	—	—	—	—	IP65	IP66	IP67	IP68

在非恶劣情况下，对于油库低压电器，特别是电动机，IP44、IP45、IP54、IP55、IP65 这几种级别应用较为普遍。

7.2.3 防爆电气设备的选用原则

对于各种防爆电气设备、防爆技术，根据其防爆原理，有不同的应用范围。选择电气设备应视场所等级和场所中的爆炸性混合物而定。选用原则是：场所决定类型，爆炸性混合物决定级别和组别。因此，选择在爆炸危险环境内使用的电气设备时，要从实际情况出发，根据爆炸危险环境的等级、爆炸危险物质的级别和组别，以及设备的使用条件和电火花形成的条件选择相应的电气设备。具体选用原则如下：

（1）根据爆炸危险区域的分区、电气设备的种类和防爆结构的要求，选择相应的电气设备。

在 0 级区域，只准使用 ia 级本质安全型电气设备。在各级区域，尽量不选用正压型或充油型电气设备。

（2）选用的防爆电气设备的级别和组别不应低于该爆炸性气体环境内爆炸性气体混合物的级别和组别。当存在有两种以上易燃物质形成的爆炸性气体混合物时，应按危险程度较高的级别和组别选用防爆电气设备。防爆电气设备的级别和组别参见表 7.6。

表 7.6 爆炸性气体分类、分级、分组举例表

类和级	最大试验安全间隙 MESG mm	最小点燃电流比 MICR	引燃温度（℃）与组别					
			T1	T2	T3	T4	T5	T6
			>450	30~45	30~135	20~135	13~100	85~100
Ⅰ	1.14	1.0	甲烷					
ⅡA	0.9~1.14	0.8~1.0	乙烷，丙烷，甲苯，苯，氨，一氧化碳，氯乙烯	丁烷，甲醇，乙丙烯，丁醇，乙酸	戊烷，己烷，庚烷，辛烷，汽油，柴油，煤油，松节油，硫化氢	乙醚，乙醛		亚硝酸乙酯

续表

类和级	最大试验安全间隙 MESG mm	最小点燃电流比 MICR	引燃温度（℃）与组别					
			T1	T2	T3	T4	T5	T6
			>450	30~45	30~135	20~135	13~100	85~100
ⅡB	0.5~0.9	0.45~0.8	民用煤气，环丙烷	乙烯，环氧乙烷，二丁烯	异戊二烯，二甲醚			
ⅡC	≤0.5	≤0.45	水煤气，氢	乙炔			二硫化碳	醋酸乙酯

(3) 爆炸危险区域内的电气设备应符合周围环境对电气设备的要求。电气设备结构应满足电气设备在规定的运行条件下不降低防爆性能的要求。

①腐蚀性。对电气设备的化学要求主要是防腐。在爆炸危险场所有时还存在腐蚀性气体（有些爆炸性混合物本身就具有腐蚀性），这些气体对电气设备的金属材料及绝缘材料有很大影响，当这些材料受到腐蚀破坏时，将影响电气设备的防爆性能，所以应根据环境条件选用既防爆又耐蚀的产品。

②温度。

工厂用防爆电气设备规定的使用环境温度为−20~+40℃，过高和过低的温度都会影响防爆电气设备的防爆性能。

③湿度。

湿度视具体设备而定。山洞油库潮湿问题还没有普遍解决，大部分情况下湿度不能达到要求。除安装上采取适当的局部降湿措施外，在难以解决湿度问题而又必须安装防爆电气设备时，可以选用适用于湿热条件下工作的电气设备。

④高原和户外使用。

有些电气设备在高原、户外使用，雨雪内侵蚀、温差变化、强烈的日光照射、高原的低温低气压等，都可能对电气设备的防爆性能产生影响。对于户外设备，可选用户外防腐防爆型和户外防爆型，它们的标志是在防爆电气设备型号后增加 WF 和 W 等字母代号。例如，户外防腐防爆型电磁启动器 BQD51~30WF；对使用环境的海拔高度高于产品要求时，应另外向生产单位提出专门要求。

⑤其他环境。

除以上环境外，其他特殊环境也应考虑，如油船上的震动、颠簸、盐雾、海水的侵袭以及其他场合的冲击、震动等，尤其对腐蚀性大、特别潮湿等因素都需在选择中考虑或订购中注明。

(4) 应考虑安装和维修的方便。

防爆电气设备的安装以及安装后的维护、管理极为重要，在选用上必须考虑维护、安装的方便性和费用。

油库防爆电气设备的选型参见表 7.7。

7.2.4 油库防爆电气设备的设计要求

对爆炸危险环境的电力设计，从安全可靠、经济合理出发，首先应尽量将有关的电气设备布置在非爆炸危险环境，如必须设在危险场所内，也应尽量布置在相应危险性较小的区域。

表7.7 防爆电气设备的使用情况表

设备名称	0区 本质安全型 ia	1区 本质安全型 ia、ib	1区 隔爆型 d	1区 增安型 e	2区 本质安全型 ia、ib	2区 隔爆型 d	2区 增安型 e
笼式感应电动机			○	×		○	○
固定式白炽灯			○	×		○	○
移动式白炽灯			△	×		○	○
固定式荧光灯			○	×		○	○
固定式高压汞灯			○	×		○	○
携带式电池灯（含手电筒）		○	○	△	○	○	△
空气开关			○	×		○	×
操作用小型开关、按钮	○	○	○	×	○	○	○
磁力启动器			○	×		○	○
挠形管			○	×		○	○
接线盒、管接件			○	×		○	○
插销、电磁阀			○	×		○	○
热敏电阻、热电偶	○	○	○	×	○	○	○
传感器类	○	○	○	×	○	○	△
仪表类	○	○	○	×	○	○	△
指示灯类	○	○	○	×	○	○	○
通信设备类	○	○	○	×	○	○	○
操作柱、盘				×			○
控制开关及按钮	○	○	○		○	○	○
信号、报警装置	○	○	○	×	○	○	○

注：○为适用，△为慎用，×为不适用（下同）。

1. 轻油洞库防爆电气设备的设计要求

（1）变（配）电间、空气压缩机间、发电机间等不应与油罐室布置在同一主巷道内；当布置在单独洞室或布置在洞外时，其洞口和建（构）筑物至油罐室的主巷道洞口、油罐室的排风管或油罐的呼吸管出口的距离不应小于15m。

（2）油泵房、通风机室与油罐室布置在同一主巷道内时，与油罐室的距离不应小于15m。洞内的配电间、仪表间应采用隔离式衬砌，并应采取防潮措施。配电间应有检漏保护装置。

（3）洞库内电力和通信线路应采用铜芯铠装电缆埋地引入洞内。若由架空线路转换为电缆埋地引入洞内，则由洞口至转换处的距离应符合第五章的防雷接地要求，电缆与架空线路的连接处应设设低压阀型避雷器，避雷器、电缆外皮和瓷瓶等应作电气连接并接地，接地电阻不应大于10Ω。洞口的电缆外皮钢带必须与油罐、管线的接地装置连接并接地。

（4）洞库内尽量少安装固定动力电缆线路和插销，且动力线路不宜有中间接头。动力线路与照明线路必须单独分设，严禁合用。

(5) 洞内电力电缆与通信、信号电缆应分开敷设，巷道内的通信和信号电缆应敷设在电力电缆的对面；如为条件所限，也可同侧敷设，但应敷设在电力电缆的上方，间距应分别不小于 300mm。

(6) 对洞内照明应按实际作业需要采取分段控制的方法，尽量减少每次作业开灯的数量；三相供电负载应尽量平衡，避免中性线出现过高不平衡电位。

(7) 洞内隔爆型插销的安装必须保证在插头拔脱后，其插座上的裸露触点不带电，接地触点的接线正确无误，接地良好。

(8) 对于轻油洞库的防爆通信系统，在洞外非爆炸危险环境必须装设电话避雷装置；在线路进洞之前，应加装双投控制开关，做到作业完毕后切断洞内通信电源。

(9) 轻油洞库应使用隔爆型（或本质安全型）电话单机和隔爆型电话插销。本质安全型电话单机与总机之间必须有安全隔离装置（安全栅关联设备）。当采用隔爆型电话单机或隔爆型与本质安全型复合型的电话单机时，必须按钢管配线或铠装电缆配线。

(10) 洞口配电间的总开关应采用四联控制开关，当切断洞口三相电源时，同时切断中性线，以确保洞内电气安全。当配用四联制控制开关时，中性线的重复接地应装配在开关的洞内配电侧，不应设在开关的电源进线侧。洞库内应尽量少装或不装防爆插销，灯距也不宜过密，以基本能满足作业照明需要为原则。

2. 油库（站）泵房防爆电气设备的设计要求

(1) 油库（站）泵房用电动机应为隔爆型，且与油泵为同机座安装，机座采用预埋螺栓固定，并应有防松装置。

(2) 对泵房用电动机严禁采用隔墙机械传动的防爆方法。

(3) 电动机引出电缆应用铜芯铠装电缆。

(4) 电缆敷设在混凝土地坪下，并应采用穿钢管保护方法，钢管内径不小于电缆外径的 1.5 倍。

(5) 电缆由室外引入配电间与泵房间，埋地电缆穿墙等应密封，严禁采用电缆沟方式。

(6) 泵房内不应装设防爆插销。

(7) 泵房内照明灯应采用隔爆型，灯距也不宜过密，以基本能满足作业照明需要为原则，其线路应明敷，并采用钢管布线工程，于配电间侧应装设隔离密封盒。

3. 其他危险场所防爆电气设备的设计要求

1) 铁路装卸区

(1) 油库（站）铁路（包括铁路隧道）收发油栈桥上不宜装设灯具。

(2) 主、附油泵房距离很近，且附油泵房不符合防爆要求时，只允许其中之一的泵房作业，严禁同时作业。

(3) 铁路装卸油区的照明灯应设置在 1、2 区外，可设置在铁路专用线两端的合适地点。

2) 码头装卸区

码头装卸区的泵房防爆电气设备施工设计与安装除参照以上有关规定执行外，还应执行以下规定：

(1) 电缆应采取钢管保护。

(2) 电缆穿线钢管在浮桥与岸、浮桥与趸船之间的连接处应采用挠性连接。

(3) 电缆的长度应留有足够的余量。

3) 加油站

(1) 加油站供电负荷等级应为三级。

(2) 加油站的供电电源宜采用 380V/220V 外接电源。

(3) 在缺电少电地区可设置小型内燃发电机组。内燃发电机的排烟管口应安装排气阻火器。排烟管口到各油气释放源的水平距离为：排烟口高度低于 4.5m 时，应为 15m；排烟口高度高于 4.5m 时，应为 7.5m。

(4) 低压配电盘可设在站房内。配电盘所在房间的门、窗与加油机、油罐通气管口、密闭卸油口等的距离不应小于 5m。

(5) 加油站内的电力线路应采用电缆并直埋敷设。穿越行车道部分电缆应穿钢管保护。当电缆较多时，可采用电缆沟敷设，但电缆不得与油品、热力管线敷设在同一沟内，且电缆沟内必须充砂。

(6) 加油站电气设备的规格型号应按爆炸危险环境划分级别确定。非爆炸危险环境罩棚下的照明灯具应选用防护型。

(7) 自动控制加油设备应采用隔爆型，其电气线路宜采用钢管配线工程。

4) 化验室

(1) 化验室应建在行政管理区（非爆炸危险环境）。

(2) 化验室的照明用电与操作用电应分开安装。

(3) 油品（样）间不宜装设固定电气设备。

7.2.5 防爆电气设备的安装

防爆电气设备的安装包括施工和验收。在爆炸火灾危险环境中进行电气装置的施工安装，尤其是扩建和改建工程中，安全技术措施更加重要。电气防爆安全设施应与主体工程同时设计、同时施工、同时竣工验收。油库的电气安装工程必须依照已批准的设计图纸施工，严禁边设计、边施工或无图施工。

1. 安全技术措施准备

在爆炸火灾危险环境进行电气装置的施工安装，尤其是扩建和改建工程中，应预先制定并严格遵守安全技术措施。安全技术措施应符合现行有关安全技术标准及产品的技术文件规定，同时还应符合油库安全运行规程中与施工有关的安全规定。对重要工序，必须事先制定专项安全技术措施。

2. 建筑工程准备

应尽量减少现场施工时电气设备安装和建筑工程之间的交叉作业，确保设备安装工作的顺利进行和设备的安全运行。

电气设备安装前，建筑工程应具备下列条件：

(1) 基础、构架应符合设计要求，并应达到允许安装的强度。

(2) 室内地面基层施工完毕，并在墙上标出地面标高。

(3) 预埋件、预留孔应符合设计要求，预埋的电气管路不得遗漏、堵塞，预埋件应牢固。

(4) 有可能损坏或严重污染电气装置的抹面及装饰工程应全部结束。

(5) 模板、施工设施应拆除，场地应清理干净。

(6) 门窗应安装完毕。

(7) 接地干线不得浇铸在混凝土内部。

电气装置安装完毕，投入运行前，建筑安装工程应符合下列要求：

(1) 缺陷修补及装饰工程应结束。

(2) 二次灌浆和抹面工作应结束。

(3) 防爆通风系统应符合设计要求并运行合格。

(4) 送电后无法进行的和影响运行安全的工程应施工完毕，并验收合格。

(5) 建筑照明应交付使用。

3. 防爆电气设备的运输和保管

防爆电气设备和器材的运输、保管应符合国家有关物资运输、保管的规定；当产品有特殊要求时，尚应符合现行产品标准要求。

4. 防爆电气设备的检查

设备和器材到达现场后，应及时作下列验收、检查，通过查看及时发现问题并解决问题。

(1) 包装及密封应良好。

(2) 开箱检查清点，其型号、规格和防爆标志应符合设计及订货要求，附件、配件、备件应完好齐全。根据防爆电气设备的铭牌及产品说明书核对以下内容：

①防爆形式、类别、级别、组别；

②额定电压、额定电流及额定功率；

③额定频率及相数；

④外壳的防护等级；

⑤环境条件，包括环境温度、相对湿度、海拔高度、振幅及频率、防腐蚀、防日晒等；

⑥安装方式及安装位置；

⑦配线（绝缘导线或电缆）的型号与规格；

⑧配管及附件的型号与规格；

⑨密封填料及其他材料的技术要求；

⑩对安装使用的紧固件要求。

(3) 产品的技术文件。

(4) 防爆电气设备的铭牌中必须标有国家检验单位发给的防爆合格证号。

(5) 产品应完好、无损伤。

制造厂检验合格的产品到现场后进行验收、检查后，一般情况下就无须进行拆卸检查，而只进行外观检查。防爆电气设备拆装次数过多会影响其防爆性能。

5. 防爆电气设备的安装施工

防爆电气工程在施工过程中，应保证电气安全措施的落实，为此，施工部门要加强工程质量的检查。

1) 通用要求

防爆电气设备安装工程在施工过程中，要遵守现行有关安全技术规定。在扩建、改建及革新改造工程中，由于生产环境及工艺设备、管道内部可能有爆炸性混合物的聚集，所以还必须严格遵守工厂安全生产规程中与施工有关的安全规定。施工动火前必须编制安全技术措施、办理动火作业申请，经主管部门审批后方可施工。

现场安装的防爆电气设备，不像机械设备配合安装那样有严格的尺寸要求。电气设备的就位应按其安装图进行，但某些场合也有灵活性。不过，电气设备的安装位置必须便于操作运行、维护检查，特别要考虑紧急情况下操作的电气设备应保证有充分的活动余地，避免拐弯绕远，如事故排风机的按钮应单独安装在便于操作的位置，且应有特殊标志。防爆电气设备还应避免设置在结构物或机械装置有振动的部位上，宜安装在金属制作的支架上，支架应牢固，有震动的电气设备（如电动机、通风机）的固定螺栓应有防松装置。支架的固定可采用预埋，使用膨胀螺栓、尼龙塞、塑料塞以及焊接法，在具体工程施工安装时，可参照防爆电气设备安装标准图集。为防止降低钢结构的强度，采用焊接法固定时应施行点焊。

电气设备的安装还应保证安装方式（立式、卧式及允许的倾斜度）合理。如隔爆插销、充油型防爆电气设备应垂直安装，对有些防爆灯具仅允许在一定的倾斜度范围内安装使用。

接线盒的位置应便于外部配线的连接、配管。电气设备安装的紧固件应有足够的机械强度，并加防松措施（如加弹簧垫圈等），都应经防锈处理。防爆电气设备接线盒内接线紧固后，其裸露带电部分之间及它们与金属外壳之间的爬电距离与电气间隙应符合以下要求：单相供电网络，电气间隙>6mm，爬电距离>8mm；三相供电网络，电气间隙>8mm，爬电距离>10mm。

防爆电气设备的进线口按规定采用钢管配线或电缆配线进行布线，对多余的进线口，其橡胶密封圈和金属垫片（堵片，厚度应不小于2mm）应齐全，并应拧紧压紧螺母，保证进线口密封。

防爆电气设备的配线应按设计施工图及说明书的要求实施。

防爆电气设备中塑料制成的透明件或其他部件不得采用溶剂擦洗，可采用家用洗涤剂擦洗。这是由于塑料制品种类较多，其中有些塑料不耐溶剂侵蚀，故推荐使用家用洗涤剂清洗。

当施工场所为爆炸危险环境时，应采用防爆工具进行施工安装。

2）隔爆型电气设备的安装

隔爆型电气设备在安装前应进行检查，然后按技术要求进行安装。隔爆型电气设备不宜拆装，需要拆装时，应符合下列要求：

（1）应妥善保护隔爆面，不得损伤。

（2）隔爆面上不应有砂眼、机械伤痕。

（3）无电镀或磷化层的隔爆面，经清洗后应涂磷化膏、电力复合脂或204号防锈油，严禁刷漆。

（4）组装时隔爆面上不得有锈蚀层。

（5）隔爆接合面的紧固螺栓不得任意更换，弹簧垫圈应齐全。

（6）对于螺纹隔爆结构，其螺纹的最小啮合深度不得小于表7.8的规定。

表7.8 螺纹隔爆结构螺纹的最少啮合扣数和最小啮合深度

外壳净容积 cm³	螺纹最小啮合深度 mm	螺纹最少啮合扣数	
		ⅡA、ⅡB	ⅡC
≤100	5.0	6	试验安全扣数的2倍，但至少为6扣
100~2000	9.0		
>2000	12.5		

(7) 在正常工作状态下，隔爆型电动机的轴与轴孔、风扇与端罩之间不应产生碰擦。

(8) 正常运行时产生火花或电弧的隔爆型电气设备，其电气联动装置必须可靠；当电源接通时，壳盖不应打开，而壳盖打开后电源不应接通。对用螺栓紧固的外壳应检查"断电后开盖"警告牌，保证其完好。

(9) 隔爆型插销的检查和安装应符合下列要求：

①插头插入时，接地或接零触头应先接通；插头拔出时，主触头应先分断。

②开关应在插头插入后才能闭合，开关在分断位置时，插头应插入或拔脱。

③防止骤然拔脱的徐动装置应完好可靠，不得松脱。

3) 增安型和无火花型电气设备的安装

增安型和无火花型电气设备在安装前应先进行检查，然后按技术要求进行安装。对滑动轴承的增安型电动机和无火花型电动机，应测量其定子与转子间的单边气隙，其气隙值不得小于表 7.9 中规定值的 1.5 倍；对设有测隙孔的滚动轴承增安型电动机，应测量其定子与转子间的单边气隙，其气隙值不得小于表 7.9 中的规定。

表 7.9 滚动轴承的增安型和无火花型电动机定子与转子间的最小单边气隙　　　mm

极　数	$D \leqslant 75$	$75 < D \leqslant 750$	$D > 750$
2	0.25	$0.25 + (D-75) \div 300$	2.7
4	0.2	$0.2 + (D-75) \div 500$	1.7
6 及以上	0.2	$0.2 + (D-75) \div 800$	1.2

注：①D 为转子直径；

②变极电动机单边气隙按最少极数计算；

③若铁芯长度 L 超过直径 D 的 1.75 倍，其气隙值按上表计算值乘以 $L/(1.75D)$；

④径向气隙值需在电动机静止状态下测量。

4) 本质安全型电气设备的安装

本质安全型电气设备在安装前应进行检查。在进行检查时，不但应对本质安全型电气设备本身进行认真检查，还要对与之关联的电气设备也应进行检查。本质安全型电气设备、关联电气设备产品铭牌的内容应有防爆标志、防爆合格证号及有关电气参数。本质安全型电气设备与关联电气设备的组合应符合现行国家标准中的有关规定，电气设备所有零件、元器件及线路应连接可靠，性能良好。

在安装时，与本质安全型电气设备配套的关联电气设备的型号必须与本质安全型电气设备铭牌中的关联电气设备的型号相同。凡是与本质安全型电气设备配套的关联电气设备都是经过国家检验单位检验确认的设备，如其关联电气设备的型号不符合本质安全型电气设备铭牌中的规定，则会破坏本质安全型电气设备的防爆性能。

对于关联电气设备中的电源变压器，其铁芯和绕组间的屏蔽必须有可靠接地；对直接与外部供电系统连接的电源变压器，其熔断器的额定电流不应大于变压器的额定电流。

独立供电的本质安全型电气设备的电池型号、规格应符合电气设备铭牌中的规定，严禁任意改用其他型号、规格的电池。如果随意更改电池型号、规格，就改变了本质安全型电气设备的能量供应，在事故情况下产生的电火花和危险高温就可能超过其额定值而引起爆炸事故。

防爆安全栅应可靠接地，其接地电阻应符合设计和设备技术条件的要求。

本质安全型电气设备与关联电气设备之间的连接导线或电缆的型号、规格和长度应符合设计规定。

6. 防爆电气设备的工程验收

防爆电气设备的安装工程结束后,应进行交接验收。验收过程中,除按一般电气施工要求检查外,还须对安装现场进行全面检查,并对安装、高度的记录等技术文件作认真审理,确认符合防爆技术要求后方可进行试运转。

7.3 爆炸危险环境电气线路的选用与电缆的敷设

在爆炸危险环境中,由于电气线路、电缆在运行中受到自身和外界诸多条件的影响,容易发生过负荷、接地、短路、机械损伤等故障而产生电火花、弧光或危险高温,诱发易燃易爆物质的燃烧与爆炸事故,因此在爆炸危险环境中的电气线路、电缆需要严格执行规范并采取相应的技术措施。

7.3.1 爆炸危险环境电气线路的选用要求

1. 爆炸危险环境电缆、电线的选择

(1) 除应按爆炸危险环境的危险程度和防爆电气设备的额定电压、电流选用电缆、电线外,还应根据使用环境的具体情况选用具有相应的绝缘性能、耐热性能、耐腐蚀性能和防火性能等的电缆、电线(系指绝缘导线,下同)。

(2) 在爆炸危险环境内使用的电缆、电线的额定电压必须不低于线路的工作电压,且应不低于500V(通信电缆、电线除外)。工作中性线绝缘的额定电压应与相线电压相等,并应安装在同一护套或保护管内。

(3) 在有剧烈振动区域用电设备的电气线路应采用铜芯软导线或铜芯多股导线的电缆、电线。

(4) 在爆炸危险环境1区内敷设的电缆、电线应采用铜芯电缆、电线;在爆炸危险环境2区内敷设的电缆、电线也宜采用铜芯电缆、电线。

(5) 在油库爆炸危险环境1区、2区内明设塑料护套保护电缆。当采用能防止机械损伤的钢管护套防护等敷设方式时,可采用非铠装电缆。

2. 电气线路配线方式的选择

在爆炸危险环境中,电气线路的配线方式应根据生产工艺设备布置的具体情况,选用表7.10中推荐的配线方式。

表 7.10 爆炸危险环境电气线路的配线方式

配线方式		爆炸危险环境				
		0区	1区	2区	10区	11区
本质安全型电路的配线		○	○	○	○	○
钢管配线		×	○	○	×	○
电缆配线	低压电缆	×	○	○	×	○
	高压电缆	×	△	○	×	△

注:○表示适用,△表示尽量避免,×表示不适用。

电气线路配线方式选择的基本原则是：油库（站）内各区场所可以任意选择钢管配线或铠装电缆配线；防爆电动机、风机宜优先采用电缆进线方式。

3. 电气线路走向的确定

（1）电气线路应敷设在爆炸危险性较小的环境中或距离释放源较远的地方，并宜避开易受到机械损伤、振动、腐蚀、粉尘与纤维积聚以及有危险高温的地方；如实在不能避开，则应采取相应的保护措施，以满足电气线路安全运行的技术要求。

（2）电气线路宜在有爆炸危险的建（构）筑物的墙壁或梁架外敷设。

（3）在油库爆炸危险环境中，当易燃易爆物质的密度比空气大时，电气线路应在它的较高处（上面）采用沿支架架空槽板、托盘或桥架敷设，或采用直接埋地敷设。

（4）当电气线路需沿输油管道敷设时，电气线路宜在输油管道的上方稍偏处敷设。

4. 电气线路线芯截面的选定

在爆炸危险环境中所用的电缆、电线的线芯截面应较非爆炸危险环境所用的电缆、电线线芯截面留有较大的裕度，一般情况下宜稍大一点，最多不大于导线截面的一个级别，保证电缆、电线线芯具有较高的机械强度，以防止断线，且保证电缆、电线线芯具有稍低的电流密度以降低运行温度。

对于移动式电气设备的供电线路，其移动敷设的低压电缆、电线应使用橡胶护套铜芯电缆，电缆型号和主线芯的允许最小截面应符合表7.11中的规定。对于固定敷设的低压电线，其铜线、铝线线芯最小截面应符合表7.12中的规定。

表7.11 橡套护套铜芯电缆型号和主线芯最小截面　　　　　　　　　　mm²

爆炸危险环境	橡套护套铜芯电缆型号	主线芯最小截面
1区	YC、YCW（重型）	2.5
2区	YC、YCW（重型）	1.5

注：表中W表示为户外型。

在爆炸危险环境1区、2区内敷设的电缆、电线的线芯截面选择应符合下列技术要求：

（1）线芯允许载流量应不小于熔断器熔体额定电流的1.25倍或自动开关延时过电流脱扣整定电流的1.5倍。

（2）引向电压为1000V以下的笼式感应电动机的电缆、电线线芯的长期允许载流量应不小于电动机额定电流的1.25倍。

（3）对电压为1000V以下的电缆、电线，应按短路电流进行热稳定校验。

爆炸危险环境电缆配线和钢管配线的技术要求见表7.12和表7.13。

表7.12 爆炸危险环境电缆配线技术要求

爆炸危险区域	电缆明设或在沟内敷设时的最小截面			接线盒	移动电缆
	电力	照明	控制		
1区	铜芯2.5mm²及以上	铜芯2.5mm²及以上	铜芯2.5mm²及以上	隔爆型	重型
2区	铜芯1.5mm²及以上，或铝芯4mm²及以上	铜芯1.5mm²及以上，或铝芯4mm²及以上	铜芯1.5mm²及以上	隔爆、增安型	中型

表 7.13 爆炸危险环境钢管配线技术要求

爆炸危险区域	线芯最小截面,mm²							分支盒挠性连接管	移动电缆	钢管连接要求
	铜芯				铝芯					
	电力	控制	照明	通信	电力	控制	照明			
1区	2.5	2.5	2.5	0.28	×	×	×	隔爆型	重型	对公称直径为 25mm 及以下的钢管其螺纹旋合不应少于 5 扣;对公称直径为 32mm 及以上的钢管其螺纹不应少于 6 扣,并有锁紧螺母
2区	1.5	1.5	1.5	0.19	4	×	2.5	隔爆、增安型	中型	对公称直径为 25mm 及以下的钢管其螺纹旋合不应少于 5 扣;对公称直径为 32mm 及以上的钢管其螺纹旋合不应少于 6 扣

注:(1) 表中×表示不适用;
(2) 控制线路包括仪表和信号回路;
(3) 铝芯截面为 4mm² 的导线应用多股线芯;在无多股线芯时,可用截面为 6mm² 多股铝线或单芯铝线。

5. 电气线路的连接

(1) 爆炸危险环境 1 区内的电缆线路严禁安有中间接头。在 2 区内的电缆线路不应有中间接头。在特殊情况下,电缆线必须有中间接头时,只允许在 2 区内采用相应的防爆接线盒加以保护,方可进行中间连接。

(2) 电气线路使用的连接保护器件如接线盒、分线盒、接头、隔离密封盒及挠性连接管等,在 1 区内应用隔爆型,在 2 区内应用隔爆、增安型。

(3) 电缆、电线的芯线与芯线的相互连接以及芯线与线鼻子的相互连接均宜采用压接、熔焊或钎焊工艺。当采用铝芯电缆时,应通过铜铝过渡接头与电气设备上铜质接线端子相连接。

6. 电气线路进线口的密封

防爆电气设备、接线盒等的进线口,不论是压盘式或是压紧螺母式,均应作好密封,并应符合下列要求:

(1) 电缆进接线口时,电缆断面应为圆形,整体、护套表面不应有凹凸、裂缝、砂眼等缺陷;严禁多股单根导线合并后进入接线盒(钢管配线除外)。

(2) 橡胶密封圈的内孔应与电缆内护套的外径紧密配合,其剩余径向厚度不应小于电缆外径的 3/10 且不得小于 4mm,其轴向长度不应小于电缆外径的 7/10 且不得小于 10mm。

(3) 橡胶密封圈两端应有金属垫片,不允许压紧螺母式压盘直接压在密封圈上。

(4) 外径大于 20mm 的电缆必须配用喇叭口状有防止电缆拔脱装置的进线口。

(5) 电缆铠装钢带应与电气设备的外壳接地螺栓连接,密封圈不得直接压在铠装钢带上。

(6) 进密封口处,电缆轴线与进线口中心轴线应平行,不允许出现电缆单边挤压密封圈的现象。

(7) 防爆电气设备的进线口必须用弹性橡胶密封圈密封,禁止采用填充密封胶泥、石棉绳等其他方法代替。禁止在接线盒内填充任何物质。橡胶密封圈上的油污应擦洗干净，以免其老化变质，失去防爆性能。

7. 电气线路的隔离密封

（1）爆炸危险区域与非爆炸危险区域之间、不同危险区域之间设置的隔墙、楼板、沟道上为电气线路敷设方便预留或开着的孔、洞与电气线路保护管间的空隙均应用水泥砂浆堵塞严密。

（2）电气线路保护管两头的管口处以及管壁与电缆外皮间的空隙均应用非燃性纤维堵塞严密后再填实密封胶泥。密封胶泥填实高度不得小于管子内径的1.5倍，且不得小于50mm。杜绝易燃易爆物质的相互窜通，以防止爆炸事故的发生。

8. 电气线路的安全距离

（1）10kV及以下电压的电力电信架空线路严禁跨越爆炸危险环境［含生产装置，建（构）筑物］。当此类架空线路必须与爆炸危险环境毗邻架设时，架空线路与爆炸危险环境边界的水平距离应不小于杆、塔高度的1.5倍。在特殊情况下，采取防止杆、塔倒塌或增大导线截面等有效措施后，可适当减少该水平距离。

（2）厂房（建筑物、构筑物）内明敷电气线路与工艺管道之间的最小安全距离应符合技术规范要求。

（3）直埋电缆与地下管道、地面、建筑物和构筑物边界之间的最小安全距离见表7.14。直埋电缆严禁平行敷设在各种物料管道上面或下面（指垂直面）。

（4）直埋电缆外皮至地面的最小埋设深度一般应不小于冻土层深度，且不小于0.7m。如因特殊情况需要，增加钢管保护时，埋设深度可降到0.5m；直埋电缆外皮至建筑物地下基础或混凝土散水坡边界的水平距离应不小于0.6m，如因特殊情况需要，采取有效措施后，其水平距离可降到0.4m。

表7.14 埋地电缆之间及电缆与管道、道路、建筑物之间平行和交叉时的最小净距离

项 目		最小净距离，m	
		平 行	交 叉
电力电缆间及其与控制电缆间	10kV及以下	0.10	0.50
	10kV以上	0.25	0.50
控制电缆间		—	0.50
不同使用部门的电缆间		0.50	0.50
热管道（管沟）及热力设备		2.00	0.50
油管道（管沟）		1.00	0.50
可燃气体及易燃液体管道（管沟）		1.00	0.50
其他管道（管沟）		0.50	0.50
铁路路轨		3.00	1.00
电气化铁路路轨	交流	3.00	1.00
	直流	10.0	1.00
公路（平行时与路边，交叉时与路面）		1.50	1.00

续表

项 目	最小净距离，m	
	平 行	交 叉
城市街道路面	1.00	0.70
杆基础（边线）	1.00	—
建筑物基础（边线）	0.60	—
排水明沟（平行时与沟边，交叉时与沟底）	1.00	0.50
乔木	1.5	—
灌木丛	0.5	—

注：(1) 当电缆穿管或用隔板分隔开时，平行净距离可降为0.1m；
(2) 对控制电缆间平行敷设的净距离不作规定；
(3) 电缆在交叉点前、后各1m范围内穿入保护管或用隔板分隔开时，交叉净距离可降为0.25m；
(4) 应采取隔热措施，使电缆周围土壤的温升不超过10℃；
(5) 交叉净距离能符合要求，但检修管路（管沟）可能损伤电缆时，也应在交叉点前、后各1m范围内采用钢管保护或其他保护措施；
(6) 表中净距离均指管道和电缆的保护措施边界间的净距离。

7.3.2 爆炸危险场所电缆的敷设

电缆敷设的方法很多，分为直埋敷设、电缆地沟（或地下隧道）内敷设式、管道中（穿）敷设式以及沿建筑明敷等。在油库内，电缆的主要敷设方式为直埋敷设、穿管敷设和明敷三种，变配电间电缆采用电缆沟敷设。

1. 直埋敷设

直埋电缆是沿已选定的线路挖掘壕沟，把电缆埋在里面。电缆根数较少、线路较长时多采用此法。施工时应符合以下要求：

(1) 直接埋在地下的电缆一般使用铠装电缆。

(2) 挖掘的沟底必须是细土层，没有石块或其他硬质杂物，否则应铺以100mm厚的细土或砂层；电缆周围的泥土不应含有腐蚀电缆金属包皮的物质（烈性酸碱溶液、石灰、炉渣、腐殖质等），否则须予以清除或换土；电缆埋地深度不应小于0.7m，穿越农田时不应小于1m；在严寒地区，电缆应敷设在冻土层以下。

(3) 电缆敷设完毕，上面应铺以100mm厚的软土或细砂，然后盖上混凝土保护板，覆盖宽度应超过电缆直径两侧以外各50mm。在一般情况下，也可用砖代替混凝土保护板。

(4) 埋地电缆一般不宜有中间接头，若设有中间接头，其中间接头盒外面应有生铁或混凝土保护盒；如果周围介质对电缆有腐蚀作用，或者地下经常有水并在冬季可能冰冻，则保护盒内应注满沥青。

(5) 电缆相互交叉，与非热力管道和沟道交叉，以及穿越公路和墙壁时，均应穿在保护管中，保护管长度应超出交叉点前、后各1m，交叉净距离不得小于250mm，保护管内径不得小于电缆外径的1.5倍。

(6) 无铠装电缆从地下引出地面时，高度达1.8m及以下部分应采用金属管或保护罩保护，以防机械力损伤（有电气设备专用房间除外）。电缆线路敷设后，应在拐弯、接头、终端和进出建筑物等地段装设明显的标桩，直线段上也应设一定数量的标桩，为电缆线路的检修和今后其他地下设施的施工提供依据。

(7) 铠装电缆的金属外皮两端应可靠接地，接地电阻不应大于 10Ω。

2. 钢管配线

配线用钢管应采用低压流体输送用镀锌焊接钢管。应清除内壁的毛刺与铁屑，外壁镀锌层脱落处补刷防腐油漆。钢管不应有折扁和裂缝、穿孔，管端螺纹应完好，镀锌层应完整；切断口应平整，管口应光滑；管端没有螺纹的还应套扣螺纹，必要时套上管接头，以保护螺纹。

1) 钢管的敷设

(1) 明配钢管应排列整齐。固定钢管管夹子的螺栓应在墙壁、构件上埋设牢固（禁止用埋木头楔子拧木螺丝压紧管夹子固定钢管的方法）；固定点之间的距离宜均匀。

(2) 钢管水平敷设，管路超过下列长度时，中间应加装接线盒或拉线盒，其安装位置应便于穿线。

①管路长度每超过 45m，无弯头时；
②管路长度每超过 30m，有 1 个弯头时；
③管路长度每超过 20m，有 2 个弯头时；
④管路长度每超过 12m，有 3 个弯头时。

(3) 钢管垂直敷设，管路超过下列长度时，中间应加装接线盒或拉线盒，并应在管口及盒子中安设夹子紧固导线。

①导线截面为 50mm^2 及以下，每超过 30m 时；
②导线截面为 70～95mm^2，每超过 20m 时；
③导线截面为 120～240 mm^2，每超过 18m 时。

(4) 钢管煨制弯头时，弯头处管壁不应有折皱、凹穴和裂缝等缺陷，弯扁程度应不大于钢管外径的 10%；明配钢管的弯曲半径一般应不小于钢管外径的 6 倍，当管路上只有 1 个弯头时，可不小于钢管外径的 4 倍；暗配钢管的弯曲半径一般应不小于钢管外径的 6 倍，当埋设于地下或混凝土中时，应不小于钢管外径的 10 倍。

(5) 钢管进入灯头盒、开关盒、接线盒、拉线盒、密封盒及配电箱时应符合下列要求：暗配钢管在穿线前可用点焊固定钢管，在穿线后可用管夹子压紧固定钢管，当钢管穿入盒、箱内腔时，管口露出盒、箱内腔为 3～5mm；明配钢管可用锁紧螺母或管头护帽固定钢管，管口露出锁紧螺母的螺纹为 2～4 扣；钢管进入落地式配电箱排列应整齐，管口高出基础地面应不小于 50mm。

(6) 暗配钢管的管路宜沿最近的路线敷设，并应减少弯头；埋入隔墙或混凝土内的管子，其离表面净距离应不小于 15mm。

(7) 明配钢管水平或垂直敷设时，在长 2m 以内的偏差值应小于 3mm；全长范围内的偏差值应小于钢管内径的 1/2。

(8) 明配和暗配钢管穿过隔墙、楼板及混凝土基础时，均应加设管路的金属保护管。

2) 钢管的连接

(1) 钢管之间、钢管与钢管附件之间、钢管与电气设备引入装置之间、钢管与隔离密封盒及防爆挠性连接管之间的连接，均应采用螺纹连接。镀锌钢管和薄壁钢管应采用螺纹连接或套管紧定螺钉连接，不应采用熔焊连接。钢管连接或固定的附件均应镀锌或刷防腐油漆。管端螺纹长度不应小于管接头长度的 1/2，螺纹连接的有效啮合扣数应不少于 5～6 扣，外露螺纹不宜过长，以 2~3 扣为宜，螺纹表面应光滑、无缺损，管接头处应加防松螺帽牢固拧紧，以防松动。为防止腐蚀性气体、爆炸性粉尘及潮湿气体的侵入，螺纹连接部分应涂导电性防锈脂、磷化膏、204 号润滑脂、工业凡士林等不干性防锈油脂。除设计有特殊规定外，螺纹连接处一般不焊接地用金属跨接线；钢管之间连接有困难时，不得采用倒扣，应使用防爆活接头。

当钢管与设备直接连接时，应将钢管敷设到设备的接线盒内。当钢管与设备间接连接时，对室内干燥场所，钢管端部宜增设电线保护软管或挠性金属电线保护管后引入设备的接线盒内，且钢管管口应包扎紧密；对室外或室内潮湿场所，钢管端部应增设防水弯头，导线应加套保护软管，弯成滴水弧状后再引入设备的接线盒。与设备连接的钢管管口与地面的距离宜大于 200mm。为了方便接线及检修，安装电气设备的部位应设置接线盒。

（2）防爆挠性连接管应无裂缝、孔洞、机械损伤及变形等缺陷。爆炸危险区域 1 区内用隔爆型挠性连接管，2 区内用隔爆型或增安型挠性连接管。弯曲半径应不小于管外径的 5 倍。

下列各处可安设防爆挠性连接管：电动机的进线口处；管路经过建（构）筑物的伸缩缝、沉降缝处；管路与电气设备连接有困难处。

（3）镀锌钢管或挠性金属电线保护管的跨接接地线宜采用专用接地线卡跨接，不应采用熔焊连接。

（4）明配钢管应排列整齐，固定点间距应均匀，钢管管卡间的最大距离应符合表 7.15 的规定；管卡与终端、弯头中点、电气器具或盒（箱）边缘的距离宜为 150~500mm。

表 7.15 钢管管卡间的最大距离

敷设方式	钢管	钢管直径，mm			
		15~20	25~32	40~50	65 以上
		管卡间最大距离，m			
吊架、支架或沿墙敷设	厚壁钢管	1.5	2.0	2.5	3.5
	薄壁钢管	1.0	1.5	2.0	—

3）管路的隔离密封

（1）在爆炸危险环境内，为了防止易燃易爆物质的相互窜通，必须认真做好隔离密封技术措施。钢管配线在下列各处应装设不同形式的隔离密封盒：

①电气设备没有防爆引入装置时，在进线口处。

②管路通过不同爆炸危险区域之间、爆炸危险环境与非爆炸危险环境之间的隔墙时，应在隔墙的任意一侧不超过 350mm 处装设横向式隔离密封盒。

③管路通过不同爆炸危险区域之间、爆炸危险环境与非爆炸危险环境之间的楼板或地坪时，应在楼板或地坪的上方不超过 300mm 处装设纵向式隔离密封盒。

④当管径大于 50mm、管路长度超过 15m 时，应在每隔 15m 处适当地点装设与环境相适应的隔离密封盒；

⑤当管路易积聚冷凝水时，水平敷设的管路除留有一定的坡度外、并应在管路坡度的下方，垂直敷设的管路应在垂直段的下方装设排水式隔离密封盒。

（2）隔离密封盒内应无锈蚀、油脂、裂缝及孔洞，螺纹应完整无损。

(3) 供隔离密封用的连接部件不应作为导线的连接线或分线。

(4) 在隔离密封盒内进行密封工作时，导线在密封盘内不得有接头，导线之间应分开，导线与盒壁之间应保持合理距离；密封堵料应使用非燃性纤维材料作填充层的底层或隔层，以防止密封混合料流散；充填密封胶泥、与水配合搅拌好粉剂密封填料时，应将密封内腔充满充实，填满至浇灌口的下端，凝固后其表面应光洁、无裂纹。排水式隔离密封盒充填密封填料后，表面应光洁，并应有自行排水的坡度。

(5) 在电线管与保护管之间保护管两头用非燃性纤维材料充填密实；保护管与隔墙、楼板及地坪之间应用强度不小于 100 号水泥砂浆填实抹平。

3. 电缆明敷

电缆明敷一般采取架空和沿墙敷设两种方式。电缆架空是采用专用卡子、帆布带或铁钩等将电缆吊挂在镀锌钢绞线上。电缆沿墙敷设是采用扁铁或钢筋制作的电缆钩将电缆吊挂于建筑物的墙壁上或梁、柱上，洞库内多采用明敷电缆。

4. 电缆沟内敷设

电缆沟分屋内电缆沟、屋外电缆沟和厂区电缆沟三种。当电缆数量在 8 根以上 18 根以下时，宜沿同一路敷设，同时，电缆线路与地下管道交叉不多，地下水位较低，不容易积灰积水的场所应选用地沟敷设，以便于维修。但在爆炸危险环境不应采用电缆沟方式敷设，以防爆炸性混合气体在电缆沟内积聚引发危险。

7.4 防爆电气设备的管理

防爆电气设备在试制和定型时，由防爆检验单位按照相关防爆标准对其图纸文件、样机进行防爆审查和检验，结果合格并取得防爆合格证后才允许投产和销售；而防爆电气设备制造厂按照经检验机构检验合格的图纸文件生产的防爆设备，并经规定的出厂检查和试验合格后才允许出厂。因此，一般来说，新的防爆电气产品的防爆安全性能是能满足标准要求的。但由于防爆电气产品的使用环境条件一般均比较恶劣，如高温高湿、化学腐蚀、振动以及超负荷运行等，可能导致防爆电气设备原有的机械性能、电气性能和防爆性能受到不同程度的损伤或破坏。例如，一台隔爆型电动机，在运行期间隔爆外壳可能会受到外力冲击产生裂纹和变形，轴承由于润滑不良会损坏，定子绕组由于长时间受热绝缘老化而击穿烧坏，其隔爆外壳的防爆接合面因锈蚀损坏等。其他防爆电气设备也会发生类似的情况。

由于防爆电气设备的使用环境中可能存在有爆炸性混合气体，防爆电气设备发生故障将直接影响周围环境的安全。为此应加强对使用中的防爆电气产品进行定期或不定期检查，加强对正常运行的设备进行保养维护，对有故障的电气设备进行修复或修理。

7.4.1 防爆电气设备的检查与维护

1. 检查、维护应具备的条件

1) 检查、维护人员资格

(1) 有防爆电气设备使用、维护和检修知识。

(2) 经过防爆原理、设备选型、安装施工、场所分类、电气安装知识和相关法规的教育或培训,熟悉设备防爆结构,了解关键控制点。

2) 检查、维护所需要的资料

必须准备以下资料:区域爆炸危险等级;设备防爆信息资料、使用记录资料(设备位号、备件、技术资料)、维修记录资料等。

3) 检查、维护所需设备、仪器与工具

现场检查、维护所需的设备、仪器和工具都必须适用于现场环境的防爆要求。

2. 检查、维护分类

1) 日常运行维护、检查

日常检查和维护工作主要由运行操作人员负责,主要内容有:

(1) 防爆电气设备应保持其外壳及环境的清洁,清除有碍设备安全运行的杂物和易燃物品,并定期分析电气设备周围爆炸性混合物的浓度。

(2) 防爆电气设备运行时应具有良好的通风散热条件,检查外壳表面温度不得超过产品规定的最高表面温度。检查运行电动机轴承润滑脂是否变质,轴承表面温度不应超过规定值。

(3) 辨析运转声音。

(4) 检查电气转动部件运转情况。

(5) 检查外壳各部位固定螺栓和弹簧垫圈是否齐全、紧固,不得有松动。

(6) 检查设备的外壳应无裂纹和有损防爆性能的机械变形现象。设备运行时不应受外力损伤,应无倾斜和部件摩擦现象。检查防爆灯具的结构完整性,灯罩表面温度不得超过产品的规定值。电气设备的引入装置应密封可靠,不使用的通孔应用厚度在2mm以上的钢质盲板堵死。

(7) 设备上的各种保护、联锁、检测、报警、接地等装置应齐全完整。

日常运行维护、检查每日或每周一次,发现设备出现过高温、有特殊气味、声响或冒烟,部件松动或摩擦等异常情况,则应采取紧急措施。设备操作人员对日常运行维护中发现的异常情况及不符合规定者,可以处理的应及时处理,不能处理的应立即通知电气专业人员处理,并将发生的问题或事故如实登记在设备运行记录上。

2) 专业维护、检查

专业维护、检查工作主要由专职设备维护人员负责,主要内容有:

(1) 更换灯泡、熔断丝、电池、接触器、导线、密封圈等易损件。更换照明灯泡(管)、熔断器熔体、本质安全型电气设备的电池都必须符合原产品规定的规格、型号,不得随便变更。

(2) 清理电气设备内部灰尘,并进行防锈防腐处理。

(3) 电气线路布线、接线检查以及绝缘检查。

(4) 接地电阻测试。

(5) 防爆参数(如电气间隙、爬电距离、绝缘)测试。

专业维护、检查一般每月进行一次,打开外壳前必须切断电源,并挂牌"严禁通电"。

3) 安全技术检查

安全技术检查工作原则上是由油库主管安全的领导组织有关安全、设备、维护的技术人员或主管进行检查和处理,一般一年至少一次,主要检查内容有:

(1) 各项安全制度(设备档案、人员培训、持证上岗、检修制度、现场动火制度等)。

(2) 人员基本知识考核，特别是对新员工的培训和考核。
(3) 按标准规定检查或抽查设备（环境、通信、报警、通风等所有专业检查内容）。
(4) 对存在的问题进行处理。

3. 危险区域电气设备的检查

电气设备或装置在投入运行之前应进行初期检查，投入运行之后应按规定进行定期检查和抽样检查，目的是确保电气设备或装置保持在良好状态，能继续使用于危险场所。

1) 初期检查

初期检查主要检查所选的防爆形式及其安装是否合适。除了损坏的设备，如果制造厂已进行了等效检查，那么所有的初期检查可不必进行。

2) 定期检查

定期检查可目测检查或细致检查。定期检查的周期一般不超过3年一次。按目测检查或细致检查的结果确定是否做进一步的详细检查。

3) 抽样检查

抽样检查所有样品的规格和组成应按检查目的来确定。

抽样检查不易发现连接松弛等随机性的故障，但可监测由于环境条件、振动、设计的内在弱点等产生的影响。

目视检查和细致检查可以在设备带电时进行，详细检查一般要求设备断电。所有检查结果都应记录下来。

4) 注意事项

(1) 电气设备的防爆结构应适合危险场所的类别。
(2) 电气设备的防爆类别选择应正确。
(3) 电气设备的温度组别应正确。
(4) 关于电气设备电路的识别。进行识别作业时，应确实切断电气设备的电源，且电气设备的电路标记要便于识别。初期检查时，为了确保安全，应确认有关电气设备的所有资料的有效性。定期检查时，应确认所有这些必要的资料是否准确。确认资料是否准确的精密检查可以在为进行其他精密检查而切断电路电源的状态下进行。
(5) 关于电缆引入装置。进行简易检查时，可以用手检查电缆引入装置是否松动，而不用拆除防护胶带或护套，但有些精密检查需要拆卸电缆的引入装置。
(6) 关于电缆维修。在进行电气配线检查与维修时，应特别注意下列几项内容：有些配线敷设范围较广，同样的规格可能用在不同的环境条件下；有些生产设备的增设和改造可能会改变当初的环境条件。由于配线容易受外界影响，故日常进行目测检查十分重要。
(7) 管道之间、不同危险区域之间的密封必须牢固可靠。
(8) 对各种标牌应进行检查，以确保清晰并符合有关文件的要求，保证实际安装的电气设备均是所规定的设备。
(9) 应检查二极管安全栅装置，以保证准确选用安全栅型号，所有这类器件与安全栅接地棒应牢固相连，使之连续接地良好。应检查各装置，确保电路与其他器件之间起安全栅作用、带运动部件的继电器不会因重复操作或振动使分隔距离减小而逐渐损坏。
(10) 电线电缆。应检查各装置确保所有电缆符合技术文件要求。对本安系统电缆和其他电缆在同一管线、管道或电缆托架内穿过时提供的防护措施应给予特殊关注。应按照有关文件检查各装置，以保证电缆屏蔽接地。应特别注意使用含有一个以上本安系统的多芯电缆装置中。非电气隔离电路的接地连续性，初期检查时应测试本质安全型电路和接地点之间的电阻，并应使用专门用于本质安全型电路的试验仪器进行测试。本质安全型电路和非本质安全型电路应有隔离。

只对一般控制室仪器因防止电冲击而要求测试接地回路的电抗，而对与本质安全型电路有关的电源设备接地回路阻抗不要求测试。这是因为在一些设备内，其本质安全型接地是内部连接到设备的框架上，其阻抗的测量应采用专门用于本质安全型电路的试验仪器进行。

4. 危险区域电气设备的维护

防爆设备的维护应掌握以下原则：

（1）不得对产品结构、材料进行改变。

（2）不得妨碍制造厂为防止静电积聚而采取的措施，如接地线、接地金属框等。

（3）防爆灯具更换灯泡的种类、功率不得违背产品铭牌规定。

（4）结构复杂产品的维修及防爆性能的确认应与制造厂和有关部门共同完成。

（5）橡套软电缆及其末端容易损坏，应做好定期检查，发现损伤和缺陷立即更换。

（6）拆卸电气产品时，必须停止供电，并且对电线末端采取适当的绝缘保护措施，不能带电拆卸。永久性停用的产品应拆除有关配线。

（7）特殊紧固件及专用工具应齐备，以便维修使用。

（8）对工作在恶劣环境下的设备应加以重点维护，这里所说的恶劣环境指高温高湿、紫外线、水、粉尘、腐蚀性物质等，其易造成橡胶件老化、金属腐蚀、设备防护涂料失效等。

（9）断电作业。所谓切断电源，是指卸掉熔断丝或切断断路器，打开隔离开关等，包括切断中性线、输入线，并根据情况考虑是否也切断输出线。原则上危险场所的电气设备需打开外壳维修时均须切断电源。如果需带电作业，必须确认在作业时间内作业场所不会形成爆炸性混合物。经过安全评估并取得国家或行业所规定的相关手续，才可视为非危险场所进行作业。

（10）本质安全设备的特殊要求。只有遵守下列要求方可在带电设备上进行维护工作：

①危险场所中的维护工作。

任何维护工作应仅限于下列情况：断开、拆卸或更换一些电气设备元件和电缆；调整那些标定电气设备或系统所需的控制装置；拆卸并更换插接元件或组件；使用有关文件中规定的检验仪器，在有关文件中没有规定检验仪器时，只能采用检验时不会影响本质安全性能的仪器；有关文件特别允许的其他维护工作。

执行上述这些职责的人员应保证在完成这些工作后，本质安全系统或独立的本质安全电气设备符合有关文件的要求。

②非危险场所的维护工作。

对于非危险场所中的关联电气设备和部分本质安全型电路的维护，当这类电气设备或电路部分仍然与危险场所中安装的本质安全系统部分内在连接时，应限于①项中所述的内容。另外，在未断开危险场所的电路时，对安全栅不能拆卸其对地接线。

如果电气设备或本质安全型电路与危险场所中的线路断开，则非危险场所中关联设备和本质安全型电路的其他维护工作方可进行。

（11）对接地和等电位连接检查，以保持其良好状态。

（12）对于防爆合格证编号附加有"X"标志的产品，特殊使用条件应予以满足；对于防爆合格证编号附加有"U"标志的产品，应弄清该部件产品所处系统（装置）是否有证书，部件产品不能单独使用。

（13）对移动设备（手提式、便携式、可运输式）应严格管理，移动设备只能在与其防爆级别、组别及场所等级相适应的环境中使用。

5. 不同防爆形式电气设备的检查与维护

1）隔爆型电气设备的检查与维护

（1）在重新装配隔爆型防爆结构的外壳时，所有的接合面应十分清洁。同时，为了使其具有防腐性能和耐气候变化性能，应涂敷适当的磷化膏、电力复合脂或204号防锈油，严禁刷漆，并应除去空心螺钉孔中的黄油。另外，最好使用非金属刮刀及无腐蚀性清洗剂清擦平面接合面。

（2）如果无磨损、变形、腐蚀或其他损伤痕迹，一般可不检查止口接合面、旋转轴及螺纹接合部分的直径间隙，但如果有以上痕迹，则应参照制造厂的资料进行检查。

（3）更换与防爆结构有关的螺栓、小螺钉及类似部件时，应使用符合制造厂设计要求的部件。

通常可通过以下检查来确认产品的隔爆性能是否已经复原：外壳的接合面无损伤；接合面的间隙长度符合防爆结构的规定值；外壳表面及透光部件等无损伤；紧固螺栓紧固效果可靠；采取了有效的防腐、防锈措施。

2）增安型电气设备的检查与维护

增安型产品的过负载及其保护措施是安全使用的关键，应给予特别关注。检查与维护的主要内容包括：

（1）为了使电动机的绕组在运行中（包括堵转状态）达不到极限温度，必须采用适当的保护装置加以保护。

（2）对于被保护电动机的堵转电流比，应检查所选用保护装置是否具有使电动机从启动（冷态启动）到动作的时间小于电动机铭牌上标明的允许时间的能力。

（3）在初期检查或定期检查中，可根据经验决定是否需要测定通电的脱扣时间。实际运行中的脱扣时间不得大于由延迟特性所得的最大时间加上20%的允许误差。

通常可通过以下检查来确认增安型产品防爆性能的复原：各部分的温度测定值均符合规定；电气间隙及爬电距离符合使用电压的规定值；紧固螺栓紧固效果可靠；保护装置在设定值内正常动作；采取了有效的防腐、防锈措施，尤其是对连接部分。

3）本安型电气设备的检查与维护

本安型电气设备的检查与维护的关键是本安系统的匹配以及安全性评估，难点是对电路本安性能的分析。检查与维护的主要内容包括：

（1）检查系统设备最高（允许）电压应符合设备规定要求。

（2）关联设备参数、本安设备参数符合各自设备要求。

（3）关联设备参数、本安设备和电缆参数符合系统匹配要求。

（4）保护器件、可靠器件与组件可靠、有效；储能器件量值符合要求；隔离、布线符合要求。

通常可通过以下检查来确认本安型产品防爆性能的复原：本安系统参数符合规定要求；各部分的温度测定值均符合规定；电气间隙及爬电距离符合使用电压的规定值；采取了有效的电路隔离措施；采取了有效的电路接地措施（必要时）。

7.4.2 防爆电气设备的修理

1. 从事修理工作应具备的条件

1) 修理机构

防爆电气设备检修是一项专业性很强的工作,需要修理人员具备专业知识,分析故障,查明原因,确定修理内容,制订修理方案和修理工艺。一般修理厂不能承担这项工作,规定必须由具备一定设备能力、技术能力,并经主管部门和取得防爆电气设备资格证书的单位承担。

修理单位应制定相应的修理工艺方法和规定,形成文件并贯彻执行。

修理单位应制定相应的检查和试验规定,形成文件并贯彻执行;产品修理前的检查和修理后的检查试验均应有记录并建档保存。

2) 修理技术资料

修理单位应具备必要的技术标准、规范,例如防爆基础标准、防爆产品标准、工艺文件和试验规范等。

3) 修理设备、工具和检验器具

修理单位应具有与修理工作相适应的加工设备、工具以及检验器具等。

4) 修理人员

修理单位应有专职或兼职的技术人员,负责修理的技术工作。技术人员应熟悉修理技术和有关防爆法规,并熟悉防爆电气设备的结构原理、安装、使用、拆装、配线技术及规范,了解各类防爆电气设备的修理注意事项。

修理单位应有熟悉各类防爆电气设备修理注意事项、掌握修理技术的技术人员。

对从事修理的人员要定期进行专门培训,并取得培训合格证书。培训的内容应包括:防爆电气设备的防爆原理和防爆标志识别;各种防爆电气设备的特征及性能;防爆电气设备的标准和使用说明书;防爆电器设备上允许更换的零部件;修理技术、检验技术等。

5) 工作环境

修理单位应具有与修理工作相适应的工作场所和进行文明生产的环境。

6) 资格证书

修理单位应取得国家权威机构考核颁发的防爆电气设备修理单位资格证书。

2. 修理程序

防爆电气设备的修理一般按照以下程序进行:

(1) 登记入档,并做好有关准备工作:记录送修单位名称、联系人、电话号码;记录产品名称、型号规格、防爆标志、生产厂家、出厂日期、出厂编号;记录检修原因及要求等;了解产品使用环境、负载状况、故障原因;索求与该产品有关的资料,如使用档案资料、产品说明书、产品标准(或技术条件)、产品图样等。

(2) 故障检查及修理。对于不能修复的产品应提出书面意见。

(3) 出厂检验。如果是改造的产品,应进行有关防爆性能试验和型式试验。产品出厂时修理单位应该向用户提供下列文件:设备故障检查情况;检修工作情况说明;更换、修复部件的目录;改造说明、电气原理图;所有检查和试验结果;修理合格证。

对上述文件资料修理单位也应存档备查。

3. 设备故障检查和修理的一般内容

1) 外部检查

(1) 铭牌、标志牌完好情况。

(2) 外壳及外壳零部件完好情况（包括表面涂覆、锈蚀情况等）。

(3) 外壳紧固螺栓完好情况。

(4) 接地端完好情况。

(5) 进线装置完好情况。

(6) 通电试运行情况。

2) 内部拆检

拆检产品时务必小心进行，不得猛烈敲打撞击，以免造成新的变形和损坏。如果产品锈蚀严重，拆卸困难，可先涂上松动剂（如煤油）解除锈蚀后再拆卸。对于复杂的产品应注意拆卸顺序，并将拆下的零部件挂牌编号，容易丢失的小零件应集中放入专用容器中，紧固件最好拧入原有的螺孔。

拆检后应将故障情况以及外部检查存在的问题一并列入故障报告表。

3) 修理

按照故障报告表的内容和委托方的要求对设备进行修理。修理应按照如下原则进行：

(1) 对已损坏的绝缘件、密封件、浇封件、透明件以及螺纹等一般不进行修复，应重新制作或购买新件更换。

(2) 修理或更换零件不得改变原零件的材料和结构形状。

(3) 需要更换的零件应优先从制造厂购得。

(4) 在设备修理时，如果涉及产品结构、主要材料、形状、功能方面的改变，按照定义这种修理属于"改造"。防爆电气设备的改造会影响设备的防爆性能，改造前应将改造方案送防爆检验单位审查，改造后应该由防爆检验单位进行防爆检验。当然，这里是指对防爆有直接或间接影响的改变，如果仅仅在隔爆外壳内增加一个不产生附加危险的电器，或在防爆电动机上加设轴承测温传感器（传感器符合防爆要求，安装位置不影响电动机的防爆性能），则这类改动不属于改造。如果在修理隔爆电动机时改变了电压或转速，则这种改变会间接影响电动机的表面温度，应该按照改造对待。

4) 修理证明

防爆电气设备修理后，特别是防爆结构或对与防爆有关的零部件修理后，则该防爆电气设备防爆安全责任就发生了转移。防爆电气设备经过修理，则修理过后的防爆安全责任由修理单位承担。因此，设备修理后，修理单位应该出具相应的证明——修理合格证，并且在设备上加设相应的标志。标志牌必须清晰、耐久，并且耐化学腐蚀，标志牌一般应为金属材料，永久地固定在修理过的设备上。再次修理后可以将前一次的修理标志牌去掉，更换新的标志牌。

5) 设备修理后的检验和发证

防爆电气设备检修后应进行必要的检验。出厂检验由修理单位的检验部门进行，出厂检验合格后，并签发修理合格证，证明产品经修理后达到了要求的性能。

经改造后的产品须根据具体情况进行必要的型式试验和防爆性能检验。防爆性能检验须由国家认可的防爆检验单位进行。对检查和试验结果应详细记录并存档备查。

7.4.3 防爆电气设备的报废

(1) 防爆电气设备因受外力损伤、大气腐蚀、自然老化、机械磨损、事故损坏等原因，使防爆性能下降即将失效，虽经检修和更换零部件，仍恢复不到原有的防爆性能，危及安全运行，应当报废，予以更新。

(2) 防爆电气设备经过大修虽能达到质量标准，但检修时间长、检修费用大于或接近于购置同型设备费用，经济上不合算，应当报废，予以更新。

(3) 防爆电气设备制造厂家和国家防爆检验机关宣布淘汰并禁止使用的应当报废，予以更新。

(4) 凡经修理后不能恢复原有等级的防爆电气设备要降为非防爆电气设备使用。

(5) 批准降为非防爆电气设备的，应除去防爆标志，不得再在爆炸危险环境使用，其批准文件、防爆性能测试记录等资料一并存入设备档案，随设备转移。

7.4.4 防爆电气设备的资料管理

(1) 油库内所有防爆电气设备均应建立设备档案，内容包括从设备安装、试车、运行、检修直到设备的防爆降级、报废的全寿命周期的全过程。各自不同时期的各种技术数据应齐全，整理归档，并在设备上逐一分类编号。

(2) 油库应根据本库实际情况，建立防爆检查、保养、检修制度和防爆安全教育、技术培训、考核制度。

7.5 杂散电流危害及其预防

杂散电流是指任何不按照有规则的电流通路流动的电流。它流经的通路可能是大地或是与大地接触的管道及其他金属物体和构筑物。杂散电流可以是连续的或间断的，直流的或交流的，并通常会分布在许多它可以利用的并联线路上，其分布量与各线路的电阻成反比。

杂散电流的存在能引起火灾爆炸事故，还能加速油库设备的电化学腐蚀速度，造成设备腐蚀穿孔漏油等事故。

7.5.1 油库杂散电流源

杂散电流产生的原因较多，归纳起来主要有以下几种：

(1) 电气化铁路的强电干扰。我国目前运营的电气化铁路采用单相不平衡方式供电，即供电变电所向接触网提供电流，经电弓引入电力机车，驱动电动机旋转牵动列车，然后由钢轨、大地返回变电所。由于传导和感应作用，直接或间接地在附近的油库设施上对地产生电位差，构成对油库安全的威胁。电气化铁路对油库设备设施的影响因素很多，其规律与几何位置、供电情况及输油管线、设备处理情况以及土壤环境有关。

①地电场影响（阻性耦合）。电气化铁路的牵引电流通过钢轨返回变电所接地网，如图7.2所示。由于钢轨通过枕木对大地存在泄漏电流，所以杂散的交流地电流形成了地电位，

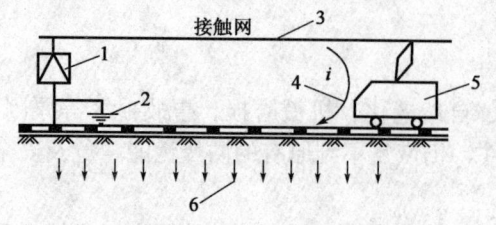

图 7.2 电力机车供电示意图
1—变电所；2—接地网；3—接触网；4—牵引电流（i）；5—电力机车；6—泄漏电流（i_m）

而邻近的埋地输油管线与其共存于一个电解质环境——土壤中，便以传导方式把交流电能以电流或电位的形式传递到埋地输油管线等油库设备上，产生阻性耦合影响。特别是油库专用线与电气化铁路接轨时，钢轨直接将杂散交流电能引入油库专用线。通过大地的电能传导作用而引起的阻性耦合，使专用线钢轨电位升高，在不同金属导体间形成电位差。

受地电场的影响，土壤电阻率越小，泄漏电流越大，电流泄漏点到输油管线或设备的距离越近，则埋地（接地）输油管线或设备受地电场影响越严重。当埋地输油管线靠近或穿越电气化铁路，埋地油罐、泵房设备距电气化铁路很近时，受地电场影响比较明显。

②静电场影响（容性耦合）。在有数万伏电压的电气化铁路接触网周围存在着一个静电场，它通过接触网与附近的油库设备、设施以及输油管线之间的电容作用产生静电感应，由于空气介质的作用，使油库设备、设施及输油管线带电，产生电位。

受静电场的影响，输油管线或设备接地电阻越大，与电气化铁路供电接触网的距离越近，接触网电压越高，环境气候越潮湿，受静电场的影响就越严重。悬空的、施工期间或正在修理尚未埋地的输油管线及设备会聚积大量的静电荷。

③电磁场影响（磁性耦合）。由于电气化铁路接触网上数百安培的牵引电流在其周围产生一个交变电磁场，通过磁场感应，使邻近输油管线上产生交变感应电压和电流。形象地讲，输油管线起到了具有感应电压和电流的"变压器"单匝次极线圈的作用，使输油管线有电流流过，同时在输油管线某一管段两端产生电位差。

受电磁场的影响，电气化铁路牵引电流越大，接触网与输油管线的平行距离越长，相互间的距离越近，土壤电阻率越大，输油管线涂层性能越好，受电磁场的影响越严重。输油管线在管沟或地面上敷设比埋地敷设受电磁场的影响大，输油管线感应电压峰值出现于与电气化铁路平行的管线两端、管线间断点（如绝缘法兰），以及二者几何位置、敷设形式、土壤电阻率等理化参数明显变化处。电气化铁路对油库设备、设施的影响主要是电磁场影响，尤其是与其平行的输油管线及与管线相连的管线附件和设备。

(2) 电化学腐蚀电流。杂散电流的另一个起源是由于金属与土壤的接触产生电化学腐蚀。腐蚀电流会沿着地下管道，从一类土壤的接触点流到另一类不同土壤的接触点。对由电化学腐蚀产生的电位必须严格限制并且在任何情况下不得超过 1.5V，否则电路中断时，虽然有中断点冷却效应作用，也有可能产生引燃火花。

(3) 强制电流阴极保护的影响。

(4) 其他偶然因素。除了上述原因外，还有一些偶然因素也有可能引起设备带电，如管路等由于焊接施工带电；与外单位合用的铁路专用线由于偶然原因导入电流；漏电事故等都有可能使油库设施、设备带电。

7.5.2 防止杂散电流引燃引爆的措施

防止杂散电流引燃引爆的方法应根据杂散电流的特征、环境及设施、设备特点而定。

防止杂散电流危害的一般方法主要是：

1. 绝缘隔离

根据全库的情况，将全库分为几个区域。在管道、铁路专用线等设备进库处或各区域之间装设绝缘装置，管道可用绝缘法兰，轨道可用绝缘轨缝，以防止杂散电流流入及在各区之间相互传导。

2. 跨接和接地

将相邻金属设备作必要的电气连接并接地，对防雷电、静电放电引燃有很好的作用。同样，它对防止杂散电流产生电弧火花也很有用，跨接的方法可参考防雷、防静电的方法和要求进行。

跨接的方法还可用于维修中，例如，对于一个可能有杂散电流存在的输油管路，直接拆卸其上的法兰可能会因杂散电流的存在而发生跳火，甚至引燃引爆油蒸气；如果在拆卸法兰前先将两侧的管路用导线跨接起来，然后再拆卸法兰，显然就可防止跳火的发生。

对电气化铁路引起的杂散电流危害应采取专门的防护措施，其防护措施的平面布置如图7.3所示。

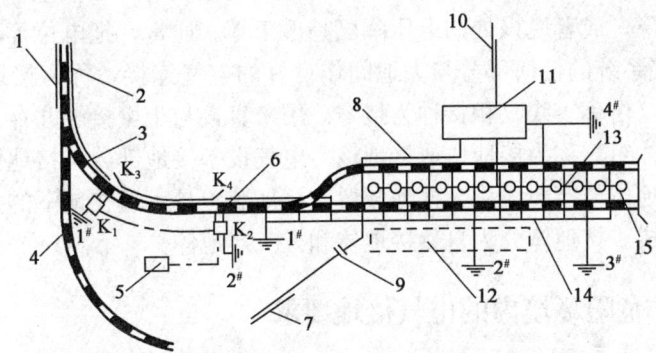

图 7.3 油库电气化铁路专用线安全防护措施平面布置示意图
1—车站方向；2—供电接触网；3—油库铁路专用线；4—电气化铁路干线；5—控制室；6—绝缘轨缝；
7—中继泵房或小储存区方向；8—输油管线；9—绝缘法兰；10—主储存区方向；11—泵房；12—站台；
13—集油管；14—均压装置；15—鹤管；K_1、K_2—回流开关箱；K_3、K_4—高压隔离开关

(1) 接触网。在引入油库的电气化铁路专用线接触网上设置两道高压隔离开关（又称抗电弧分段绝缘器）。开关在电力机车进库取送罐车时接通，平时断开。

对高压隔离开关的基本要求是：额定电压为 30kV；额定电流为 400A；两组高压隔离开关间距应大于 150m；具有灭电弧装置。

(2) 铁路钢轨。由于铁路装卸作业区产生火花主要是由专用线钢轨传导电流产生的电位差而引起的，所以在引入油库的电气化铁路专用线钢轨上设置两组（或称作两道）绝缘轨缝，并安装有可靠接地的回流开关和回流开关电气控制装置。当电力机车取送罐车时，将回流开关接通而短接钢轨的绝缘轨缝；平时断开绝缘轨缝的电气连接，即断开回流开关。这样，既可保证机车取送罐车作业中接通接触网、机车、钢轨的电气回路，又可防止非取送罐车作业时钢轨电流窜入铁路装卸油作业区。

对绝缘轨缝的基本要求是：绝缘电阻不低于 2MΩ；回流开关接地电阻不大于 4Ω；两组绝缘轨缝间距应大于 150m。

(3) 均压接地。由于专用线钢轨传导电流产生的电位与鹤管等油库设施间形成电位差，当彼此接触时可能产生火花。为消除这一电位差，防止火花产生可能引发的火灾爆炸事故，

必须将钢轨、鹤管、输油管线（含集油管）、栈桥等油库设施进行可靠的电气连接，在钢轨与鹤管间设均压带和均压接地极，接地装置的敷设应满足电气保护接地要求。均压带专用接地极应不少于2处，其专用接地引线宜设为4条，且不得与作业区避雷引线同处设置；两条引线平行时，间距不得小于3m。凡有法兰连接的均进行可靠跨接，使油库设施与大地形成等电位体。

对均压接地的基本要求是：均压接地带间距应小于2m；均压接地极接地电阻不大于4Ω；法兰跨接电阻值应小于0.03Ω；均压接地后，油库设施对地交流电位应小于1.2V，油库设施间的电位差不大于10mV。

7.6 接地技术与管理

接地和接零是电气技术中最重要的保护措施之一。当电气设备发生接地或碰壳短路时，接地短路电流便通过接地体向大地作半球形扩散。电流在大地中流散时所形成的电压降随距接地体越近就变得越大，距接地体越远就变得越小。试验证明，距接地体20m以外的地点，电流不再产生电压降，或者说该处的电压降已趋近于零。通常，把电位等于零的地点称为电气上的"地"。电气系统的任何部分与大地间作良好的电气连接，称为接地。电气设备的外壳与电源的中性线（俗称零线）相接称为接零。用来直接与土壤接触并存在一定流散电阻的一个或多个金属导体组，称为接地体或接地极。电气设备接地部分与接地体连接用的金属导体称为接地线。接地体与接地线称为接地装置。接地装置是由埋在地下的接地体和与它相连的接地线两部分组成。接地体分为自然接地体和人工接地体。

7.6.1 油库爆炸危险环境内的电气接地要求

在油库爆炸危险环境大都采用三相五线制供电，电气设备的外壳都通过接地线与接地体相连。油库中油料在输转过程中会产生大量的静电荷，雷电时，因电磁感应或静电感应也会在输储油设备上聚集大量静电荷，也需要有良好的接地装置将静电荷导入大地，这些已在第五章有所介绍，这里仅介绍电气设备的接地要求。

1. 接地的范围

所有电气设备中正常不带电的金属部分均须可靠接地，主要有：

（1）电动机、变压器、防爆灯具、插销、开关、接线盒、携带式与移动式用电设备的底座、外壳。

（2）电气设备的传动装置。

（3）配电、控制、保护用的屏（盘、台、箱）及操作台等的金属框架和底座，各种安装电气设备的金属支架。

（4）室内外配电装置的金属架构和钢筋混凝土的架构，以及靠近带电部分的金属遮挡、金属门。

（5）交、直流电力电缆的接线盒、终端盒的外壳，以及电缆的金属外皮、穿线的钢管等。

（6）工作电压超过安全电压而未采用隔离变压器的手持电动工具或移动式电气设备的外壳等。

(7) 电流互感器和电压互感器的二次绕组。

不属于电气设备,但由于杂散电流、零线电流等影响,可能发生跳火危险的设备也应可靠接地,主要有:

(1) 泵房管组、工艺设备。
(2) 铁轨、鹤管、钢栈桥。
(3) 输油管、金属油罐。

2. 接地的通用要求

(1) 在中性点接地的低压系统中,爆炸危险环境必须建立保护接地干线(网),且与变压器的中性点连接成一体。接地干线(网)应在不同方向与接地体相连,连接不得少于2处。

(2) 从变压器中性点接地体引出来的工作零线每隔1km应重复接地一次,进入到洞库、泵房等爆炸危险环境之前必须重复接地一次。

(3) 1区的电气设备、仪表、灯具等的电气线路及2区内除照明灯具以外的其他电气设备中必须设有专用的接地线并与保护接地干线(网)相连。此时,爆炸性气体环境的金属管线、电缆的金属包皮等只能作为辅助接地线。

(4) 2区的照明灯具可不设专用接地线,利用穿线钢管作接地线,与保护接地干线(网)相连,但不得利用油品的工艺管道、通风管道、金属容器壁等作为保护接地线。

(5) 铠装电缆引入电气设备时,其内部接地线与设备的内接地螺栓相连,外部钢带一端作为辅助接地与设备的外接地螺栓连接,且钢带的另一端也必须可靠接地。

(6) 爆炸危险环境电气设备接地系统中接地体不得与防直击雷接地体共同设置,且两者之间的最小距离不得小于3m。

(7) 在对设备、管道等进行局部检修时,如会造成有关物体电气接地断路或破坏等电位,应事先做好临时性接地,检修完毕后及时恢复。

(8) 当采用漏电开关作相线漏电接地保护时,被保护的电气设备外壳应作单独接地,不得与其他电气接地干线相连。漏电开关必须选用经国家有关部门颁发生产许可证的厂家的产品。

(9) 电气设备的接地装置与防止直接雷击的独立避雷针的接地装置应分开设置,与装设在建筑物上防止直接雷击的避雷针的接地装置可合并设置,与防雷电感应的接地装置亦可合并设置,接地电阻值应取其中最低值。各种接地的允许最大接地电阻值比较繁杂,总后勤部军需物资油料部规定的接地电阻值(表7.16)对油库较为实用,可供参考。

表7.16 油库各类接地装置电阻规定值   Ω

信息系统联合接地	变压器中性点接地	设备保护接地、信息系统单独接地	防雷接地、与防雷共用接地;电流、电压互感器接地	防静电接地(仅用于)
1	4	4	10	100

(10) 保护接地线或接零线连接用螺栓应有防松措施;接地线紧固前,连接端子导电面上应挫光并涂导电油膏,以保证接触良好;接地线连接紧固螺栓规格(不含接线盒内和仪表外部的接地螺栓)应符合下列规定:

①电气设备容量为 10kW 以上，不小于 M12；
②电气设备容量为 5～10kW，不小于 M10；
③电气设备容量为 5kW 以下，不小于 M8；
④按钮、灯具、信号灯、小型开关等电器外壳接地螺栓不小于 M6。

3. 保护接地

1) 洞库、泵房的保护接地要求

（1）洞库、泵房尽量用单独变压器供电，避免与生活区共用同一个变压器。

（2）电力和信息线路应采用铠装电缆埋地引入洞内。洞口电缆的外皮应与洞内的油罐、输油管道的接地装置相连。若由架空线路转换为电缆埋地引入洞内时，从洞口算起，当其洞外埋地长度超过 $2\sqrt{\rho}$m 时，电缆金属外皮应在进入处做接地。当埋地长度不超过 $2\sqrt{\rho}$m 时，电缆金属外皮在进入洞口处做接地外，还应在洞外做两处接地，接地点间距不应大于 50m，接地电阻不宜大于 20Ω。电缆与架空线路的连接处应装设过电压保护器。过电压保护器、电缆外皮和瓷瓶铁脚应做电气连接并接地，接地电阻不宜大于 10Ω。

（3）洞库、泵房的接地干线（网）应有专用接地线与变压器中性点相连接，形成保护接地回路。电动机（风机）和其他设备的保护接地螺栓与该回路的接地线相连，不应与工作零线（包括零线的重复接地线）相连。

（4）当变压器远离洞库、泵房（一般大于 200m），设置专用保护回路有困难时，应将工作零线多处重复接地，以降低零线上的电位，其接地电阻应小于 4Ω，且不得与生活区共用同一个变压器。此时，中性线虽与专用接地线共用同一个接地体，但油库（站）爆炸危险环境的专用接地干线（网）仍不能省略。

（5）当采用漏电开关作相线漏电接地保护时，被保护的电气设备外壳应作单独接地，不得与其他电气接地干线相连。漏电开关必须选用国家有关部门颁发生产许可证的厂家的产品。

（6）洞口配电间的总开关宜采用四联制控制开关，即当切断洞内三相电源时，同时切断工作零线，以确保洞内电气安全。当配用四联制控制开关时，零线的重复接地应装设在开关的洞内配电侧，不应设在开关的电源进线侧。

轻油洞库、泵房、零线、地线接线如图 7.4 所示。在图中：
①L_1、L_2、L_3 为相线，N 为零线，PE 为保护接地干线。
②专用接地线在洞外部分可选用扁钢。
③洞内部分可选用扁钢、绝缘导线或芯线相同的电缆。
④专用接地线在洞外部分若采用裸线埋地铺设，洞口可不做重复接地。
⑤配电盘、配线铠装带（钢管）及电动机外壳要做接地。
⑥专用保护接地干线应与变压器中性点直接相连，当直接相连确有困难时，可与中性线重复接地相连，但其接地电阻不得大于 4Ω，中性线终端也应重复接地。

2) 携带式和移动式电气设备的接地

携带式电气设备的接地应使用携带型导线的专用接地芯线接地，此芯线不得同时用来通过工作电流。严禁利用其他用电设备的零线接地，零线和接地线应分别与接地网连接。接地线应采用多股软铜线，截面应不小于 1.5mm² （如接地芯线与电源芯线在同一外皮内，则接地芯线与导电芯线的截面应相同）。携带式接地线的夹具应保证它与电气设备和接地体的连

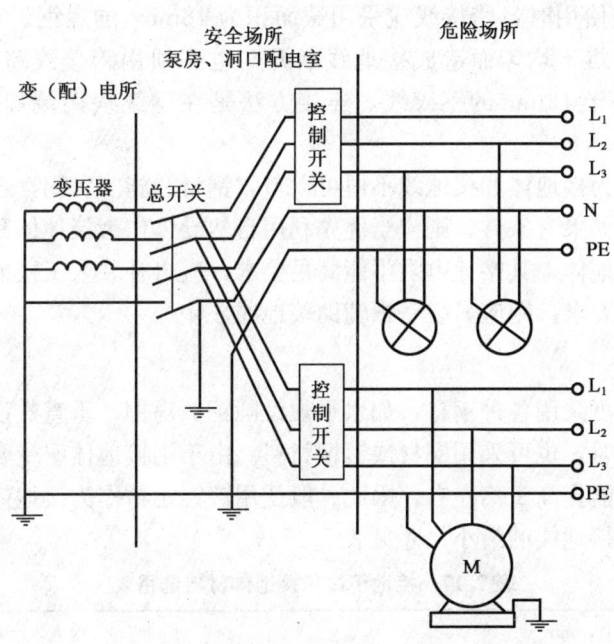

图 7.4 轻油洞库、泵房、零线、地线接线示意图

接处具有良好的电气接触,并在短路电流作用下具有热稳定度和动稳定度。

移动式电气设备的接地应满足以下要求:

(1) 移动式发电设备和固定式发电设备二者的接地要求相同。

(2) 由固定式电源或移动式发电设备供电的移动式机械,其金属外壳或底座应与电源的接地装置有可靠的金属连接。在中性点不接地系统中,应在机械附近装设接地体或利用附近的自然接地体。

(3) 移动式电气设备和移动式机械的接地应符合对固定式电气设备接地的要求。

(4) 移动式电气设备和移动式机械的接地线截面应与固定式电气设备的接地线截面相同。

7.6.2 接地装置的选择

1. 自然接地体

埋设在地下的各种金属管道(输送易燃液体、气体或易爆炸介质的管道除外)、金属井管,与大地有可靠连接的建筑物和构筑物的金属结构等均可用作自然接地线。

利用自然条件构成接地体时,至少要有 2 根引出线与接地干线相连,并且使用焊接相连。利用地下金属管道作为自然接地体或者利用地上和地下金属管道作为自然接地线时,在管接头和接线盒处都要用跨接线连接,连接方法为焊接。管径为 40mm 及以下时,跨接线可采用 ϕ6mm 圆钢;管径在 50mm 以上时,跨接线应采用截面积为 100mm^2 的扁钢。配线用的保护钢管如敷设在水泥地坪中或安装在干燥的建筑物中,则允许作为接地线,但其壁厚不得小于 1.5mm,以免产生锈蚀而成为不连续的导体。

利用建筑物、构筑物的金属构件作为接地线时,凡是用螺栓或铆钉连接的地点,必须用跨接线连接。这些金属构件作为接地干线使用时,跨接线应采用截面积为 100mm^2 的扁钢；作为接地支线使用时，跨接线应采用截面积为48mm²的扁钢。在建筑物伸缩缝处，为了避免因建筑物下沉不均匀而造成接地线断开，也必须用跨接线跨过伸缩缝，这种跨接线可采用直径不小于12mm的钢绞线，连接方法是在钢绞线两端焊上平面接头，再用螺栓紧固。

利用自然导体作为接地体和接地线不但可以节省钢材和施工费用，还可以降低接地电阻和设备之间的电位。如果有条件，则应当优先利用自然导体作为接地体和接地线。

如果利用自然接地体，其接地电阻不能满足要求，应再补装人工接地体；如果利用自然接地线不能满足规定要求，则应另装一根辅助接地线。

2. 人工接地体

人工接地体一般可采用各种钢材，如水平敷设圆钢、扁钢，垂直敷设的角钢、钢管、圆钢等。当有特殊要求时，也可采用铜材或镀铜材料。由于钢接地体耐受腐蚀能力差，而钢材镀锌后能将耐腐蚀性能提高1倍左右，因此一般使用镀锌钢材作为接地体。按照机械强度的要求，钢质接地体和接地线的最小尺寸见表7.17。

表7.17 接地干线和接地体材料选用表

材料	地上，mm		地下，mm	材料	地上，mm		地下，mm
	室内	室外			室内	室外	
扁钢	25×4	40×4	40×4	角钢	—	—	50×50×5
圆钢	φ8	φ10	φ16	钢管			DN50

7.6.3 影响接地电阻的因素及降低电阻的措施

1. 影响接地电阻的因素

接地装置的接地电阻是接地体的流散电阻与接地线的电阻之和。流散电阻是流散电流自接地体向四周流散在土壤中遇到的全部电阻。接地电阻大小取决于接地线的电阻和接地体本身的电阻、接地体表面与周围土壤之间的接触电阻以及接地体周围土壤的电阻率。其中，接地线、接地体自身的电阻值很低，往往可以忽略不计，接地电阻主要取决于流散电阻。接地体的流散电阻主要受以下因素的影响：

（1）接地体结构和组成。一般情况下，接地体总表面积越大，接地体所占地积越大，接地体埋设越深，则流散电阻越小。

（2）接地体腐蚀情况。接地体腐蚀严重后，流散电阻增大。

（3）土壤性质。土壤电阻率越低，流散电阻越小。

（4）土壤含水量。含水量为15%～20%及以下时，含水量越高，流散电阻越小；含水量为20%～75%时，流散电阻变化不大；含水量在75%以上时，流散电阻随水的成分而异。

（5）土壤温度。从0℃开始，随着温度上升，流散电阻降低；当温度升高到100℃时，流散电阻随之上升；当温度低于0℃时，流散电阻急剧上升。

（6）土壤化学杂质。当土壤含有盐、碱、酸等杂质时，流散电阻明显降低。

（7）土壤物理成分。当土壤含有炭或金属杂质时，流散电阻明显降低。

（8）土壤物理状态。土壤越紧密或颗粒越粗，流散电阻越小。

土壤电阻率是表明土壤导电能力的性能参数，常见土壤的电阻率见表7.18。

表 7.18 土壤和水的电阻率　　　　　　　　　　　Ω·m

名　称	近似值	变动范围		
		较湿时（多雨区）	较干时（少雨区）	地下水含盐、碱时
陶粘土	10	5～20	10～100	3～10
泥炭、沼泽地	20	10～30	50～300	3～10
捣碎的木炭	40	—	—	—
黑土、园田土、陶土、白垩土	50	30～100	50～300	3～10
粘土	60	30～100	50～300	3～10
砂质粘土	100	30～300	80～1000	3～10
黄土	200	10～200	250	30
含砂粘土、砂土	300	100～1000	>1000	30～100
多石土壤	400	—	—	—
上层红色风化粘土、下层红色页岩	500（相对湿度30%）			
表层土夹石、下层石子	600（相对湿度30%）			
砂子、砂砾	1000	250～1000	1000～2500	
砂层深度大于10m，地下水较深的草原或地面粘土深度不大于1.5m，底层多岩石的地区	1000			
砾石、碎石	5000			
金属矿石	0.01～1			
水中的混凝土	40～50			
在湿土中的混凝土	100～200			
在干土中的混凝土	500～1300			

2. 高阻区降低电阻的措施

1) 换土

用电阻率较低的土壤（如粘土、黑土等）替换电阻率较高的土壤。

2) 利用接地电阻降阻剂

接地电阻降阻剂是由多种化学物质配制而成的。目前国内的降阻剂生产厂较多，其产品的类型、性能及降阻机理虽然不尽相同，但在降阻机理上却有公认的相同之处：在接地体周围敷设了降阻剂后，可以起到增大接地体外形尺寸，降低与其周围大地介质之间的接触电阻的作用，因而能在一定程度上降低接地体的接地电阻。降阻剂用于小面积的集中接地、小型接地网时，其降阻效果较显著。

在选用降阻剂时，应注意选用合格厂家的产品，同时严格按照生产厂家使用说明书规定的操作工艺施工。

3) 深埋接地体

当地下深处的土壤或水的电阻率较低时，可采用深埋接地体的方法来降低接地电阻值。

4) 利用水或与水接触的钢筋混凝土体作为流散介质

充分利用水工建筑物（水井、水池等）以及其他与水接触的混凝土体内的金属体作为自然接地体，可在水下钢筋混凝土结构物内绑扎成的许多钢筋网中选择一些纵横交叉点加以焊接，并与接地网连接起来。

当利用水工建筑物作为自然接地体仍不能满足要求，或利用水工建筑物作为自然接地体有困难时，应优先在就近的水中（河水、池水等）敷设外引（人工）接地体（水下接地网）。该接地体应敷设在水流速不大的位置或静水中，并要回填一些大石块加以固定。

7.6.4 接地装置的敷设和管理

1. 接地装置埋设地点的选择

（1）接地装置应埋在距建筑物或人行道 3m 以外的地点。如果不能满足这一要求，埋设地点应铺设厚度不小于 50mm 的沥青，以形成绝缘的沥青地面，防止形成跨步电压。

（2）接地装置不得靠近烟道等热源设施，以免由于土壤干燥，电阻率升高而影响接地效果。

（3）接地装置不应埋在有强烈腐蚀作用的土壤中或垃圾堆和灰渣堆中。

（4）接地装置所在的位置应不妨碍有关设备的拆装或检修。

（5）保护、防静电接地装置与独立避雷针的接地装置之间应按有关规程的规定确保有足够的距离（一般为 3m），以免发生雷击时防雷接地装置与电气接地装置之间发生火花放电而引起火灾。

2. 人工接地体的埋设

人工接地体宜采用垂直接地体，多岩石地区可采用水平接地体，两种形式接地体的平面布置如图 7.5 和图 7.6 所示。

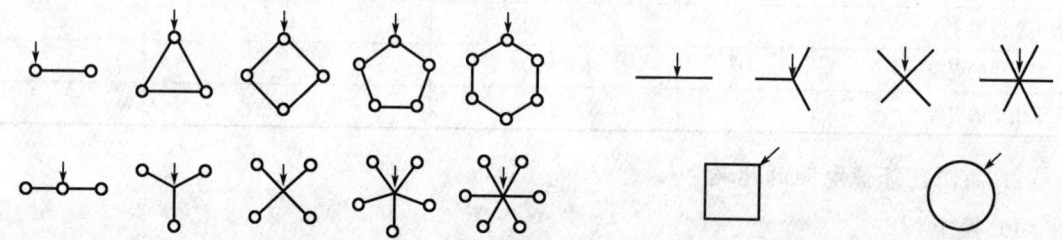

图 7.5　垂直接地体布置示意图　　　　图 7.6　水平接地体布置示意图

1）垂直接地体

垂直安装的人工接地体如果使用钢管，应选用直径为 38～50mm、壁厚不小于 3.5mm 的钢管，按设计长度（一般为 2～3m）切割，钢管打入地下的一端加工成一定形状。若打入一般松软泥土，可将打入地下的端面切成斜面形。为了防止打入时受力不均而使管子歪斜，可以将打入地下的一端加工成扁尖形；若土质很硬，可将尖端加工成圆锥形，如图 7.7 所示。如果使用角钢，一般选用 40mm×40mm×4mm 或 50mm×50mm×5mm 的角钢，切割长度也是 2～3m，角钢的一端加工成尖头形状。如果是铜包钢、锌包钢等专用接地装置，则按其说明书安装即可。

在垂直安装接地体时，先在接地处挖一条宽 0.5～0.6m、深 1m 的地沟，以便埋设接地体。采用打桩法将接地体自沟底垂直打入地下，接地体应与地面保持垂直，不可歪斜，以免增大接地电阻；打入地下的有效深度不得小于 2m，各接地体之间的距离不宜小于其长度的

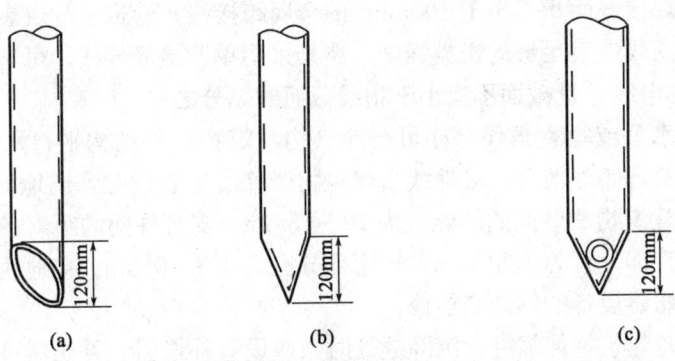

图 7.7 接地钢管加工示意图
(a) 斜面形；(b) 扁尖形（尖头横断面为椭圆）；(c) 圆锥形（尖头横断面为圆形）

2 倍。用锤子敲击角钢时，落点应在其端面的角脊处，以保证角钢垂直打入。若是钢管，落点应与钢管尖端位置相对应，使锤击力集中在尖端的切点位置；否则，钢管容易倾斜，造成接地体与土壤之间有缝隙，增大接地电阻。接地体打入地下后，应留出 0.1～0.2m 的露头，将接地线焊在露头上，再在其四周填土夯实，以减小接地电阻。

2) 水平接地体

在土层浅薄的地点宜敷设水平接地体。水平接地体一般选用扁钢或圆钢。扁钢接地体的厚度不应小于 4mm，截面积不小于 $48mm^2$；圆钢接地体的直径不应小于 8mm。水平接地体的长度为几米至十几米（随接地电阻的大小、安装条件和接地装置的结构形式而定）。安装时采用挖沟深埋法，将接地体水平敷设于地下，距地面至少 0.6m；如果是多极接地或接地网，各接地体之间的间距不宜小于 5m。

由于在地表下 0.15～0.5m 处是土壤干湿交界的地方，接地体易受腐蚀，因此接地体顶面埋设深度不宜小于 0.6m（农田处不应小于 1m），同时应埋在土壤冻土层以下。除接地体外，接地体引出线的垂直部分和接地装置焊接部位应作防腐处理；在作防腐处理前，表面必须除锈并去掉焊接处残留焊药。埋设在地下的接地体不应涂漆，但地表的接地线应刷漆防腐。

接地干线至少有两组接地体，并在干线的两端与接地体相连。自然接地体应在不同的两点及多余两点处与接地干线或接地网相连接。

接地体与建筑物距离不宜小于 1.5m。为了减少相邻接地体的屏蔽作用，垂直接地体的间距不宜小于其长度的 2 倍；水平接地体的间距应符合设计规定，当无设计规定时，不宜小于 5m。

接地体敷设完成后的土沟回填土内不应夹有石块和建筑材料、垃圾等；外取的土壤不得有较强的腐蚀性；在土壤电阻率较高地区可掺和化学降阻剂，以降低接地电阻；回填土应分层夯实。

对接地体在地面上必须设立标桩，标桩刷白色底漆，标以黑色字样，以利于区分接地体的类别及编号。

3. 接地线的安装与敷设

(1) 每个电气装置的接地应以单独的接地线与接地干线相连接，不得在一个接地线中串接几个需要接地的电气装置。

(2) 接地线应使用中间没有接头的整根线。利用串联的金属构件、金属管道作接地线时，应在其串接部位焊接截面积不小于 100mm² 的金属跨接线。管道上的仪表、阀门等处均应敷设跨接线。接地支线应有足够的机械强度，严禁采用单股绝缘导线，可选用截面积不小于 10mm² 的多股铜芯电线，且截面不应小于相线截面的二分之一。

（3）接地线应按水平或垂直敷设，亦可与建（构）筑物倾斜结构平行敷设；在直线段上，不应有高低起伏及弯曲等情况。接地线沿建筑物墙壁水平敷设时，离地面距离宜为 250～300mm；接地线与建筑物墙壁间的间隙宜为 10～15mm。支持件间的距离在水平直线部分宜为 0.5～1.5m，垂直部分宜为 1.5～3m，转弯部分宜为 0.3～0.5m。接地线的敷设位置应便于检查，同时不应妨碍设备的拆卸与检修。

（4）在接地线跨越建筑物伸缩缝、沉降缝处时，应设置补偿器，补偿器可用接地线本身弯成弧状代替。

（5）明敷接地线的表面应涂以 15～100mm 宽度相等的绿色和黄色相间条纹。在每个导体的全部长度上或只在每个区间或每个可接触到的部位上宜做出标志，当使用胶带时，应使用双色胶带。埋地铺设的接地线应采用不小于 40mm×4mm 的镀锌扁钢，并应做防腐绝缘层保护。

（6）接地线应防止发生机械损伤和化学腐蚀。在与公路、铁路或管道等交叉及其他可能使接地线遭受损伤处，均应用管子或角钢等加以保护。接地线在穿过墙壁、楼板和地坪处时应加装钢管或其他坚固的保护套，在有化学腐蚀的部位还应采取防腐措施。

（7）在接地线引向建筑物的入口处和在检修用临时接地点处，应刷白色底漆并标以黑色记号，其代号为"⏚"。

4. 接地装置的连接

接地线与埋于地下的接地体连接时不得用螺栓连接，必须实行焊接，焊接必须牢固无虚焊，焊接部位应补刷防腐漆，接地体引出线埋地部分应作防腐处理。接至电气设备的接地线应用镀锌螺栓连接；接地线与接地极的连接应采用两个 M10 以上的螺栓进行连接，加防松螺帽或弹簧垫，其金属接触面应去锈、除油污，同一连接点螺栓数量不少于 2 个，并应涂以电力复合脂。

接地体（线）的焊接应采用搭接焊，其搭接长度必须符合下列规定：

（1）扁钢为其宽度的 2 倍（且至少 3 个棱边焊接）；

（2）圆钢为其直径的 6 倍；

（3）圆钢与扁钢连接时，其连接长度为圆钢直径的 6 倍；

（4）扁钢与钢管、扁钢与角钢焊接时，为了连接可靠，除应在其接触部位两侧进行焊接外，还应焊以由钢带弯成的弧形（或直角形）卡子或直接由钢带本身弯成弧形（或直角形）与钢管（或角钢）焊接。

5. 接地测试箱（井）的设置

接地测试箱（井）是接地电阻连线上的一处可断开点，用于检查测试接地体接地电阻。测试箱的位置应离开易燃易爆部位（或重点场所），且选在不受外力伤害，便于检查、维护和测试的地方。

防静电接地测试箱中的接地干线与接地体之间应设置螺栓连接的断开点，测量接地体电阻值时应断开连接螺栓进行测量。为保证测量的精度要求，对距测点 5m 的接地干线应涂以 3～5mm 厚的沥青绝缘。测试箱上盖应标明其编号、类别，连接接地体的接地线一侧应刷白色底漆并标以黑色记号,其代号为"⊥"。测试箱的做法较多,图7.8、图7.9所示为两种常见形式。

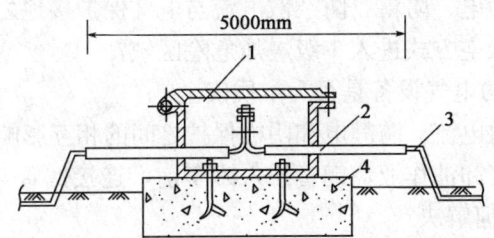

图7.8 地面金属箱式接地测试箱的安装示意图
1—测试箱;2—绝缘套管;3—接地干线;4—测试箱底座

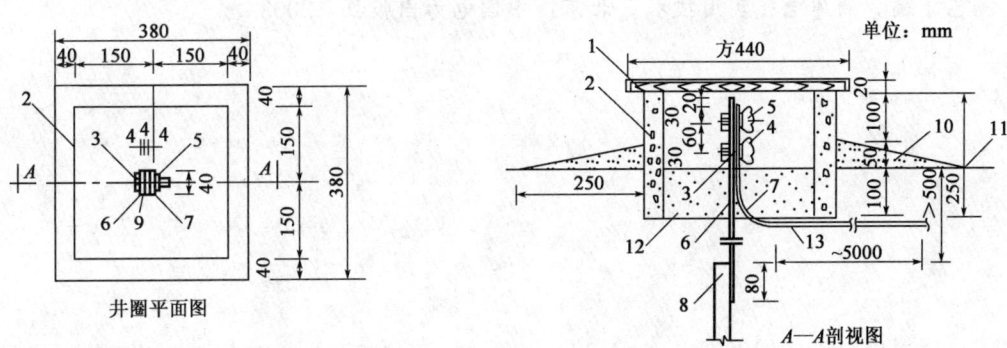

图7.9 混凝土结构式测试井的安装示意图
1—盖板;2—井圈;3—M10×25螺栓;4—碟形螺母;5—弹簧垫圈;6—接地体扁钢;7—接地引线;
8—接地体;9—分割条;10—土护坡;11—自然地坪;12—回填土

6. 油库中接地电阻的测量与管理

测量接地电阻时,必须将接地体与接地干线断开,单独测量接地体的接地电阻。每年春、秋季应对各接地体电阻进行测量,并记入技术档案;如接地电阻不合格,应立即检修。同时应建立全库电气接地分布图及技术档案,详细记载接地点的位置、接地体的形状材质、数量和埋设情况,以备检修和维护。

思 考 题

(1) 防爆电气设备按防爆原理分为哪几类?
(2) 本质安全型电气设备中 ia 和 ib 有何区别?在油库中的应用场所有何不同?
(3) 本质安全型和安全火花型电气设备有何区别?
(4) 隔爆面为什么不能用密封垫密封?
(5) 移动式防爆电气设备能否用固定式防爆电气设备代替?为什么?
(6) 防爆场所的配线选型有何规定?
(7) 在爆炸危险环境中,当电气线路需沿输油管铺设时,应采取哪些技术措施?
(8) 在爆炸危险环境中,电线(或电缆)连接应注意哪些问题?
(9) 油库电气设备检修时切断电源是指什么?
(10) 油库电气设备检修时在哪些情况下可不切断电源?

(11) 降低接地电阻可采取哪些方法？

(12) 对接地电阻有哪些测量方法（请另查资料）？

(13) 简述油库中防静电、防雷、防杂散电流与电气保护接地之间的关系。

(14) 电线能否采用架空方式进入 1 级爆炸危险区域？

(15) 电压小于 12V 的电气设备是否为本质安全？

(16) 如何处理防杂散电流、防静电和阴极保护之间的相互影响关系？

(17) 某库组织铁路装卸油作业，鹤管插入罐车前，连接鹤管与罐体时多次出现跳火现象，可能是什么原因？如何解决？

参 考 文 献

[1] 杨艺等编．油库电气实用技术．北京：中国电力出版社，2003.

第8章 油气储运 HSE 管理

8.1 健康、安全与环境管理体系概述

健康、安全与环境管理体系简称为 HSE 管理体系，或简单地用 HSEMS（Health, Safety and Environment Management System）表示。HSEMS 是近年出现的国际石油天然气工业通行的管理体系。它集各国同行管理经验之大成，体现当今石油天然气企业在大市场环境下的规范运作，突出了预防为主、领导承诺、全员参与、持续改进的科学管理思想，是石油天然气工业实现现代化管理，走向国际大市场的准行证。

8.1.1 HSE 管理体系的发展过程

健康、安全与环境管理体系的形成和发展是石油勘探开发多年管理工作经验积累的成果，它体现了完整的一体化管理思想。1974 年，石油工业国际勘探开发论坛（E&P Forum）建立，作为石油公司国际协会的石油工业组织，它组织了专题工作组，从事健康、安全和环境管理体系的开发。全球海上石油作业近二三十年的实践大大推动了各石油公司加强安全管理的工作。国外有的专家曾这样评述过安全工作的发展过程，20 世纪 60 年代以前主要是体现安全方面的要求，在装备上不断改善对人们的保护，利用自动化控制手段使工艺流程的保护性能得到完善；70 年代以后，注重了对人的行为的研究，注重考察人与环境的相互关系；80 年代以后，逐渐发展形成了一系列安全管理的思想和方法。

国际上的几次重大事故以血的教训推动了安全工作的不断深化和发展。例如，1987 年的瑞士 Sandoz 大火，1988 年英国北海油田的帕玻尔·阿尔法平台事故，以及 1989 年的 Exxon 在 Valdez 的油轮原油泄漏等事故引起了工业界的广泛关注，并采取各种有效管理措施，以避免重大事故的再次发生。

1988 年 6 月 6 日，在欧洲北海英国大陆架发生了帕玻尔·阿尔法平台事故，167 人死于这次灾难性事故，这是海上作业迄今为止最大的伤亡事故。英国政府组织了由卡伦爵士率领的官方调查，所形成的报告和 106 条建议不仅对管理体制的基本作法有了重新认识，促进了新的海上安全法规的制定，而且还启动了以目标管理为目的的法规研究。特别是卡伦爵士调查报告中提出的安全状况报告（Safety Case）、安全管理体系（SMS）、安全立法和强化执法等建议，对现代安全管理产生了革命性的影响。1989 年，Exxon 在阿拉斯加的 Valdez 发生重大泄油污染事故后，国际海事组织于 1990 年在伦敦召开了防止石油对海洋污染与国际合作会议，于 1990 年 11 月 30 日形成最后的条例，并用英文、阿拉伯文、中文等六种语言形成版本。同一时期，美国制定了 OPA-90（Oil Pollution Act-90）石油污染法，详细规定了

大型油船今后不准再采用单壳体，单壳体将由双壳体（Double Hull）代替。鉴于帕玻尔·阿尔法平台事故的惨痛教训，1990年英国能源部要求石油作业公司依据安全评估、建立安全管理体系和做安全状况报告的要求，Shell（英荷壳牌石油集团公司）则首先制定出了自己的安全管理体系（SMS），并在公司范围内实施海上作业安全状况报告程序。由于健康、安全与环境危害的管理在原则和效果上彼此相似，在实际过程中三者又有不可分割的联系，因此很自然地把健康（H）、安全（S）与环境（E）作为一个整体来管理。1991年，Shell公司委员会颁布健康、安全与环境（HSE）方针指南。1991年在荷兰海牙召开了第一届油气勘探、开发的健康、安全与环境国际会议，HSE这一完整概念逐步为大家所接受。1994年油气勘探、开发的健康、安全与环境国际会议在印度尼西亚雅加达召开，中国石油天然气总公司作为会议的发起人和资助者派代表团参加了会议。由于这次会议由SPE发起，并得到IPICA（国际石油工业保护协会）和AAPG（美国石油地质工作者协会）的支持，影响面很大，全球各大石油公司和服务商都积极参与，因而HSE的活动在全球范围内迅速展开。1994年7月，Shell公司为勘探开发论坛（E&P Forum）制定了"开发和使用健康、安全与环境管理体系导则"。同年9月，Shell公司HSE委员会制定并颁布了"健康、安全与环境管理体系"。石油天然气勘探、开发健康、安全与环境研讨会的召开，促进了HSE管理标准化的进程，国际标准化组织（ISO）的TC67分委会随之也在一些成员国的推动下着手进行这项工作。1996年1月ISO/IC67的SC6分委会发布了ISO/CD 14690《石油天然气工业健康、安全与环境管理体系》（标准草案）。从第一届健康、安全与环境国际会议到1996年6月在美国新奥尔良召开的第三届国际会议的专著论文中，都可以感受到HSE正作为一个完整的管理体系出现在石油上游工业。

中国石油天然气集团公司（CNPC）一直关注着国际上HSE管理体系标准制定的发展动态。从1996年9月开始，中国石油天然气总公司就及时组织人员对ISO/CD 14690标准草案进行了翻译和转化，在吸收CNPC以往行之有效的安全生产、环境保护的规章制度和管理经验的基础上，将上述国际标准进行了等同转化，于1997年6月27日正式颁布了中华人民共和国石油天然气行业标准《石油天然气工业健康、安全与环境管理体系》（SY/T 6276—1997），自1997年9月1日起实施。1999年12月，中国石油天然气集团公司在经过石油、炼化企业广泛试点的基础上，基于中华人民共和国石油天然气行业标准SY/T 6276—1997，以及国际石油勘探、开发论坛的HSE指南，并考虑到与ISO 9000质量管理体系、ISO 14000环境管理体系及中华人民共和国职业安全卫生管理体系所涉及的主要要素的兼容性，发布了《中国石油天然气集团公司健康、安全和环境管理体系管理手册》，标志着中国石油天然气集团公司HSE管理体系的全面推行。

8.1.2 HSE管理体系的基本原理

管理是指管理者根据目标要求对职责范围内的事情进行的控制和处理，即管理者通过对管理对象的调查研究，形成决策和计划，确定要达到的目标，然后将可支配的资源（人力、物力、财力、设备、技术和时间等）以一定的方式组成一个有机的系统，对管理对象进行有效的控制。为了保证既定目标的实现，在控制过程中，还要经常注意内部和外部的信息传递、交换、反馈和控制及与外界环境的协调和相对平衡。通过这种控制，使控制对象按照人们所计划和决策的方向发展并达到预定目标。

在企业管理中，必须把整个管理对象看成一个有机整体，建立起合理、科学和系统的管理体系，并有效地运行管理体系。

企业管理体系是企业各种控制的有机组合，它是由多个相对独立的要素有机地结合在一起构成的。在这个总体系下，可能有多个并存的管理体系，如大家比较熟悉的财务管理体系、人事管理体系，以及质量管理体系（QMS）、安全管理体系（SMS）、环境管理体系（EMS），等等。健康、安全和环境管理体系，简称为 HSE 管理体系，也是企业管理体系的一种，它将企业的健康（H）、安全（S）和环境（E）管理纳入了一个管理体系之中，体现了企业一体化的管理思想。

HSE 管理体系是企业整个管理体系的有机组成部分之一，它将健康、安全和环境三种密切相关的管理体系科学地结合在一起，并按图 8.1 所示的循环链运行。HSE 管理体系为企业实现持续发展提供了一个结构化的运行机制，并为企业提供了一种不断改进 HSE 表现和实现既定目标的内部管理工具。

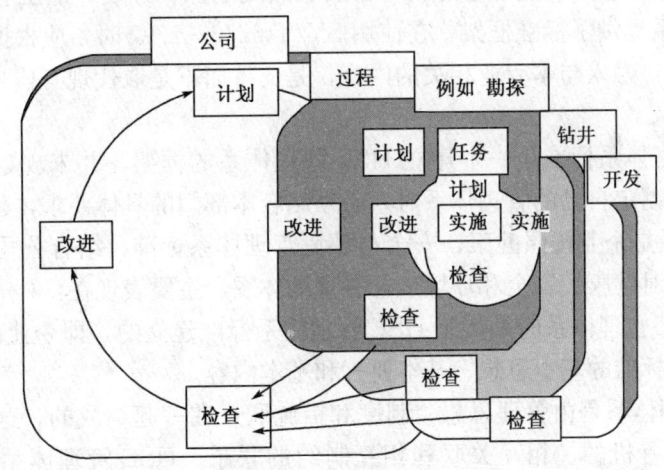

图 8.1　在公司管理层和执行层层次上的管理体系

HSE 管理体系是在企业现存的各种有效的健康、安全和环境管理组织结构、程序、过程和资源的基础上建立起来的，并按 HSE 管理体系标准的要求加以规范和补充，使之转化为体系的有机组成部分。HSE 管理体系的建立不必一切从头开始。HSE 管理体系的建立应以体系标准为框架，以满足 HSE 目标为要求，同时还要考虑其有效性和经济性。体系的详尽与复杂程度、文件化程度和对支持体系运转的资源要求等取决于企业的规模、内外部条件及其所从事的活动的性质，不必机械地采用一个固定模式，应结合本企业的具体情况和内外部条件，设计和建立具有本企业特点的 HSE 管理体系。

HSE 管理体系是一个不断变化和发展的动态体系，其设计和建立也是一个不断发展和交互作用的过程。随着时间的推移，随着对体系各要素的不断设计和改进，体系经过良性循环，不断达到更佳的运行状态。

HSE 管理体系只是企业管理体系的一部分。企业往往有多个并存的管理体系，可能分属不同的部门操作，因此应通盘考虑这些体系的组织、过程、程序和资源，尽量合理设置和共享共用，以简化内部各项管理工作的复杂程度，防止相互冲突，实现相互协调。

HSE 管理体系要完全描述 HSE 企业过程链的所有活动和任务是不可能的，因此实现HSE 有效管理的关键是识别确定那些需要管理系统控制的 HSE 关键过程和活动，并进行重点控制。即 HSE 管理体系的主要作用就是在全面管理 HSE 事项的基础上，确定 HSE 的关键活动及其风险和影响，加强有效控制，预防事故的发生，将风险降低到合理、实际并尽可能低的水平。

8.1.3 HSE 管理体系的标准

为了规范 HSE 管理体系的基本框架，1996 年 1 月 ISO/TC67 的 SC6 分委会发布了 ISO/CD 14690《石油天然气工业健康、安全与环境管理体系》（标准草案）。HSE 管理体系标准规定了建立、实施和保持健康、安全与环境管理体系的基本要素，其作用是帮助公司和公司的相关方建立 HSE 管理体系，实现健康、安全与环境管理目标。尽管这一标准未得到最终通过，但已成为国际石油公司共同遵循的原则。《石油天然气工业健康、安全与环境管理体系》（SY/T 6276—1997）就是 ISO/CD 14960《石油天然气工业健康、安全与环境管理体系》（标准草案）的等同转化，它为从事石油天然气勘探、开发、加工和营销的各种企业建立 HSE 管理体系提供了标准框架。在使用 SY/T 6276—1997 时，应根据本企业现存的管理制度及管理体系，融入与本专业相关的内容，是支持而不是取代现有成功的健康、安全与环境管理体系。

由于 HSE 管理体系标准是一个建立 HSE 管理体系的框架，并未规定具体的指标和操作步骤，各企业在制定自己的管理体系时，必须结合本部门的具体要求，建立具体的细则。

HSE 管理体系是企业按照健康、安全与环境管理体系标准，结合公司现有的管理方式和管理体系建立的对健康、安全和环境进行管理的体系，主要表现在：

（1）企业 HSE 管理体系应是按照 HSE 管理体系标准建立的，即企业的 HSE 管理体系必须包含管理体系标准的基本思想、基本要素和基本内容。

（2）HSE 管理体系是由管理思想、制度和措施联系在一起构成的，这种联系不是简单的组合，而是一种有机的、相互关联和相互制约的联系。HSE 管理体系是一个以领导对 HSE 方针和宏观目标的承诺为核心，以组织机构、资源和文件为支持，以防止事故和降低危害为重点，以持续改进为要求的体系。

（3）企业建立 HSE 管理体系不是要抛弃企业现存的一套可行和有效的管理方式与体系，而是要把它们有机地结合在一起，以便更好地发挥其作用。建立体系时应充分考虑现有管理制度、管理方式，充分利用已有的管理体系，如 ISO 9000 质量管理体系和 ISO 14000 环境管理体系，或现存的安全管理制度、环境管理制度等，尽可能地把相同的部分结合到一起，避免不必要的重复。

（4）在利用企业现有的管理方法和体系时要特别注意和识别它与 HSE 管理体系之间的联系和区别，扬弃旧观念，赋予 HSE 管理新思想。

（5）考虑到管理体系的持续改进思想，管理体系标准也应不断改进和完善，应允许在保证体系的完整性、科学性和系统性的前提下进行创新和进一步完善。

8.1.4 建立 HSE 管理体系的目的

做好安全、健康与环境管理工作既是法律规定的义务、政府的要求，也是社会的需要、企业的切身利益所在。凡是健康、安全与环境工作做得好的企业，都会有一套健全、文件化和可行的安全、健康与环境管理方式和制度。安全、健康与环境管理工作做得好，员工的安全、健康有保障，公司的财产不受损失，环境受到保护，就可以促进生产力发展，提高经济效益，同时可以树立公司良好形象，培养一批好的雇员，增强市场竞争力。

进行 HSE 管理的目的主要有：

(1) 满足政府对健康、安全和环境的法律、法规要求。

(2) 为企业提出的总方针、总目标以及各方面具体目标的实现提供保证。

(3) 减少事故发生，保证员工的健康与安全，保护企业的财产不受损失。

(4) 保护环境，满足可持续发展的要求。

(5) 提高原材料和能源利用率，保护自然资源，增加经济效益。

(6) 减少医疗、赔偿、财产损失费用，降低保险费用。

(7) 满足公众的期望，保持良好的公共和社会关系。

(8) 维护企业的名誉，增强市场竞争能力。

已经有了健全的安全、健康及环境管理制度，或已经进行了质量管理体系认证或环境管理体系认证，为什么还要建立 HSE 管理体系？

(1) 现有的管理体系难以满足建立现代化企业管理的要求，主要表现在：①企业虽然有一套现行而有效的管理方式和管理制度，但它们各管一方，健康、安全与环境管理有时各行一套，未形成科学、系统、持续改进的管理体系；②在健康、安全与环境管理的思维模式上与国外先进的管理思想存在较大的差距，如普遍缺乏国外的高层承诺和"零事故"思维模式；③缺乏现代化企业健康、安全与环境管理所要求的系统管理方法和科学管理模式。

(2) 石油行业是一种高风险的行业，健康、安全和环境风险同时伴生，应同时管理：①石油企业的健康、安全与环境事故往往是相互关联的，必须同时加以控制；②ISO 质量管理体系和 ISO 14000 环境管理体系都是先进的管理体系，其中也包括了一些健康、安全要素，但主要分别是针对质量和环境的，未形成一个整体。

(3) 建立 HSE 管理体系是企业与国际市场接轨的需要：①国际上几乎所有大型石油天然气企业都在推行这一先进的 HSE 管理模式；②良好的 HSE 管理是进入国际市场的准入证；③可保证 HSE 管理水平的不断提高，提高企业的名声，增强在国际市场上的竞争力。

8.2 健康、安全与环境管理体系要素

国际标准化组织（ISO）发布的《石油天然气工业健康、安全与环境管理体系》（标准草案）是一套具有国际先进性的健康、安全与环境管理模式，它规定了建立、实施和保持健康、安全与环境管理所必需的要素和基本框架。目前世界上各大石油公司的 HSE 管理体系都是在该体系框架下建立的。

原中国石油天然气总公司发布的《石油天然气工业健康、安全与环境管理体系》（SY/T 6276—1997）行业标准是在总结 CNPC 以往行之有效的安全生产规章制度和管理经验的基础上，将上述国际标准进行了等同转化，是一个与国际标准接轨的 HSE 管理体系标准。

要成功地建立和运行 HSE 管理体系，必须首先深刻理解 HSE 管理体系标准的基本要素。下面以《石油天然气工业健康、安全与环境管理体系》（SY/T 6276—1997）为依据，参照中国石油天然气集团公司《健康、安全与环境管理体系管理手册》，对管理体系标准的

7个要素依次进行说明。

HSE管理体系的7个关键要素如图8.2所示。

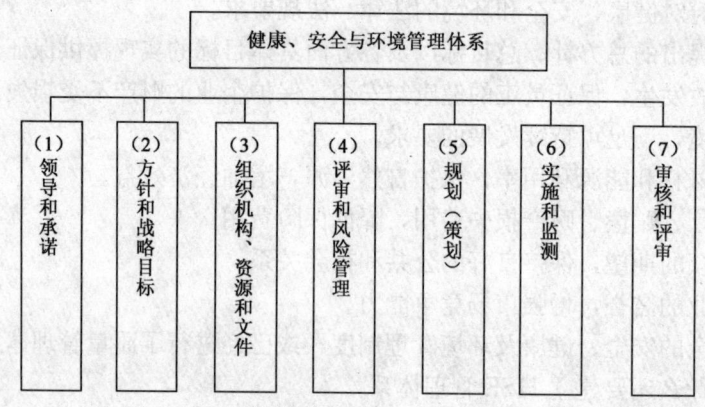

图8.2　HSE管理体系的7个关键要素

在对各要素进行说明之前,有几点需要特别指出:

(1) SY/T 6276—1997表述了建立、实施和保持健康、安全与环境管理体系所必需的要素,是一个全面的综合性管理框架。

(2) 制定该体系标准的目的是为了帮助公司自身和相关方(如承包商和供应商)实现健康、安全与环境管理目标,而不是要取代公司现存的、有效和可行的管理方式与制度。

(3) 本标准没有规定具体的表现准则,但建议公司在制定方针和目标时要考虑公司的活动可能产生的显著危害和影响。

(4) 该体系标准分为7个一级要素和多个二级要素,这样划分的目的是为了便于表达和理解,但实际上这些要素之间是紧密相关的,即一个要素有时可能涉及其他几个要素,任何一个要素的改变必须同时考虑对其他要素的影响,绝不能孤立地去理解各个要素。

8.2.1　领导和承诺

领导和承诺是指企业自上而下的各级管理层的领导和承诺,是HSE管理体系的核心。高层管理者应对健康、安全与环境的责任和管理提供强有力的领导和明确的承诺,并保证将领导和承诺转化为必要的资源,以建立、运行和保持HSE管理体系并实现既定的方针和战略目标。通过领导承诺的贯彻,努力创建一种使承诺常驻全体员工心中的企业文化。中国石油天然气集团公司要求:企业的最高层管理者应对HSE管理提出明确的承诺,努力创造和维护良好的企业文化,以支持集团公司的HSE政策。

1. 领导和承诺的作用

高级管理层的领导和承诺是HSE管理体系的核心,是体系运转的动力,对体系的建立、运行和保持具有十分重要的意义。管理者对健康、安全与环境管理负有重要的领导责任是不言而喻的,因为无论采用哪种类型的管理体系,如果离开管理者的领导和支持,都会寸步难行。

各级主管领导都负有领导和动员全体员工来实现健康、安全与环境的目标和指标的责任,领导的作用是通过展示正确的HSE行为,确定HSE职责和义务,提供所需资源并通过考核和审核来不断改善公司的HSE表现。

高层领导在 HSE 管理体系建立和实施过程中的领导作用体现在：
(1) 通过全方位的身体力行树立 HSE 榜样，支持正确行为。
(2) 就 HSE 方面的有关问题与员工、承包商和其他相关方进行明确的双向交流。
(3) 将 HSE 要求综合反映到业务发展计划中去，确保建立起成文的管理要求。
(4) 从思想、组织和制度上保证 HSE 管理体系按照既定方针和目标运行，并兼顾生产、业务等其他方面。
(5) 建立明确的 HSE 目标、标准、职责、业绩考核办法，配备相应的人力和物力资源。
(6) 在本公司内根据年度目标对各单位主管领导进行考核，考核时还应征求各方面的意见。
(7) 将集团公司建立的指标落实到本公司的业务活动中，如外部认证、可持续发展、保护生物多样性等。
(8) 促进 HSE 经验的内外部交流。

高层领导对健康、安全与环境责任和管理的承诺来源于公司初始风险分析，来源于领导层确立的公司 HSE 方针政策，因此承诺指明了 HSE 工作的方向，表明了领导做好 HSE 工作的决心，对广大员工具有巨大的号召力。

对 HSE 的承诺应从组织的最高管理层开始，组织的最高管理者应以文件的形式对组织的 HSE 方针作出明确的承诺。公司高层管理者的承诺是对全体员工和社会所作的公开承诺。高层领导的承诺表明：
(1) 高层管理者对做好健康、安全与环境工作负有首要责任和义务。
(2) HSE 管理是公司整个管理体系中的优先项之一，要像对待公司的其他管理如人事、财务管理一样对待 HSE 管理。
(3) 保证对体系的建立、实施和保持给予充分支持，如赋予 HSE 人员应有的权力，配置必要的资源，保证资金和时间的投入与到位等。
(4) 努力创造和保持 HSE 管理的企业文化，鼓励各级员工和承包商共同参与企业的 HSE 管理。
(5) 建立与政府和公众联系的对外联系渠道，定期公布 HSE 表现。
(6) 领导要给员工树立良好榜样。

2. 对承诺的要求
(1) 承诺要由最高层领导在体系建立前提出，并形成文件。
(2) 在正式提出前，要征求员工和社会对承诺的意见。
(3) 承诺要明确、简要，便于员工和公众理解、掌握。
(4) 承诺要公开透明，并利用各种形式加以宣传，如张贴、上因特网等。
(5) 承诺要深入人心，成为企业文化的有机组成部分。
(6) 当条件发生变化时，高层领导应提出对承诺的修改意见，并在管理体系管理手册修订时进行修改。

3. 承诺的基本内容
(1) 对实现安全、健康与环境管理体系方针、战略目标和计划的承诺。
(2) 对 HSE 优先位置和有效实施 HSE 管理体系的承诺。

(3) 对在一切活动中满足 HSE 要求和规定的承诺。
(4) 对员工 HSE 表现的期望。
(5) 对承包商 HSE 表现的期望。

4. 自上而下的承诺

各个层次的人员都应对组织的公开承诺和自己所负的 HSE 职责有明确的了解，并据此作出相应的承诺。组织的各级管理人员和全体员工所作出的承诺应符合组织的方针和目标，并与自己所负职责相一致。

5. 建立支持 HSE 管理体系的企业文化

企业文化主要指企业在创建和发展过程中所形成的精神财富，HSE 企业文化应是整个企业文化的有机组成部分。一个企业只有培育出良好的 HSE 企业文化，才能使写在纸上的 HSE 管理思想变为全体员工的行动，并最终实现"HSE 融入我心中"的目标。企业文化包括了信念、价值观、驱动力、个人承诺、参与和责任等，主要体现在：

(1) 持续改进 HSE 表现的信念。
(2) 鼓励和促进员工改善 HSE 表现。
(3) 每个员工的责任和义务都体现公司的 HSE 表现。
(4) 各个层次上的员工都参与 HSE 管理体系的建立和运行。
(5) 自上而下地实施 HSE 管理承诺。
(6) 保证 HSE 管理体系的有效实施。

企业文化的建立过程是一个 HSE 管理体系从纸上（文件）到行动，继而转变为信念的过程。领导层对培育这种文化负有重要责任，公司的员工和承包商都要参与到 HSE 企业文化的创建和保持中来。

【例1】 中国石油天然气集团公司对 HSE 的承诺

中国石油天然气集团公司一贯认为：世界上最重要的资源是人类自身和人类赖以生存的自然环境。保护环境、保护员工的健康以及生命财产的安全是本公司的核心工作之一。为了获得和保持良好的健康、安全与环境表现，中国石油天然气集团公司向员工、雇员、客户以及社会郑重承诺：

• 遵守所在国家和地区的法律、法规，尊重当地的风俗习惯。
• 保护环境，合理利用资源，致力于可持续发展。
• 坚持预防为主，追求无事故、无伤害、无损失的目标。
• 优化配置人力、物力和财力资源，持续改进 HSE 管理。
• 各级最高管理者是 HSE 第一责任人，HSE 表现和业绩是奖惩、聘用人员以及雇用承包商的重要依据。
• 实施 HSE 培训，建立和维护 HSE 企业文化。
• 向社会公开我们的 HSE 企业文化。
• 在世界上任何一个地方，在业务的任何一个领域，我们对 HSE 态度如一。

中国石油天然气集团公司的所有员工、雇员、客户和承包商都有责任维护本公司对健康、安全与环境作出的承诺。

【例2】 Shell 公司对 HSE 的承诺

在集团公司内，我们一致承诺：

- 不使人员受到伤害是我们的追求。
- 所有的作业都要保护环境。
- 提供高效利用原材料和能源的产品和服务。
- 在与上述原则一致的前提下,开发能源和产品,提供服务。
- 定期公布我们的表现。
- 在促进本行业 HSE 的最佳行为方面发挥带头作用。
- 像管理其他关键业务那样来管理 HSE。
- 培养一种使所有 Shell 员工都分担承诺的企业文化。

这样做的目的是为了使我们取得引以自豪的良好 HSE 表现,以赢得广大客户、股东和社会公众的信任,成为一个好邻居,并为可持续发展作出贡献。

8.2.2 方针和战略目标

方针和战略目标是由高层领导为公司制定的 HSE 管理指导思想和行为准则,是健康、安全与环境管理的意图、行动的原则,改善 HSE 表现的目标,是体系建立和运行的依据和指南。健康、安全与环境管理是密不可分的整体,制定的 HSE 方针不应是相互独立的,而应是综合性的。中国石油天然气集团公司 HSE 管理的方针是:以人为本、预防为主、领导承诺、全员参与、体系管理、持续改进;战略目标是:追求无事故、无伤害、无损失,努力向国际石油公司先进水平迈进。

制定方针和战略目标的意义在于:

(1) 方针和战略目标为企业确定了一个总的指导方向,是开展管理工作的指导思想和行为准则,它应体现在企业各层次的管理目标和计划之中。

(2) 方针和战略目标规定了企业在 HSE 管理中所追求的目标及为达到这一目标所遵循的方向和途径,是企业建立具体的 HSE 目标和指标的基础。

方针和战略目标由集团公司或下属公司的最高管理者制定和发布。方针和战略目标应形成文件,内容应简单明确和具有激励性。战略目标应高度概括高层管理者对 HSE 的要求和期望。

1. 方针和战略目标的内容

方针和战略目标的内容至少应包括:

(1) 遵守有关法律、法规,在法律、法规没有规定的领域采用现行标准。
(2) 持续改进的思想。
(3) 对事故预防的重视。
(4) 对公司员工的期望和对承包方的要求。

方针和战略目标还可包括针对健康、安全与环境各个方面的内容:

(1) 健康——创建一个健康的工作环境,积极推进雇员健康和福利的改善。
(2) 安全——防止公司活动中可能产生的所有安全事故。
(3) 环境——逐步减少废气、废水和固体废弃物的排放,以最终消除它们对环境的不利影响。

对于集团公司的下属公司,在建立自己的方针目标时还应包括一些有针对性的内容,如防火、防爆、防毒害具体的安全、健康和环境保护要求等。

2. 方针和战略目标应满足的要求

健康、安全与环境的方针和目标必须与现行法规、政策相符合,与企业其他方针和目标相一致,反映全体员工的共同意愿;能形成可分解的目标网络,通过全体员工的共同努力能够实现;目标不能定得过高,目标过高会因无法实现而影响员工积极性,损害企业形象,目标也不能定得太低,目标太低会失去对员工的积极性和创造性的激励作用,不利于提高企业的健康、安全与环境表现水平。具体应体现:

(1) 与公司的其他方针和目标相互协调、保持一致。
(2) 与公司的其他方针和目标具有同等重要性。
(3) 与母公司的方针和战略目标保持一致。
(4) 得到各级组织的贯彻和实施。
(5) 公众易于获得。
(6) 符合或严于相关法律和法规的要求。
(7) 当地法律、规章无相关规定时,应选用或制定本公司的合适标准。
(8) 尽可能有效地减少活动、产品和服务对健康、安全与环境带来的风险和危害。
(9) 作业公司的 HSE 目标内容应尽可能具体,最好予以量化,例如确定起点和指标(例如在环境上以符合所有的环保法规要求为方针的起点,以法定标准作为指标),以及资源需求、开始和完成时间等。

企业应该制定一系列有效的程序,提供适用的设施和设备,以保证方针和目标的实现;企业应有一个完善的信息采集、跟踪调查、动态评审系统,以保证方针、目标的符合性和有效性。

3. HSE 方针的书面格式

公司的 HSE 方针书面表达应具有相同的格式,即
(1) 应以易于阅读的格式书写和印制。
(2) 应使用员工熟悉的语言。
(3) 在外观上各公司应一致。
(4) 应清楚写明公司名称及其业务范围。
(5) 一般应限定在一张 A4 或 A3 的纸上,也可制成小张卡片。
(6) 应由公司总经理签字。

4. HSE 方针的生命周期

因为所有的控制体系都会随着时间和条件的变化而部分过时或全部过,所以 HSE 方针应定期进行评审,重点放在方针的目的、范围及其连续性和充分性上,以检查是否需要对控制体系进行修改或补充。要有专门人员负责这项工作,以保证及时采取行动。

【例3】 Shell 公司的 HSE 方针和战略目标

壳牌公司所属每个公司都要:

· 有一套健康、安全与环境管理体系,以确保其在商业活动中遵纪守法,不断改进,取得更好的业绩。

· 不断提出改善目标,衡量、评价和报告自己在健康、安全与环境方面的成绩。

· 要求承包商依据本政策管理健康、安全与环境事务和工作。

· 要求在壳牌公司控制之下经营的合资企业应用本政策并通过自己的影响促进本政策在

其他企业的推广。
- 在对员工进行评比时,将健康、安全与环境方面的表现包括在内,并给予相应奖励。

8.2.3 组织机构、资源和文件

组织机构、资源和文件是体系运行的组织保障和物质基础,是保证 HSE 表现良好的必要条件。中国石油天然气集团公司 HSE 管理体系要求:努力实现在人员组织、资源管理和文件管理方面的优化配置,实施 HSE 责任管理,以获得良好的 HSE 表现。

该要素包含 7 个二级要素,见表 8.1。

表 8.1 "组织机构、资源和文件"的二级要素

二 级 要 素	要 点
组织机构和职责	组织体系及各层次人员的具体职责
管理代表	管理代表的职责和权限
资源	资源的优化配置
能力	从事 HSE 主要活动和任务的员工所必须具备能力的考核及必要的培训
承包方	对承包商 HSE 管理的要求
信息交流	公司、承包商及合作者对 HSE 事务应持有的共同认识,信息交流
文件及其控制	控制文件的内容及文件的管理

组织机构是指企业管理系统负有 HSE 管理责任的部门和人员的构成及职责,是企业 HSE 管理体系的具体管理机构组织状况。资源主要指可供使用的人力、财力、物力、技术、设备等内部资源,是 HSE 管理体系建立和运行的重要物质保障。文件是指 HSE 管理体系在建立、运行和保持过程中所形成的各种文档,可以是书面的,也可以是电子的。

1. 组织机构和职责

HSE 管理体系涉及不同部门和不同层次的人员,所赋予他们的权力和职责互不相同,所要求配置的资源也不相同,公司应分层次对实施 HSE 管理所需的机构、责任、权力、义务和相互关系做出明确的规定,形成文件,并加以公布。

1) 组织机构

根据我国目前的企业体制状况,HSE 体系组织机构照搬国外的是行不通的,只能根据我们的具体情况来确定。HSE 组织机构的作用是把负责 HSE 事务的机构和人员联系在一起,形成一个有机的富有战斗力的整体,形成一个层次分明的网络体系。

图 8.3 表示的是中国石油天然气集团公司 HSE 管理体系的管理层次框图。中国石油天然气集团公司按线性管理方式运作,与集团公司管理体系相一致。企业的 HSE 管理委员会将接受集团公司 HSE 指导委员会的指导,HSE 指导委员会主任由总经理担任,并任命最高管理者代表主管 HSE 工作。每一个层次都有自己的管理范围和相应的 HSE 管理体系与组织,上一级的 HSE 部门对下级部门起领导和支持作用(以支持和指导为主)。

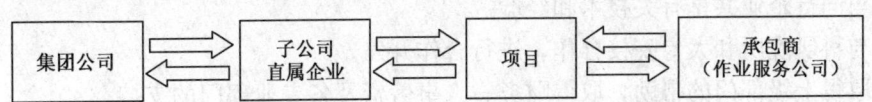

图 8.3 CNPC HSE 管理体系的管理层次框图

2) 职责

职责是指各级管理人员在其管辖范围内建立、实施和保持 HSE 管理体系的具体职责及员工个人在确保 HSE 表现方面的职责。例如，HSE 指导委员会主任的职责为：

(1) 贯彻执行国家健康、安全与环境的法律、法规。
(2) 负责 HSE 方针的全面建立和实施。
(3) 负责作出承诺。
(4) 主持 HSE 指导委员会会议，对重大问题进行决策。
(5) 提供必要的资源。
(6) 定期对 HSE 管理体系进行管理评审，提出持续改进意见。

2. 管理代表

最高管理者往往公务繁忙，对 HSE 管理不可能事必躬亲，因此必须授权一个最高管理者代表来行使必要的职责。最高管理者代表可以在授权范围内代表最高管理者进行管理，但应定期向最高管理者汇报和请示。

管理代表一般为高层管理者的第一副手。高层管理者应为 HSE 管理代表配置行使职权所需的资源。

集团公司最高管理者代表和下属公司管理代表的职责见最高管理者代表职责和 HSE 管理代表职责。

3. 资源

HSE 体系的建立和运行以及各项活动的实施都离不开资源的支持，高级管理层应按层次为下层部门分配所需的资源。

首先，应在全面了解、掌握现有设施、设备的基础上，全盘考虑需要改进和补充的部分，当现有资源不能满足要求时，可按以下次序确定：

(1) 不符合国家、地方法规要求的设施和设备。
(2) 能满足公司健康、安全与环境目标和表现准则要求的设施和设备。
(3) 公司持续改进 HSE 管理水平所需的设施和设备。

配置资源时还应考虑：

(1) 量力而行，循序渐进。在现有的资源条件下，应充分考虑法律法规的要求、企业的义务和长远利益，分阶段地改进企业的 HSE 管理体系，优先解决重点问题。既不可不顾财力、物力作出不切实际的承诺和订立不现实的目标，也不应以资源不足为借口，削弱 HSE 管理。
(2) 进行经济风险评估，确定资源的最佳利用方式。
(3) 征求各级管理者和各方面专家的意见。

当缺乏资金和技术时，可考虑通过以下作法解决：

(1) 与用户或供应商合作，以满足共同的利益。
(2) 与同行企业共享有关技术和经验。
(3) 与科研院所和大专院校合作，进行合作开发。
(4) 取得上级部门的帮助，取得财务、人事劳资及各专业部门的支持。

管理层应重视资源在 HSE 工作中的重要作用，对资源的配置状况要进行定期检查和评审，以保证资源的到位和有效利用。

4. 能力

能力主要指各级管理人员、员工和 HSE 人员做好工作所具备的个人素质以及通过实践提高技能和不断更新知识的能力。各个层次上的人员，特别是 HSE 关键岗位上的人员都应具有必需的能力。

1）能力评估

人是做好工作的关键，大量的统计结果表明，许多事故都是由于关键人员管理不善或操作不当造成的，选用合格的管理人员和操作人员是避免事故发生的关键之一。要确定一个人是否具备胜任所从事工作的能力，就要进行能力评估。能力评估应有一套针对不同职责的人员（如管理者、职员、HSE 人员、关键岗位工作人员等）的程序。这些程序互有差异，主要包含并不限于以下内容：

（1）资历，指学历、工龄等。

（2）工作表现，包括责任心、工作态度、工作业绩等。

（3）理论考核和操作考核，包括考核方法、综合测评方法等。

（4）岗位培训要求。

（5）各方面的意见。

评估合格者，即可发给上岗证书，上岗工作。评审应每隔一定年限进行一次。评审不合格者，或调离该工作岗位，或安排进一步的培训使其达到要求。

2）培训

HSE 管理体系的成功实施，在很大程度上取决于公司人员的整体素质和能力，而个人素质和能力的提高主要靠教育和实践。为保证各级人员有较高的素质和能力，需要根据具体情况做好培训，因此公司应建立培训程序。程序内容包括培训计划、培训记录、培训检查和改进。

5. 承包方

在现代企业经营中，一些业务的承包与反承包已成为司空见惯的经济活动往来。为了维护企业的利益和保持企业的良好形象，要求承包商遵循自己的 HSE 管理模式进行运作已成为国际惯例。

承包商的 HSE 表现是竞标和定标资质评估要考虑的重要因素之一，HSE 表现很差的公司会失去竞标的资格。在与承包商签订的合同里同时包含有 HSE 管理的内容，合同中的 HSE 管理规定将作为承包商履行 HSE 管理的依据及甲方进行检查的依据。企业应备有文件化的资质审核程序。

关于承包商使用的 HSE 管理体系，一种是使用甲方的管理体系，第二种是使用承包商自己的管理体系。对于前一种情况，甲方给予顾问和检查监督；对于后一种情况，承包商自己进行检查监督和审计，向甲方表明 HSE 管理体系在有效运转，甲方则进行必要的检查和外部审计，确认 HSE 管理起到了应有的作用。检查监督内容包括动迁前的准备（如 HSE 管理体系、设备和设施的完好）、动工后的作业过程及完工后的恢复工作等。

HSE 管理对承包商的作用可用图 8.4 表示。

承包商的作业人员应按合同要求进行 HSE 培训，承包商的设施和设备要进行 HSE 评价。

6. 信息交流

信息交流可分为内部信息交流与外部信息交流两类。内部信息交流是公司内部各层次间

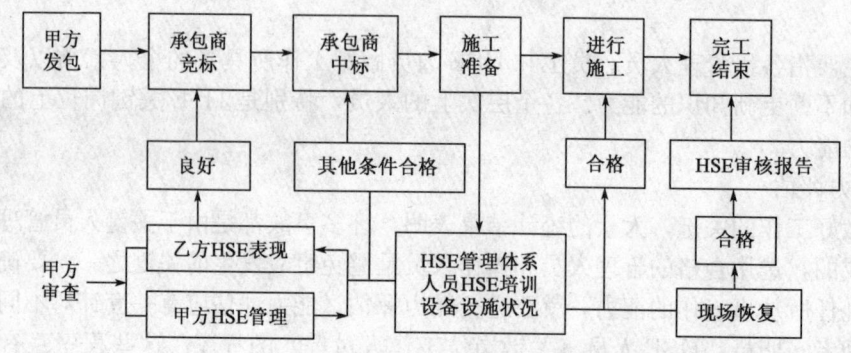

图 8.4 HSE 管理在承包商管理中的作用框图

的信息交流，如各部门之间的日常联络、指令、常规报表、各种消息、通报、各部门间的行文等，对公司的 HSE 管理起协调和相互促进作用，对公司内部信息的上通下达起保障作用。外部信息交流主要是与各相关方（相关的政府机构、团体、所在社区及社区公众、承包商、顾客等）的信息沟通，它起着公司了解外部要求和向外界提供公司信息、宣传公司形象的作用。

7. 文件及其控制

形成文件的首要目的是提供对 HSE 管理体系的完整描述和成文的具体操作程序或指南，并形成该体系保持和实施的永久记录。

文件所记录的应是 HSE 管理过程的准确信息。文件控制包括管理、保管和流通等，文件的控制既要保证安全，又要便于查阅。

HSE 管理体系文件设计的基本框架层次如图 8.5 所示，其中项目 HSE 计划可根据具体情况确定是否需要编制。

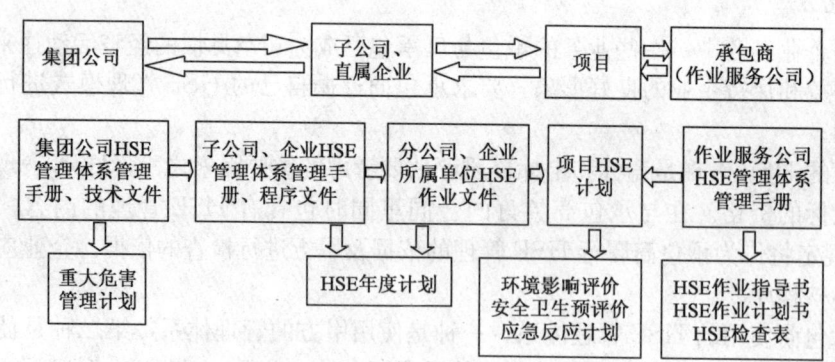

图 8.5 HSE 管理体系文件设计的基本框架图

8.2.4 评审和风险管理

防止事故发生，将危害及影响降低到可接受的最低程度是 HSE 管理体系运行的最直接目的，对风险正确而科学地识别、评价和有效管理是达到此目的的关键所在。风险管理是一个不间断的过程，是所有 HSE 要素的基础，应定期检查危害的存在，并评估业务活动中的相关风险。对所有风险都将采取适当的措施进行管理，以防止潜在事故的发生或降低事故所产生的影响。中国石油天然气集团公司 HSE 管理体系要求：危害和影响是可以识别和预防的,任何活动和设施的 HSE 风险都应进行评价,建立消除或削减风险的行动计划和措施,并定期评价有关的管理和控制程序。

该要素包含 6 个二级要素,见表 8.2。

表 8.2 "评审和风险管理"的二级要素

二级要素	要 点
危害和影响的确定	系统地确定组织存在的危害及其影响
建立判别准则	建立确定危害及其影响的判别准则
评价	依据判别准则对已识别的危害和影响进行评价
建立说明危害和影响的文件	将已确定的显著危害和影响形成文件,说明削减措施及相关的体系文件和程序
具体目标和表现准则	建立适当、具体的削减危害及影响的目标和表现准则
风险削减措施	选择、评价和采取措施削减风险及其影响

评审和风险管理应该说是 HSE 管理中最重要的一环,可分为四个阶段(图 8.6):识别、评价、控制和评审。

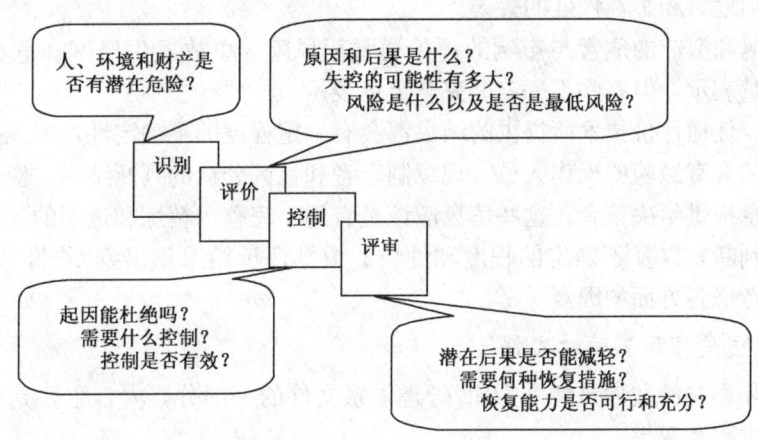

图 8.6 评审和风险管理的基本过程框图

识别——可能出现什么问题?

评价——问题的性质?后果?风险?

控制——是否有较好的控制方法?该控制方法是否充分?

评审——是否得到实施?是否可控制不良后果?评审是否充分?

这样分为先后四个阶段是为了便于说明整个风险评价和管理过程,但实际上这些阶段的界限并不总是很清楚的,许多情况下要将四个阶段作为一个整体来考虑,才能做出最后决策。即在确定和评价风险控制过程后,如果认为控制过程不充分,则应重新考虑判别准则并重新进行风险评价,以确定更进一步的风险控制措施。在更复杂的情况下,可能要反复进行这些过程。但不管何种情况,风险识别和评价的最后结果都应达到使危害降低到"合理、实际并尽可能低"的程度,即将风险降低到"可忍受"的程度。

1. 危害和影响的确定

危害指可能引起的损害,包括引起疾病和外伤,造成财产、工厂、产品或环境破坏,导致生产损失或负担增加。

公司应保持一套程序系统地进行危害和影响的识别。危害可能来自日常的活动,也可能来自使用的材料、设备、设施和过程。识别的范围应包括从过程的开始（例如从土地征用之前）到废弃处置的全过程。

2. 建立判别准则

判别准则是进行危害及影响判断的依据，用于对公司活动或设施的有关目标进行危害和影响判别。判别准则可以是定性的，也可以是定量的，依具体情况而定。判别准则可来自以下几个方面：

(1) 法律要求，例如环境质量标准、污染物排放标准、职业暴露限量等。

(2) 合同规定。

(3) 公司方针，当无相应的国家或地方标准时，公司可规定采用国际标准或自己规定的合适标准。

3. 评价

公司应建立和保持评价程序，对识别出的危害的影响和风险根据判别准则进行评价，确定危害及影响的大小与可控制程度。在进行危害和风险评价时，客观全面而不是主观片面地评价是成功识别危害和影响程度的关键。

对人、环境和资产的危害与影响的评价通常用风险—事故发生概率和危害程度表示结果。有些可定量表示，但有些不一定能完全定量表示。

应该指出，任何评价技术所提供的结果都会有一定程度的不确定性，因此正规风险评价技术的使用要结合有经验的操作人员、规章制定者和社区公众的判断结果。应保证将公司可获得的最好信息提供给决策者，这些信息应该是有用、完整、精炼和透明的，并标出哪些是事实，哪些是判断，以及不确定的程度和性质。根据评价结果做出判断时，更要持慎重态度，必须充分考虑各方面的因素。

4. 建立说明危害和影响的文件

说明危害和影响的文件是整个HSE管理体系文件的一部分，内容主要是危害和影响的分析及管理的过程和成果。

公司应建立和保持记录程序，将已识别的与安全、健康与环境有重要关系（短期和长期的）的危害和影响形成文件，在文件中列出已建立的削减措施以及识别出的相关HSE关键过程和方法。

公司还应建立和保持记录适用于操作、生产、服务的HSE各个方面的法规和规范的程序，以确保符合其要求。

评价结果必须与原始数据和所使用的假设一起记录下来。操作人员可利用这种记录建立程序、发布指令及与其他关键人员交流已识别的危害与已建立的防止和削减危害的方法的信息。对于环境影响和环境危害，可以一起建立文件，也可分开建立文件。应建立和保持向大气、水和土壤中排放的有害物质日常监测和影响管理的定期报表。注意可能有法律、法规要求，需要这些记录作为有效实施危害管理的证据。

5. 具体目标和表现准则

公司应在不同层次上建立和保持相关的详细HSE目标和表现准则。这些目标和表现准则应根据公司的方针和战略目标、HSE风险及生产和商业需要来制定，凡是有可能的地方，都应量化，并规定时间限制，但应是实际和可行的。

作为风险评价的后续工作，公司应制定有关HSE关键性管理活动、任务的表现准则，形成接受这些表现标准的书面保证。公司还应定期评审这些目标和准则的连续性、实用性。HSE 目标和表现准则必须要考虑以前的表现，反映外部环境以及企业本身的所有变化。

公司战略目标下的详细目标和表现准则应由负责实现 HSE 目标的领导人员参与制定。

表现准则描述了特定活动或体系要素应执行的标准，可用于 HSE 管理体系下的各个层次。

6. 风险削减措施

公司应建立和保持削减风险的程序来选择、评价所采取的措施。风险削减措施应包括防止事故（即减小发生概率）以及一旦发生事故后的短期、长期影响的削减（即减轻后果）两个方面，也包括防止正在发生的不正常情况升级为事故的步骤与事故一旦发生时的减缓事故对健康、安全与环境的不利影响的步骤和对重大事故的紧急反应步骤。任何时候都应强调防范措施，如保证设施的完整性。也应从事故中总结经验教训，制定事故的防范措施，以防将来类似事故的再次发生。

有效的风险削减措施及后续工作需要管理层的公开承诺、现场的监督以及操作人员的理解和掌握。

在任何情况下，都应考虑将风险降低到"合理、实际并尽可能低"的水平。"合理、实际并尽可能低"考虑了风险削减程度与风险削减过程的时间、难度和代价之间的平衡关系，即在确定判别准则和确定降低风险的措施时应考虑当地的环境和条件、投资和收益的平衡及当前的科学技术水平等。

8.2.5 规划（策划）

规划（策划）是落实 HSE 风险管理的重要内容，是实施 HSE 计划管理的重要方面。中国石油天然气集团公司 HSE 管理体系要求：HSE 规划是公司整体规划的一部分，应分层次围绕 HSE 目标和表现准则，通过危害和影响管理程序确定降低危害的措施，落实专门资金、必要的设备和资源，形成具有可操作性的规划。

该要素包含 5 个二级要素，见表 8.3。

表 8.3 "规划（策划）"的二级要素

二级要素	要　点
总则	制订 HSE 管理方案并设定工作目标和步骤
设施的完整性	工程或关键设施的设计、建造、采购、操作、维护和检查都应符合既定目标和规定的表现准则
程序和工作指南	为活动和任务制定的文件化的程序文件与指南
变更管理	对人员、设施、过程和程序等的永久性或暂时性变化实施的控制措施
应急反应计划	对突发性事件采取防范措施所制订的计划

1. 总则

公司在自己的全部工作程序中应制订和保持实现 HSE 目标与表现准则的计划，计划应包括：

(1) 目标的明确表述。

(2) 明确各级组织机构在建立、实现目标和表现准则中的作用。

(3) 实现目标和表现准则的方法。

(4) 资源需求。
(5) 实施计划的时间表。
(6) 激励员工为建立适合的 HSE 文化而努力的方案。
(7) 向全体人员提供反馈 HSE 表现信息的机制。
(8) 评选 HSE 表现先进个人和集体的制度（如安全奖励计划）。
(9) 评价和完善的机制。

2. 设施的完整性

设施指与健康、安全与环境保护有关的设施；设施的完整性是指与健康、安全与环境保护有关的设施与主体设施的同时存在且运行状态良好。

健康、安全与环境保护设施应与主体设施同时设计、同时施工、同时投入运行，运行状况应达到规定要求。

公司应建立和保持设施完整的程序，保证 HSE 关键设施和设备的设计、制造、采购、使用、维护和检查既适用于既定目的，又符合规定准则。新设施、新设备购买和建造前的评价应包括详细的可行性评价，以满足 HSE 管理要求。应特别强调，设计阶段是降低风险和防范不利影响的最好时机。

保证设施完整性的程序和体系除应考虑其他因素外，更应强调结构的完整性及过程控制、点火控制与保护、检测、关闭、应急反应、救生系统的有效性。

设计与标准之间的偏离只有经过被授权人员或主管人员的评审、批准方可允许，造成偏离的原因应形成文件。

3. 程序和工作指南

程序是指为进行某项活动所规定的途径。许多情况下，程序可形成文件，而被称为书面程序或文件化程序。程序通常包括：活动的目的和范围，做什么和谁来做，何时、何地和如何做，应使用什么设备、材料和文件，如何对活动进行控制和记录等。工作指南规定了在工作现场完成任务的程序，通常以手册的形式提供给任务的执行者。

4. 变更管理

对人员、工厂、过程和程序的暂时或永久变更，公司应建立和保持有计划的管理程序，以避免对 HSE 的不利影响。

公司在人员、设备、过程和程序上的任何变更都有可能对 HSE 产生不利影响。应考虑所有的变更，不仅要考虑上述各类变更，也要考虑组织的重组带来的变更，例如收买、合并、新的联合开发和合作方的加入等带来的变更。与变更有关的计划必须涉及各个阶段受变更影响所产生的 HSE 事项，以保证通过有效的计划和设计将危害或环境影响减少到最小。

5. 应急反应计划

公司应对潜在的紧急情况和意外事件采取预防措施，制订应急反应计划，使紧急情况和意外事故得到快速、及时和有效的处置，保证将可能损失降低到最低。

8.2.6 实施和监测

实施和监测是 HSE 管理体系实施的关键。中国石油天然气集团公司 HSE 管理体系要求：员工和承包商在开始接触任何一项工作时，都必须熟悉相关的 HSE 控制措施，依据规划阶段所建立的程序、作业指南及相关的 HSE 政策实施工作,并进行监测。

该要素包含 6 个二级要素,见表 8.4。

表 8.4 "实施和监测"的二级要素

二级要素	要 点
活动和任务	根据工作指南或程序开展的活动和任务
监测	监测 HSE 表现情况,建立、保存相应记录
记录	记录系统
不符合和纠正措施	不符合情况的确定及不符合纠正措施
事故报告	记录报告已经影响或正在影响 HSE 表现的事故
事故调查处理	各种情况引起的事故的调查

1. 活动和任务

在 HSE 的管理过程中,公司不同层次的人员负有不同的职责和担当不同的任务。不同层次的人员应根据 HSE 方针,在计划阶段或更早阶段按照工作程序和指南开展并执行各自的活动和任务。

(1) 管理者和管理层:遵循 HSE 方针制定战略目标和高层活动计划。

(2) 管理执行层:采用计划和工作程序的形式制定有关活动的书面指示(通常包括多项任务),指导各项工作。

(3) 操作层:在这里,计划和工作程序都是书面形式的,都是按照确定的安全工作体系(例如工作许可证、协同操作程序、启动程序、准许操作手册)颁布的,工作人员按照这些规定的要求完成任务。

管理者对保证按照有关程序进行活动和进行检查负有责任。在对执行方针和计划的承诺,除其他责任外,还包括保证执行的任务符合 HSE 目标、不违背表现准则和不超过控制范围等。管理者应保证通过连续监测使公司的 HSE 表现一贯处于良好状态。

为保证活动和任务计划有效地实施,公司的所有层次都须遵守工作程序和指南,公司和承包商的雇员在开始工作前应熟悉相关的工作程序和指南。

2. 监测

公司应建立和保持工作程序,监测 HSE 表现的有关情况,记录和保存相应的监测结果,以利于 HSE 表现的持续改进。对有关的活动和领域,公司应进行以下工作:

(1) 检查和记录获得的监测信息,并规定监测结果所要求的准确度。

(2) 规定和记录监测方法、监测地点和测量频次。

(3) 建立、记录和保持控制测量质量的方法。

(4) 建立和记录数据处理与解释方法。

(5) 建立和记录监测结果超出表现准则时须采取的措施。

(6) 评价和记录监测系统发生故障时受影响数据的有效性。

(7) 保护监测系统,避免损害和未经授权的校验。

3. 记录

记录是 HSE 管理体系文件的一部分,在管理过程中的所有重要环节上都要有书面记录。由于在实施和监测过程中需要大量的记录支持,所以在此单独作为一项列出。

为了说明和比较现状与 HSE 方针及其要求的符合程度,为了记录计划目标和表现准则的满足程度,公司应建立和保持一套记录体系,制定一套程序,以保证以下记录的完整、易得和可控:

(1) 相关承包商及选用记录。
(2) 审核和评审结果。
(3) 培训记录。
(4) 雇员医疗记录。
(5) 安全记录。
(6) 环境监测记录等。

4. 不符合和纠正措施

在这里"不符合"是一个专用名词,是指各种偏离或违背 HSE 方针、目标、指标或其他任何体系要求的情况。

当发生了与管理体系及其操作和后果的规定要求不符合的情况时,公司应确定实施纠正措施的责任和主管人。不符合的状况可通过监测程序确定,可通过来自雇员、承包商、顾客、政府代表或公众的信息确定,也可通过事故调查确定。

公司应建立和保持进行调查、实施纠正措施的程序,在管理代表的领导下通过这套程序对个人行动或有关活动进行管理,应该包括:

(1) 通知相关方。
(2) 确定起因或根源。
(3) 制订行动计划或改善计划。
(4) 实施与不符合项相匹配的防止措施。
(5) 进行控制管理,保证所有实施的防止措施都有效。
(6) 修改程序,加强措施,防止事故的再次发生,并将变化通知相关人员去执行。

5. 事故报告

各级组织应建立和保持程序,记录和报告内部已经影响和可能正在影响 HSE 表现的事件,以吸取教训和采取必要的措施。

事故调查应尽可能快地开始,并应考虑事故现场、人员和环境保护的需要。

应有一个向执法部门报告事故的明确机制。事故报告应达到法律要求的范围,或达到作为公司对外交流方针所要求的更广泛的范围。员工报告所有的事故对吸取教训和改进 HSE 管理体系是十分重要的,应建立报告系统,鼓励员工报告而不是责难。

报告系统要求报告的关键内容包括:

(1) 所有伤害、职业病或不利环境影响的详细情况。
(2) 伤害涉及的人数。
(3) 环境条件的描述。
(4) 事件详情。
(5) 结果详情。
(6) 可能的后果。
(7) HSE 管理体系的某些问题在事故中所引起的不利影响。

6. 事故调查处理

不管是突发事故,还是 HSE 管理体系的潜在缺陷引起的事故,都应进行识别,以便负责事故处理的人员作出判断。

应明确规定事故处理的程序和责任,这一程序应与出现 HSE 管理体系不符合时实施纠正措施的过程基本相似。

所有的事故,包括具有较高潜在危险的事故苗头,都需要作适当的调查,这是为了:

(1) 找出事故根源,确定采取的行动,以防事故再次发生。
(2) 达到调查和报告法律规定的要求。
(3) 提供事故发生条件的真实记录。

8.2.7 审核和评审

审核和评审是 HSE 管理体系的最后一环,是定期对 HSE 管理体系的表现、有效性和持续适用性所进行的评估,是体系持续改进的必要保证。中国石油天然气集团公司 HSE 管理体系要求:HSE 审核和评审是公司管理应履行的职责,对所有现场和生产过程中实施的规范都应定期进行检查和审核,评价 HSE 管理标准和相关法规的遵守情况,提出持续改进的领域。

该要素包含 2 个二级要素,见表 8.5。

表 8.5 "审核和评审"的二级要素

二级要素	要点
审核	公司自行发起的内部审核或外部审核
评审	公司高层管理者对 HSE 管理体系及其表现的定期评审

审核是对体系是否按照预定要求运行的检查和评价活动,可分为内部审核(审核组成员来自公司内部)和外部审核(应公司要求,由外部审核机构进行)。评审是公司高层领导组织对体系的充分性、适宜性和有效性进行的检查。

1. 审核

审核是 HSE 管理持续改进的一个重要环节,是自我完善体系的需要,公司最高管理者是审核的发起者。公司应建立和保持进行审核的程序,将审核作为公司的一项经常性工作。通过审核可以确定:

(1) HSE 管理体系各要素和活动是否与计划安排一致,是否得到了有效实施。
(2) 在实现公司的方针、政策和表现准则上,HSE 管理体系是否有效地发挥了作用。
(3) HSE 管理体系是否符合相关法规的要求。
(4) 确定要改进的方面,以实现 HSE 管理的逐步改善。

2. 评审

评审是企业的高层领导对健康、安全与环境管理体系的适用性及其执行情况进行的正式评审。评审是健康、安全与环境管理体系的最后一个环节,是健康、安全与环境管理体系实现持续改进的保证。它是企业的最高领导者对管理体系所做的全面评审。评审覆盖了公司的全部活动、产品和服务的各个方面,如对目标、指标和表现的评审,通过评审,可以了解健康、安全与环境管理体系的整体运行情况及其不足之处,以便进而作出改进,使它在螺旋上升的进程中跃上一个新的层次。评审的重点应是评价健康、安全与环境管理体系的适用性、充分性和有效性。

8.3 油气储运中的卫生与劳动保护

油气储运作业过程中存在毒物、噪声和振动、高低温等有害因素。对于这些因素，如果防护不当，可能会造成十分严重的安全事故。因此，应认真贯彻"预防为主"的方针，采取可靠的安全措施加以防护。

首先，应加强劳动卫生宣传，大力开展劳动卫生教育，普及劳动卫生知识；制定并遵守劳动卫生操作规程和卫生制度，养成良好的卫生习惯；开展科学防治与现场救护相结合。其次是根据国家有关规定切实搞好劳动卫生职业病档案，合理安排作息时间，减少作业时间或定期疗养等，认真开展健康监护工作。

8.3.1 职业中毒的预防

1. 分区管理与控制

作业区应实行有效分区，防止有毒介质影响其他无毒作业场所，以控制有毒介质影响的范围。作业场所的内墙壁、地面、顶棚等应以不吸附毒物和不易被腐蚀的材料制成，表面力求平滑，易于清扫。

改造、淘汰落后的储运工艺或操作，使生产过程机械化、自动化、密闭化。这样既能提高劳动生产率，减少作业人员接触毒物的机会，又能防止有毒介质的跑、冒、滴、漏现象。同时，加强对设备的管理、维护和检查，保证生产设备的严密性，防止意外事故的发生，使空气中有毒气体浓度控制在国家标准规定的范围之内。

2. 劳动保护装备和用品

对于有毒作业场所和作业，企业应按国家有关规定要求配备劳动保护装备和用品。如有毒作业场所（控制室、值班室、装卸车场所等）应加强通风、排毒或设置空气净化装置，必要时应回收有毒介质（如油气、H_2S 气体等），以防止污染大气环境；配备防毒面具（或防毒口罩）、空气呼吸器、防护油膏、防护工作服和工作鞋等防护用品。

作业人员在进行有毒作业或进入有毒设备内检修时，应正确使用个体防护用品。根据防毒原理，防毒面具有过滤式和隔离式两种类型，而长输管道系统使用较多的为过滤式。过滤式防毒面具是使含毒物质的空气经过滤、净化后，再进入呼吸道。这种面具由面罩、滤毒药罐和蛇形管三部分组成。药罐内装有能滤毒的活性炭、碱性物质等药物。防毒面具必须有专人负责管理，定期或经常检查维修，及时更换滤料，以防止失效或发生故障。

防护服装和防护鞋包括工作服、围裙、手套、长筒靴和鞋等，应根据防护目的选用相应的材料制作，并应经常清洗，定点存放，专人专用。

防护油膏适用于暴露皮肤的防护，对皮肤无刺激和致敏作用，防护效果好，易于清洗。

3. 有害气体浓度监测

有毒作业场所应安装有害气体浓度监测装置，用于生产作业环境的劳动卫生检查和空气中有毒物质浓度的监测，及时发现和查明有毒物质造成污染的原因、程度和变化规律，以便采取有效措施。同时，应定期经有关部门检测合格，使之符合《工作场所有害因素职业接触限值》(GBZ 2.2—2007)标准要求，即空气中二氧化硫的浓度最大为20mg/m³，一氧化碳浓度最大为30mg/m³，汽油浓度最大为300mg/m³。

4. 作业人员体检

对经常接触有毒气体作业的人员，应严格做好防护保健工作，定期检查身体。一旦发现中毒症状，立即治疗、精心养护，争取早日恢复健康。

8.3.2 噪声防护安全对策与措施

1. 噪声源布局与控制

在新建、扩建或改建时，应充分考虑噪声对周围环境的影响，噪声车间应远离办公场所、控制室或值班室，并保持一定距离；其周围建隔声墙，将噪声源限制于局部范围内，使之与周围环境隔离。

2. 降低机械设备噪声

机械转动设备性能的好坏直接关系到产生噪声的严重程度。因此，应选用低噪声机械设备，以有利于对噪声的控制。在机械转动设备下面安装减振器或减振材料，如弹簧类、橡胶类、软木、毡板、空气弹簧和油压减振器等，以减少或阻止振动传到地面。另外，还可以使用阻尼材料，如沥青、塑料、橡胶等高分子材料，涂刷在薄板的表面，以减弱薄板的振动，降低噪声辐射。

3. 使用隔声性能良好的材料防护

建（构）筑物、控制室、值班室防噪，可在其内墙、天花板、地面等处装上性能良好的多孔吸声材料，或采用隔声性能良好的墙、门、窗、罩等。多孔吸声材料多以玻璃棉、矿渣棉、聚氨酯泡沫塑料等加工成木屑板、甘蔗纤维板、吸声砖等。

4. 从事噪声作业人员的防护

从事噪声作业的人员应配备噪声防护保护用品，如耳塞、耳罩等护耳器，并正确传授有关防护用品的使用方法。护耳器是个体防护噪声的常用工具，主要种类有耳塞、防声棉、耳罩、帽盔等，一般用软橡胶或塑料等材料制成。不同材料、不同种类的护耳器对不同频率噪声的衰减作用不同，因此应分别加以对待。另外，凡患有明显听觉器官、心血管、神经系统疾病者，不宜从事高强度噪声作业。对接触噪声的人员应定期进行健康检查，重点观察听力变化情况，遇有听力明显下降者，应及时调离噪声作业，并采取有效的防治措施，合理安排劳动和休息。

应定期对作业场所的噪声情况进行检测，确保符合《工业企业噪声控制设计规范》(GBJ 87—1985)标准要求。

8.3.3 振动防护安全对策与措施

为防止振动对人的影响，企业应制定合理的劳动制度，适当安排工间休息，尽可能实行轮换工作制，不连续使用振动工具。经常保养和维修机器，使之处于正常工作状态。合理使用劳动保护用品，加强个人防护。工作时佩戴双层衬垫无指手套或防振弹性手套，既可减振，又可以达到手部保暖的目的。

实行作业前体检，凡患有中枢神经系统疾病、明显的植物神经功能失调、各种血管病变、心绞痛、高血压、心肌炎等人员不宜从事振动作业。作业人员应定期体检，以便早期发现振动病变，对于反复发作并逐渐加重的人员应调离振动作业。

8.3.4 高低温防护安全对策与措施

1. 避免人员与热源接触

采用自动化、机械化或半机械化操作，以避免或减少作业人员与热源的接触以及高温与热辐射对作业人员的影响。

2. 热源屏蔽

在发热体表面直接包覆一层导热性能差的材料，对热源进行屏蔽与隔热，使发热体表面温度不超过60℃，甚至在40℃以下。通常使用石棉、保温砖或青砖等包覆在炉壁外面，其隔热效果可达90%左右。

3. 作业区通风降温

作业区应采用自然通风或机械通风的方式加强通风降温。自然通风是依靠自然的热压和风压的作用，使作业场所内外空气交换；机械通风是依靠电风扇、喷雾风扇、空气淋浴、空气调节器等机械装置的作用，把作业场所内的热空气排到室外进行空气交换。这两种方式都可以达到降温的目的，应根据实际情况选择。

4. 高温作业人员体检

从事高温作业的人员就业前应进行体检，并且应定期体检。凡患有心脏病、高血压、溃疡病、肝肾疾病及中枢神经系统器质性病变者不宜从事高温作业。

5. 高温作业人员营养补充

对高温作业人员应供给含盐饮料，用以补偿大量出汗损失的水分和盐分。同时，应注意蛋白质的供给及适量补充维生素B_1、维生素B_2、维生素C及锌、钙、镁、铁等微量元素。

6. 高温作业人员防护措施

高温作业人员应配备适当的个人防护用品，高温作业工作服应具有耐热、导热系数小、透气性能好的特点。合理安排劳动负荷及休息场所，休息室应离开高温作业环境。

7. 低温作业必要设施

低温作业场所应设置必要的采暖设备及挡风板。作业人员配备的御寒服装、手套等应选用热阻值大、吸汗、透气性强的衣料，尺寸适宜，潮湿的衣服应及时烘干。

8.3.5 电击伤安全对策与措施

电击伤者一般较多会立刻死亡或因不能及时得到抢救而死亡。因此，对作业人员应大力开展安全用电知识和触电抢救常识等培训教育，严格执行安全用电规程，认真检查，安全操作，排除安全隐患。对于电气设备、线路的安装必须符合"安全第一"的原则，严禁随意拆修和安装电气设备。对所用电气设施应经常检查，定期维护，发现损坏及时更换。

另外，如遇电线断落不要走近，更不能用手去触摸，以免触电。雷雨时不要在大树下避雨，以防雷击。当出现电击伤时，应及时采取救护措施，挽救生命。

8.3.6 女职工保护

1988年国务院颁布的《女职工劳动保护规定》（国务院令第9号）是中国第一部女职工劳动保护法规，对女职工合法的劳动权益做了全面的规定。《中华人民共和国劳动法》在总结国内女职工劳动保护方面经验的基础上，对女职工的劳动保护作了专门的规定。油气储运企业应结合企业运行的特点，按照国家法律、法规的要求，切实做好女职工劳动保护工作。

合理安排女职工的劳动岗位，保护女职工的合法劳动权益。由于女职工的生理特点，在参加劳动生产时，不能安排对女职工生理和健康有影响的工作与工作环境。不得在女职工怀孕期、产期、哺乳期降低其工资待遇，或者解除劳动合同。实行男女同工同酬，在职工定级、升级、工资调整等工作中，坚持男女平等，不得歧视妇女，并且应禁止女职工从事重体力劳动、高空作业等禁忌工作。

做好女职工"四期"保护。女职工"四期"是指月经期、怀孕期、生育期和哺乳期，在女职工生理机能变化的这些时期，更需要对女职工加以特别保护。不得安排女职工在经期从事高空、低温和国家规定的第三级体力劳动强度的劳动，也不得安排女职工在怀孕期间从事国家规定的第三级体力劳动强度的劳动。同时，怀孕女职工应禁忌从事作业场所空气中含有铅及其化合物、CO、H_2S等有毒有害物质浓度超过国家卫生标准的作业。

另外，女职工在生产期应按国家有关政策给予一定的产期。

思 考 题

(1) 分析HSE管理体系七大要素。
(2) 分析职业健康危害因素的类型和预防方法。
(3) 简要分析学校HSE管理方面存在的问题，并站在院系立场及你自己的立场分别作出HSE承诺。

参 考 文 献

[1] 董国永，赵朝成．石油天然气工业健康、安全与环境管理体系培训教程．北京：石油工业出版社，2006．
[2] 中国石油天然气集团公司HSE指导委员会．健康、安全与环境管理体系策划与建立．北京：石油工业出版社，2001．
[3] 刘茂，吴宗之．应急救援概论——应急救援系统及计划．北京：化学工业出版社，2004．

附录　具体因果论

一、海因里希因果连锁论

海因里希因果连锁论又称海因里希模型或多米诺骨牌理论，该理论由海因里希首先提出，用以阐明导致伤亡事故的各种原因与事故之间的关系。该理论认为，伤亡事故的发生不是一个孤立的事件，尽管伤害可能在某瞬间突然发生，却是一系列事件相继发生的结果。

海因里希把工业伤害事故的发生、发展过程描述为具有一定因果关系的事件的连锁发生过程，即

(1) 人员伤亡的发生是事故的结果；

(2) 事故的发生是由于人的不安全行为、物的不安全状态引起的；

(3) 人的不安全行为或物的不安全状态是由于人的缺点造成的；

(4) 人的缺点是由于不良环境诱发的，或者是由先天的遗传因素造成的。

在该理论中，海因里希借助于多米诺骨牌形象地描述了事故的因果连锁关系，即事故的发生是一连串事件按一定顺序互为因果依次发生的结果。如一块骨牌倒下，则将发生连锁反应，使后面的骨牌依次倒下（附图1）。

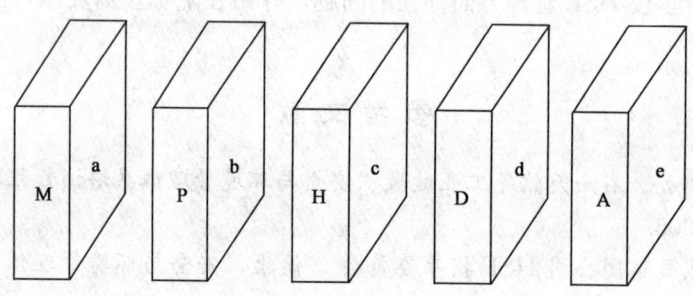

附图1　多米诺骨牌

表征海因里希模型的这5块骨牌依次是：

(1) 遗传及社会环境（M）。遗传及社会环境是造成人的缺点的主要原因。遗传因素可能使人具有鲁莽、固执、粗心等不良性格；社会环境可能妨碍教育，助长不良性格的发展。这是事故因果链上最基本的因素。

(2) 人的缺点（P）。人的缺点是由遗传和社会环境因素所造成的，是使人产生不安全行为或使物产生不安全状态的主要原因。这些缺点既包括各类不良性格，也包括缺乏安全生产知识和技能等后天的不足。

(3) 人的不安全行为或物的不安全状态（H）。所谓人的不安全行为或物的不安全状态是指那些曾经引起过事故或可能引起事故的人的行为，或机械、物质的状态，它们是造成事

故的直接原因。例如，在起重机的吊荷下停留、不发信号就启动机器、工作时间打闹或拆除安全防护装置等都属于人的不安全行为；没有防护的传动齿轮、裸露的带电体或照明不良等都属于物的不安全状态。

（4）事故（D）。事故是由物体、物质或放射线等对人体发生作用出乎意料的或失去控制的事件。例如，坠落、物体打击等使人员受到伤害的事件是典型的事故。

（5）伤害（A），即直接由于事故而产生的人身伤害。

人们用多米诺骨牌来形象地描述这种事故因果连锁关系，得到图中那样的多米诺骨牌系列。在多米诺骨牌系列中，一块骨牌被碰倒了，则将发生连锁反应，其余的几块骨牌相继被碰倒。如果移去连锁中的一块骨牌，则连锁被破坏，事故过程被中止。海因里希认为，企业安全工作的中心就是防止人的不安全行为，消除机械的或物质的不安全状态，中断事故连锁的进程而避免事故的发生。

该理论的积极意义在于，如果移去因果连锁中的任何一块骨牌，则连锁被破坏，事故过程即被中止，达到控制事故的目的。海因里希还强调指出，企业安全工作的中心就是要移去中间的骨牌，即防止人的不安全行为或物的不安全状态，从而中断事故的进程，避免伤害的发生。当然，通过改善社会环境使人具有更为良好的安全意识，加强培训使人具有较好的安全技能，或者加强应急抢救措施，也都能在不同程度上移去事故连锁中的某一块骨牌，改为增加该骨牌的稳定性，使事故得到预防和控制。

当然，海因里希理论也有明显的不足，它对事故致因连锁关系的描述过于简单化、绝对化，也过多地考虑了人的因素。但尽管如此，由于其形象化和在事故致因研究中的先导作用，使其有着重要的历史地位。后来，博德（Frank BLrd）、亚当斯（Edward Adams）等人都在此基础上进行了进一步的修改和完善，形成了博德事故因果连锁论、亚当斯事故因果连锁论、北川彻三事故因果连锁论等，使因果连锁的思想得以进一步发扬光大，收到了较好的效果。

二、博德事故因果连锁论

博德的事故因果连锁过程同样为五个因素，但每个因素的含义与海因里希的都有所不同。

1. 管理缺陷

对于大多数企业来说，由于各种原因，完全依靠工程技术措施预防事故既不经济也不现实，只能通过完善安全管理工作，经过较大的努力，才能防止事故的发生。企业管理者必须认识到，只要生产没有实现本质安全化，就有发生事故及伤害的可能性，因此，安全管理是企业管理的重要一环。

安全管理系统要随着生产的发展变化而不断调整完善，十全十美的管理系统不可能存在。由于安全管理上的缺陷，致使能够造成事故发生的其他原因经常出现。

2. 个人及工作条件的原因

这方面的原因是由于管理缺陷造成的。个人原因包括缺乏安全知识或技能，行为动机不正确，生理或心理有问题等；工作条件原因包括安全操作规程不健全，设备、材料不合适，以及存在温度、湿度、粉尘、气体、噪声、照明、工作场地状况（如打滑的地面、障碍物、不可靠支撑物）等有害作业环境因素。只有找出并控制这些原因，才能有效地防止后续原因的出现，从而防止事故的发生。

3. 直接原因

人的不安全行为或物的不安全状态是事故的直接原因。这种原因是安全管理中必须重点加以追究的原因。但是直接原因只是一种表面现象,是深层次原因的表征。在实际工作中,不能停留在这种表面现象上,而要追究其背后隐藏的管理上的缺陷原因,并采取有效的控制措施,从根本上杜绝事故的发生。

4. 事故

这里的事故被看做是人体或物体与超过其承受阈值的能量接触,或人体与妨碍正常生理活动的物质的接触。因此,防止事故就是防止接触。可以通过对装置、材料、工艺等的改进来防止能量的释放,或者操作者提高识别和回避危险的能力,佩带个人防护用具等来防止接触。

5. 损失

人员伤害及财物损坏统称为损失。人员伤害包括工伤、职业病、精神创伤等。

在许多情况下,可以采取恰当的措施使事故造成的损失最大限度地减小。例如,对受伤人员进行迅速正确的抢救,对设备进行抢修以及平时对有关人员进行应急训练等。

三、亚当斯事故因果连锁论

亚当斯(Edward Adams)提出了一种与博德事故因果连锁论类似的因果连锁模型。在该理论中,事故和损失因素与博德理论相似,这里把人的不安全行为或物的不安全状态称为现场失误,其目的在于提醒人们注意不安全行为和不安全状态的性质。

该模型以表格的形式给出,见附表1。

附表1 亚当斯事故因果连锁论模型

管理体制	管理失误		现场失误	事故	伤害或损害
	领导者在下述方面决策错误或没做决策:	安全技术人员在下述方面管理失误或疏忽:			
目标组织机能	政策	行为	不安全行为 不安全状态	伤亡事故 损坏事件 无伤害事故	对人、对物
	目标	责任			
	权威	权威			
	责任	规则			
	职责	指导主动性			
	注意范围	积极性			
	权限授予	业务活动			

在该事故因果连锁理论中,第四个、第五个因素基本上与博德的事故因果连锁理论相似。这里把事故的直接原因即人的不安全行为或物的不安全状态称为现场失误。本来不安全行为和不安全状态是操作者在生产过程中的错误行为及生产条件方面的问题,采用现场失误这一术语,其主要目的在于提醒人们注意不安全行为及不安全状态的性质。

该理论的核心在于对现场失误的背后原因进行了深入的研究。认为操作者的不安全行为及生产作业中的不安全状态等现场失误是由于企业领导者及事故预防工作人员的管理失误造成的。管理人员在管理工作中的差错或疏忽,企业领导人决策错误或没有做出决策等失误,对企业经营管理及事故预防工作具有决定性的影响。管理失误反映企业管理系统中的问题，它涉及管理体制，即有组织地进行管理工作，确定怎样的管理目标，如何计划、实现确定的目标等方面的问题。管理体制反映作为决策中心的领导人的信念、决策目标及规范，它决定各级管理人员安排工作的轻重缓急、工作基准及指导方针等重大问题。

四、北川彻三事故因果连锁论

海因里希因果连锁论、博德事故因果连锁论、亚当斯事故因果连锁论都把考察的范围局限在企业内部，而日本的北川彻三认为，工业伤害事故发生的原因是很复杂的，企业是社会的一部分，一个国家、一个地区的政治、经济、文化、科技发展水平等诸多社会因素对企业内部伤害事故的发生和预防有着重要的影响。北川彻三正是基于这种考虑，对海因里希的理论进行了一定的修正，提出了另一种事故因果连锁理论。该模型以表格的形式给出，见附表2。

附表2 北川彻三事故因果连锁论模型

基本原因	间接原因	直接原因	后果	损害或伤害
管理的原因 学校教育的原因 社会的原因 历史的原因	技术的原因 教育的原因 身体的原因 精神的原因	不安全行为 不安全状态	事故	伤害

北川彻三事故因果连锁理论认为：

事故的间接原因包括技术、教育、身体和精神上的原因。技术原因指机械、装置、设施的设计、建造、维护有缺陷；教育原因指因教育培训不充分而导致人员缺乏安全知识及操作经验；身体原因指人员的身体状况不佳；精神原因指人员的不良态度、不良性格和不稳定情绪。

而事故的基本原因是管理、学校教育、社会和历史的原因。管理原因指领导者不重视，作业标准不明确，制度有缺陷，人员安排不当；学校教育原因指教育机构的教育不充分；社会和历史的原因是指安全观念落后，法规不全，监管不力。

在北川彻三的事故因果连锁理论中，基本原因中的各个因素已经超出了企业安全工作的范围。但是充分认识这些基本因素，对综合利用可能的科学技术、管理手段来改善间接因素，达到预防伤害事故发生的目的是十分必要的。